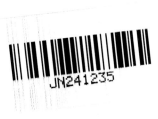

教父と哲学　ギリシア教父哲学論集

教父と哲学

―― ギリシア教父哲学論集 ――

土橋茂樹著

知泉書館

凡　例

1. 一次文献，二次文献を問わず本書で引用される外国語文献については，訳語や文体の統一を図るため，特に断りのない限り引用文はすべて拙訳を用いる（例外的に邦訳を用いる場合にはその都度その旨を明記する）が，言うまでもなく既刊の邦訳には多くを負っている。訳者諸氏には衷心より感謝を申し上げる。また，本書で扱う引用文中の〔　〕内の補記および傍点等はすべて筆者のものである。
2. 註における出典等の書誌情報は，著者名（姓）[出版年] のみを記し，詳細は巻末の「文献一覧」にまとめて記載してある。また主だった一次文献については，断りなく略号を用いる場合がある。多くは慣例に即したものであるが，使用した略号については巻末の「文献一覧」にすべて記載してある。ただし，旧約・新約聖書に収められた文書に関しては，新共同訳における書名略語表記に倣うこととし，書名との逐一の略語対照は省略する。なお，聖書からの出典表記は，たとえば「1 ヨハ 1:5」というように「［書名略語］［章］:［節］」の順で表される。
3. 本書では，ギリシア語のカナ表記のうち，ギリシア文字 φ（ファイ）を [p] ではなく [f] と発音し，さらに固有名詞やギリシア語がターム化しているものについては原則として慣用に従う（たとえば，長母音の音引きを省略するなど）。たとえば，σοφία, Φίλων は，それぞれ「ソフィア」「フィロン」とカナ表記する。

目　次

凡　例 …… v
総　序 …… 3

第Ⅰ部　カッパドキア教父研究・序説

第 1 章　ウーシアー論の展開として見た三位一体論・序説 …… 9
第 1 節　ウーシアー概念の基本構図 …… 10
第 2 節　ニカイア以前の教父たちのウーシアー観 …… 14
第 3 節　アレイオス論争とニカイア信条 …… 18
（補註 1）カイサレイアのエウセビオスによるパレスティナ信条 …… 30
（補註 2）ニカイア公会議以後の動向概観 …… 31

第 2 章　バシレイオスのウーシアー・ヒュポスタシス論 …… 35
第 1 節　バシレイオスとエウノミオス …… 36
第 2 節　ホモイウーシオス（相似本質）期のバシレイオス …… 48

第 3 章　バシレイオス『聖霊論』におけるプロティノスの影響 …… 53
第 1 節　バシレイオスにプロティノスからの影響はあったのか？ …… 54
第 2 節　『霊について』における『エネアデス』V1 借用（書き替え）の実態 …… 60
第 3 節　『聖霊論』における力動的ウーシアー論への展開 …… 67
第 4 節　第 2 章・3 章の小括 …… 72

第 4 章　ニュッサのグレゴリオス――一つの力《デュナミス》と一つの意志 …… 75
第 1 節　デュナミス論の展開 …… 75

第 2 節　固有名の問題……………………………………………………………78
第 3 節　神的本性の不可分性と不可知性………………………………………90
第 4 節　意志の統一………………………………………………………………92
（補註）『書簡』38 冒頭部の全訳………………………………………………94

附論 1　アウグスティヌス——一つの本質《エッセンティア》・三つのペルソナ …………97
神への述語づけ《カテゴリー》の体系……………………………………………………97
類としてのペルソナ………………………………………………………………99
アウグスティヌスは親ニカイア派か？ ……………………………………101

附論 2　書評：
Stephen M. Hildebrand, *The Trinitarian Theology of Basil of Caesarea: A Synthesis of Greek Thought and Biblical Truth* ……………………105

附論 3　書評：
Andrew Radde-Gallwitz, *Basil of Caesarea, Gregory of Nyssa, and the Transformation of Divine Simplicity* ……………………………109

第Ⅱ部　ギリシア教父思想の諸相

第 5 章　洞窟に降り来った太陽——教父思想への「洞窟の比喩」の影響史………………………………………………………………121
第 1 節　教父以前の「洞窟の比喩」伝承………………………………………122
第 2 節　教父思想における「洞窟」と「太陽」………………………………125

第 6 章　プラトン主義と神化思想の萌芽——東方教父思想における「神に似ること」概念の変容…………………………………………133
第 1 節　ギリシア哲学における「神に似ること」……………………………134
第 2 節　ユダヤ教徒フィロンにおける「神に似ること」……………………138
第 3 節　「神に似ること」から「キリストに倣うこと」へ …………………146
第 4 節　第 5 章・6 章の小括……………………………………………………152

第7章　教父哲学におけるオイコノミア……155
第1節　古代末期におけるオイコノミア概念の受容／変容史概観……156
第2節　東方教父におけるオイコノミア概念の変容……164
結　び……170

第8章　自己投企と受容――東方教父起源の「神との合一」概念のトマス的再生……171
第1節　一なる始源＝神との合一……172
第2節　合一をめぐる註解の二つの伝統……178
第3節　トマス・アクィナスによる神秘主義思想の再生……187

第9章　光の超越性と遍在性――初期ギリシア教父における光とロゴスをめぐって……193
第1節　「光から光」表現の哲学的背景……194
第2節　ユダヤ教徒フィロンの「光」表現とロゴス論……196
第3節　護教家ユスティノスのロゴス・キリスト論と「光」表現……204
第4節　結びに代えて――光の永遠性……210

第10章　愛（エロース）と欲求（エピテュミア）――オリゲネスとニュッサのグレゴリオスの『雅歌』解釈をめぐって……215
第1節　オリゲネスの『雅歌』解釈……216
第2節　ニュッサのグレゴリオスの『雅歌』解釈……222

第11章　砂漠から都市，そして帝国へ――「貧しい人々」と教父たちの〈社会化〉をめぐって……239
第1節　富裕市民による恩恵施与活動のキリスト教化……241
第2節　カイサレイアのバシレイオスによる救貧説教……246
第3節　教義研究における実践への射程……252

附論4 観想と受肉――「肉体」「形の現象」を中心に……255
第1節 加藤哲学の二つの「場」――プラトンとアウグスティヌス……255
第2節 東方教父との関わり……257
第3節 肉体における超越の方位と内面化の方位……260
第4節 「神に似ること」と「キリストの模倣」……263
第5節 観想（＝肉体からの超越）と受肉（＝肉体を伴った内在）……267

附論5 わたしの生はあなたの生――ポリフォニックな一人称語りとエヒイェロギア……269
第1節 危機にあってなお顕現せざる神への語り方……269
第2節 物語り解釈から脱在論への途……272
第3節 わたしの生はあなたの生……274

附論6 書評：285
Kevin Corrigan, *Evagrius and Gregory: Mind, Soul and Body in the Fourth Century*……285

第Ⅲ部 マカリオス文書研究

第12章 擬マカリオスにおける魂浄化の三段階……295
第1節 魂の浄化にいたる三段階――そのメッサリアノイ的図式……296
第2節 マカリオス自身の三段階説――その図式的再構成……299
第3節 三段階説の真相と意義――その哲学的解明……302

第13章 ニュッサのグレゴリオスと擬マカリオス――De instituto christiano と Epistola magna をめぐる序説的概説……313
第1節 エジプトのマカリオスと擬マカリオス……313
第2節 両書の関係をめぐる研究史……316
小 括……330

第 14 章　マカリオス文書における πληροφορία 概念の意義――信仰の 真理性に関して 4 世紀東方教父は何を語り得たのか…………333
第 1 節　新約聖書の用例 ……………………………………………335
第 2 節　バシレイオスの用例……………………………………………338
第 3 節　擬マカリオスとニュッサのグレゴリオスの用例比較 ……341
第 4 節　メッサリアノイ派という異端の正体は？………………………349

第 15 章　抄録者シメオンはマカリオス文書の何を切り捨て，何を残したのか――『フィロカリア』所収の抄録版『50 の霊的講話集』をめぐって……………………………………………………351
第 1 節　マカリオス文書の真の著者は誰か ……………………………352
第 2 節　抄録者シメオンがマカリオス文書から採録しなかったものは何か ……………………………………………………………354
第 3 節　『フィロカリア』収録版にも保持されたマカリオス文書の真髄とは何か……………………………………………………358
附録資料
『フィロカリア』の各章とマカリオス文書との対応表　…………362

第 16 章　洗礼の意義をめぐって――擬マカリオス・メッサリアノイ・修徳行者マルコス ……………………………………………………365
第 1 節　異端派メッサリアノイによる洗礼否定論……………………366
第 2 節　擬マカリオスの洗礼論……………………………………………369
第 3 節　修徳行者マルコスの洗礼論 ……………………………………374
おわりに ………………………………………………………………………382

あとがき………………………………………………………………………383
初出一覧………………………………………………………………………389
文献一覧………………………………………………………………………393
人名索引………………………………………………………………………405
事項索引………………………………………………………………………409
古典出典索引…………………………………………………………………417

教父と哲学

——ギリシア教父哲学論集——

総　序

古代ギリシア出自の哲学（あるいは総じてヘレニズム文化）がユダヤ・キリスト教思想（いわゆるヘブライズム文化）とどのように出会い，いかなる関係を取り結んでいったのか，その消息に少しでも関心がある読者なら，一度は教父たちの錯綜した思索に分け入ってみるのも悪くはない。キリスト教成立以降，キリストの使徒たちと共に迫害に耐え，宣教に生きた殉教者や護教家の時代から，ローマ帝国におけるキリスト教公認の後，相次ぐ神学論争を経て正統教義確立に至るまで，古代教会の指導者であった「教父」(Fathers of the church)[1]たちは，哲学史の観点からも極めて興味深い存在である。とりわけ，紀元後4世紀に東方ギリシア語圏のカッパドキア（現トルコ領である小アジア東部地方）で活躍した教父たちは，ギリシアの修辞学や哲学の豊かな教養を三位一体論争において縦横に駆使することによって，枢要な哲学概念にも新たな命を吹き込んでいった。以下本書では，彼らギリシア教父たちがキリスト教信仰の中核である三一神の教義確立過程で，ギリシア出自の哲学をどのような形で取り込んでいったかを概観し（第I部），併せてギリシア教父思想の諸相に隈なく目を凝らしつつその多様な展開に光を当て（第II部），さらにはメッサリアノイ〔祈る人々〕派と呼ばれた異端思想をめぐる

1）キリスト教神学の観点から，厳密な意味で「教父」と言われる場合は，歴史的な古代性（1-2世紀頃の使徒教父や護教家から8世紀のダマスコスのヨアンネスあたりまでをおおよその時代範囲とする），信仰・教説の正統性，その生涯の聖性，教会の公認，以上の四つが必須の条件となる。しかし，教会において長い間異端視されてきたオリゲネスのような人物の場合，彼のように有力な教えをもたらした人物抜きにギリシア教父史を語ることはできない。したがって，教父学において「教父」と言われる場合は，上述の正統性や教会公認の条件が緩和された一般的な呼称とみなしてよいだろう。本書においても，そうした一般的な意味で「教父」という語を用いる。

興味深い思想史の一断面に立ち入る（第III部）ことによって，ギリシア教父思想の姿をおぼろげながらではあるが多面的・多層的に描き出していきたいと思う（なお，第II部および第III部の冒頭には，それぞれの具体的な狙いと内容を予め概観できるように簡明な内容概説を付してあるので，参照していただきたい）。もちろん教父思想そのものの実相解明には遠く及ばないとしても，せめてその端緒にでもなり得れば幸いである。本書はその限りで，いつの日か上梓されるべき本格的なギリシア教父研究のためのささやかな序説の試みである。

そもそも，パウロが「世の知恵《ソフィア》」を「神の知恵」と対比して論じるとき，「ギリシア人が探し求める」世の知恵として彼の念頭にあったのは，ギリシアの哲学であった[2)]。彼は，時には哲学を「人間の言い伝えによる，虚しい偽り」（コロ 2：8）と激しく非難したが，時には自らの主張の例証としてストア派の詩人哲学者のものと推測される詩句を引くこともあった[3)]。しかし，たとえ世の知恵（＝哲学）の言葉がどれほど「説得力に富む」(πειθός)[4)]ものであろうと，我々の信仰はまずもって「神の力」によらねばならない（1 コリ 2：4）。つまり，パウロにとって信仰とは，神の知恵をただひたすら神の力によって受け入れることであって，説得力に富む哲学の言葉を通して理解することではなかったのである。

信仰と知に関するこのようなパウロの態度は，教父たちにも継承されたが，2 世紀後半に入ると，徐々にキリスト教信仰とギリシア哲学との融和が求められ，アドルフ・フォン・ハルナックによる限り，「アレクサンドレイアのクレメンスにおいて，キリスト教会は，フィロンにおいてユダヤ教が到達したのと同じ段階」すなわちギリシア哲学の内に神の啓示による根本的真理が見出され得るとみなす立場にまで至ったとされる[5)]。この点でフィロンがクレメンスに大きな影響を及ぼしたことは疑いない。こうしたキリスト教のギリシア化・哲学化の理由として，浩瀚

2） 1 コリ 1：20，22，24，使徒 17：18。

3） 使徒 17：28。パウロによるアレオパゴスでの演説に，ストア派の詩人哲学者アラトスのものと推測される詩句が引用されている。

4） 形容詞形 πειθός を避けようとする異読の多い箇所であるが，ここでは「説得力に富む」と素直に読みたい。

5） Harnack [1909], p. 643.

なフィロン研究で知られるハリー・オーストリン・ウォルフソンは，哲学的教養をもった異教徒によるキリスト教への改宗の増加，哲学のもつ護教的効用，さらにグノーシス主義的異端に対して哲学が発揮する解毒的効果，以上の三点を挙げている[6]。とはいえ，たとえ哲学に親和的な教父たちであってさえも，哲学がその人間的起源と本性のゆえに，真理のみならず虚偽をも許容し，学派相互の間にしばしば見解の矛盾対立をもたらすものであることを認めないわけにはいかなかった[7]。やがて，過度に哲学に接近していく者が異端視されるようになっていったのも，このような状況下ではごく自然な成り行きと言えるだろう。

しかし，4 世紀に入ると，教父たちの思考様式から修辞学その他の教養に至るまで深くギリシア化し，〈父〉・〈子〉・〈聖霊〉の三位格が三神ではなく一なる神であることを説く三位一体論のような根本教義でさえ，哲学的な語彙によって語られざるを得ない状態になっていった。そうした状況のいわば象徴とも言い得るのが，325 年開催のニカイア公会議において作成されたニカイア信条である。それは，全教会に向けて，〈子〉キリストを被造物とみなしてその神性を否定するアレイオス主義を断罪し，信仰の規範を打ち立てることを目指したものである。この信条に現れる「〈父〉とホモウーシオス（同一本質）であるその方〔〈子〉イエス・キリスト〕」という文言は，それ自体が「〈父〉なるヒュポスタシス（いわゆる位格）と〈子〉なるヒュポスタシスがウーシアー（存在本質）において同じである」という極めて哲学的な言説であり，その解釈をめぐってニカイア公会議以降のキリスト教世界を揺るがす一大論争となっていくわけである。

こうした三位一体論の教義確立期にあたる 4 世紀カッパドキアにあって，カイサレイアのバシレイオスは，哲学者を「外部の人たち」（οἱ ἔξωθεν）と呼んでは，修辞的な技法に依拠した哲学を神学（テオロギア：θεολογία）と対照させて「テクノロギア」（修辞技法：

6）　Wolfson [1970], pp. 11-14.

7）　たとえば殉教者ユスティノスは，フィロンと同様に，プラトンや他の哲学者の教えが預言者の教えと一致すると考えたが，同時に哲学者が自らの教説に含意される真理を必ずしも常に正確に理解できるとは限らず，むしろ歪曲してしまうことも多々あり，しばしば自己矛盾することすらあると主張した（*Apol*. I, 44; II, 10, *Dial*. 2）。

τεχνολογία）と揶揄し，神の知恵に由来する真の学知に反する「空しい哲学」（ματαία φιλοσοφία）として非難した（*DSS* ch.3, 5）。その一方で，ニュッサのグレゴリオスのように「あらゆる証拠よりも堅固な信仰」(*Patrologia Graeca* 44, 260A）を称揚する姿勢は，カッパドキア教父に共通したものであった。しかし，そのように哲学への蔑みを明言する一方で，本書でこれから見ていくように，彼らのテクストには，ギリシア哲学に深く根差した議論が至るところに散見される。4 世紀のカッパドキアにあって，キリスト教のギリシア化というような一方通行的な単純な図式はもはや現実離れしていると言えよう。知人宛てに書かれた書簡の類から説教や教義論争の書物に至るまで，カッパドキア教父たちが紡ぎだすギリシア語文書においては，キリスト教と哲学を含むギリシア的教養《パイデイア》，あるいは信仰と知とも言い替え得る二つの根が，テクストの深層において相互に複雑に絡み合っているのである。そのような条件の下で三位一体の神をめぐる教義論争がなされている以上，異端の側に哲学，正統の側に信仰を割り振ることは何ら意味をなさない。むしろ，信仰（聖書）と哲学の緊張関係を強く自覚し，いずれか一方に偏することなく，絶えず両者の動態的均衡の持続の上に解釈の基盤を据えようと努めることこそが極めて肝要であろう。そうすることによって，「ウーシアー」「ヒュポスタシス」「デュナミス」「エネルゲイア」といった枢要な哲学概念さえもが，本来適用されるべき領野とは異なる文脈において，新たな意義を獲得し，より豊かな理路への展開が動機づけられるのではないだろうか。たとえば，（本書第 3—4 章で見るように）バシレイオスからニュッサのグレゴリオスへと継承された「ウーシアー」から「デュナミス」への教義論的展開は，静態的・本性的神認識から力動的神認識へと踏み出すことによって，限りなき神へのエペクタシス的接近へと信仰を深めることに他ならなかったが，それは同時に，根拠への問いに貫かれた哲学的理解の深化とも言い換え得る展開だったのである。そうした教義論的理解と哲学的理解の力動的で相補的な深化こそが，「教父と哲学」というなんとも素っ気ない本書のタイトルに著者が密かに託した，いささか大仰な，しかしそれだけ切実な思いであり願いなのである。

第Ⅰ部

カッパドキア教父研究・序説

第1章

ウーシアー論の展開として見た三位一体論・序説

本章の主題に掲げた「ウーシアー論の展開」という表現は，無論，ウーシアー概念が時代を追うにつれて体系的により整備された形で扱われるようになった，というような単線的・進歩史観的な経緯を言おうとしているものではない。むしろその逆に，本章の狙いは，いくつもの存在理解の筋が，やがてもつれあい捩《よじ》れあいながら相互併呑を繰り返し，対立する位相を多層的にそれ自らの思想系の内に混在させていくその思想史的流れを，たとえ誤読や錯誤の系譜としてであれ，ひとまず描きだしてみたいという，やや大仰な意図を背後に秘めたものである。とはいえ，考察の焦点をおおよそ4世紀の東方キリスト教圏，いわゆるギリシア教父たちに絞り込み，その前史としてギリシア哲学諸派とりわけプラトン，アリストテレスに発する系譜およびストア派を念頭におく一方で，さらに2世紀から3世紀，つまりはニカイア公会議前夜までのキリスト教思想家たちがそうした哲学からの影響を受けつつ聖書に基づいた独自のウーシアー観を生み出し始める流れにも目を向けるとすると，そこには自ずと幾筋かの太い流れの離合集散が概観されるものと思われる。そこで，まず導入として，(1) ウーシアー概念の大まかな構造，すなわち実在と存在性格，個と普遍，感覚対象と知性対象といった対立位相を概観し，古代ギリシアにあってもっとも体系的にウーシアーを考察したアリストテレスによる所謂《いわゆる》「第一実体」と「第二実体」の区別が，果たしてその後，適正に継承されたのかどうかを一つのケーススタディとして見ていきたい。次いで，(2) ギリシア語圏のキリスト教教父たちが，古代の哲学的遺産を何らかの形で継承しつつ，それを彼ら独自の問題に応用していった流れを概説していく。その際,「ウーシアー」以外のもう一つのキーワードとして,「ホモウーシオス」を取り入れ，ニカイア信条との連続性をなんらか見出せればと思う。以上の二筋の前史的流れを見た後,（3）ニカイア公会議で作成された信条を取り上げ，それが作成されねばならなかったアレイオス論争というもののウーシアー論上の意義を瞥見し，以上をもって次章で扱われるカッパドキア教父の先陣バシレイオスのウーシアー理解への序説としたい。

第1節　ウーシアー概念の基本構図

「ウーシアー」という語は，もともと「人が所有するもの，財産」を意味する一般的な語彙であったが,「ある」を意味する動詞 εἰμί との明確な語源的繋がり（おそらく，女性分詞 οὖσα からの派生，あるいは語形上，たとえば γέρων「長老」から γερουσία「元老院」が派生するのと同様に男性分詞 ὤν からの派生）によって，哲学の術語としても使用されるようになったものと思われる。そうした「ウーシアー」の哲学的用法の最初の事例としては，ピュタゴラス派フィロラオスの断片 6 が挙げられる。

> 諸事物の永遠なる本質（ἁ ἐστώ）と自然そのものは，神的な認識を許容し，人間の認識を許さない[1)]。

ここで ἁ ἐστώ とは，ドーリア方言でウーシアーを意味する。もちろんフィロラオスないしピュタゴラス派が「ウーシアー」という哲学的語彙の創始者といえるかどうかわからないが，少なくともこの引用との関連で最初に考慮すべき哲学者は，間違いなくプラトンであろう。なぜなら，彼の対話篇『クラテュロス』401c2-4 において，アッティカ人が「ウーシアーと呼んでいるものの場合でも，それを ἐσσία と呼ぶ人たちもいれば，ὠσία と呼ぶ人たちもいる」として，ドーリア方言での別の

1）H. Diels-W. Kranz, *Die Fragmente der Vorsokratiker*, 1er Bd., Berlin, 1951[6], p. 408.（『ソクラテス以前哲学者断片集』第Ⅲ分冊，岩波書店，1997 年，81 頁）

呼び名にも触れているからである。イオニア方言での呼び方 οὐσίη も含めて，プラトンの時代には，各方言でウーシアーの哲学的な意味内容が既に共有されていたといえるだろう。

しかし，より立ち入ったその意味内実となるとその一義的な確定は必ずしも容易ではない。「ある」「存在する」を意味する εἰμί 動詞との関連をつけて図式化すれば，「ウーシアー」には主に以下の二つの意味領域があるといえる。すなわち，一つは，不定形 τὸ εἶναι（「あること」，存在）に対応する極めて一般的な性格特性，たとえば実在性や現実性を表示する抽象的な意味領域。もう一つは，分詞形 τὸ ὄν（「あるもの」，存在者）に対応し，およそリアルに実在する事物すべてを表示する具体的な意味領域。言い換えれば，前者は「x が何であるのか」（τί ἐστι）という問いに対応し，後者は「x が存在する（がある）のか」εἰ ἔστι という問いに対応すると言えるであろう。こうした意味区分をもっとも明確に示したのがアリストテレスで，彼の『形而上学』第5巻8章では，こう纏められている。

> 要するに，実体《ウーシアー》は二通りの仕方で語られる。すなわち，その一つは，もはや他のいかなる基体・主語の述語ともならない究極の基体（τὸ ὑποκείμενον ἔσχατον）であり，他の一つは，〔そうした基体の内に内在する〕「この何か」（τόδε τι）であって離存可能なもの（χωριστόν），すなわち各々のものの型（μορφή）や形相（εἶδος）である。（*Met*.V8,1017b23-26）

ここでの「離存可能なもの」（χωριστόν）とは，「何があるか」に対応する究極の基体すなわち形相と質料の結合体である個体が「端的に（ἁπλῶ）独立離存するもの」であるのに対して，「何であるか」に対応する型や形相が「説明規定において（λόγῳ）離存可能なもの」（*Met*. Ⅷ 1,1042a29），すなわち思考においてのみ独立離存したものとして解され得る，という意味である。

アリストテレスは，さらに存在するものの構造が言語における主語・述語構造と相即すると考え，述語《カテゴリアイ》の分類をもって存在者の構造を解き明かす鍵とみなした。その要諦は，事物の存在分類の第一位を占め，変化・運動の基体として，性質や状態などよりもより真実に実在するとみなされるものこそ，実体《ウーシアー》カテゴリーに他ならないという点にあり，かくして存在する限りの存在者一般を扱う彼の形而上学は実体《ウーシアー》論として展開されることとなる。そうした彼の初期の存在観を明確に現した表現が，『カテゴリー論』第5章に纏められている。

> もっとも本来的な意味で，そして第一に実体（αἱ πρώτως οὐσίαι）と言われ，またもっとも多く実体であると言われるものは，何か或る基体について言われることもなければ，何か或る基体の内にあることもないもののことである，たとえば或る特定の人間，あるいは或る特定の馬。そして第二実体（δεύτεραι οὐσίαι）と言われるのは，第一に実体と言われるものがそれの内に属するところの種とそれらの種の類とである，たとえば或る特定の人間は種としての人間の内に属し，そして動物がその種の類である。（*Cat.*5, 2a11-17）

しかし，形而上学的に思索を深め成熟したアリストテレスが，後に『形而上学』の中心巻（ZHΘ）において，本質形相を第一実体（πρώτη οὐσία）と呼ぶようになったことを考慮すれば，『カテゴリー論』での第一／第二実体の区別が果たして哲学術語として固定化されたものかどうかについては少なからぬ疑念が残る（少なくとも第一実体に関しては，彼は様々な意味で語り分けており，一義的にターム化されていないことは確かである）。とはいえ，カテゴリー論での確固とした定義的表現を鑑みるかぎり，この区別がヘレニズム期から古代末期に至るまでの哲学者，さらにキリスト教著作家たちにどう継承されていくのか（あるいは継承されずに消えていくのか）をざっと調査することは，ウーシアー観の変遷を知る上で格好のモデルになると思われる。

まず，アリストテレス註解者の内，プラトニスト註解者たちにとって，『カテゴリー論』第5章は困惑を引き起こす箇所であったはずである。なぜなら，彼らプラトニストにとっての根本的な実体区分は，合成的で可滅的な可感的実体と単一で不変的な可知的実体の区別にあったからで，この区分が個物（第一実体）と普遍（第二実体）の区別と合致するかどうかは，とりわけ普遍の側では極めて困難な問いとなるからである。プラトン的な意味での可知的なもの（τὰ νοητά）がアリストテレス的な意味で第二実体であるかどうかは，それ自体が長い議論を必要とする大問題である。したがって，彼らが当該箇所に接してある種の困惑をあらわにしても，あるいはまた，（彼らの観点から）むしろ可知的な実体こそが「第一の実体」だと主張しても，別段，驚くにはあたらない。個物を指示する場合にしても，第一実体という呼称がなくとも，それらには τὰ καθ᾽ ἕκαστα や τὰ κατὰ μέρος，さらには ἄτομα というように多くの呼称があったわけで，実際，クレメンス，ヒッポリュトス，そしてエウセビオスといったキリスト教著作家にあっては，そうした個体表示が自由に用いられていた。

しかし，さらに重要なことは，彼らキリスト教著作家たちが，ストア派からの少なからぬ影響を受けていた点にある。というのは，ストア派には，アリストテレスと同様に，しかし，まったく異なったカテゴリーおよび存在論が立てられていたからである。すなわち，第一カテゴリーはストア派においても実体《ウーシアー》を指していたが，ただしそれが意味するのは「質料（素材）的基体」（τὸ ὑλικὸν ὑποκείμενον）のことであった。この実体は，「性質づけられていない質料（素材）」（ἄποιος ὕλη）あるいは「性質づけられていない実体」とも呼ばれ，あらゆる変化を通じて揺るぎなく持続する基体として前提されている。次いで，第二のカテゴリーが「性質」（ποιότητες）である。ストア派において，世界の内に存在するとは，性質づけられた物質的なものとして個別的に存在することに他ならない。したがって，個物は，「個別的な性質」（ἰδίως ποιόν）によって性質づけられており，それら諸個物の間で共有される性質が「共通の性質」（κοινῶς ποιόν）ということになる。さらに第三カテゴリーが「様態」（πως ἔχον），第四カテゴリーが「関係的様態」（πρός τί πως ἔχον）と続くが，ここで重要なのはあくまで前二者である。なぜなら，こうしたストア派の影響を受けた教父たちが，「第一実体」（πρώτη οὐσία）と聞いて「第一質料（素材）」（πρώτη ὕλη）を思い浮かべても不思議ではないし，「第二実体」として挙げられていた種や類も，たとえば人間性や動物性という（アリストテレスにとっての「実体」カテゴリーとしてではなく）あくまで「（共通）性質」として理解するのが自然だからである[2)]。

さらに2-3世紀のキリスト教教父たちにあって，「第一実体」の用法は，流動的で非専門術語的なものであった。それは，四元素のような最下位の存在形態から永遠かつ無形な最高存在形態までをもカバーする語として幅広く用いられていた。

極めつけは，アリストテレス論理学および哲学に精通していたポルフュリオスのような専門的哲学者でさえ，自らの論理学書『エイサゴーゲー』において，πρώτη οὐσία という語句は一度も使用していないという事実である。もちろん『カテゴリー論』の註解においてそれは確かに註釈を付けられてはいる[3)]。しかし，そのコメントは，可感的な個物が「第一の」と呼ばれるのは，それが認識の序列（ordo cognoscendi）において最初に来るからというもので，可知的な普遍の可感的な特殊に対する優位・第一義性は，アリストテレスの第一／第二実体のテクストを註釈しているにもかかわらず揺るがず維持されつづけている。

以上の駆け足の考察だけを見ても，アリストテレスの体系的なウーシアー観がペリパトス派の衰退後は，ほとんど継承されることなく他のウーシアー観の混入を招いたことは明らかだろう。したがって，ユスティノスからアタナシオスまでの，プラトンについては敬意をもって語ることのできたキリスト教著作家たちが，たとえ不案内のゆえとはいえ，少なからぬ軽蔑をこめてアリストテレスを退けたことは，ある意味では当然なことでもあったのである。

第2節　ニカイア以前の教父たちのウーシアー観

こうした哲学との関わりとは別に，初期キリスト教教父たちにあっては，あくまで聖書理解を基盤としつつ，異教的神理解（とりわけグノー

2）以上のようなアリストテレスとストア派の実体論の相違がカッパドキア教父バシレイオスの三位一体論解釈にどのような意味をもつか，という論点に関しては，Robertson [1998] が詳しい。

3）Porphyrius, *In Categorias*, ed. A. Busse (*Commentaria in Aristotelem Graeca* IV. 1, Berlin, 1887) p.91, 10ff.

シス主義）から一線を画した正統神観を打ち立てるべく，神の本質を問う神論への取り組みが見出される。その際，論争の火種として立ちはだかったのが，神および世界に対するイエス・キリストの位置づけの問題，いわゆるキリスト論というキリスト教固有の難問である。

まず，聖書的な理解の面から言えば，神のウーシアーは，神の名前の問題と重なると言えよう。つまり，神が自らを何と名乗るか，その神の名称が，さしあたり神のウーシアーとして探求されることになるわけである（もちろん，「ウーシアー」という語彙自体は，聖書に見出されることのないものであることを忘れてはならない）。代表的なものを列挙すると以下のようになる。

> 「私は存在するものである」（ἐγώ εἰμι ὁ ὤν）（出 3:14），「我らの神，主は唯一の主である」（申 6:4），「生ける水の源（πηγή）であるわたし……」（エレ 2:13 etc.），「あなたの神，主は焼き尽くす火であり」（申 4:24），「神は霊である」（ヨハ 4:24），「命」（ヨハ 1:4 etc.），「神は光であり」（1ヨハ 1:5），「神は愛」（1ヨハ 4:8），「善い者」（マコ 10:18），「すべてのことは，父からわたしに任されている」（マタ 11:27）

これらの内の多くが，従来，哲学的にであれ，非哲学的にであれ，ウーシアーの意味を担う候補者として挙げられてきたものと重なる概念であることは興味深い（たとえば，「存在」「一性」「善」「始源」，四元素の一つ「火」など）。しかし，同時に従来のウーシアー観では挙げられることのなかった「命」や「愛」，そして「父」といったものを，どうウーシアーとつなげていくかという点は極めてキリスト教的な論点であると思われる。

そして，以上のような神のウーシアーと密接に関わるのが，〈父〉なる神と〈子〉なるイエスの関係をめぐる語彙，すなわち「ホモウーシオス」（ὁμοούσιος）という語である。「ホモウーシオス」は，普通，「同一実体の」（consubstantial）あるいは「同一本質の」（coessential）などと訳されるが，2世紀のグノーシス派のキリスト教徒によって導入されたものと思われる。本来，ホモウーシオスとは，「同じウーシアーをもつ」という意味であるが，用例を見ると，そこに含まれる「ウーシアー」概念は物質的な意味をもつものと考えられる。したがって，その語の元来の大雑把な意味は，「同じ種類の素材から作られた」という程度の意味であったと想定しておいてよいだろう。

では，グノーシス主義者とその反対者がこの語を用いたのは，どのような場面なのだろうか。おそらく，もっとも重要なものは，神と世界ないし人間との関係に関わる場面ではないかと思われる。それをいくつか具体的に見ていこう。まず「ホモウーシオス」の初出は，グノーシス主義者プトレマイオスの『フローラへの手紙』（これはエピファニオス『パナリオン（全異端論駁）』[4]に，異端として批判するために収められたもの）であると見られている。

> 一体いかにして，不生・不滅にして善である，万物の一なる原理から（ἀπὸ μιᾶς ἀρχῆς τῶν ὅλων），悪魔の悪しき本性とデーミウルゴスの仲介的本性というホモウーシオスではない（ἀνομοούσιοι）本性（φύσεις）が生み出されたのか。善は自らと類似し，ホモウーシオスなものどもを生み（γεννᾶν），作り出す本性をもっているというのに。（Epiphanius, *Panarion (Adversus haereses)*, 33.7.8）

クリストファー・ステッドによれば，「この一節のグノーシス的性格は，悪魔（ὁ διάβολος）とその対立者（神）の中間に身を置くデーミウルゴスに配された仲介的な性格に明らかであり，さらに，このテクストでホモウーシオスの意味を定位する三つの本性，すなわち，グノーシスにとってより典型的な霊，魂，質料という三者ではなく，むしろ道徳的な語によって善，中間者，悪と規定される三本性からも明らかである」[5]。さらにプトレマイオスがこの引用文の最後に引く「善が善を産む」という伝統的なフレーズ（たとえば，プラトン『国家』379b-c や『ティマイオス』29e などに見出される）にホモウーシオスを重ねたことを見ても，当時の読者には，ホモウーシオスという語彙が決して奇異なものではなかったことがうかがわれる。

---

4) Epiphanius, *Panarion (Haer. 1-33)*, ed. K. Holl, GCS 25, Leibzig, 1915.

5) Stead [1977], pp. 191f.

次いでエイレナイオスは，グノーシス主義者ウァレンティノスによる，下級女性神ソフィアと三つの存在階層（質料，魂，霊）をめぐる宇宙創成神話を自らの論駁書[6]の内に保存していた。

> しかし，彼女（ソフィア）は，霊的なもの（τὸ πνευματικόν）を形作ることができない。なぜなら，それ〔霊的なもの〕は彼女とホモウーシオスであるから。（霊的なものとは，彼女が産んだ子のことである）。……最初に彼女は，魂的なウーシアーから（ἐκ τῆς ψυχικῆς οὐσίας）父すなわち万物の王を形作った。彼〔父〕は，自らとホモウーシオスなものども，すなわち魂的なものと，受動的な質料からなるものども，その両方の王である。……彼は前者すなわち魂的なものの父と呼ばれ，後者すなわち質料的なもののデーミウルゴスと呼ばれ，かくして万物の王と呼ばれるのである。（Irenaeus, *Adversus Haereses*, i.5.1）

ここで，ソフィアとその子は共に霊的なものであるがゆえにホモウーシオスと呼ばれ，また魂的なウーシアーから作られた王である父と魂的なものもまた，共に魂的なものであるがゆえにホモウーシオスと呼ばれているが，その意味は，「同じ要素から作られた」あるいは「同じ存在階層に存する」というようなものと考えるのが妥当であろう。こうしたグノーシス主義的な流出論に対して，エイレナイオスは，混合的で可分割的，可滅的な存在者が，単一で不可滅な起源から流出することの不可能性を説くことに論駁の糸口を見出した。

その後，3 世紀前半には，「ホモウーシオス」の用法に重要な変化は見られない。大半のケースでは，その語はグノーシス主義の著作を引用ないし回顧する際に見出されるに過ぎない。三位一体論のキリスト教教義を定式化していくために，その語が試験的に初めて三一論に適用されたのは，ようやく 3 世紀半ばに差しかかる頃，オリゲネスによってである。彼は『ヨハネ福音書註解』において，ウァレンティノス派のヘラクレオンの同書註解を批判するために引用しているが，その引用の方では

6）Irenaeus, *Adversus Haereses*, eds. Rousseau/Doutreleau, 10 vols., SC 100/152/153/210/211/263/264/293/294.

なく，オリゲネス自身が付したコメントの中で5度（第13巻で2度，第20巻で3度），「ホモウーシオス」という語を用いている。それは，従来のようなグノーシス的な用法と異なり，〈父〉なる神とその〈子〉イエスの関係を提示するためにホモウーシオスという語を初めて用いた事例とみなされている[7)]。

こうしてオリゲネスによってアレクサンドレイア神学が確立されていくのであるが，その後，その神学の継承者であるアレクサンドレイアのアレクサンドロスに，つまりオリゲネス伝来のいわゆる「〈子〉キリストの永遠の誕生」という教説に真っ向から異を唱えたのが，アンティオケイアのルキアノスの系統を受け継ぐと（これまで誤って[8)]）みなされてきたアレイオスであった。おそらく321年頃に始まり，325年にニカイア公会議を召集せざるを得ぬまで激化した，いわゆるアレイオス論争の発端は，しかし，神のウーシアーでもホモウーシオスの問題でもなかったのである。

第3節　アレイオス論争とニカイア信条

従来，誤って「アレイオス（アリウス）論争」と呼ばれてきた4世紀の三位一体論およびキリスト論に関する「こうした論争が，一人の異端

7） Cf. Stead [1977], p.209.

8） 従来の研究では，アレイオスが書簡の中でルキアノスの名を援用していることが，以下のことを主張するための傍証とされてきた。すなわち，アレイオス神学は，アレクサンドロスや（もっと後の）アタナシオスのアレクサンドレイア神学に対して，基本的にアンティオケイア的であった，という主張がそうである。（こうした主張は19世紀のJ. H. ニューマン『4世紀のアレイオス派（*Arians of the Fourth Century*）』を嚆矢とする。）しかし，ルキアノスの神学については限られた情報しか得られていない。現在では，わずかながら知り得た事柄によって，ルキアノスがオリゲネスに負っていることが明らかにされ，アレイオスの限られたテクストを読むことによって直接得られた結論，すなわち，アレイオス神学は他に劣らずアレクサンドレイア的である，という説が有力となってきている。つまり，アレイオスとアレクサンドロスの間の論争は，二種類のオリゲネス主義者の間の議論だと言えるだろう（cf. Barnes [1998], p. 49）。Hanson [1987], pp. 410-423によれば，オリゲネスの4世紀三一神学への影響は，直接の影響ではなく，むしろカイサレイアのエウセビオスによって媒介された影響であるとされる。321年以降の論争に巻き込まれた人々のオリゲネス主義とは，エウセビオスのオリゲネス主義だったというわけである。

者〔すなわちアレイオス〕とその追随者たちに対して，その論争の初期の段階に確立されたニカイア教義に基づいてなされた教会の闘いの産物だと，そう単純には理解できないことは，今や常識である」[9)]。むしろ，この論争は，アレイオスおよびニカイア公会議以後の出来事をめぐる論争の結果として，先在していた神学的な諸々の伝統間の対立関係がそこにおいて顕在化し激化した複雑な出来事である。

3-1　アレイオス論争の発端からニカイア公会議に至るまで

カイサレイアのエウセビオス（260 頃-340 年頃）の『教会史』全 10 巻を書き継ぐ形で，ソクラテス・スコラスティコスがディオクレティアヌス帝退位（305 年）から 439 年までの『教会史』7 巻を，さらにソゾメノスが 324 年から 439 年まで，同じくテオドレトスが 428 年までの教会史をそれぞれ著した。そうした中で，たとえばソクラテスはアレイオスのアレクサンドレイア司教アレクサンドロスに対する論争について，以下のように記述している。

> ディオクレティアヌス帝の治世下で殉教したアレクサンドレイアの司教ペトロスの後，司教職をアキラースが引き継いだ。アキラースの後，前述の平和の時期にアレクサンドロスが〔司教職を継承した〕。彼は恐れを知らぬ実行力で教会を教導した。ある時彼は，自身の教区の司祭やその他の聖職者たちの前で，三位の内に統一が存するということ，すなわち聖三位一体（ἡ ἁγία τριάς）の教えを，とても野心的に哲学的な仕方で語った。
>
> アレクサンドロスの教区の司祭の一人，弁証術的な議論に秀でていたアレイオスは，自らの司教がリビアのサベリオスの教義を説いていると思い，論争を求めてリビア人の見解とは真っ向から対立する立場を取った。彼は，自身が考えた通りに，司教が語ったことに対して以下のように強固に対抗した。すなわち，「もし〈父〉が，〈子〉を生んだのならば，生まれた者はその実在の始原をもつことになる。そうすると，〈子〉が存在しなかった時があった

9）Ayres [2004], p.11-12.

ことは明らかである。したがって必然的な帰結は，〈子〉が無からの実在（ヒュポスタシス）をもつということになる」と。（*Historia Ecclesiastia* 1.5）

こうしたいわゆるアレイオス論争の発端からニカイア公会議に至るまでの経緯については，一方にアレイオスや彼に与するカイサレイアのエウセビオス，他方にアレクサンドレイアのアレクサンドロス，さらに両者の論争を仲介する立場のコンスタンティヌス帝がそれぞれの立場から書き残した書簡をもとに様々な再構成が試みられてきたが，論争当事者の証言以外の客観的史実に乏しく，いまだ決定的解明には至っていない。従来は，それら数多くの書簡を編纂したハンス・ゲオルク・オピッツによる書簡の年代画定に依拠した以下のような筋書きが定説であった（以下，たとえばUrk. 1：318は各書簡に付されたオピッツによる史料番号と想定された執筆年を表す）[10]。

アレクサンドレイアでの教会会議によってアレイオスの公式な追放と退位が宣告されたのが318年と推定される。その後，ただちに彼はニコメディアのエウセビオス（さらに共鳴を得られそうな他の高位聖職者，たとえばパレスティナ・カイサレイアのエウセビオス）に支援を求めた（Urk. 1: 318）。両エウセビオスはすみやかにアレイオスの復位を求める支援活動に取りかかったが，対するアレクサンドロスはその対抗手段として全司教宛に回状を書き送った（Urk. 4b：319）。おそらくその時までにエジプトを後にしていたであろうアレイオスと彼の多くの支持者たちは，ビテュニアの司教たちの支援に力づけられ（320年と推定されるビテュニアでの司教会議でアレイオスの教説の正統性が認められる），ニコメディアからアレクサンドロス宛に自らの主張を提示する信条書簡を書き送った（Urk. 6: 320）。書面上の戦いが急速に展開し，ニコメディアからの圧力によって，アレイオスを支持するためのパレスティナでの教会会議が開催された（320-321年頃と推定）。ついにアレイオス支持派による執拗な訴

10）Opitz [1934-5] を参照。

えに苛立ったアレクサンドロスは，アレイオスの異端説ばかりでなく，アレクサンドレイアにおける彼の振る舞いや彼の支持者の実態を詳細に綴った一連の書簡を公にした（Urk. 14: 324）。こうした東方教会の分裂騒動に心を痛めたコンスタンティヌス帝は，アレイオスとアレクサンドロス両名に宛てた和解を求める書簡（Urk. 17: 324）を，皇帝代理として当地に赴くコルドバのホシウスに託したが，両陣営の対立は根深く調停は失敗に終わり，その解決のためにアンティオケイアでの教会会議（325年），さらにはニカイア公会議（325年）が招集されることとなった。

しかし，1980年代後半に入りローワン・ウィリアムズがオピッツの年代画定に批判的な変更を加え，それ以降は説明合理性と説得力に勝る彼の所説が当該研究領域での標準となっている[11]。ウィリアムズは，我々が確実に知り得るコンスタンティヌスとリキニウスの公的な関係断絶（321年）およびその後のリキニウスの司教会議の禁令を年代推定の鍵として用い，オピッツが318年と推定したアレイオス論争の開始時期を321年とみなす。それに伴い，オピッツによって諸々の書簡に割り振られた執筆年代も，ウィリアムズによって以下のように少なからぬ変更が加えられた（オピッツの史料番号の次にウィリアムズの推定執筆年，カッコ内は比較のためオピッツの推定執筆年を挙げておく）[12]。

アレイオスによるアレクサンドロス宛の信条書簡（論争の開始）
　Urk.6：321年頃（320年）
パレスティナの教会会議書簡（アレイオス支持）Urk.10：321年頃
　（320-321年）
アレクサンドロスによるテサロニケのアレクサンドロス宛の手紙
　（反アレイオス）Urk.14：321/2年（324年）
アレイオスによるニコメディアのエウセビオス宛書簡とその返信

11）Cf. Williams [2001], pp. 48-61. 従来はOpitz [1934-5] が収録資料に付した年代設定が揺るがぬ伝統的基準であり，権威ある研究書の一つ Hanson [1988], pp. 129-138 も，おそらくWilliams の初版（1987）を考慮に入れる時間がなかったためか，Opitz に従っている。

12）Williams [2001], pp. 58-59.

Urk.1/2：321/2 年（318/9 年）

アレクサンドレイアの司教会議記録断片（反アレイオス） Urk.15：323 年初め（324 年）

ニコメディアのエウセビオスによるテュレのパウリノス宛の書簡（アレイオス支持）Urk.8：323 年（320/1 年）

ビテュニアの教会会議書簡（アレイオス支持） Urk.5：324 年（320 年）

コンスタンティヌス帝，両陣営に宛てた調停書簡をホシウスに託し，彼を自らの代理としてアレクサンドレイアに派遣 Urk.17：324 年 12 月下旬（324 年 10 月）

アレクサンドレイアのアレクサンドロスによる全司教宛の回状（反アレイオス）Urk. 4b：325 年（319 年）

アンティオケイアの教会会議書簡 Urk.18：325 年 3 月（325 年）

こうして見ると，ニカイア公会議に至るまでの経緯がアレイオス論争一色で塗りつぶされてしまうような印象を与えかねないが，実際には様々な要因が複雑に絡み合っていることが近年の研究からも明らかになっている。その一つがメレティオス派分裂である。

3-2　背景としてのメレティオス派分裂

アレクサンドロスが司教になったのは，ディオクレティアヌス帝による大迫害（303-305 年）の後，アレクサンドレイアの教会が，司教区において信仰問題から実践問題まで司教の権威が唯一かつ最優位であるような，司教職のいわば君主制化に向かう時期であった。

しかし，それまで司教との複雑な関係をもちつつ各々の司祭が独立を保つという伝統を，当地の司祭たちは維持する方針を崩さなかった。以上のような司教の役割をめぐる闘いが，エジプトでの初期の論争すなわちリュコポリスの司教メレティオスとアレクサンドレイア司教ペトロスの間でのいわゆる「メレティオス派分裂」の背後にはあった。

つまり，メレティオスをめぐるペトロスとの論争と，アレイオスをめぐるアレクサンドロスとの論争の両方が，アレクサンドレイアにおける個々の聖職者の独立という伝統に対する司教職の君主制化の機運の高まりと織り合わされたわけである。

こうした状況を背景に，4世紀を通じて，メレティオスの支持者と反ニカイア的聖職者は，たびたびその都度同盟を組んだように見受けられる（残念ながら明確な証拠はなく，現段階では推測の域を出ないが）。つまり，ニカイア公会議に招集された聖職者たちが，必ずしもアレイオスとアレクサンドロスの両者の教説をめぐって二者択一的に二分されたわけではなく，むしろそうした神学論争以外の他の要因から同盟を組んだ者たちも決して少なくはなかったのである。こうした状況にあって，影で大きな影響力をもった人物として近年大きくクローズアップされたのがアンキュラのマルケロスである。

3-3　アンキュラのマルケロスの重要性

オピッツにせよウィリアムズにせよ（つまり，たとえそれぞれの年代画定に相違があるにせよ），ニカイア公会議直前の経緯に関する彼らの再構成に共通して見出されるのは，アレイオス派とアレクサンドレイア派の両陣営が，互いに自派の正統性を主張し相手を非難するための広報手段として書簡による応酬を繰り広げていたという点，またアレイオス派が支援者を獲得するための大掛かりなプロパガンダ巡行戦略を展開していたという点である。こうした状況を，当初，皇帝コンスタンティヌスはあまり深刻に捉えておらず，アレイオス問題もメレティオス派分裂騒動などと同様に司教会議で取り上げるべき議題の一つに過ぎないと考えていたようである。その認識が大きく転換していくのは，ホシウスに自らの書簡を託し事態の収束を図ったにもかかわらず調停失敗に終わった直後（おそらく325年初め）に招集されたアンティオケイア教会会議前後の皇帝周辺の動きに見出される。

324年冬，アレクサンドレイアへ派遣され，アレイオス論争がもたらす教会分裂の切迫した実態を目の当たりにしたホシウスが，かねてよりの懸案であった復活祭の日付決定という典礼上の問題と併せて教義面でのアレイオス問題も解決を急ぐようコンスタンティヌス帝に進言したことは確かであろう。その機を逃さず，アレクサンドロスをはじめとする反アレイオス陣営がアレイオス派を抑え込むための大規模な司教会議の開催をホシウスに強く求めたことは想像に難くない。その結果，325

年 3 月と想定されるアンティオケイアの教会会議書簡（正しくは，「アンティオケイアに召集された教会会議で書かれた〔宣言〕文のテッサロニケ司教アレクサンドロス宛に送られた写し」）（Urk. 18）において，初めて「アンキュラにおける大規模な司教会議」への言及がなされ，その直後，同年 3 月に親勅により開催地がニカイアに変更され（cf. Urk. 20），歴史に残る第 1 回普遍〔全地〕公会議が召集されることとなったのである。

しかし，一体なぜ最初はアンキュラでの開催だったのか，またそれがどうしてニカイアへと変更になったのか？　この点に関してアラステア・H・B・ローガン[13]の解釈は極めて説得力に富む。すべてはアンキュラのマルケロスに焦点を合わせることでうまく説明がつくというのである。つまりローガンによれば，324 年の終わり頃，コンスタンティヌスがリキニウスに勝利し宗教会議の禁令が解除された後に，あるいは 325 年初め頃，アレクサンドレイアに対するホシウスの使命が失敗した時点で，アレイオス論争と復活祭の日付問題の両方を解決するために，アンキュラでの大規模な司教会議開催の意義をコンスタンティヌス帝に進言するようホシウスを説き伏せた反アレイオス陣営の黒幕的存在こそ，他ならぬアンキュラのマルケロスだというわけである。そもそもアンキュラ（現在のトルコのアンカラ）が教会会議の地としてその名が広く知られるようになったのは，マクシミヌス・ダイアの死後さほど時を措くことなく，おそらく 314 年の復活祭の後に彼による迫害の事後処理のために開催されたかなり規模の大きな教会会議によってであり，重要な教会規則が数多く決定された。多くの写本はその会議の議長としてアンティオケイアのウィタリスを挙げるが，いくつかの写本はマルケロスの名を署名リストの冒頭に掲げ，彼が議長を務めたと記している[14]。

さらにマルケロスは，322-323 年当時，ニコメディアのエウセビオスによって扇動され引き起こされたアレイオス支援のための広宣活動の一角として，小アジアやシリアへの説教巡行を展開していたカイサレイアのエウセビオスやパウリノス，アステリオスらと鋭く対峙していた。カ

13）Logan [1992], p. 428-446.

14）Hanson [1988], p. 217 は，マルケロスの名が，その悪名高い異端説のゆえにアンティオケイアのウィタリスの名に差し替えられた可能性を示唆している。

イサレイアのエウセビオスの『マルケロス論駁』[15)]によれば，マルケロスはアレイオス派を主導するエウセビオスやパウリノスらを，神性の内に二つのウーシアー（δύο οὐσίαι）[16)]を認め二神論を主張しているとして強く非難していた。すなわち，

> 彼〔マルケロス〕は，アンキュラを訪れ教会で説教をおこなっていた〔カイサレイアの〕エウセビオスを再び非難し，そこで聞いたその説教について語っている。彼を苛立たせたその説教について彼はこう記している。
>
>> エウセビオスは使徒パウロの考えに変化を加えている。……ガラテヤ人の信仰について使徒パウロはこう書いている。「わたしの子供たち，あなたがたの内にキリストが形作られるまで私は再び産みの苦しみにある」と。それに対してエウセビオスは，ガラテヤ人が神に関して正しい考えをもっていないと非難する。……ガラテヤ人は，神への敬虔さについてエウセビオスのように考えてはおらず，彼のように二つのウーシアー，二つのもの，二つの力，二つの神々を語ってはいない，と。（*C. Marc*. 1. 4. 45f. (GCS p. 27, 14-25)）

あるいは，

> 〔マルケロスの言葉によれば,〕パウリノスはためらうことなく，ある時は，キリストは第二の神（δεύτερος θεός）であり，その神は極めて人間的な仕方で生まれたと言い，またある時は，キリストは被造物（κτίσμα）であると語ったり書いたりしている。……彼がアンキュラに来た時には，我々に面と向かってキリストは被造物だ

15）　Eusebius Caesariensis, *Contra Marcellum* (*C. Marc*. と略記), E. Klostermann (ed.), GCS Eusebius vol. 4, pp. 1-58, Leibzig, 1902.

16）　文法的には「ウーシアー」の複数形を用いた「二つのウーシアイ」が正確な表記だが，一般読者に無用な混乱を与えぬため，カナ表記は一貫して「ウーシアー」で通すことにする。

と言い放った。(*C. Marc*. 1.4.49 (GCS p. 28, 7-12))

こうした経緯を考慮すれば，アンティオケイア教会会議において，聖書や使徒の教えを蔑ろにしたとの理由でカイサレイアのエウセビオスらが直近のアンキュラ（実際にはニカイア）公会議での最終判定までの期間，暫定的に追放処分とされた背後に，議長であるホシウスにエウセビオスらへの審問を強く迫ったマルケロスの影を読み取ることは決して難しくはない。

いずれにせよ，暫定的とはいえカイサレイアのエウセビオスのような影響力の大きな司教の追放決議の知らせは，コンスタンティヌス帝に大きな衝撃を与えたに違いない。このままアンキュラで公会議を開催することになれば，教会の分裂をさらに大きくしかねないと危惧したコンスタンティヌスが，ニカイアへの開催地変更によって皇帝の存在を誇示し，自らの影響下に公会議を置こうとしたという想定は十分あり得る。しかも次項で見るように，ニカイア信条において「ウーシアー」や「ホモウーシオス」が唐突に論争の焦点となったかのような経緯についても，既にマルケロスによるエウセビオス批判で「二つのウーシアー」がクローズアップされていたことを顧慮すれば，いたって筋の通る話となるだろう。当時，キリスト論における両陣営の主張に十分な理解も関心もなかった少なからぬ司教たちにとって，神性にはただ一つのヒュポスタシス，ただ一つのウーシアーしかないと主張する筋金入りのサベリオス主義者であったマルケロスの策動に秘められた危うさは，アレイオス派への警戒心のあまり容易に見過ごされたに違いない。

3-4　ニカイア信条

確かにアレイオス文書の示すところでは，「ウーシアー」と「ホモウーシオス」という用語自体は論争の初期の段階から議論に登場してはいたが，それらが対立のそもそもの焦点ではなかった。むしろ，アレイオスがアレクサンドレイアの主教アレクサンドロスの，〈子〉は〈父〉と同じく永遠である，というオリゲネス以来の教説を拒否したところから論争が始まったのである。アレイオス自身も，〈子〉キリストの起源が時間の生じる以前（「あらゆる時代の前，世々の前」πρὸ χρόνων καὶ πρὸ αἰώνων），つまり「時間の外」の問題であることは十分自覚していたが，彼の論点はあくまで，無始原（ἄναρχος）なのは〈父〉なる神のみであって，〈子〉はたとえ時間的な意味ではないにしても始原をもち，その限りで無から生じた，というところにあった[17]。次いで，そこからの論理的な帰結として，〈父〉は必然的に〈子〉より優れた位階にあり，〈子〉が〈父〉から出たのは，〈父〉なる神のウーシアー・本質からでなく，〈父〉の純粋な意志による行為からである，という教説が提示されるに至る。この段階に至って，初めて，〈子〉は〈父〉のウーシアーをもたず，〈父〉とホモウーシオスでない，という我々に馴染みのある命題が登場するようになったのである。いずれにせよ，あくまで〈父〉の〈子〉に対する優位性を主張し，「我々が認めるのは，唯一不生にして唯一無始原なるところの一なる神である」[18]というように不生性，無始原性をその論拠にしていたアレイオスであったが，ニカイア公会議直前には，ウーシアーおよびホモウーシオスが両者の主張の不一致点として大きくクローズアップされるまでに論争点はシフトしていったようである（我々はその背後に，ローガンに従って，エウセビオスらを「二つのウーシアー」という論点から攻撃していたマルケロスの影響を見た）。その事実は，アレイオスの異端説を告発すべく開かれたニカイア公会議において作成されたニカイア信条に明らかである[19]。

ここでいう信条とは信仰の規範のようなものだが，まずはそれから見ていくことにしよう。（詳細な記録が失われた今，ニカイア信条本文は，教会史家や教父らの著作に再録されたものを参照するしかなく，ここで挙げる

17）Cf. Opitz [1934-5], *Urkunde* 1, 4-5.

18）*Ibid., Urkunde* 6.

19）本来アレイオス派に与し，ましてやアンティオケイア教会会議において暫定的とはいえ断罪されたカイサレイアのエウセビオスが，なぜアレイオス派を糾弾するためのニカイア信条に署名するに至ったのか，そのいささか口実めいた理由を自身の教区の信徒宛に綿々と綴った書簡（Opitz [1934-5], *Urkunde* 22）が残されている。そこには，「ホモウーシオス」という語が付加された以外は，ニカイア信条が自らの奉じる東方パレスティナの信仰宣言文（後出の補註1参照）に準じたものに過ぎず，しかも「ホモウーシオス」という語さえも，皇帝自らの執り成しも含めて許容できる範囲のものだ，と説かれてる。しかし実際には，ニカイア信条にはさらに①「父のウーシアーから（生まれた）」，②「真の神からの真の神」が付加され，逆に東方の信条では一般的な③「すべての被造物の初子，すべての時代の前に（父から生まれた）」が削除されている。次頁に引用するニカイア信条と本章末の補註1とを比較参照していただきたい。

版も，カイサレイアの主教バシレイオスの書簡 125 に完全な形で収められたものから抜き出したものである。）

> 私たちは一なる神，全能の父，見えるものと見えないものすべてを創造したものを信じる。
> また，私たちは一なる主イエス・キリスト，神の子，〈父〉から生まれた独り子，すなわち〈父〉のウーシアーから生まれたものを信じる。神からの神，光からの光，真の神からの真の神，生まれたものであって造られたものではない，〈父〉とホモウーシオス（同一本質）であるその方を。天と地にあるすべてのものはその方によって成った。主は，私たち人間のために，また私たちの救いのために降り，肉となり，人間となり，苦しみを受け，三日目によみがえり，天に昇り，生者と死者とを審くために再び来たるのである。
> 私たちはまた，聖霊を信じる。
> 「〈子〉がいないときがあった」とか，「〈子〉は生まれる前には存在しなかった」とか，「〈子〉はないものから生じた」とか，「〈子〉は異なるヒュポスタシスやウーシアーから成る」と言う者たち，あるいは「神の〈子〉は変化し変異するものである」と言う者たちを，普遍的な使徒的教会は断罪する。[20]

この信条で信仰の対象として掲げられていた〈父〉，〈子〉，〈聖霊〉の三つの位格が，どのようにして三ではなく一なる神とみなされ得るのか，それを説き明かすことが初期キリスト教神学者たちにとっては，極めて大きな問題であった。とりわけ，〈子〉・キリストを被造物とみなし，その神性を否定するアレイオス主義との論争は苛烈を極め，終息の気配すら見出し得なかったが，そのような状況の中で，アレイオス主義を断罪し，信仰の規範を打ち立てんとして作成されたのが，今見たニカイア信条だったわけである。したがって，最後のアナテマ部分は言うまでもなく彼らアレイオス主義者に向けられたものである。

さて，ここで注目すべきは，下線を引いた部分，特に「〈父〉とホモ

20） Basil of Caesarea, *The Letters*, tr. R. J. Deferrari, vol. II, Loeb Classical Library, 2001(19281), pp.264-267.

ウーシオスであるその方（つまり〈子〉キリスト）」という箇所である。321年頃，つまりアレイオス論争が勃発した当初と異なり，公会議の開催された325年に至る頃には，関心が〈父〉なる神と〈子〉キリストが同一本質的（ホモウーシオス）であるかどうか，つまり同一の神性を共有するかどうか，というキリスト論的関心に移動してきたことは，この文面からも明らかである。バシレイオスが，彼の活動後期（ないし晩年）に，精確に区別して用いたギリシア語の用語法を日本語に訳さずにそのままカナ表記にして言い換えれば，〈父〉なるヒュポスタシスと〈子〉なるヒュポスタシスがウーシアーにおいて同じである，ということが，ここでは主張されていたわけである。ヒュポスタシスは，動詞ヒュポステーナイ（ὑφίστημι の第2アオリスト，ラテン語なら動詞 subsistere）の名詞形（強いて訳せば「存立」という意味）であるし，ウーシアーも既に見たように動詞 εἰμί の女性分詞から派生した名詞形とみなせば，共に「存在」「実在」に関わる極めて存在論的な語彙といえよう。なんとも訳しにくい語彙なのだが，通常，三一論の文脈では，「ヒュポスタシス」は，しばしばその語と同義的に用いられた「プロソーポン」（πρόσωπον：「面」「顔」「仮面」）のラテン語訳「ペルソナ」から英語では person，日本語では「位格」，「ウーシアー」は，英語では substance か essence，日本語では「本質」と普通訳されてきている（ただし本章では，行論上，さしあたりはカナで「ヒュポスタシス」，「ウーシアー」と呼んでおくことにする）。

さて，この「〈父〉なるヒュポスタシスと〈子〉なるヒュポスタシスがウーシアーにおいて同じである」という極めて哲学的な語彙を含んだ文をどのような意味で解釈していくか，というのがニカイア公会議以後のキリスト教世界を揺るがした一大論争となっていくわけである。この三位一体論の教義確立期にあたる4世紀カッパドキアにあって，〈父〉なる神と〈子〉イエスのウーシアーの非相似（アノモイオス）を鋭利な哲学的分析によって主張するエウノミオス（360年頃にキュジコスの主教に叙聖された）との対決から，相似本質派（ホモイウーシアン）やサベリオス主義的なニカイア右派（同一本質派），さらには聖霊の神性を認めないプネウマトマコイたちとの晩年の論争に至るまで，ひたすら「三位格（ヒュポスタセイス）が一なるウーシアーであること」の意味に取り組んだのが，他ならぬ大バシレイオスその人である[21)]。

（補註 1）　カイサレイアのエウセビオスによるパレスティナ信条

カイサレイアのエウセビオスが教区信徒に宛ててニカイア公会議の顛末を報告した書簡に掲げられた東方パレスティナの信条（信仰宣言文）

私たちは一なる神，全能の父，見えるものと見えないものすべての創造者を信じる。

また，私たちは一なる主イエス・キリスト，神のロゴス，神からの神，光からの光，生命からの生命，すべての被造物の初子，すべての時代の前に父から生まれたものを信じる。すべてのものはその方によって成った。主は，私たちの救いのために肉となり，人間となり，苦しみを受け，三日目によみがえり，父のところに昇り，生者と死者とを審くために栄光につつまれ再び来たるのである。

私たちはまた，一なる聖霊を信じる。（Opitz [1934-5], *Urkunde* 22, 4 (p. 43, 9-15)）

21）本書ではバシレイオスとエウノミオスの論争を主題的に取り上げる関係で，ニカイア公会議以後のアレイオス派の巻き返しと復権，その結果としてアレクサンドロスの死後（328 年）その跡を継いだアタナシオスやマルケロスをはじめとするニカイア右派の失脚に至るまでの経緯について詳しく触れることはできない。そこでニカイア後の動向に関しては，補註 2 にそのごく大まかな流れをまとめておくので，参照していただきたい。また，そうした動向にコンスタンティヌス帝がどこまで関与していたかは意見の分かれるところであるが，カイサレイアのエウセビオスがコンスタンティヌスの演説として報告している内容（cf. GCS Eusebius, vol. 1, p. 163, 15-31, p. 168, 7-19），すなわち，異教徒の内でもっとも優れた者であるプラトンが，二つの神，二つの別個のウーシアーを語り，第一のウーシアーである〈父〉が第二のウーシアーである〈子〉に先立つことを説いたという箇所一つをとってみても，明らかにエウセビオス自身の所説の書き加えと思われ，この問題の扱いの難しさを物語っている。

（補註2）　ニカイア公会議以後の動向概観

テオドア・ツァーン[22]やアドルフ・フォン・ハルナック[23]らの伝統的な見解によれば，1)「ホモウーシオス」という語は，本来，三一神の全一性を主張する立場と多元性を主張する立場の間での論争に関連したものであり，2)「新ニカイア派神学」は，最終的に，ニカイア信条における「ホモウーシオス」の本来の全一的意味を再解釈した上でそれを破棄することさえ厭わなかった，とみなされてきた。図式的に言い換えれば，「ホモウーシオス」概念は，325年のニカイア公会議における「タウトウーシオス〔同一のウーシアーの〕」（ταὐτοούσιος）という意味での「ホモウーシオス」から，358年のアンキュラ教会会議を経て，381年のコンスタンティノポリス公会議における ὅμοιον κατ᾽οὐσίαν（本質存在における類似）という意味に改変された「ホモウーシオス」（すなわち「ホモイ・ウーシオス」〔相似本質〕）へと次々に書き換えられていったということになるだろう。このような見解に立つ限り，新ニカイア派神学の父はホモイウーシオス派の指導者であるアンキュラのバシレイオスであって，アタナシオスでもカイサレイアのバシレイオスでもないということになる。

しかし，研究の進んだ現在においてそのような解釈はすっかり廃れたと言ってよいだろう。その理由として，第一に，350年代において前述のような意味で単独に「新ニカイア派」と呼ばれ得るような集団の存在は極めて疑わしいと思われる。341年のアンティオケイア教会会議において，ニカイア信条における「ホモウーシオス」の主唱者アタナシオスは退陣を余儀なくされた上に，ニカイア信条を支持していた大半の人々もまた，「おそらく，一方のアレイオスの言葉も，もう一方の〔ニカイア右派の〕アタナシオスや〔様態論的サベリオス主義を信奉する〕マルケロスの神学も，どちらの極も受け入れ難いと思っていたに違いな

22）　Zahn [1867], pp. 8-32.

23）　Harnack [1966], pp.80-89.

い」[24)]からである。実際，ホモウーシオス（同一本質）派はその後歴史の前景から消え，代わりにホモイウーシオス（相似本質）派が中心的立場と考えられるようになった。それゆえ，第二に，アンキュラのバシレイオスのようなホモイウーシオス派の人物が，当時既に破棄され無効化されていたニカイア信条の「ホモウーシオス」の立場に反対する必要などそもそもなかったわけで，対抗すべき敵はむしろ背後から現れたのである。最近の研究によれば，350年代の後半に著しく勃興したのは「ホモイアン」(homoians)，すなわち「〈子〉は〔〈父〉とは〕はっきり異なった，存在論的に劣るものであるけれど，〈父〉と似た（ホモイオス）ものである」[25)]という〔〈子〉の〈父〉なる神に対する〕従属主義を唱えるグループであった。彼らの内でも特に，アエティオスとその弟子エウノミオスは，従属主義陣営の大半を主導し，〈父〉と〈子〉は（似たものではあるけれども）本質においてはむしろ「非相似（アノモイオス）」だと強力に主張するがゆえに「非相似（アノモイオス）派」(ἀνόμοιοι）と呼ばれた。彼らとは対照的に，〈子〉を「本質において〈父〉に似たもの」と考え，それゆえに「相似本質（ホモイ・ウーシオス）派」と呼ばれたアンキュラのバシレイオスをはじめ他の司教らは，非相似派と敵対し，358年のアンキュラ教会会議において「本質存在における類似」(ὅμοιον κατ᾽οὐσίαν）という意味でのホモウーシオスを広めるためにアンキュラのバシレイオスの周りに集まった。しかし，彼らは，早くも360年のコンスタンティノポリス教会会議において，過激な非相似派であるホモイアンによって退位させられることとなる。ある非相似派の報告によれば[26)]，おそらく，セバステのエウスタティオスに懇願され，カイサレイアのバシレイオスもまたこの公会議に出席していたものと思われる。しかも，彼は「アンキュラのバシレイオスとなんらか個人的な関係を持っていたようであり，360年のホモイアン信条には強く反対した」[27)]と言われる。それゆえ，伝統的に，彼はホモイウーシオス（相似

24）Ayres [2004], p. 432.

25）*Ibid*.

26）この非相似派の人物とはフィロストルギオスのことである。cf. Eusebius of Caesarea, *Historia ecclesiastica*, de. Schwartz, GCS 9, Ⅳ 12.

27）Ayres [2004], pp. 188f. ハンソンによれば，カイサレイアのバシレイオスは，コンスタンティノポリス信条（いわゆるホモイアン信条）に署名していた同地の司教ディアニオス

本質）派とみなされてきた。しかし，以下で見るように事実はそれより遥かに複雑である。

我々がここで注目すべきは，なによりまず，アンティオケイアのメレティオスによって導かれたいわゆる親ニカイア派の存在である。この親ニカイア派，すなわちメレティオス派は，分離したホモイウーシオス（相似本質）派ではなく，ホモイアン（非相似派）から分派して組織化されたものとみなされている。したがって，360 年のホモイアン主導によるコンスタンティノポリス教会会議では，彼らの陣営の司教は退位させられたホモイウーシオス派の司教に取って代わることとなる。たとえば，アンティオケイアのメレティオスがアンティオケイアのエウスタティオスに，アンキュラのアタナシオスがアンキュラのバシレイオスに取って代わった。少なくとも，アンティオケイアの親ニカイア派を二分しメレティオスに対抗していたパウリノスの判断によれば，メレティオスは，ニカイア派に与するホモイウーシオス（相似本質）派ではなく，アレイオス派に与するアノモイオス（非相似）派によって在位させられたように思われていた。結果として，メレティオス派とホモイウーシオス派の間には鋭い敵対関係が生じたわけだが，アンキュラのマルケロスと組んでサベリオス主義に染まったパウリノスに較べれば，サベリオス主義とアレイオス主義の中道を行くメレティオスは東方の司教たちの信頼を勝ち得ていたといえるだろう。その後，メレティオスはアルメニアに亡命し，親ニカイア派によるホモウーシオス解釈を是認する方向へとますます近づいていったとされる[28)]。こうした動向を承けて，カイサレイアのバシレイオスは，なんとか両陣営との関係を維持しようとしたものと思われる。では，実際のところ，バシレイオスはホモイウーシオス（相似本質）派にどの程度コミットしていたのであろうか。この点については本書第 2 章を参照していただきたい。

から疎まれていたようである。cf. Hanson [1988], p. 680.

28）以上のアンティオケイアの錯綜した状況理解ついては以下に負っている。Chadwick [2001], pp. 292-294, 344-347.

第2章

バシレイオスのウーシアー・ヒュポスタシス論

古代末期の東方キリスト教圏を揺るがしたアレイオス論争は，その終息を図って325年に召集されたニカイア公会議以降も，〈父〉，〈子〉，〈聖霊〉の三つの位格の同一本質性《ホモウーシオス》をめぐって正統・異端入り乱れ，さながら嵐の中の海戦のごとき混乱の様相を呈していた[1]。そうした混乱を生み出した元凶ともいえるものの一つが，ニカイア信条にも組み込まれた「ウーシアー」と「ヒュポスタシス」という二つの根本術語をめぐる根深い哲学的かつ神学的な混乱である。そもそも4世紀東方にあって，両概念は多くの論者にほぼ同義とみなされていたが，そこに新たに明確な区別を導入することによって〈父〉・〈子〉・〈聖霊〉という三つのヒュポスタシスを一つのウーシアーとして統一すべく，かかる神的一性の実相に肉薄し，その後の正統教義形成に大きく寄与したのがカイサレイアのバシレイオスである。

本章では，バシレイオスによる最初の主要教義書『エウノミオス論駁』[2]を中心に，彼のいわゆる相似本質派《ホモイウーシアン》期（360年頃-365年頃）の三一論的見解に基づいたウーシアー・ヒュポスタシス論の展開を追ってみたい。そのために，第1節ではまず両概念各々の思想背景を概観した上で，ストア派起源のヒュポスタシス／エピノイア区分を準拠枠として，

1） Cf. Basilius, *De Spiritu Sancto*（以下 *DSS* と略記），ch.30, 76. なお，本章で使用する校訂版は，H. J. Sieben, *Basilius von Cäsarea, De Spiritu Sancto, Über den Heiligen Geist*, Herder, 1993.

2） 本章で使用する校訂版は，Basilius, *Contra Eunomium*［以下 *CE* と略記］, eds. B. Sesboüé, G.-M. de Durand, and L. Doutreleau, 2 vols. SC 299, 305, Paris, 1982-3.

バシレイオスと新アレイオス主義の雄エウノミオス両者のウーシアー・ヒュポスタシス論を比較考察する。次いで第2節ではバシレイオス自身の神学者としての経歴からすれば比較的前期の作といえる『エウノミオス論駁』およびその後に書かれた書簡から，その時期に彼が直面していた三一神論的問題を，ギリシア哲学に根差したウーシアー・ヒュポスタシス論の観点から捉え直していきたい。彼のウーシアー・ヒュポスタシス理解の前半期の展開を，三一神論における論敵たちとのその都度の神学論争を手がかりにして哲学的に跡づけていくこと，それが本章の意図するところである。

第1節　バシレイオスとエウノミオス

1-1　ウーシアーとヒュポスタシス

ほぼ同じ時期にカッパドキアに生まれた二人は，一方のバシレイオス（330年頃-379年）が二十代前半のアテナイ留学やオリゲネスからの詞華集『フィロカリア』の編纂などを介して，他方のエウノミオス（320年代末頃-394年）がコンスタンティノポリスやアレクサンドレイア，とりわけアンティオケイアにおける師アエティオスからの修辞学の教えを通して，両者共にギリシア哲学諸派およびそこから影響を受けた初期キリスト教思想家たちの多くのテクストにほぼ申し分のないほど精通していたものと思われる。その意味で彼らは，思想背景から時代の雰囲気に至るまで，かなりの部分を共有していたに違いない。

バシレイオスとエウノミオスとの具体的な関わりについて見るなら，359年から360年にかけて開催されたコンスタンティノポリス教会会議が二人の直接の対決の場となるはずであった。ところが，エウノミオスが自らのアレイオス主義的な立場を見事に弁明し終えたのに対し，バシレイオスはそれ以前になされたエウノミオスの師アエティオスとの論争で成果を上げることができず，早々に当地を退却してアンネシに自らが建設した修道院へと引き篭もってしまったようである。エウノミオスはその功績によってキュジコスの主教の座を得たものと思われるが，その1，2年後には，早くもその教会会議での弁論を『弁明の書

(*Apologetikos*)』として公刊したに違いない。その後，既に失意も癒えたバシレイオスはそれを入手し，早々に『エウノミオス論駁（*Contra Eunomium*)』として世に問うに至ったわけである。こうした経緯をもった書物であるから，同書は，エウノミオスの『弁明の書』で挙げられたテーゼについて，ほとんど逐一，まず引用し，それに論駁を加えるというスタイルで一貫している[3)]。

本章の主題であるウーシアーとヒュポスタシスという語の使用状況に焦点を絞れば，二人が活動を開始した4世紀中葉は，それら二つの概念が未整理のまま混用されていた時代であった。その顕著な一例が，325年に作成されたニカイア信条のアナテマ部分に見出される。そこでは，「「〈子〉は〔〈父〉とは〕異なるヒュポスタシスやウーシアーから成る」と言う者たち……を普遍的な使徒的教会は断罪する」[4)]と述べられているが，後に両概念が神学的術語として定着した時期（381年）のコンスタンティノポリス信条から振り返るならば，〈子〉が〈父〉とは異なったヒュポスタシス（位格）から成ることは，正統の証でこそあれ，決して異端として非難されるべきことではない。言いかえれば，〈子〉イエスの神的位格の独立性・個別性を意味し得る語彙が，ニカイア公会議以後4世紀後半に至るまで，なお未成熟なまま，ウーシアーとヒュポスタシスの両概念が曖昧な形で併用される混乱期が続いたということである[5)]。しかし，両概念には明確な違いもある。「ウーシアー」は聖書には

3)　論駁者であるバシレイオスが，自著『エウノミオス論駁』においてエウノミオスの論点を逐一詳細に採録したことによって，『弁明の書』の写本校訂もきわめて信頼性の高いものとなった。その成果が1987年にR・P・ヴァッジオーネによって上梓されたエウノミオスの残存著作の校訂版（Richard P. Vaggione (ed.), *Eunomius: The Extant Works*, Oxford, 1987）である。ただし，本章でエウノミオスのテクスト箇所を指示する場合，両者の主張を比較しやすい『エウノミオス論駁』(*Contra Eunomium*［以下CEと略記］, B. Sesboüé, G.-M. de Durand, and L. Doutreleau (eds.), 2 vols. SC 299, 305, Paris, 1982-3）の番号付けをミーニュ版（PG29）の頁付けと併記し，たとえば「CE1.5[513d]」のように示すことにする。

4)　詳細な記録が失われた今，ニカイア信条本文は，教会史家や教父らの著作に再録されたものを参照するしかなく，ここで挙げる版も，バシレイオスの書簡125に完全な形で収められたものから抜き出したものである。その全文については，本書第1章第3節3-4を参照されたい。

5)　それゆえ，「本質」「位格」などと後に術語として定着した語義を表す訳語をこの時期の議論に適用することは，当時の状況を無視し，その理解を妨げることにもなりかねない。本章において，敢えて「ウーシアー」「ヒュポスタシス」という表記を用いる所以もそこにある。同様の問題は，「ウーシアー」と「フュシス」および「ヒュポスタシス」と「プロソーポ

一切登場しないが，「ヒュポスタシス」は新約，七十人訳旧約いずれにおいても使用例があるという点である[6)]。そのことも含め，両概念の概要から見ていきたい。

まず「ウーシアー」という語については，既に本書第1章（「第1節　ウーシアー概念の基本構図」）において，その哲学的意味区分の典型であるアリストテレス実体《ウーシアー》論から，ストア派やアリストテレス哲学のプラトニスト註解者，さらにグノーシス主義派のキリスト教徒らの影響を経て，ニカイア公会議以降，東方教父たちが「ウーシアー」および「ホモウーシオス」という哲学的色彩の極めて濃い概念をめぐって議論せざるを得なくなるまでの経緯が詳しく述べられた。

対して「ヒュポスタシス」について言えば，それはまず動詞ヒュポステーナイ（ὑφίστημι の第2アオリスト，ラテン語なら動詞 subsistere）の名詞形であるが，その一般的な語義は，動詞 ὑφίστημι の中動相「基に存する」と能動相「支える」から派生したものである。前者からは，「基に存するもの」として「沈澱物」「堆積物」，さらには「基体」という意味が，後者からは，心理的に「支えるもの」として「確信」という意味が派生した。「ヒュポスタシス」が初めて哲学的な意味で使用されたのは，ストア派のポセイドニオスからであるとされるが[7)]，それ以降もストア派において「ヒュポスタシス」は，「客観的・具体的に現象として露わになる現実存在」として，人間の独立した思考領域を表示する概念「エピノイア」と対比されるような術語的意味を担うことになる。聖書での用例に目を移せば，新約では5例の用例（内4例[8)]は「確信」という一般的な意味）の内，『ヘブライ人への手紙』第1章第3節「（〈子〉は）神のヒュポスタシス（本性）の刻印」という用例が，また七十人訳旧約

ン」の語義区分についても見出され，バシレイオスにおいても，晩期の『聖霊論』にあってさえ，それらの語義区分は曖昧なまま併用されていた。なお，「ウーシアー」と「フュシス」を明確に語義区分したと解釈され得る彼の書簡38には従来から真筆性の問題があり，現在ではニュッサのグレゴリオスの手になる書簡とみなす立場が有力である。この点については拙稿 Tsuchihashi [2008], pp. 60-76 を参照せよ。

6）このゆえに，故意に「ウーシアー」を避け「ヒュポスタシス」を用いたアレクサンドレイアのアレクサンドロスやイェルサレムのキュリロスのような論者もいた。cf. Stead [1977], pp. 160f.

7）Kobusch [2007], p. 6.

8）2コリ 9:4, 11:17; ヘブ 3:14, 11:1.

では 20 例の内，『知恵の書』第 16 章第 21 節「あなた〔神〕のヒュポスタシス（本性）が子供らへのあなたの優しさを表した」という用例が，共に神学的に重要である。しかし，ここにおいてもウーシアー概念との混同の可能性は払拭しきれぬままである。

さらに四世紀ギリシア教父における当該語の用法の一例として，バシレイオスの場合を見てみるならば，少なくとも彼の『エウノミオス論駁』においては「本質存在」「基体」「（いわゆる）位格」「実在」の四つの用法があることがわかる[9]。その中でも重要なのは，前述の『ヘブライ人への手紙』の用例を取り上げた以下の叙述である。

> なぜなら，（〈子〉が神の栄光の）「反映」と呼ばれるのは，我々が（両者の）結びつきを理解するようになるためであり，「神の〈ヒュポスタシス〉の刻印」と言われるのは，〈子〉が神と〈ホモウーシオス〉であるということを我々が知るようになるためである。(CE1.20)[10]

この叙述が，〈子〉の神性を認めないアレイオス主義者に対して，〈子〉と父なる神が「ホモウーシオス」（同一本質）であると主張するニカイア信条を擁護するものであることは明白である以上，ここでの「ヒュポスタシス」がヘブライ書と同様に「本質存在」の意味で用いられていることは間違いない。その限りでは，バシレイオスはまだ「ウーシアー」と「ヒュポスタシス」をほぼ同義と捉えていたことがうかがえる。

しかし，同様に「ウーシアー」の同義語としてではありながら，「本質存在」ではなく「基体」（ὑποκείμενον）の意味で「ヒュポスタシス」が用いられる箇所（CE2.4）も同書には見出される。そこでは，たとえばペトロという固有名で指示される彼の固有性の基体が「ヒュポスタシス」と表示されている。また，同書で唯一，「三つのヒュポスタシス」という表現によっていわゆる「位格」の意味を示唆する箇所（CE3.3）については，用例が一つしかないという事実自体が「位格」という術語

9）　この点に関しては，Turcescu [1997], pp. 374-395 から多くを学んだ。

10）　この箇所は，『エウノミオス論駁』において〈父〉と〈子〉が「ホモウーシオス」であることを述べた唯一の箇所である。

的な意味がまだ定着していないという当時の状況を証示しているとも言えるだろう。いずれにしても，以上の三つの用法からは，「ヒュポスタシス」を「ウーシアー」から明確に区別しようとする意図は見出されない。

唯一，論敵であるエウノミオスの唯名論的な立場を述べる際にのみ，「ウーシアー」と置き換えることのできない語としてヒュポスタシスが用いられる箇所がある。それはすなわち，エウノミオスの主張する「観念」（ἔννοια）がいかなる客観的実在をも指示することがなく，その発話行為においてのみその観念はその都度「ヒュポスタシス」をもつ，と述べられる箇所（CE1.5）がそうである。エウノミオスにとって，〈父〉が「生まれざること」は〈父〉のウーシアーであって，それは決して観念によって見出されはしないと主張される以上，ここで観念の目的語として「ヒュポスタシス」の代わりに「ウーシアー」を用いることは許されない。もちろん，ここでの「ヒュポスタシス」が意味しているのは，せいぜい，「実在性」といった程度の一般的な意味でしかないが，この箇所が，「ウーシアー」では表示し得ないことを意味し得る語として「ヒュポスタシス」が区別され始める端緒の一つとなることは確かであろう。

1-2　エウノミオスとバシレイオスの論争点

次にエウノミオスの「不生性」をめぐる議論を見ることにする。彼は，〈父〉なる神のウーシアーが「不生性」（ἀγεννησία）であると主張することによって[11)]，なによりもまず次のことを立証しようとした。すなわち，「生まれたものである〈子〉は，本質（ウーシアー）の点で〈父〉なる神と異なる」，そして「〈父〉なる神は〈子〉に先立って存在した」ことばかりでなく，「〈子〉は，ないものから造られてある」ことをも立証しようと意図していたのである。言い換えれば，彼は，「不生性」の概念を最大限に利用することによって，アレイオス主義の主要命題を論理的に引き出そうとしたのである[12)]。したがって，「不生性」概

11）M. V. Anastos は，エウノミオスが，おそらくこの主張を師であるアエティオスから最初に学んだのではないか，と推測している。cf. Anastos [1979], p.73.

12）しかし，エウノミオスは以下の2点で初期アレイオス主義者とは袂を分かつ。ま

念を彼がどのように分析し，それを神のウーシアーにどのように繋げていったのか，まずその点を明確にする必要がある。

まず彼は，当時の教父たちが誰でも認めるであろうこと，すなわち，「一なる神は，彼自身によっても他の何ものによっても造られるものではない」（CE1.5 [513d]）ことの説明から始める。それはなぜかと言えば，そもそも「造るものは，造られるものが存在する前に存在し，造られるものは，造るものの後に存在する」（CE1.5 [513d-516a]）からである。（補足すれば，すべてを造るものである一なる神は，造られるもの一切が存在しないときに存在する以上，造られるものでも何かから生じるものでもないのである）。

もし神が，自ら生じるのでも他の何ものかによって造られるのでもないならば，いかなるものも神自身に先立って存在することはあり得ない。それゆえ，神はあらゆる意味で「生まれの起源をもたないもの」（ἄναρχος）であり，その意味で「生まれざるもの」である。つまり，「神の不生性は〔神が神であることの〕論理必然的な帰結である（ἀκολουθεῖ τούτῳ τὸ ἀγέννητον）」（CE1.5 [517b]）。とすれば，神である限り必然的に不生であるのだから，神のウーシアーは不生性である，ということになるだろう（同書に採録されたエウノミオス自身の言葉によれば，「むしろ，不生性は生まれざるウーシアーである」[μᾶλλον δὲ αὐτό ἐστιν οὐσία ἀγέννητος][13]となる）。以上がエウノミオス説のいわば第一の根本テーゼである。もし，神のウーシアーが不生性であるならば，「生まれたもの」（γέννημα）である限り〈子〉キリストは，そのウーシアーを共有しておらず，それゆえ，ウーシアーにおいて〈父〉とは非相似（ἀνόμοιος）である，と結論できよう。

神のウーシアーを「不生性」として規定した後，エウノミオスが次に展開するのは，「生まれざるもの」（ἀγέννετος）という名（ὄνομα）の極めて特異な意味論的位置づけである。まず，エウノミオスは，人

ず，彼は養子説（adoptionism）――すなわち〈子〉はその徳と善行によって天の序列の高位に達し，神の下に座すべく配されたとみなす説――を明確に拒否した。また，神のウーシアーが不可知であるという立場にも与しなかった。

13）R・P・ヴァッジオーネによれば，エウノミオス自身は μᾶλλον δὲ αὐτός ἐστιν οὐσία ἀγέννητος と書いていたようである（Vaggione, *op. cit.*, p. 40）。その場合は「むしろ神は生まれざるウーシアーである」となる。

間の概念によって（κατ᾽ ἐπίνοιαν ἀνθρωπίνην）語られるもの，すなわち名（ὀνόματα）は，名自身とそれが発話された音声の内においてて以外にその存在を持ち得ず，したがってそれらの名は音声と共に消滅する，と考えた（CE1.5 [520c]）。なぜならば，そのような一般名は，人間の想念が生み出す概念（ἐπίνοια）に一致してはいるものの，そうした呼応・一致関係は真の実在性に即した（κατ᾽ ἀλήθειαν）ものではないからである。したがって，真の実在性に即した仕方で神を称えようとするならば，「神にもっともふさわしいもの（ἀναγκαιότατον ὄφλημα）」[14]すなわち「神がそれであるところのものであることの告白（ἡ τοῦ εἶναι ὅ ἐστιν ὁμολογία）」（ibid.）を神にささげなければならない。この「神がそれであるところのものであること」こそ神のウーシアーであり本性（φύσις）であって，「生まれざるもの」（ἀγέννητος）という名がそのウーシアーと真の実在性に即した仕方で呼応・一致するのである。こうしたいわゆる「名の正しさ」という発想の源は，いうまでもなくプラトン『クラテュロス』篇にまで遡るものであり，エウノミオスがその問題史的な系譜に連なるものであることは間違いあるまい[15]。最後に，神のウーシアーを「生まれざるもの」（ἀγέννητος）という名で呼び得るためには，既に神のウーシアーが何らかの仕方で人間に知られ得るものであることが前提されねばならないが，その点，彼は神の本質の可知性を決して否定はしない。以上がエウノミオス説の第二の根本テーゼである。

このようなエウノミオスの主張に対して，バシレイオスは逐一，批判的に考察を加え論駁していく。全般的に見れば，両者の間には，聖書に現れない「生まれざるもの」（ἀγέννητος）という語彙を好んで用いるエウノミオスと，それを嫌いむしろ「父」という語を好むバシレイオスとの対比，さらには「生まれざるもの」（ἀγέννητος）と「生まれたもの」（γέννημα）という概念対から説き起こす前者と，〈父〉と〈子〉の関係性を重視する後者との相違が横たわっており，それが両者の対立のいわば基調となっている。具体的な論争点としては，たとえ

14）ὄφλημα とは，「当然返済されるべきもの」を意味するので，直訳すれば「神にもっとも返済すべき必要のあるもの」となる。

15）土橋 [2019], 第 4 章を参照されたい。

ば，エウノミオスが「神の不生性は〔神が神であることの〕論理必然的な帰結である」と訳した ἀκολουθεῖ τούτῳ τὸ ἀγέννητον という文を，バシレイオスは，字義通りには「不生性という属性は神に付随する」と訳されるべきだとみなし，以下のように反論する。「もし，不生性が神に付随するのであれば，それは明らかに外から（ἔξωθεν）神に付帯するのである。しかし，神にとって外的なものは，神のウーシアーではない」（CE 1.5 [517b-c]）。さらに，神のウーシアーは，人間知性を超えたものである以上，当然，本性的に人間には知解不可能であるはずであり，そうである限り，人間知性にとって可能な神認識の途は，神に固有な特性（ἰδιώματα）の概念把握（ἐπίνοια）を介して限りなく神のウーシアーに近接していくしかあり得ない。このような立場に立つ限り，不変性，不可視性，不滅性，無限性，……等々，無数にある神の固有特性の内，不生性だけが神のウーシアーであって，他はすべて人間の概念に由来する名ないし音声に過ぎないものとして無条件に区別される根拠は見出し得ないはずである。もし仮にエウノミオスの主張が正しいとして，〈父〉なる神と〈子〉キリストとは，不生性という神のウーシアーの有無によって本質的に非相似つまり異なるのだとするならば，仮に他の固有特性の点ではことごとく両者が同じだとしても，「一つの呼称（προσηγορία）における差異のゆえに実体《ウーシアー》において非相似ということは，実際には証明できない。なぜなら，むしろ他の多くの呼称における共通性のゆえに両者は相似すると言わざるを得ないからである」（CE 1.8 [529a-b]）。以上が不生性に関するバシレイオスの側からの論駁の主なものである[16)]。

---

16)　このように，不生性をめぐる両者の議論には際立った対立が見出されるが，バシレイオスのエウノミオス理解には，意図せざる誤解によってそのインパクトを十分に把握できなかったのではないかという懸念も残る。その点を見るための補助線として，アリストテレス『カテゴリー論』第10章を参照したい。というのも，エウノミオスが，神は否定によって，すなわち能力や所持態の欠如によっては認識され得ない，と主張した（言い換えれば，エウノミオスにとって不生性は，否定や欠如に依拠する概念ではなく，あくまで神のウーシアーとして理解されていた）のに対して，その議論は霊的起源（つまり聖書）に拠らず，アリストテレス『カテゴリー論』（12a26-b25）に依拠しているとバシレイオスが非難する箇所（CE1.9[532a]）を見る限り，両者が『カテゴリー論』の第10章の内容に習熟していたと仮定できるからである。同書第10章には次のような記述が見られる。すなわち，

「ソクラテスは病気である」と「ソクラテスは病気でない」とは，彼がある場合には，それらのいずれか一方が真，あるいは偽であるということは明らかであるが，彼がない場

1-3　二つのエピノイア論

以上のような状況にあって，ウーシアーとヒュポスタシスの語義区分をバシレイオスとエウノミオスに明瞭に動機づけたのが，彼ら各々に固有の「エピノイア」解釈である。周知のように，ギリシア哲学において，人間の思考活動を，思考対象から独立し客観的現実に対峙する人間精神に固有の自律的領域として確保することを可能にしたのは，ストア派による「エピノイア」概念の形成に拠るところが大きい。おそらく初出となるアンティステネスの断片を収めたアンモニオスの証言が，その後のストア的語法の典拠を与えている。すなわち，

> アンティステネスは，類や種はただ思考の内にのみある（ἐν ψιλαῖς ἐπινοίαις）と述べてこう言った。「私は馬を見るが，馬性を見はしない」と[17]。

純然たる思考の領域を確保することによって，ストア派においては，多様な思考様式の区別が可能となった。すなわち，感覚的表象によって感覚対象に関する観念がまず生じ，次いで表象からの様々な転移方式によって，たとえば類似性，類比，置き換え，結合，反対性によっ

合にも同様であるからである。

つまり，ソクラテスが存在しない，という場面を想定しながら，そのとき「ソクラテスは病気でない」は真となる，と考えることができると述べられているのである。真理条件を満たさない文の真偽画定について解釈の難しいテクストであるが，少なくともバシレイオスの考え方は，ここでのアリストテレスの叙述に極めて近い。すなわち，主語である神に或る属性が述語づけられるかどうか，つまり内属するか否かが真偽判断の形で問われ，その限りで基体である神の実在は主語 - 述語構造によって予めその存在が担保されている，言い換えれば，一切の真理値の有無を可能にする真理条件のいわば地平それ自体がその不在によって完全に無化され一切が無意味化されるような究極の存在根拠としての神が，バシレイオスでは閑却されているのである。対してエウノミオスでは，あらゆる被造物が造られて現に存在すること全体の根拠として，自らに先立つ一切の不在を論理的に排除した，端的に実在する神への洞察が，アリストテレス的な実体論的世界把握を超えて既に芽生えていたように思われる。少なくとも「不生性」を神のウーシアーとみなしたエウノミオスの洞察を，そのような意味で取ることができるならば，不生性も単に神を表示する無数の固有性の一つに過ぎず，それらの固有内属性総体の認識からその基体である不可知な神のウーシアーへ漸近的に向かおうとするバシレイオスの存在観は，むしろ保守的ですらあったのではないだろうか。

17）Ammonius, *In Porphyrii Isagogen*, CAG IV/3 40,6-8.

て諸々の観念が得られるのである。思考によって得られた諸観念《エピノイア》は，人間の思考に固有な領域として，客観的現実《ヒュポスタシス》と対比される。このような対比に基づくのが，後に ens naturae（あるいは ens reale）と ens rationis の区分へと受け継がれるストア派出自のヒュポスタシス／エピノイア区分である。さらにエピノイア概念は，ペリパトス派によっても用いられ，「普遍的な人間（ὁ καθόλου ἄνθρωπος）は，……思考の内にだけ（ἐν ἐπινοίᾳ μόνῃ）存在をもつ」[18]というように，普遍や数学的存在の存在論的位置づけにも有効に機能したものと思われる[19]。

こうしたヒュポスタシスとエピノイアのストア的根本区分は，キリスト教圏における三位一体論争においても様々な立場から有効に用いられた。まず，サベリオス主義者によって，「〈父〉と〈子〉はエピノイアにおいては二であるが，ヒュポスタシスにおいては一である」[20]という形で自説を強化するためにこの区分が利用された。これに対し，オリゲネス，盲目のディデュモス，アタナシオス，そしてカッパドキア教父たちは，〈父〉，〈子〉，〈聖霊〉という三つの神的ヒュポスタシス（位格）の個別性を認め[21]，サベリオス主義的一神論を退けた上で，むしろ各々の神的位格とその神的属性との関係にストア的区分を活用した。たとえば，ディデュモスによれば，

> 聖霊をもつ者は，聖霊の多くの賜物をもつ。それらは，ウーシアーにおいては一であるが，エピノイアにおいては多くの善きものである。神もまた，ウーシアーにおいては一であるが，様々なエピノイアによって多くのことが語られる。たとえば，〔神は〕善，不動，

18）　Alexander Aphrodisiensis, *In Aristotelis Metaphysica Commentarius*, CAG I 483, 23-28.

19）　Ibid., I 52, 13-16; “οὐ ἐστιν αὐτὰ (sc. τὰ μαθηματικὰ) καθ᾽αὑτὰ ὑφεστῶτα, ἀλλ᾽ἐπινοίᾳ”.

20）　Basilius Ep. 210 (R. J. Defferrari (tr.), *Basil, Letters*, vol. 3, Cambridge, Mass. 1953, p. 208). 論敵に対する修辞的表現としてグレゴリオス・タウマトゥルゴスがサベリオス主義の典型を定式化したものを，さらにバシレイオスが引用したもの。

21）　たとえば，Origenes, *Commentarius in Iohannem*, II 75,「わたしたちは，〈父〉と〈子〉と〈聖霊〉という三つの実在《ヒュポスタシス》が存在すると教えられている」。(Pseudo-)Athanasius, *Oratio quarta contra Arianos*, (A. Stegmann 2, 24-29)：「サベリオスに従って〈父〉と〈子〉が同一なのではなく，〈父〉は〈父〉であり，〈子〉は〈子〉であるがゆえに両者は二なのであるが，他方，〈子〉のウーシアーは〈父〉のウーシアーであり，〈子〉に固有のロゴスは〈父〉のロゴスであるがゆえに，両者は一である。」

不変，源泉，光〔である〕というように。救い主も同様に一であるが，その基体には「生命」や「真理」が述べられる[22)]。

しかし，このように三位格の個別性が確立されることでかえって露わになったのは，三位格をいかに統一し多神論を回避し得るかという問題である[23)]。多神論にもサベリオス主義的一神論にも陥ることなく第三の途を模索するというこの難題を前に，新たに議論の焦点となったのがエピノイア，すなわち人間の思考の神認識における位置づけ，役割である。この点でエウノミオスとバシレイオスは真っ向から対立する。

まずエウノミオスは，(既に 1-2 で述べたように) 人間の思考《エピノイア》によって (κατ᾽ἐπίνοιαν ἀνθρωπίνην) 語られるもの，すなわち名 (ὀνόματα) は，名自身とそれが発話された音声の内において以外にその存在を保ち得ず，したがってそれらの名は音声と共に消滅する，と考えた[24)]。なぜならば，そのような名は，人間の思考が生み出す概念 (ἐπίνοια) に一致してはいるものの，そうした呼応・一致関係は真の実在性に即した (κατ᾽ἀλήθειαν) ものではないからである。ここでストア派の根本区分，すなわち「意味するもの」(τὸ σημαῖνον：言語) と「意味されるもの」(τὸ σημαινόμενον：意味) の二つの領域に即して言い換えるならば，エウノミオスの主張は，音声言語の可滅性に基づき意味領域をいわば空虚化し，人間の思考活動とその所産であるエピノイアを常に「空虚な表象」(ἀνυπόστατος φαντασία) にだけ結びつけ虚構化，無力化していくものとなる[25)]。しかしその一方で，エウノミオスの真の

22) Didymus Caecus, *Commentarius in Psalmos*, 109, 16-20.

23) Cf. Basilius, *Ep*. 210 (R. J. Defferrari, *op. cit*., p. 210)：「ウーシアーの共有 (τὸ κοινόν) を認めない者が多神論に行きつくように，ヒュポスタシスの個別性 (τὸ ἰδιάζον) を認めない者はユダヤ主義に陥る」。

24) Cf. Eunomius, *Apologia* 8 (Vaggione, *op.cit*., pp. 40-42)：「「生まれざるもの」(ἀγέννητος) と語られるとき，人間の思考《エピノイア》のみによって名だけで神を称えるのではなく，真理によって，あらゆるものの内でもっとも神に帰すべきもの，すなわち「〔神が〕それであるところのものであること」の告白を神に返すべきであると思われる。なぜなら，思考によって語られるものは，名と音声の内にその存在をもち，音声と共に消失する本性のものであるが，神は，そうした音声のあるなしにかかわらず，あらゆるものが生じる以前に「生まれざるもの」であったし，また，そうあるからである。」

25) Cf. Gregorius Nyssenus, *Contra Eunomium* II 11(GNO I, 229, 29ff). このように意味領域を無化し人間の意識活動の独立性を否定していく反ストア的なエウノミオスの立場を，同

意図は，同じくストア派による「真理」（ἀλήθεια）と「真なるもの」（ἀληθές）の対比をここに持ち込むことにあったと解することもできる。すなわち，「真なるもの」とは，非賢者が所有可能なその都度の妥当な対象《ヒュポスタシス》把握，つまりは何故それが真であるかを知り得ない限りでの「真なるドクサ」を意味し，そのような知のあり方がエピノイアへと配されるのに対し，「真理」とは賢者のみが知り得る存在根拠たる神のウーシアーの知とみなされるのである。その限りで，前者は有限な被造物を対象とする虚偽の可能性を常に内包した認識であるのに対して，後者は永遠の存在根拠である神から啓示されたまったき真理認識であると言えるであろう。

したがって，そのような真理に即した仕方で神を称えようとするならば，「神にもっともふさわしいもの」（ἀναγκαιότατον ὄφλημα）すなわち「神がそれであるところのものであることの告白」（ἡ τοῦ εἶναι ὅ ἐστιν ὁμολογία）を神にささげなければならない。この「神がそれであるところのものであること」こそ神のウーシアーであり本性（φύσις）であって，「生まれざるもの」（ἀγέννητος）という名がそのウーシアーと真理に即した仕方で一致するのである。もしそうであるならば，「生まれたもの」（γέννημα）である限り独り子キリストは，そのウーシアーを父なる神と共有しておらず，それゆえ，ウーシアーにおいて〈父〉とは非相似（ἀνόμοιος）である，と結論できよう。

以上のようなエウノミオスの主張に対して，バシレイオスはあくまでエピノイアの神認識における重要性を擁護し，人間の思考がもつ本質構成的な機能を確保しようとする。まず，彼は思考（ἐπίνοια）の身分を問い直す。「語られるものは，思考《エピノイア》によって考察される。つまり，思考は音声と共に立ち消えたりはせず，思考する人の魂の内に定着する」（*CE* I,6,51-54）。それゆえ，一見すると独立自存するものとして認知される対象も，思考《エピノイア》を介して様々な位相で分析可能となる。次いでバシレイオスは，ヘテローニュモス，つまり意味は異なるが同一のものが指示される語法に訴え，思考を介してウーシアーに漸近する方途を示す[26]。

様にストア派に批判的であったプロティノスからの影響とみなす解釈については，Kobusch [2007], p. 12 を参照。

26）対して，エウノミオスはポリュオーニュモスすなわち意味も指示も同一の語法に訴たとえば，小麦が思考を介してヘテローニュモスに「種子」「実」「パン」という多様な位相で把握されるように，〈子〉イエスも，「光」「ブドウ」「道」「牧者」という多様な概念《エピノイア》を介してヘテローニュモスに[27]，つまり一つの現実の多様なアスペクト，多様な意味として，ストア的に言うならば，諸々の固有性質がそれについてあるところの実体《ウーシアー》，アリストテレス的に言うならば，諸々の属性がそれについてであるところの基体《ウーシアー》の理解へと漸近していくことになる。言うまでもなく，バシレイオスにとって神のウーシアーは不可知であるがゆえに，このように三つの神的ヒュポスタシスから始めて，各々のエピノイアを介して漸近していく先のウーシアーがはたして同一本質《ホモウーシオス》となるのか，相似本質《ホモイウーシオス》となるのか，それが彼にとってまさに喫緊の問いとなる。

第2節　ホモイウーシオス（相似本質）期のバシレイオス

『エウノミオス論駁』執筆にわずかに先立つ360年頃に書かれたと推定されるラオディキアのアポリナリオス宛ての書簡361では，旧弊なニカイア右派的同一本質《ホモウーシオス》理解から相似本質《ホモイウーシオス》派への移行とも取れる叙述がはっきり見て取れる。すなわち，

> 〈父〉のウーシアーとしてどのようなものが想定されようと，それは，必ず〈子〉のウーシアーともみなされねばならない。したがって，誰であれ，もし，〈父〉のウーシアーを「永遠の，生まれざる，可知的な光」（φῶς νοητόν, ἀΐδιον, ἀγέννητον）と述べるのであれば，その者は独り子のウーシアーをも「永遠の，生まれざる，可知的な光」と述べるであろう。そのような意味における限り，「違いのない相似」（τὸ ἀπαραλλάκτως ὅμοιον）という句

え，「私は存在するものである」（ἐγώ εἰμι ὁ ὤν）（出 3:14）や「唯一の主」（申 6:4），さらに「生まれざるもの」といったエピノイアがすべて，同一の意味（σημασία）で一なるウーシアーを指示すると主張する。cf. Eunomius, *Apologia* 16-17 (Vaggione, *op. cit.*, pp. 52-54). 因みに，「父」という名はエウノミオスにとっては，神のウーシアーではなくその活動《エネルゲイア》を意味する語であるために，ポリュオーニュモスな神名とはみなされない。

27）Cf. *CE* I, 7,10ff.

> は，「ホモウーシオス（同一本質）」よりふさわしいように私には思われる。というのは，異なる物体の内にある光同士は「同一」（ταὐτόν）ではあり得ないからである。なぜなら，それぞれは，「固有の存在（ウーシアー）領域の内に」（ἐν ἰδίᾳ περιγραφῇ τῆς οὐσίας）あるからである。しかし，その場合でも「ウーシアーにおける，まったく違いのない相似」（ὅμοιον κατ᾽οὐσίαν ἀκριβῶς ἀπαραλλάκτως）という表現は，ただしく述べられているように私には思われる。（*Ep*. 361, (vol. IV, p. 335)）

確かに，ここにはホモイウーシオス（相似本質）派に特有の表現，「ウーシアーにおける相似」（ὅμοιον κατ᾽οὐσίαν）という語句が見出される。しかし，この句をめぐって研究者の解釈は別れる。文字通り，この時期のバシレイオスをホモイウーシオス派とみなす立場（たとえば Hildebrand）に対して，Prestige は，ここでのバシレイオスの立場が『書簡』9との関連で取られた完全にアタナシオス的な立場であり，「ウーシアーにおける，まったく違いのない相似」という句をホモウーシオス（同一本質）派と同じことが意味されているに過ぎないとみなす[28)]。他方，Zachhuber の新解釈によれば，ここでのバシレイオスの議論は，相似本質派のアプローチもアタナシオスの同一本質派の見解も，両方とも退けていると主張される。なぜなら，「〈子〉の神性を第一に明らかにするのは，彼が〈父〉から生まれたことではなく，説明方式の共通性である。〈父〉についてウーシアーとして語られ得ることは何であれ，すべて〈子〉にも等しく当てはまる」[29)]からである。つまり，確定記述句（ロゴイ）の共有という観点から〈子〉の神性を説き明かそうというわけである。我々がどの解釈に従うにせよ，少なくともバシレイオスの立場は単純にホモイウーシオス（相似本質）派というわけではないように思われる。実際，この段階では，〈父〉〈子〉〈聖霊〉はあくまで個体（実体）

28）　Prestige [1956], p. 18. さらに Prestige は他著でもこう述べている。すなわち，『聖霊論』（45）において「バシレイオスは，実際には《同一性》（ταὐτότης）という語を用いてはいないにせよ，《一なる神》の真の意味をウーシアーの統一の内に見出している。」（Prestige [1936], p. 230.）

29）　Zachhuber [2000], p. 53.

として理解される限りで異なるのであって，位格特性における異なりとしては明確に説明されておらず，したがって，それらの統一も同一性によるのか類似性によるのか不明のままである。この点で，初期のバシレイオスの神学は明らかにまだ形成過渡期にあるものと言えよう。

次いで，363年ないし364年に書かれたとみなされる『エウノミオス論駁』に目を転じてみよう。この時期の三一論思想の展開においては，ストア的ウーシアー概念を彼自身のウーシアー理解に応用することによって，バシレイオスは三つのヒュポスタシスをウーシアーの一性に論理的に基礎づけることができるようになっていく。先の引用にも見られたように，少し以前のバシレイオスは，特殊実体を指すのに，しばしば「ウーシアー」という語を用いていた。その結果，彼はウーシアーをめぐるディレンマに直面せざるを得ない。すなわち，もし，具体的な個体《ヒュポスタシス》の内に存在性をもたないウーシアーは現実には存在し得ないのだとすれば，それ自体，一つの統一体として分割不可能なはずのウーシアーは，三つの独立固有の位格《ヒュポスタシス》において，既に予め分割された仕方でしか存在し得ないことになる。それゆえ，〈父〉と〈子〉の実体同士が異なると主張するエウノミオスら新アレイオス派に対抗するために，バシレイオスはウーシアーの個別特殊面からその共通面へと強調点をシフトせざるを得ない事情にあった。その要請を満たしてくれたのがストア派のウーシアー説だったというわけである。たとえば，『エウノミオス論駁』（2. 14）では，こう述べられている。

> その名が異なるものは，必然的に「ウーシアーにおいても」異ならねばならない，などと付け加える者が誰かいるだろうか。というのも，ペトロやパウロ，さらに一般にあらゆる人たちの〔固有〕名（προσηγορίαι）は異なるけれど，彼らすべてのウーシアーは一つだからである。……我々は，各々の特性と思われるものによって，一方を他方から区別してきた。(固有）名はウーシアーを意味しているのではなく，各々に固有の特性（ἰδιώματα）を意味しているのである。したがって，ペトロという名を聞くとき，我々はその名によって彼のウーシアーを理解しているのではない。(ここで私は，その〔固有〕名が決して表示してはいない質料的基体（τὸ ὑλικὸν

ὑποκείμενον）のことを「ウーシアー」と呼んでいる)。むしろ我々は，彼の固有性だと考えられているものの観念を銘記する（τὴν ἔννοιαν ἐντυπούμεθα)。……したがって，一方で，〔固有〕名とは我々にとってペトロの性格を他から区別するものであるが，他方，彼のウーシアーそれ自身を表示するものでは決してない。(*CE* 2.14, *ll.* 1-20)

確かにこの箇所では，質料的基体をウーシアーとみなすストア的実体観を取り入れているように見える。しかし，もう一箇所，同書においてストア的実体としての質料を論じる箇所では，明らかにそれをウーシアーとみなす考えを退けている。すなわち，「もし，実体の共有（τὸ κοινὸν τῆς οὐσίας）をそのように先在する質料（ἐξ ὕλης προϋπαρχούσης）からの何らかの分割，区分として考えると言うのならば，私たちはそうした考えを決して受け入れないだろう」(*CE* 1. 19, *ll.* 27-30）というように。近年の研究では，バシレイオスへのストア派の影響の大きさが強調されるが，少なくともウーシアー概念に関しては，彼の態度は極めて両義的であると言えるだろう。

とりわけ，今引用した『エウノミオス論駁』第1巻第19章の箇所に続けて，バシレイオスはむしろアリストテレス的とも言うべきウーシアー観を持ち出してくる。すなわち，

もし人が，実体の共有を以下のように受け取るのであれば，すなわち，〈父〉と〈子〉両者において，一にして同じ存在定義（ὁ τοῦ εἶναι λόγος）が観取されるように，またもし仮に〈父〉が基体としての限りで光と見られるならば，独り子の実体も光であると認められるように，さらにまた，何であれ〈父〉に帰せられる存在定義と同じものが〈子〉にも当てはまるように，そのように実体の共有が受け取られるならば，それが私たちの見解である。(*CE* I,19, *ll.* 32-40)

ここでのウーシアーは，明らかにアリストテレス的な本質形相のロゴスを意味している。ここまでくれば，その執筆が（彼の執筆年代後期に

あたる）376年だと確定された書簡236において，ウーシアーとヒュポスタシスの区別に普遍（κοινόν）／特殊（ἴδιον）区分を重ね合わせた解釈へと後一歩となる。

> ウーシアーとヒュポスタシスには，普遍（τὸ κοινόν）と特殊（τὸ καθ᾽ἕκαστον）との間に見出されるような区別がある。たとえば，「生き物」と「この人」との間にあるような区別のことである。したがって，我々は，あれこれとその存在定義《ホ・トゥ・エイナイ・ロゴス》を多様に語らぬために，神を一つのウーシアーと呼び，他方，〈父〉〈子〉〈聖霊〉について我々がもつ観念《エンノイア》が混乱のない明白さを保つために，ヒュポスタシスを特殊個別なものと呼ぶのである。神性は普遍であり，〈父〉性は特殊なものである。そして，それら両者を結合して我々は，「私は〈父なる神〉を信じる」と言うべきなのである。（*Ep.* 236,（vol. III, pp. 401-403））

しかし，ここでの特殊と普遍の区別が，従来の解釈に従って，アリストテレスによる具体的個別存在（第一実体）とそれらに共通な類・種（としての第二実体）の区別として理解されるならば，三位格に共有される神的な一性とはいかなる本質的な原理でもなく，むしろ抽象的で概念的な「普遍」に過ぎないであろう。実際，バシレイオスはそのような疑似アリストテレス的なウーシアー理解に決して満足したわけではなかった。

以上のように，三つの位格（ヒュポスタシス）の固有性を保持しつつ，それらを一つのウーシアーへと統一しようというバシレイオスの試みは，ギリシア哲学をその都度の手段としつつ，かえってその手段の思考的枠組みに囚われて，ややもすると一なる神のウーシアーが備えるべき力動性を見失い，静態的な図式的理解に陥りがちであった。彼がこうした窮状を脱するには，晩期の『聖霊論』を俟たねばならない。

第3章
バシレイオス『聖霊論』におけるプロティノスの影響

4世紀カッパドキア教父の先陣を切るバシレイオス（330年頃-379年）は，修道者として357年から359年にかけてポントス近郊のアンネシに小さな修道共同体を創立すると共に，彼以降の共住修道院制の基盤となる二つの『修道士規定』を制定したが，その一方で，地方都市カイサレイアの主教として司牧・説教活動のみならず，貧民救済のための救貧施設等を含む共同体バシレイアスの建設などにも尽力し，教会政治的な活動も含め，極めて大きな実践的指導力をもった人物として知られている。しかし，同時に，ニカイア公会議（325）以降燃え広がった正統教義確立の機運の中で，アレイオス主義やエウノミオスらの新アレイオス主義をはじめとする多くの論敵と苛烈な三位一体論争を繰り広げた彼の神学者としての側面も忘れるわけにはいかない。残存する368編にものぼる書簡を別にすれば，そうした教義論争に関わる彼の主著とも言い得るものは，三十歳代半ばまでに書き上げられたと想定される『エウノミオス論駁（*Contra Eunomium*）』と，40歳代前半から半ば頃に上梓された『聖霊論（*De Spiritu Sancto*）』の二編である。本章が関わるのは後者であるが，実はプロティノスからの影響を考える上で研究史上もっとも中心的に考察されてきたのは，彼が輔祭に叙聖された30歳（360年）頃に書かれた『霊について（*De Spiritu*）』という小著の方である。つまり，アテナイでのほぼ5年間に及ぶ留学（350/1-6年）を終え，帰国後，受洗，さらにエジプト，シリア，メソポタミアなどの修道共同体を訪ねる旅を経てアンネシに自ら修道院を設立し，その隠棲の地において，友人のグレゴリオス（ナジアンゾスの）と共にオリゲネスからの詞華集

『フィロカリア』を編んでいたころの若き日のバシレイオス，その彼とプロティノスのテクストがどのような関係を切り結び，それが晩年の彼の思想にどのような影響を与えたのか，その痕跡ないし軌跡を聖霊に関する上記の二つの著作に探ってみたい，というのが本章の細やかな意図である。

具体的には，『聖霊論』に見出される『エネアデス』V1への直接的，間接的言及について導入的に触れ（第1節 1-1），バシレイオスへのプロティノスからの影響に関する研究史をざっと概観した上で（第1節 1-2），若きバシレイオスのプロティノスを手本とした習作（ないし借用・書き替え）ともいえる『霊について』の文面のほぼ全体を『エネアデス』V1その他のテクストと比較しつつ紹介し（第2節），最後に以上のような考察から，晩期の作『聖霊論』において最終的に彼が到達したウーシアー観がいかなるものであったかを究明していきたい。

第1節　バシレイオスにプロティノスからの影響はあったのか？

1-1　『聖霊論』からの証言

まず，もっとも明確な，またよく知られたプロティノスのテクストへの言及は，『聖霊論』第16章に見出される。

> とはいえ，「三つの原理的なヒュポスタシス」が存在するとか，〈子〉の働き《エネルゲイア》が不完全だとかいうことを私が説いていると思わないように。（μηδεὶς οἰέσθω με ἢ τρεῖς εἶναι λέγειν ἀρχικὰς ὑποστάσεις…）（*DSS*, XVI, 38）

このプロティノス『エネアデス』V1のタイトル（引用文中の「」内）への言及は，後に見る『霊について』においては見出されないので，バシレイオスがこれを知った可能性は，プロティノスのテクストを実際に読んだからか（もちろんタイトルはプロティノス本人によるものでないので，おそらくポルフュリオス版か，それともエウストキオス版かを介してであろうが，そこは不明である），あるいは他の間接的な仕方によるものなのか，そのいずれかであるはずである。後者の可能性については，教会史家エウセビオス（カイサレイアの，260/5-338/9）の護教的著作『福音の準備』（*Praeparatio evangelica*）11.16.4にプロティノスの言葉として引用されており，その書をバシレイオスが『フィロカリア』編纂の際に読んでいた事実は認められているので，少なくともエウセビオス経由で「三つの原理的なヒュポスタシス」という句を知ったと言うことはできるであろう。

次いで上記の引用文を含む文脈が知られねばならない。そこでは，〈父〉・〈子〉・〈聖霊〉の三位を三つの原理的ヒュポスタシスと解することは，神性の分割によって三神論（tritheism）をもたらし，ひいては子の働きの不完全さを主張する従属主義を唱えることになるとして，そのような考え方がはっきり拒否されている。当時のキリスト者ならば，通常，このような議論をする際は，アタナシオスがそう呼んだように「分割された位格」（μεϱισμέναι ὑποστάσεις）と呼ぶであろうし，そのような文脈で原理（ἀϱχή）ないし原理的実在（ἀϱχικὴ ὑπόστασις）が複数存在するなどとはよもや考えないであろう。だとすれば，この「三つの原理的なヒュポスタシス」という表現自体が異教（非キリスト教）起源であることは間違いあるまい。しかし，そのことから直ちに，バシレイオスがこの句をプロティノスのテクストから直接読み知った，と短絡的に結論するわけにはいかない。少なくとも，この引用だけに関して言えば，エウセビオス経由によるものとするほうが，遥かに穏当だろう[1]。

むしろ，ここで銘記しておかねばならないのは，後にバシレイオスを経て東方での三位一体の一般的定式となる「三つのヒュポスタシス，一

1）　実弟であるニュッサのグレゴリオスの場合，プロティノスを読んだとみなし得る証拠（*Enn.* IV 8,1,1-7からの引用と読める箇所）が*De instituto Christiano*の冒頭（Kap. 1,1）にあるのだから，ほぼ同様の状況下にあったバシレイオスがプロティノスを読んでいても別に不思議ではない，という反論も確かに可能ではある。しかし，グレゴリオスの場合でさえ，ミューレンベルクのように彼のプロティノス読解による理論的依拠は明白だとみなす立場（Mühlenberg [1966], p. 82）に対して，少なくとも前述の当該テクストに関してそうした直接的な依拠関係を否定する立場，たとえばそのテクストのもっとも信頼できる校訂者であるシュターツのような立場（Staats [1984], p. 87）もあって未だ解決を見ていない。そうである以上，バシレイオスの場合，さらに慎重にならざるを得ないであろう。

つのウーシアー」という表現が，プロティノスによる一者・ヌース・魂という「三つのヒュポスタシス」にその起源をもつというありがちな俗説が，ここでバシレイオス自身によって明確に否定されているという点である。しかし，ここで引かれた『エネアデス』V1は，そうした形式的な仕方でではなく，むしろ聖霊の神性を主張するための根本的な発想を与える形で『聖霊論』に関与しているのではないか，とかねてより考えられてきた。

それが，『聖霊論』第9章における哲学的な諸観念の内に見出されるプロティノスからの影響という問題である。『聖霊論』自体は，聖霊の神性を認めないプネウマトマコイと呼ばれた人々に対する論難の書であり，絶えず論敵を想定した争論的な章が続くのであるが，その中にあって第9章だけは，極めて思弁的な語り口による，他とは明らかにトーンが違う箇所とみなされてきた。それだけに，バシレイオスが何らかの異教哲学者の教説から影響を受けているのではないかという詮索も喧《かまびす》しかったわけだが，その極めつけがプロティノスの『エネアデス』V1からの影響をめぐるものであった。その典型的な箇所を一つ挙げてみよう。

> 聖化を必要とするものはすべてそれ〔聖霊〕に向かっており（πρὸς ὃ πάντα ἐπέστραπται τὰ ἁγιασμοῦ προσδεόμενα），徳に従って生きるものはすべてそれを求めている（οὗ πάντα ἐφίεται τὰ κατ᾽ ἀρετὴν ζῶντα）。……それ〔聖霊〕は他のものを完全にし（τελειωτικόν），……「生命の付与者」（ζωῆς χορηγόν）であり，なにかが付加されて増えるのではなく，いつでも完全に満ちており，自身の内に在りながらあらゆる場所に遍在するものである。それは「聖化の源泉」（ἁγιασμοῦ γένεσις）であり，自らを通してあらゆる理性的能力に，真理を探求するための明るさを与える霊的光（φῶς νοητόν）である。（*DSS*, IX, 22）

まず，語彙のレベルから見るなら，「生命の付与者」という表現は，アレクサンドレイアのクレメンスやオリゲネス，さらにグレゴリオス・タウマトゥルゴスらに見出される定型表現であったが，プロティノスにも 4 例（*Enn.* VI 9, 9.50（一者を指す）; IV 7, 3.16（魂）; V1, 2.9（世界魂）; V1, 2.10）見出すことができる。しかも先ほどのエウセビオス『福音の準備』にこの表現がプロティノスからの引用として挙げられており，バシレイオスがそれを読んだことは確かなので，少なくとも間接的にはプロティノスからの影響を受けたとも言えよう。しかも，その生命の与え方が，プロティノスによれば，魂が自己自身を全体として与えるのであって，その力はあらゆるところに遍く臨在すると言われているのであるが，『聖霊論』においても同様に，生命の付与者である聖霊は自らを部分としてではなく全体として与え，その働きは至るところに全体として遍在していると述べられている（ibid.）。さらにそうした働きを太陽の光に譬える（κατὰ τὴν εἰκόνα τῆς ἡλιακῆς ἀκτῖνος）ところにも共通点が見出される。

このように，確かに表現や重要な発想の点で，バシレイオスが『エネアデス』V1 をはじめとするプロティノスの影響下にあると言えないわけではないが，その根拠は今見たような状況証拠に過ぎず，極めて薄弱と言わざるを得ない。さらに内容的には，プロティノスによって「生命の付与者」とみなされるのが魂であるのに対して，バシレイオスでは聖霊がそうみなされるが，その意味合いは大きく異なると言えよう。その点でもっとも問題となるのは，バシレイオスにおいて「生命の付与者」と並んで聖霊を規定する根本的な規定は「聖化の源泉」となるが，プロティノスにおいてそのような概念はまったく見出されないというところにある。

以上のように，バシレイオスにおいてもっともプロティノスの影響下にあるとみなされていた箇所ですら，単なる語彙使用の類似性程度のことしか言えなかった，というのが 19 世紀後半から 20 世紀中ごろまでの研究状況の実態であった。しかし，その後，状況は一変する。その間の研究史上の流れを次に概観しておくことにしよう。

1-2　『霊について』からの証言 ―― 研究史概観

バシレイオスの三位一体論をめぐる研究は，言うまでもなくウーシアーとヒュポスタシスという二つの基本概念をどう理解するか，という点に集中してきた。19世紀後半，T. Zahn[2)]は，アタナシオスの「ホモウーシオス」概念の理解は父と子の数的同一性を主張するものであるという説をたてたが，それに対してA. von Harnack[3)]は，カッパドキア教父たちのホモウーシオス理解は，むしろ，父と子の類的同一性を主張するものだと唱えた。このいわゆるZahn-Harnack仮説によれば，バシレイオスをはじめカッパドキア教父たちは，ニカイア信条を字義通りにとったアタナシオスらのような同一本質主義者ではなく，むしろ相似本質主義者《ホモイウーシアン》とみなされることになる。その後，彼らの仮説は大半の研究者から否定されることになるが[4)]，それにつれて，ではバシレイオスにとってウーシアーやヒュポスタシスは何を意味していたのか，またそうした概念がいかなるギリシア哲学の系譜からくみ取られていったのかがますます詳細に問いただされていくこととなった。G.L.Prestige[5)]はバシレイオスの三位一体論思想がアリストテレスに大きく依拠するものだと主張し，R.M.Hübner[6)]はストア派の影響の絶対的な優位を唱えたが，彼らに対し，バシレイオスの枢要な概念のプロティノス起源を列挙し，その依拠を立証しようとする研究者も少なくなかった。早くから『霊について』の真作性とその意義に注目していたA. Jahn[7)]や彼の説を擁護・強化したPaul Henryらがそうした陣営の先駆けと言えるが，先ほど見た『エネアデス』V1と『聖霊論』第9章との比較考証などは，彼らがプロティノスへの依拠を主張する方法の格好の例と言えるだろう[8)]。

研究者の間でほぼ共有されているバシレイオスを取り巻く客観的な時代状況から推して，彼がアテナイにあってギリシア古典文芸を隈なく読み漁っていたとき，彼の所属していた学園で接することのできたプラト

2）Zahn [1867], pp. 8-32.

3）Harnack [1966], pp. 80-89.

4）その理由については，本書第1章補註2を参照されたい。

5）Prestige [1936], pp. 191-193.

6）Hübner [1972], pp. 463-490.

7）Jahn [1838].

8）『霊について』（*DS*）は，もともとミーニュ版では『エウノミオス論駁』（*CE*）第5巻の末尾に付されていた小論である。ただし，*CE*の真作は第1巻-3巻のみで，4，5巻はF. X. Funkに従って*DS*を除き盲目のディデュモスに帰されるのが通例である。*DS*の真作性を立証するために，Jahnは特に『聖霊論』第9章に*DS*の並行箇所を見出したが，その際，両書とプロティノスとの密接な関係に着目し，それを利用した。

ン起源の思想は，中期プラトン主義的な伝統であって，必ずしももっと近いプロティノスやポルフュリオスの哲学ではなかったと考えられている。たとえば，プロティノスからの影響について強く懐疑的な立場をとるJ.Ristなどは，先ほど見たような断片的な形で現れる以外に，バシレイオスの著作中にプロティノス（やポルフュリオス）からの影響を見出すことはほぼあり得ないと誰もが「ア・プリオリに」主張できるとさえ言うほどである[9)]。もちろん，アテナイから帰国後，晩年に至るまでの間にプロティノスのテクストを読む機会は少なからずあり得たわけだし，実際，晩年にはプロティノスを読む機会が増えたと彼自身が書簡に記してさえいる。しかし，そうした読書から彼が何を得たか，それ以上の確たる情報は得られていない。

こうした状況を一変させたのがH.Dehnhardの解釈である[10)]。彼はJahnやHenryの立場を踏襲し，バシレイオスがプロティノスに強く依拠していると主張したが，その際，『聖霊論』と『エネアデス』V1の間に，若きバシレイオスの作とみなされる『霊について』を置き，その書がオリゲネスやグレゴリオス・タウマトゥルゴスの聖霊論の基本思想を理論的に展開するために，『エネアデス』V1をほぼ逐語的に下敷きにした書き換えであることを立証した。その実例は後ほど示すが，もしDehnhardの解釈が正しいならば，バシレイオスは，若い頃にプロティノスのテクストから直接の影響を受け，自らが信奉するグレゴリオスの信条（信仰規範）を理論的に展開する書物を書きあげ，後年になって，『聖霊論』執筆の際，今度は『エネアデス』本体ではなく，自らがそれに模して書いた『霊について』を参照した，と言えることになる。そうすれば，先ほど見たような『聖霊論』と『エネアデス』V1との間接的で漠然とした類似も説明がつくことになる。

こうしたDehnhard解釈については，さっそくJ. Gribomont[11)]やJ. Daniélou[12)]が書評を献じたが，基本的には彼の解釈の可能性は認めるものの確証は得られないという批判的なものであった。最大の争点

9）　Rist [1981], p.190.

10）　Dehnhard [1964].

11）　Gribomont [1965], pp. 487-492.

12）　Daniélou [1965], pp. 157-161.

は，『霊について』のバシレイオスによる真筆性をめぐるものである。Dehnhard は，バシレイオスの若いころの書簡などに『霊について』と同様の思想や表現が見出されることをもって真筆を証明しようとしたが，論敵を説得するほどの力を有するとまでは言えない状況である。J. Rist もまた，「バシレイオスの新プラトン主義：その背景と本質」[13]と題する長大な論文においてこの解釈を批判的に考察し，最終的にバシレイオスがプロティノスのテクストから直接の影響を受けた可能性に強い懐疑を示している。いずれにせよ，Dehnhard が拓いた可能性を探るためにも，以下で『霊について』と『エネアデス』V1 との比較を試みてみたいと思う。

第 2 節　『霊について』における『エネアデス』V1 借用（書き替え）の実態

まず始めに，『霊について』の序文に相当する箇所と，それに対応する『エネアデス』V1 の箇所を比較してみたい[14]。引用文中，下線部が両書に共通する表現（使用されるギリシア語語彙の一致箇所）であり，ゴチック体の部分は筆者による強調箇所である。

『霊について』

すべての魂が留意すべきことは，神的なものについて以下のことを探求することである。すなわち，そのような〔神的な〕ものを探求し，感覚によって見ることのできないものを見るために，そうしたものを見る目をもっているかどうか，またそのように探究しながら，聖書の言葉に従って，探究対象それ自身のもとに魂が住まうこ

13）　Rist [1981], pp.137-220.

14）　テクストとしては，『霊について』が Migne, PG 29 (=Basilius 1) 768-774,『エネアデス』が OCT 版を用い，後者の翻訳は『プロティノス全集』第三巻（中央公論社）に従ったが，行論上，一部訳語を変えたところがある。なお訳文中の〔　〕内の記述は筆者のもの。*Enn.* からの出典表示は，エネアス（九篇集）数（ローマ数字）・第〜論文・Henry et Schwyzer 版の章・行数の順で（たとえば，V1, 2.1 = 第 5 エネアスの第 1 論文・第 2 章 1 行というように）示される。

とができるかどうか，という問いがそうである。実際，そう書かれている。「もしあなたが尋ねたい（探究したい）のであれば，探究しなさい。そして私のもとに住まいなさい」（イザ 21:12）と。信じて探究するとき，はじめて人は〔その探究対象の内に〕住まうのである。たとえそこで何も見出すことができないとしても，探究されるものへの信の内に住まうことを止めてはならない。幸いなるダビデによってこう言われるからである。「あなたの知識は私には驚くほど偉大である。あまりに強大で，私はその知に至ることができない」（詩 138（139）:6）。また，ひきつけを起こした子供の父によっても，「信じます。主よ，信じなかった私をお助けください」（マル 9:23）と言われるように。

『三つの原理的なものについて』（*Enn*. V1）

まず第一にすべての魂が留意すべきは，……（V1, 2.1）[15)]

なぜなら，これは所求の目的〔＝探究対象〕に近く，かつ前者の言論にも役立ち得るからである。すなわち探究する者は魂なのであるが，魂は自己が何ものであることによって探究するのかを識らなければならない。それは自分がそのような事柄を探求する能力をもっているかどうか，これを視るような眼をもっているかどうか，またこれを探求するに適当であるかどうかをあらかじめ知っておくためなのである。なぜなら，求められているものが自分の性に合わないなら，何の探究の必要があろうか。しかし性に合う〔同族的である（συγγενής）〕なら，探究は適当であり，発見も可能だからである。（V1,1.29-35）

『霊について』において，探究対象は「神的なもの」すなわち霊であって，その点がプロティノスのテクストとは明らかに異なっている。すなわち，後者において探究する主体である魂は，あくまでも自己の何であるかを探求の対象とする自己認識の深化という形をとるが，『霊について』にあっては，探究主体と対象は異なり，対象である霊の認

15）『霊について』の並行箇所との照合をわかりやすくするため，『エネアデス』からのこの引用部分だけ第2章の引用にもかかわらず第1章の前に置いてある。

識の可能性が，対象の側から探究する主体である魂にもたらされるという構造をもっている。さらに，『エネアデス』V1にあって探究を可能にする条件が，探究主体（個人の魂）と探究対象（世界魂）との同族性（συγγένεια）にあるのに対して，『霊について』の場合，探究主体である個々人の魂と探究対象である霊との間には，探究に先立ってア・プリオリに両者の同族性が存するわけではなく，むしろ両者の間には決定的な差異がある。人間の観点から述べるならば，我々の魂の前には探究対象の不可知性が厳然と立ちはだかっているのである。このような探究対象のもつ不可知性の克服は，まずもって信（πίστις）によって探究対象の内に「住まう」（οἰκεῖν）こと，対象化することで認識に至るのではなく，むしろ対象である聖霊の働きの内に自らを委ね，自己無化するがごとく霊に参与していくことの内にしかあり得ないのである。

さらに『霊について』の続きを読み進めると，『エネアデス』V1との表現上の合致はさらに頻度を増す。紙幅の制約上，ここでは『霊について』しか引用することができないが，下線部分の多さは一目瞭然であろう。

『霊について』（承前）

そのような目的をもって，聖霊の本性について，私たちは信仰によって探究していこうとするのであり，聖霊のもとで探究対象の知識を探求するのである。なぜなら，聖霊は探究対象それ自身であり，自らに関する知識をもたらすものだからである。

さて，私たちが神的な言葉を通じて聖霊のもとで理解してきたように，聖霊こそが，聖なるものを聖化し（聖なるものにした：ἁγίους ἐποίησε），聖霊のもとで神を〔おそらく「神的なものを」〕求めるものたちに神的な生命を賦与するものである。〔神的な生命を求めて〕手に入れるものたちより聖霊は尊いものでなければならない。なぜなら，聖霊がたびたび訪れるときそれら聖なるものが生じ，それが立ち去るとき滅びていくからである。聖霊は永遠の生命の泉であるので，常に存在している。

ところで，それが万物とその内の各個に聖霊の存在を賦与する仕方はいかなるものであろうか。これについては知性（διάνοια）が考察〔眺めてみる〕すべきである。むろん，それが眺めるに値するようになっていて，欺瞞と選択，そして他の知性を欺く女たちから解き放たれている限りでそうである。しかるに，知性は静寂の状態に入っておらねばならない。すなわち，知性を外から取り囲んでいる肉体と，その肉体の波瀾だけではなく，さらにまた周囲の全体，つまり宇宙や大地や海，そしてそれらにおける理性的なものどもが静寂に帰していなければならないのである。そして万物が満たされ，八方から万物の中へ霊が，外からいわば流れこみ，注ぎこみ，八方からその中へ入り込んで，その内を照らすがごとき有様を考えてみるべきである。すなわち「主の霊は全地に満ち，すべてをつかさどり，神の知をもっている」（知 1:7）。霊は，それに見合うすべてのものの内を照らす。あたかも日光が雲を照らして，これに金色の様相を作りだし光り輝かすように，聖霊もまたまさにそのごとく，人間の身体の内に入って，これに生命を与え，これに不死を与え，聖化を与え，これを眠りから呼び起こしたのである。そして人間の身体は聖霊によって，永遠の運動に参与し，聖なる生き物となったのである。そして人間に威厳が加わったのは，聖霊が，そして預言者や使徒，神の使者が，人と親しいものとなって（これに宿って）からのことであって，聖霊が来る前までは，単なる土と塵だったのである。

ここでは，先に『聖霊論』第9章で見た「生命の付与者」という考え，さらには霊（プロティノスのテクストでは「万物の魂」）の遍在性や全一性，永遠運動という力動性，探究主体とその周囲の物理的環境すべての静寂化の要請，そして太陽の光の比喩に至るまで，ほとんどの表現が前後の文脈ごと『エネアデス』V1から借用されたものであることが，これら二つのテクストを比較するなら容易に了解されるであろう。

逆にいえば，両書の差異として際立っているのは，『エネアデス』V1における「聖化」に関わる記述の不在である。実は，Dehnhard解釈のもう一つの要がここにある。バシレイオス自身も『聖霊論』第9章で述べているように，聖霊というものは，「心の中に何か形をもったもの，……全体として被造物に共通な本性のものを思い浮かべることができない」，つまり実体的なものとして感覚するどころか，概念的に把握することすらできないものであり，その点，父と子として表象可能な他の二つの位格と異なる論述の難しさがある。その困難の克服を，同じように物質に生命を賦与する，それ自身，非物体的な魂概念の働きを鮮やかに叙述したプロティノスのテクストに託したのではないか，という想像は決して的外れなものではないだろう。しかし，それだけでは『聖霊論』が置かれた論争状況への対応という側面での動機が乏しいように思われる。その欠を補うのが，グレゴリオス・タウマトゥルゴスの信条（その残存するテクスト[16]は，ニュッサのグレゴリオスの手になる彼の伝記に収められている）へのバシレイオスの絶対的ともいえる帰依であった。以下にその全文を挙げておく。

グレゴリオス・タウマトゥルゴスの信条

一なる神，生ける御言葉の父，実在する知恵と力と永遠の現れ，完全なものの完全な生みの親，独り子の父。

一なる主，唯一のものから出た唯一のもの，神からの神，神性の現れにして像，働く言葉，全宇宙の構造を包括する知恵，すべてを創造する力，真なる父の真なる子，見えざるものの見えざるもの，不壊《ふえ》なるものの不壊なるもの，不死なるものの不死なるもの，永久《とわ》なるものの永久なるもの。

そして一なる聖霊，神からの存在をもち，子を通して（人間に露わに）現れ，完全な子の完全な像として，生きとし生けるものの原因たる生命，聖なる泉，聖化をもたらす聖性。万物を超え，かつ万物の内にある父なる神と，万物を通して存する子なる神がそこにおいて明らかとなるもの。

完全なる三位，分断も離反も被ることなき栄光と永遠と権威によって。

さればこそ，三位の内には被造物も隷属者もなければ，以前に存せず後から来たりしいかなるものもない。それがゆえに，子が父に及ばざることも，聖霊が子に及ばざることも，なおさらありはせ

16）　Migne, PG 46, p. 912.

ず，ただ同一の三位が常に不変不動のままあり続けるのみ。

この内の第三位格である聖霊の箇所を読むと，「生命の原因」と並んでバシレイオスが聖霊の根本的な働きとした「聖化の源泉」に関する文言が，この信条には明確に記されていることがわかる。

ちなみに，325年のニカイア公会議で作られたニカイア信条における聖霊の扱いについても一言触れておこう。そこでは，「私たちは一なる神，全能の父，見えるものと見えないものすべてを創造したものを信じる」から始まり，子イエスについて父の五倍近くの記述があった後，ごく短く，「私たちはまた，聖霊を信じる。」と述べられているのみである。ニカイア公会議から以降，アタナシオス陣営とアレイオス主義者たちとの論争の主戦場はキリスト論であった。そもそも聖霊については，ニカイア信条そのものがいかなる論点も提出していなかったのである。ところがキリスト論の嵐が過ぎ，論点が移っていったとき，聖霊について確固とした規範を打ち立てる必要が生じ来った。そこでバシレイオスが引き出してきたのが，グレゴリオスの信条だったというわけである。このように解することができるならば，グレゴリオスの聖霊の考え方を，プロティノスの世界魂の働きの記述にはめ込んで書き換えたものこそが『霊について』に他ならない，という解釈はかなり妥当なものと思われる。

こうして，霊からの聖化を授かった聖なるものたちが，まさにこの霊のゆえに神となるという，いわゆる「人間神化」という形で『霊について』の核心が語りだされる終盤のクライマックスへと至るのである。

『霊について』（承前）

しかし，もし私たちが，霊が自分の意志に従ってどのような仕方で聖なるものと理性的な本性すべてを包括し，どのように導いて行くのかということをよく考えてみるならば，霊の本性と能力の何であるかがいっそう明白かつ判然とするであろう。天の力の大きさがどれだけであろうと，その正しさがどれだけのものであろうと，そのすべてに霊は自己自身を与えた。また正しいものも，大小いずれのものも，天使も大天使も，すべての存在が〔霊によって〕聖化されるにいたっているのである。しかもその場合，それぞれちがった場所にはちがった物体の部分が，これはここ，あれはそこという具合にあり，その力も互いに異なっていて開きがあるのだが，霊の働き方はそのような仕方ではない。すなわち霊は，自己を部分になし崩して，その自らの部分によってものを神的に生かすのではなく，万物が生きているのは，まさに霊の力全体によってなのである。だからこそ霊はあらゆるところに臨在するのである。その存在，つまりどこにでも存在し，しかもすべてにおいて同様の仕方で存在する点において，霊は自らを遣わした神と似ているのである。……それぞれの人がそれぞれ違った街で霊に満たされるが，いかなる場所的な隔たりも，同じ霊によって同じ恩恵がもたらされることを決して妨げはしない。

そして，聖なるもののそれぞれは，この霊のゆえに神となっているのである。なぜなら，霊は神から出て，彼らに向かってこう語ってきたからである。「私は言った。あなたがたは皆，神々であり，いと高き方の子たちである」（詩 81（82）:6）と。……ところで，神々が神々であることの原因は，神的な，しかも神から出た霊であらねばならない。可燃物が可燃物であることの原因は，可燃的なものであらねばならず，聖なるものが聖なるものであることの原因は，聖なるものであらねばならないように，神々が神々であることの原因は神的でなければならない。

実にそのように霊は善いものであり，神的なものであるので，そのようなものを直ちに信じてこそ，霊をもたらすキリストを臆することなく追い求めることができる。……また，霊が他の実在に送り出す生命は，霊から離存することはなく，ちょうど火には，火と共にある熱と，水やそのような他の何かに熱をもたらすものとがあるように，霊もまた同様に，自らの内に生命をもつと共に，霊に与るものもまた，神的で天上的な生命を得て，神的な仕方で生きるのである。

……霊から教わるものは……預言者の言葉を聞いて神から教わる。「彼らは皆，神によって教えられる」（ヨハ 6:45）。
主に忠実に付き従うものは，一なる霊である。主に栄光。アーメン。

この箇所からは，善は善を生む，というプラトンに発しプロティノスを経てバシレイオスにまで至るプラトニズムの系譜が，神的なものは神的なものの原因であるという形で，ダイナミックな根拠からの永遠の働きかけとして看取されることだろう。同時に，この箇所で見出される霊の働きによって，東方キリスト教圏に特有の人間神化（θέωσις）の教えも揺るがぬ基盤を得ることとなる。

第3節　『聖霊論』における力動的ウーシアー論への展開

3-1　プロティノスの影響問題の決着

以上のようにして『聖霊論』第9章の原型と目される『霊について』の内に，一方にプロティノス哲学，他方にオリゲネスとその高弟グレゴリオス・タウマトゥルゴスという二つの，しかし，元をたどればアレクサンドレイアのアンモニオス・サッカスに行きつく流れが，淀みなく流れ込んでいることは確認され得たに違いない。

さてそこで，最後に残った問題は，『霊について』という小著がバシレイオスの手になる真作なのか否か，という極めて厄介な問いである。この問いは，言うまでもなく，プロティノス著作のバシレイオスへの直接的影響の有無を『霊について』を介して考察してきた本章にとっては，解釈上のいわば生殺与奪権を握る位置にあるといえよう。しかし，真筆性をめぐる他の類例と同様[17]，この書物の真作性を確定するような決定的証拠といえるほどのものはなく，そうである限り，バシレイオスの真筆とみなすには些か恣意的にすぎるという意見がこれまでのところ優勢であった。では，もし仮に『霊について』がバシレイオスの真作でなかったとしたら，プロティノスの著作がバシレイオスに直接的に

17）たとえば，バシレイオスのものとみなされてきた『書簡』38の真筆性をめぐって，真の著者はニュッサのグレゴリオスではないかという論争が続いているが，当該書簡を後者のものとする説が有力なものの，いまだ決定的な解決には至っていない。この点については，以下の拙稿参照：Tsuchihashi [2008], pp. 60-76.

与えた影響はなかったという結論になるのだろうか。おそらく，そうは言えまい。この種の問題では，状況証拠の累積によって蓋然性を高めていくしか，さしあたり方途はない。我々の直面する問題の場合，出発点は『聖霊論』第９章と『エンネアデス』V1との有意な類似性に見出されたが，そこでの懸念は，「聖化の源泉」という概念がプロティノスには一切現れないという点にあった。その難点を埋めたのがバシレイオスのグレゴリオス・タウマトゥルゴスへの繋がりである。この点については，彼の『書簡』204において，祖母マクリナが彼にグレゴリオスの教説を教えたと銘記されている[18]。従って,『聖霊論』第９章がプロティノスとグレゴリオス・タウマトゥルゴスの両者からの何らかの影響の下にあると仮定した場合，少なくともグレゴリオスに関しては，伝記的事実によって有意な影響があったとみなされ得るであろう。とすれば，次に問われるべきは，はたして『聖霊論』の当該箇所は，プロティノスからの有意な影響なしにも成立し得たであろうか，という問いとなる。

この問いに答えるためには,『エウノミオス論駁』において,〈父〉なる神と〈子〉キリストとの関係が問われる，いわゆるキリスト論の論述地平から『聖霊論』へとその論述地平が変わることによって，両者の間にどのような哲学上の差異が生じたのか，という考察が必要となる。

そこではまず，その時々の論争状況が両書の方法論を規定していたものと考えられる。『エウノミオス論駁』の場合，論敵であるエウノミオスの哲学的思弁に対抗すべく，バシレイオスもストア哲学やアリストテレス哲学によって理論武装する必要があった。たとえば，エウノミオスの主たる論点は，こうである。それぞれ独立したヒュポスタシス（各々の固有性によって完全に個別化された実在）である〈父〉なる神と〈子〉イエスを比べた場合，生まれざるものである〈父〉なる神にとっては，その「不生性」こそがウーシアー（本質）であるのに対して，独り子である限り「生まれたもの」である〈子〉イエスは，その点で〈父〉と本質を同じくせず，したがって,〈父〉と〈子〉はホモウーシオス（同一本質）でもホモイウーシオス（相似本質）でもなく，ウーシアーが非相似な（アノモイオス）関係にある。これに対し，バシレイオスは，エ

18） Basilius *Ep*. 204, R. J. Defferrari (tr.), *Basil, Letters*, vol. 3, Cambridge, Mass. 1953, p. 168.

ウノミオスが「不生性」を〈父〉なる神の一つの固有性ではなく本質（ウーシアー）ととらえている点を突いて論駁を進める。しかし，ここで注目すべきなのは，両者が一方で〈父〉なる神と〈子〉イエスをもっとも完全な意味での個として把握するためにストア派の論理を取り入れながら，他方でニカイア信条以来の足かせとなっている「ホモウーシオス」つまりはウーシアー概念を，何らか〈個を個たらしめる本質〉という意味でアリストテレス的に理解していることの不整合に無頓着である点である。いずれにせよ，『エウノミオス論駁』執筆の前後を含め，バシレイオスが様々なセクトの論敵と論争する際，たえず用いた哲学的思考法がストア派かアリストテレス哲学に由来するものであったことは動かぬ前提である。

しかし，そのようなまったき個と普遍（アリストテレス的な本質，その意味での第一実体）の形而上学的な関係に拘泥せざるを得なかったキリスト論の地平から，聖霊論というまったく異なった次元で（たとえばバシレイオスは聖霊を「神」とは呼ばない。必要があるときは，「神的なもの」と呼ぶのを常としていた），聖霊の神性の有無について争わなければならなくなった壮年のバシレイオスが見出した霊性は，確かにグレゴリオス・タウマトゥルゴスのものであった。では，そうした霊性をもっとも効果的に表現できる哲学的な理論は，依然としてストア派やアリストテレスの哲学に由来するものであったのだろうか。そうではあるまい。本章で考察されたように，それ自体，全体として遍く現在する生命付与の非実体的力というものを理論化したのはストア派でもアリストテレスでもなく，プロティノスであり，バシレイオスがそうした思考方法の源泉としてプロティノスのテクスト（具体的には『エネアデス』V1）に出会った可能性は，否定できないように思われる。実際，そう考えてこそ，『聖霊論』においてもはや「ホモウーシオス」という用語が一度も用いられなくなり，代わりに「ホモティミア」や「モナルキア」という語が前面に出てきた事情も理解できるのではないだろうか[19]。

19）この点は，『聖霊論』に至って彼のウーシアー観がある意味で深まったと考えることもできるだろう。それはまた，彼独自のケリュグマとドグマの対比の中で，三つのヒュポスタシスをケリュグマに，一つのウーシアーをドグマに配するというH・デリースの大胆な解釈とも呼応するように思われる（Dörries [1956], pp. 121-127）。

もし以上のように考えられるなら，『聖霊論』第9章はプロティノスのテクストからの影響なしには，おそらくあり得なかったであろう。少なくともこの限りで，『聖霊論』の当該箇所は，グレゴリオス・タウマトゥルゴスとプロティノス『エネアデス』V1の両者からの有意な影響の下にあることは，ほぼ間違いない。では，こうしたグレゴリオスの霊性と『エネアデス』V1のテクストとの融合を，『聖霊論』第9章以上に鮮やかに，文字通り具現したと言えるような著作がはたして同時代に他にあったのだろうか。それが他でもない『霊について』なのである。その点は，本章で示されたとおりである。確かに，それがバシレイオスの真著である保障はない。しかし，『エネアデス』V1およびグレゴリオス・タウマトゥルゴスのテクストと，『聖霊論』第9章との間に『霊について』を置くことによって，『聖霊論』においてバシレイオスが到達した三一論の理解に少なからず資するところがあるのならば，それはバシレイオス研究にとっても新たな可能性の開けとして大きな意義をもつものと確信される。

3-2　共に数えられる三位格

最後にその意義の一端を，『聖霊論』で用いられる「共に数える」「下に数える」という特殊な表現の解釈を通して探っていきたい。というのも，「聖霊は〈父〉と〈子〉と共に秩序づけられ，共に数えられるもの（συναριθμούμενον）ではなく，彼らの下に秩序づけられ，下に数えられるもの（ὑπαριθμούμενον）である」（*DSS*, VI,13）というエウノミオスやプネウマトマコイの主張に対し，バシレイオスが展開する議論は，ホモイウーシオス期とは明らかに異なるからである。そもそも，「いかなるものも自分自身とホモウーシオスではなく，あるものは別の何かとホモウーシオスなのである」（*Ep.* 52, 3.3-4）。その限りで，三つのヒュポスタシスの離存・個体性は予め前提されている。にもかかわらず，同時にそれらをいかにして「共に数える」か，つまり一つのウーシアーとして把握するか，というのは極めてパラドクシカルな問いである。バシレイオスはこの問いに対し，神の超越の観念に訴え，慎重に答えていく。まず，そのウーシアーが人間知性には語ることも思考することもできない不可知な神は，同時に数を超えた加算不可能なものでもあることを彼は強調する。可能な方途は,「語り得ないものを沈黙の内に称えるか,あるいは聖なるものとして敬虔な仕方で数える」(*DSS*, XVIII, 44) しかない。結論から先に言えば,バシレイオスの解決策は,この二者択一を一つに合致させることにある。すなわち,敬虔な仕方で数えるとは,沈黙の内に父と子と聖霊に対し一なる崇敬をささげることにあるといえる。

既に見たように,三一の神を前にしてギリシア哲学諸派のウーシアー論は悉くその限界を露呈し潰え去った感があるが,もっとも素朴な物質的実体観の残滓は容易に消えることがなかった。そもそも神的位格が三つと数えられるのは,たとえば三人の人との類比によるものに過ぎない。バシレイオスは数え挙げ行為そのものにメスを入れる。数とは「基体の多さによって測られた記号」(*DSS*, XVII, 43),「量の認識のための記号」(XVIII, 44) であり[20],数え挙げは,数え挙げられる事物と共通の「種」を単位《メトロン》とすることによって成立する。たとえば,ペトロとパウロは単位としての「人」によって一人一人と数え挙げられ,合計二人となる。それゆえ,特殊位格に共通な普遍である「神性」を単位にする限り,我々は三つの神々を認めざるを得ない。個体・実体性の残滓がウーシアーの伏在的なイメージとして払拭しきれずに残っている限り,「共に数える」ことは叶わない。

そこでバシレイオスが最後に採った途は,「ホモウーシオス」理解からそこに伏在していた個体・実体的な含意を取り除き,三つのヒュポスタシスの関係性を脱実体化し,力動的な関係へと変容させることであった。彼は神的な権威,栄光,神への賛美,崇敬に焦点を合わせ,物体的な実体《ウーシアー》の代わりに非物体的な力,いわば生命賦与の根拠をウーシアーとして導入した。同様に,『聖霊論』において,誤解を生じやすい「ホモウーシオス」という鍵語が消えて,「ホモティモス」(同じ栄光) という語が新たに神的なヒュポスタシス間の非物体的統一を表すべく登

20) バシレイオスによるこの数の規定は,ピュタゴラス派やアリストテレスの規定(「数とは測られた多さ,あるいは単位の多さである」(Aristotle, *Metaphysics*, Book N, 1088a5-8)) とほぼ同じものである。アリストテレスにとって「一」は数ではなく,数え挙げの単位である。W. D. Ross (*Aristotle's Metaphysics*, vol. II, p. 473) によれば,おそらく最初に「一」を数として扱ったのはクリュシッポスの後継者だとされる。

場する。この限りで,「共に数える」ことは限りなく「共に崇める」ことへと重なっていく。すなわち,「聖霊は,同じ栄光に値する仕方で(ὁμοτίμως),〈父〉と〈子〉と共に数えられ(συναριθμεῖται),共に崇められる(συλλατρεύεται)」(*Ep.* 90, 2.23-24)限り,「三つのヒュポスタシスを告白してなお,〈一つの神〉(μοναρχία)の真なる教えが失われることはないのである」(*DSS*, XVIII, 47)。かくして,光源とそこから出た光が同じ光であるように,「〈父〉から出て独り子を経て聖霊に至る」(*ibid.*)かかる同一の崇高で神的な力こそが,三つのヒュポスタシスを統一するウーシアーである,そうひとまずは結論できよう[21]。

第4節 第2章・3章の小括

以上,第2章,第3章を顧みるに,エウノミオスら非相似(アノモイオス)派との対決から,相似本質(ホモイウーシオス)派やサベリオス主義的なニカイア右派(同一本質《ホモウーシオス》派),さらにはプネウマトマコイたちとの晩年の論争に至るまで,ひたすら「三つのヒュポスタシスが一なるウーシアーであること」の理解をめぐってなされた数々の議論が,同時にバシレイオスのウーシアー・ヒュポスタシス理解をも深めていったことは想像に難くない。その際,アリストテレスやストア派,さらにプロティノスら諸派の哲学が,その都度,彼に及ぼした影響は決して小さいものではなかった[22]。したがって,本書第2-3章では,まず彼の

---

21) しかし,「ウーシアーが相互に区別され得ないなら力(δύναμις)も区別され得ず,働き(ἐνέργεια)もまた同じである」(*DSS*, VIII,19)とされる限り,ここでは既にウーシアーとデュナミス/エネルゲイアをめぐる新たな問題が始まっている。晩期のバシレイオス(e.g. *Ep.* 189)やニュッサのグレゴリオス(e.g. *Trin.* 5,18ff.)が三一論の要として力《デュナミス》や働き《エネルゲイア》をどのように理解していたのか,その重要な論点に関する詳細な研究は他稿を期さざるを得ないが,グレゴリオスについてはひとまず本書第4章を参照いただきたい。

22) それどころか,もしバシレイオスに見出される哲学的特徴がどの派のものかが特定できるならば,逆にその特徴の有無によって彼の真筆性問題を解決することさえ可能となるだろう。たとえば本書第4章で扱われる書簡38の著者問題をめぐっては,彼の三一論理解をアリストテレス的であるとみなす V. H. Drecoll(Drecoll [1996], pp. 297-331)のような研究者によって,それはあくまでバシレイオスの真筆と判定されるが,他の多くの研究者たちが主張するように,ストア派からの影響が極めて濃厚だとみなされる限り,アリストテレス的色彩の濃いその書簡は彼のものではなく,むしろニュッサのグレゴリオスに帰されのが妥当だ

三一論理解を支えるその都度の哲学的影響をしっかりと見定めることによって，彼のウーシアー・ヒュポスタシス理解のいわば発展・深化とでもいうべき経緯を跡づける試みがなされた。その結果，『エウノミオス論駁』期には，アリストテレス実体論にストア的意味論を無理やり接ぎ木することによって，限りなく相似本質派《ホモイウーシアン》に近づきつつも，辛うじてなお親ニカイア派であり得たバシレイオスが，その後の『聖霊論』において，プロティノスからの影響のもと，聖霊を〈全体として遍く現在する生命付与の非実体的力〉と解することで，「ホモウーシオス」という概念に伏在していた個体・実体性および本質・実体性の含意を払拭し，三位格《ヒュポスタシス》を関係づける神的な力《デュナミス》という力動的なウーシアー観にまで至る，そのおおよその経緯が明らかになったものと思われる。

ということになるだろう。

第4章

ニュッサのグレゴリオス
―― 一つの力《デュナミス》と一つの意志 ――

第1節 「デュナミス」論の展開

バシレイオスの実弟であるニュッサの主教グレゴリオスは，五十歳になるかならぬ内に帰天した兄からエウノミオスとの論争を引き継いだものと思われる。グレゴリオスの三一神観を端的に表しているのは，『聖三位一体について』における次の信仰告白，すなわち「我々は三つの位格《ヒュポスタセイス》，……一つの善，一つの力《デュナミス》，一つの神性を信じる」であろう。とりわけ，三位格を「一つのウーシアー」としてではなく，「一つのデュナミス」として関係づけようとする点で，（本書の解釈による限りでの）晩年のバシレイオスとの深い繋がりを感じずにはおれない。

そもそも「力《デュナミス》」概念は，新・旧約（七十人訳）聖書において神認識に欠かせぬ重要な概念であった。たとえば，「知恵は神の力の息吹」（知恵 7：25），「神の力，神の知恵であるキリスト」（1コリ 1：24），「〈子〉は……万物を自身の力ある言葉によって支えた」（ヘブ 1：3）といった箇所の註釈に，オリゲネスをはじめ教父たちは精力的に取り組んできた。その一方で，ギリシア哲学において教父たちに大きな影響を与えたのは，プラトン『国家』篇中，太陽の比喩の最後に語られる以下の言葉である。

> 〈善〉は実在《ウーシアー》とそのまま同じではなく，位においても力《デュナミス》においても，その実在のさらに彼方に超越している。（509b7-9）

「三つのヒュポスタシス，一つのウーシアー」という語彙的には極めて存在論的な教義上の大命題に翻弄され続けた教父たちにとって，キリスト教的神認識に固有の位置をもつ「力」概念をあたかも「ウーシアー」に優る超越的根拠として示唆するかのようなこのテクストが，教義論争という新たな文脈において強い影響力をもったであろうことは想像に難くない。その意味で，「力」概念は，キリスト教の伝統とギリシア哲学の伝統とが交叉し相互貫入することによって，三位一体の神をめぐる教義論争において新たな生命を得た概念の典型といえよう。そのことを如実に物語るテクストが，グレゴリオスの『人間創造論』に見出される。

『創世記』（七十人訳）1:27 では，「神は人間を創った。神の像《エイコーン》に従って人間を創った」と記されている。しかし，なぜ，アダムのような特定の個人ではなく，「人間」を創ったと言われるのか，あるいは「神の像」とは一体何か。そうした問いに答えようとしたのが，『人間創造論』における以下の箇所である。多少長くなるが，引用してみたい。

> 「神が人間を創った」と言われるとき，全人類は〔この特定の誰かという意味で〕特定化されずに示されている。なぜなら，歴史が語るように，〔人間は，この特定の〕被造物としてアダムと呼ばれたのではないからである。むしろ，そのとき創られた人間の名は，個別的ではなく普遍的なものである。〔人間の〕自然本性の普遍的な名によって，我々は，全人類が，神的予知と力《デュナミス》によって，第一の創造に含まれたのだと考えるようになった。……さらにこのことが，「神は人間を創った。そして神の像に従って人間を創った」という〔『創世記』の〕言葉の意味を教えてくれる。すなわち，その像とは〔人間の〕自然本性の部分にあるのでもなければ，同じような人間たちの一部に見出される恩恵なのでもない。むしろ，その言葉の意味するところは，〔神のもつ〕そのような力が人類全体に等しくゆきわたっているということなのである。その証拠として，すべての人の内に同じように知性《ヌース》があることが挙げられる。すべての人は，思考し，企図する力をもち，さらにそのほかに神の像に従って生まれたものの内に神的な本性を反映させるようなものをも備えもつのである。……全人類が一人の人間と名指されたのは，神の力

にとって，過去も未来もなく，すべてを含みこむ働き《エネルゲイア》によって，眼前に存するものと同様にそこから予期されるものさえもが支配されているからである。それゆえ，最初から最後までにゆきわたる人類の本性は，存在するものたる神の一なる像なのである。（Gregorius Nyssenus, *De hominis opificio*, PG 44, 185B-C）

グレゴリオスのここでの解釈によれば，神は，過去から未来にわたる「全人類の総体」を始まりの一瞬にいわば縮減して「一人の人間」として創ったと言われる。もちろん，アダム，エバ，モーセといった個々の人間を数え挙げた結果が「一人の人間」になることなどあり得ない。なぜなら，個々の人間は身体によって量的に限定され，複数化されているからである。むしろ，ここで想起されるべきは，神の三位格を「共に数える」ことで一つのウーシアーとして把握できるとしたバシレイオスの主張である（本書第3章第3節3-2参照）。もし仮に，バシレイオスの考えをこのテクストに適用するなら，全人類の総体をいわば「共に数える」ことによって，一つの身体の内に全人類を「一人の人間」として創り込むことが可能になったのではないだろうか。しかも，このことが可能であるのは，「神の力が人類全体に等しくゆきわたっている」からだと言われる。それは言い換えれば，三位一体の神が一つの力となって全人類の一人一人に遍くゆきわたっているということであり，またそうであるがゆえに，三位格が一なる神として「共に数えられる」ように，全人類も一なる人間として「共に数えられる」ことができるのである。「神の像に従って人間が創られた」とは，まさにこのことを意味している。つまり，三位格が一つの力として働くという神の三位一体のあり方が，我々人間の各々の内に自然本性として刻み込まれるということこそ，「神の像」によって意味されていることに他ならない。その際，すべての人にゆきわたる「一つの力」とは「知性《ヌース》」のことだとも言われる。聖書において，神の力が神の知恵と絶えず相即し合う形で語られていたことを思い起こせば，神の知恵と人間の知性は「力《デュナミス》」とその「働き《エネルゲイア》」を介した一致の可能性に常に開かれていることになるだろう。その点においてこそ，父と子と聖霊を一なる力，一なる神として崇敬する我々の信仰は，その一なる力の我々における発現に他ならない知性を駆使した真の哲学と限りなく調和していくに違いない。グレゴリオスが『エウノミオス論駁』において「力」の概念をおそらく意図的に多用するのも，アリストテレスやストア派の哲学で理論武装したエウノミオスに対して，まさにこの点を強調せんがためだと思われる。

第2節　固有名の問題

次に考察したいテクストは，従来，バシレイオスの晩年の書簡とみなされてきたが，現在ではニュッサのグレゴリオスの作であるという解釈がほぼ定説化しつつある『書簡』38である[1)]。本書では著者問題に立ち入ることは避け，バシレイオスからグレゴリオスへと継承された，あくまで親ニカイア派的なウーシアー／ヒュポスタシス理解の一つの展開形態としてその内容に注目していきたい。それによれば，まず，すべての名《オノマ》は，複数の数的に異なった主語に述語されるが普遍的な意味をもつ一般名と，対象の個体性・特殊性において事物を指示する固有名とに二分される。たとえば一般名で「人」という時，その発話によって個々の人とは区別された共通本性《コイネー・フュシス》を表示することができるが，固有名の場合は，その発話によってペトロやパウロという個々の人を表示することができる。しかし，このように述べただけでは，ペトロやパウロといった固有名が，彼らの何を表示しているのか，あるいは単に彼ら一人一人を指示（直示）しているだけなのか，はっきりしない。この点をもっと明確に把握するためにも，我々は一旦『書簡』38から離れ，ストア派による固有名の創案に関わる少し長めの迂路を辿らねばならない。

2-1　ミルからフレーゲへ

古代ギリシアの意味論に立ち入る前に，まず大雑把に近現代の固有名

1）　たとえば，Hübner [1972], pp. 463-490 によれば，同書簡はコンスタンティノポリス公会議の直前，379-380年にニュッサのグレゴリオスによって執筆されたとみなされ，Drecoll [1996], p. 324 によれば，バシレイオスによって375年から彼の没年である379年の間に書かれたとみなされている。

をめぐる意味論の流れを押さえておくことにする。まず，もっともスタンダードな古典的理論は，中世スコラ哲学，たとえばガンのヘンリクスなどから，19世紀にJ・S・ミルが継承し『論理学体系』に纏めたものに見出される。それによれば，まず一般名は，外延としては，ペトロやパウロ，その他すべての人を表示し，内包としては，それらすべての人に共通の特性を表示するものとみなされる。対して，固有名は，たとえばソクラテスという名をもつ特定の個人だけを，いかなる性質も内包させることなく，つまり言語的な意味表示に拠らずに直接に指示するだけである。一見すると，このような固有名による言語外的な対象事物への直接指示（直示）という考えは妥当なものに思われる。しかし，たとえば「ムーミントロール」のような想像上の生物，つまり現実に存在しない生き物を指示する固有名の場合はどうだろうか？「ムーミントロールは現実には存在しない」と，私が言ったとき，もし「ムーミントロール」という名が直示機能だけしか持たないとすれば，直示対象が現実に存在しない以上，この文は無意味なはずである。ところが，トーベ・ヤンソンの作品に親しんだ者なら，この文はちゃんと有意味な文として理解される。いったい何がいけなかったのか。それはもちろん，固有名の機能を指示に限定し，意味表示機能を固有名から奪ってしまったからである。

そこで，もう一つの固有名理論として登場するのが，フレーゲによるもので，彼以降はすっかり定着した考え方，すなわち，固有名は指示（Bedeutung）と意味（Sinn）をあわせもつ，という周知の考えである。さらにフレーゲは，論理的関係の標準形を単称命題の内に見出し，単称命題を構成する部分として，二つの異質なもの，すなわち指示表現としての固有名（Eigenname）と述語表現としての概念語（Begriffswort）を挙げ，固有名がそれ自体不完全な概念語を満たすことによって，この二つの要素が統一されると考えた。つまり，「テアイテトスは飛んでいる」という文は，テアイテトスという人物が実在しなくても有意味であり，しかも彼が実在する場合には，この文は真理値をもつことになるわけである。この限りで，固有名は，確定記述句を縮約したものと解することができるため，ラッセル流の記述理論によって，固有名の持っていた指示機能も個体変項の値へと解消されるところまで話は進むことになるが，ここでは，ミルなどによる古典的な固有名の理論とフレーゲ理論とを差し当たりの標識にして，古代ギリシア哲学における固有名の扱いを見ていくことにしよう。

2-2　アリストテレス

プラトンにおいてはまだ自覚的になされていなかった固有名と一般名の機能的な区別が，アリストテレスにおいては，萌芽的な段階とはいえ，確かに既になされていた。しかし，彼の論理学体系は決してフレーゲ的な方向には向かいはしなかった。まず，『命題論』第7章においてなされている普遍的なものと個別的なものの区別を見てみよう。

> 事物の内の或るものは普遍的なものであり，或るものは個別的なものである。――ここで私が普遍的なものというのは，本性上，多くのものに述語づけられるもののことであり，個別的なものというのは，そうではないもののことである。たとえば，「人」は普遍的なものに属するが,「カリアス」は個別的なものに属する。(17a38-b1)

ここでの例を見る限り，アリストテレスは個別的なものとして固有名のことを考えていたと一応推測できる。さらにこの点をもっと明確に述べているのは，『分析論前書』第1巻27章である。

> すべての存在するものどもの内，あるものどもはその他のいかなるものについても真の意味では，その全体について〔一般者として〕述語されることなく（たとえばクレオンとかカリアスのように感覚対象たる個々の事物がこれである)，かえってこれらについて他のことどもが述語される。(43a25-35)

「カリアス」のような固有名は，主語としてのみ機能し，述語としては機能しない，とここで言われる意味は，アリストテレスにとって固有名には，述語として機能し得る記述内容，つまり意味内容がまったく欠けている，ということだと思われる。では，意味内容を欠いているのに，なぜ対象の指示が可能なのだろうか？　そこにはアリストテレス存在論の個体把握の特徴が関わっている。それは，一言で言うなら，「この何か《トデ・ティ》」，「この特定の人」というように，純粋な指示機能と一般名の記述機能とを合体させることで個体指示を可能にする方策である。しかし，「この人」と言って指示が成立するのは，具体的な文脈に支えられた場合であって，「ソクラテス」のような固有名のもつ意味的な唯一性・特殊性を欠いた，いわば「かけがえのある個体」として，人一般の中から不特定の個人（既に個体化されて存在している一人の誰か）をその都度「これ」といって指示することしか可能ではない。つまり，アリストテレスには，まだフレーゲ的な意味での意味と指示の両機能を備えた固有名は考えられていなかったのである。言い換えれば，述語にはなり得ない，つまりそれ自体では記述内容を持たない固有名というアリストテレスの位置づけは，ミル的な指示のみの固有名と極めて近い立場といえよう。

2-3　ストア派の固有名理論

これに対して，ストア派の論理学は，全称命題を重視するアリストテレスと異なり，単称命題に重きを置いており，しかもその上，ストア派存在論では，すべて実在するものは，各々が原則として他の一切と識別可能な固有性・個体性を自体的に備えているとみなされていた。固有名という文法的カテゴリーを考案したのがストア派だという事実も，こうしたことを考えれば，決して理由のないことではなかった。

彼らは，まず弁論術《レートリケー》と問答法《ディアレクティケー》を区分し，後者をさらに「意味されるもの《セーマイノメノン》」と「（意味するものとしての）言語《フォーネー》」に分け，さらに後者を，ゼノンやクレアンテスは四つに，クリュシッポスやバビュロニアのディオゲネス（『音声言語論』）が五つに区分した。すなわち，

固有名詞《オノマ》，普通名詞《プロセーゴリア》，動詞《レーマ》，接続詞，冠詞

の五つである。この五区分がストア的とみなされた区分だが，とりわけ固有名と普通名詞（一般名）とを，プラトンやアリストテレスのようにオノマの下位区分とはせずに，二つの異なる言語機能としている点が際立った特徴である。

では，より詳細にディオゲネス・ラエルティオスに引かれたバビュロニアのディオゲネスのテクストを見てみよう。

> 普通名詞（プロセーゴリア）は，共通性質を意味する《セーマイノン》言説の部分である。たとえば,「人」や「馬」がそうである。対して，固有名（オノマ）は固有性質を明らかにしている《デールーン》言説の部分である。たとえば「ディオゲネス」や「ソクラテス」のように〔筆者註：いずれにも冠詞なし〕。(DL VII 58)

ここで注目すべきは，普通名詞と固有名の各々の対象が共に性質であるという点である。これは極めてストア的な考え方で，一般に性質づけられた対象事物ではなく，むしろ性質《ポイオテース》のほうが意味表示の対象とみなされる。これは一般名であれ固有名であれ，同様である。こうした特異な理解の仕方は，背景にある存在論，ウーシアー論がいわゆるアリストテレス的な実体論とは明白に異なることに起因したものと思われる。

ストア派にとって実体カテゴリーは，質料的な基体を指すが，それ自体はいまだ現実的な存在とは成り得ていない。それを現実化するのが，共通性質と固有性質で，その性質カテゴリーと結合することで初めて現実の個体は成立することになる。アリストテレス実体論において，いわゆる第一実体，基体としての個物に諸々の性質が内属するという構造と，それは明らかに異なるのである。このように，ストア派の言語論では，固有名に固有性質を担うという独自の機能と位置づけが認められているのである。

ここで，ストア派の固有名に関するある種の疑念にも応えておきたい。同じディオゲネス・ラエルティオスの第 7 巻 61 節に，種や類に関する次のような記述がある。

> 最高の類は，それ自身は類でありながら，その上に類をもたないものである。たとえば,「存在者」がそうである。また，最下の種は，それ自身は種でありながら，その下に種をもたないものである。たとえば,「ホ・ソクラテス」がそうである。(DL VII 61)

ここで注目してほしいのは，「最下の種」のほうである。アリストテレス形而上学から考えると，最下の種の下には，もはや種でなく，個物，たとえばソクラテスやクリトンといった具体的な個人が置かれることになるはずである。ところが，ここで引用したストア派の主張では，最下の種の例として「ホ・ソクラテス」が挙げられている。

注目すべきは，ここで例として挙げられた「ホ・ソクラテス」には冠詞「ホ」が付いているのに対し，先に普通名詞と固有名の区分として引用した箇所では，例として挙げられた「ソクラテス」に冠詞が付いていなかった点である。些細なことのように思われるかもしれないが，これはとても重要なポイントである。

ギリシア語では，普通名詞だけでなく固有名詞にも冠詞をつけることができる。たとえば「ホ・ソクラテス」は，「対象の存在／不在にかかわらず，それがまさにソクラテスであるところの固有性質」を表示していると理解することができる。つまり，冠詞つきの「ホ・ソクラテス」は，ソクラテスがソクラテスであるゆえんの固有性を意味表示する機能をもった「種」なのであって，アリストテレス的な意味での固有名とは異なるのである。とすれば，それと相関して，冠詞なしの「ソクラテス」，つまりそれ自体で取り上げられる固有名「ソクラテス」は，ソクラテスであることが本質的にそれを所有することとみなされる特性，固有性の現存を指示している，と解釈できるだろう。

要約すれば，ストア派の固有名は，冠詞つきの場合，意味表示機能をもち，たとえその対象が存在せずとも意味了解をもたらすのに対し，冠詞なしの場合は指示機能を担う。ただし，その場合は，その意味を唯一の対象が満たす場合に限って指示が成立するのである。この規定は，実はサールがフレーゲ流の固有名について提示した規定，すなわち「〔固有名は〕本質的には意味を，また偶然的な仕方でのみ指示をもつ。固有名が指示機能を発揮するのは，その意味を唯一の対象が満たす場合に限られる」[2]とピタリと一致する。つまり，いささか強引に結論づければ，ストア派の固有名理論は，フレーゲの立場の遥かな先取りであった，とさえ言い得るのである。

2）　Searle [1958], p. 169.

2-4　固有名の問題から『書簡』38 の読解へ

さて，以上のやや長めの迂回から得た知見を，先ほど触れた『書簡』38 の記述にあてはめてみるならば，もう少し厳密な記述が可能となるはずである。すなわち，固有名も一般名も，同じように意味表示と指示作用の二つの言語機能をもっているとするならば，まず固有名は，具体的な事物を直接に指示し，同時にその個物自身の何らかの観念《エンノイア》をも意味表示し得る。言い換えれば，固有名は，特殊な事例のもつ固有性《イディオーマタ》を意味表示するがゆえに，その固有性によってその特殊な事例を他から識別し同一指定することができる。それに対して，一般名は何らかの共通本性を指示し，その一般名によって名指される限りのすべての個物に共通な性質を意味表示することになる。ここで，固有名が意味表示している固有本性《フュシス》が関わる何らかの存在位相がヒュポスタシスであり，一般名が意味表示している共通本性《フュシス》が関わる存在位相がウーシアーである。少なくとも，この書簡において，〈父〉や〈子〉といった名が，あたかも「ペトロ」や「パウロ」と同じように固有名の機能をもち，〈父〉なるヒュポスタシスや〈子〉なるヒュポスタシスを指示するのに対し，「神」という名は，一般名として〈父〉〈子〉〈聖霊〉に共通する神的本性を表示する，と解釈されていることは確かなのである。

以上のような読み筋の妥当性を確証するためにも，『書簡』38 のより一層具体的で詳細なテクスト読解が求められる。そもそも，この書簡が書かれた理由は，その当時，ヒュポスタシスの概念をウーシアーの概念と同一視する傾向がとりわけ際立っていたからである。実際，三一神論に関する多くの議論が「ウーシアー」と「ヒュポスタシス」の差異を見出し損ねていた（1,1-2）[3)]。そのため，ある人々は，一つのヒュポスタシスだけを神に帰すことを主張し，他の人々は反対に，ウーシアーを三つに区分することを主張していたわけである。いずれにせよ，以下では同書簡における次のような三段階の展開に焦点を合わせることにする。すなわち（1）固有名と一般名の区別から，（2）ウーシアーとヒュポスタ

3）　以下，本節における『書簡』38 からの引用箇所は，E. Y. Courtonne (*Saint Basile, Lettres*, 3 vols, Paris, 1957-1966) 版の節番号と行数だけによって表示する。なお，本章の考察に必要な限りでの同書簡冒頭部の全文訳を章末の補註に挙げておくので参照されたい。

シスの区別を経て，(3) その区別の三一論への適用へ，と進む展開である。

(1)　固有名と一般名の区別

本書簡の唱える意味論によれば，すべての名（ὀνόματα）は以下の二種類に分けられる。

(a)　一般名：「複数の数的に異なる主語に述語される一般名は，普遍的な意味をもつ」(2,1-3)

(b)　固有名：「対象の固有性に関わる限りで，個別的な事物を指示し，極めて個別的な意味をもつ」(2,11-15)

たとえば「人」を例にとってみよう。あなたが「人」と言う時，その名によって個々人とは異なる仕方で共通本性（κοινὴ φύσις）を表示している (2,4)。しかるに，単に一般的に「人」ではなくて，我々が個々特殊なペトロとかヨハネを理解できるのは，「さらなる区別のしるし」(ὑποδιαστολή) によってである (2,10)。

固有名も一般名も共に二つの機能，すなわち指示機能と意味表示機能をもっていることに注意する必要がある。固有名が，具体的な個物（πρᾶγμα）を指示すると同時に，各個物の当該の観念（ἔννοια）をもたらすという機能をもっていることは明らかだろう。言い換えれば，固有名は，それによって当該の事物を他の事物から識別し，かつ，それとして同一指定できるような個物の特性ないし固有性（ἰδιώματα）を意味している。他方，一般名は，共通本性を表示する指示機能ばかりでなく，我々がその一般名によって名指される限りのすべての個物に共通な性質をも意味している。言い換えれば，一般名が表示している普遍的な意味は，その同じ名のもとに包含されるすべてのものに等しく共通なものである (2,8-9)。ここで我々が問わねばならない問いは以下である。すなわち，固有名の意味は一体どのような存在に対応しているのか？　一般名の指示が対応しているのは一体どのような存在なのか？　最初の問いに答えるならば，固有名が意味表示している固有本性《フュシス》が関わる何らかの存在位相がヒュポスタシスである。二番目の問いに答えるならば，一般名が意味表示している共通本性《フュシス》が関わる存在位相がウーシアーである。

(2)　ウーシアーとヒュポスタシスの区別

ウーシアーとヒュポスタシスの異なりを理解するためにもっとも中心的なことは，以下のような認識過程の考察である。

> 「人」と発話する時，その発話者はそこで用いられている語の不特定性（ἀόριστον）によって心の中にある種の漠然とした概念（διάνοια）を引き起こす。その結果，事物の〔共通〕本性《フュシス》はその名によって表示されるが，（その本性によって）実在し（ὑφεστώς），固有名によって指示される事物は表示されない（3,2-6）。他方，「パウロ」と発話する時，その発話者は，その名によって指示される事物に実在する（ὑφεστῶσαν）本性《フュシス》を意味表示する（3,6-8）。この特定の本性《フュシス》がヒュポスタシスであることは明らかだろう。

第一に注意すべきは，2,1-19 と 3,1-8 においてだけ著者は，名（ὄνομα）と本性（φύσις）という組み合わせを用いている点である。しかし，それらの箇所より以前でも以後でも，彼は他の組み合わせ，すなわちロゴスとウーシアーを用いている。また，この書簡において，一般名は決してウーシアーを表示するためには用いられていない。これらの語の用法に関して，著者は意図的に以下のような精緻な仕方で，すなわち我々が意味論的ないし日常言語的レベルと形而上学的・分析的な知のレベルとを区別できるような仕方で議論を展開しているように思われる。こうした方法，つまり「名」によって我々に知られ得るある種の漠然とした全体から，それによって原理が知られるようになる特定の「ロゴス」への移行は，アリストテレスの自然学における方法と類似しているように思われる[4)]。それでは以下において，名と本性の関係という意味論的段階からロゴスとウーシアーの関係という形而上学的な段階への移行を説明していくことにする。

4)　アリストテレス『自然学』A1, 184a10-b14，特に 184a21-b10 を参照せよ。

まず，共通本性《コイネー・フュシス》は，「人」のような一般名によって漠然と表示されるが（3,4-5），人のウーシアーが表示されるためには，名ではなくロゴス（説明規定）が求められる（2,21）。アリストテレスによれば[5)]，たとえば「円」という名は，漠然とある種の全体（すなわち普遍）を意味しているが，それに対して，そのロゴス（定義的な説明規定）は「円」をその本質存在論的な意味契機（「中心」，「等距離」などの特殊なもの）にまで分析していく。それゆえ，一般名「人」によって表示される普遍的で共通な本性は，パウロやヨハネのようなすべての個人を含むある種の全体（普遍的な「種」）としての「人間」である。しかし，「人」と発話する者は，パウロやヨハネを人間として数え上げることはできるが，必ずしも彼らが現に「人間」であることの原理ないし本質を知っているとは限らない。つまり，あるものが人間である原因はそのウーシアー（本質存在）であり，そのようなウーシアーを記述することができるのは本質存在の説明規定であるロゴス（λόγος τῆς οὐσίας）だけである。

さて，ウーシアーの何であるかが説明された今，次に我々は，これまで考察されてきた哲学的な枠組みが，ニカイア信条における最重要キーワードである「ホモウーシオス」を規定するために，一体どのように利用されるべきかを理解できるようにならねばならない。同書簡において著者はこう記している。

> いかなる説明規定（ロゴス）であれ，パウロのウーシアーを説明する説明規定が他の人にも適用されるということを示している。したがって，同じ「本質を示す説明規定」（λόγος τῆς οὐσίας）[6)]によって記述される人々は，互いにホモウーシオイ（ὁμοούσιοι）である。(2,24-26)

この文脈におけるウーシアーは固有名によって指示される事物（プ

5）同上，184b11-12.

6）この表現はきわめてアリストテレス的であり，『カテゴリー論』の冒頭箇所（1a1-2）にこの語句の用例がある。ただし，そこでの τῆς οὐσίας をめぐるテクスト上の疑義については，『アリストテレス全集 1』「カテゴリー論」（中畑正志訳），岩波書店，2013 年，13 頁の訳註 2 を参照せよ。

ラーグマ）のような個物でも，一般名によって表示されるある種の全体としての共通本性（フュシス）でもなく，むしろ，それによってすべての人が「まったく同一の仕方で」人間であるように原因づけられる原理ないし本質のことである（2,20）。それゆえ，「ホモウーシオス」とは，それぞれの個物が同じ原因と本質をもち，同じ仕方で存在させられていることを意味している。

第二に，ある人が個物《プラーグマ》を指示するために固有名を用いるとき，著者は，その者がその個物に実在する特定の本性《フュシス》を表示していると言う。その場合，その特定のフュシスに当てはまるのはどのような種類の存在だろうか。それは，特定の固有性の束に対応するそれぞれの個物におけるある種の全一性であると思われる。言い換えれば，事物におけるある種の全体性ないし統一性と言えるようなその事物に固有のフュシスが，「パウロ」のような固有名によって「ある特定の人」（ἄνθρωπός τις）[7]である個物を誰もが指示できるようにするための必要条件である。しかし，パウロのような個体を単に指示できるだけの人は，必ずしもまだその個人に固有の本性の何であるか，つまりその者をその個人にする原因が何であるかについて知っているとは限らない。この段階で，著者は初めて新しい命題を提示する。「固有名によって指示されるものは，ヒュポスタシスという表現によって意味表示される」（3,1-2）。ヒュポスタシスは，そのものを個物にする原因であり，いわゆる「個体化の原理」であると言えよう[8]。ここで注目されるべきは，ウーシアーは実際にはヒュポスタシスによって個別化されなければ現実に存在し得ないということである。普遍的なものとみなされていたウーシアーの概念が具体的な事物の認識に至るのは，特定の固有性（ἰδιώματα）の付加によってである。しかし同時に，ヒュポスタシスによる個別化は個別化されるべき普遍的本質としてのウーシアーなしには実現され得ない。重要なのは，両者が相互に補完的であるということである。

7）『書簡』38（3,14-17）では，七十人訳「ヨブ記」冒頭（1.1）でヨブが何者であるかを紹介する場面において ἄνθρωπός τις という表現が用いられている事例を挙げ，単に ἄνθρωπός と言う場合と ἄνθρωπός τις と言う場合の違いが説明されている。

8） Cf. Zachhuber [2000], p. 78.

(3)　三一神論への応用

ここまでのところで，著者が（1）ウーシアーとヒュポスタシスの区別に関する議論を，意味論的なレベルから形而上学的なレベルへと展開していったこと，また（2）統一化し原因づけるウーシアーと個別化するヒュポスタシスの区別を強調していたことを見てきた。議論のこの段階で，著者は前述の考察の哲学的枠組みと区別の原理を「神的ドグマ」（θεῖα δόγματα）すなわち三位一体論へと移行していく。

ここで見落とされてはならないのは，「人」のような一般名によってウーシアーは記述され得ず，そうした一般名はただ共通本性を表示できるだけであるように，〈父〉なる神，〈子〉，そして〈聖霊〉におけるウーシアーは，たとえば「神」というような一般名によっては述語され得ないということである。なぜなら，もしここまでの解釈に誤りがなければ，ウーシアーに述語され得るのはロゴスだけであって，ウーシアーそれ自身は，プラーグマとしての神ではなく，父・子・聖霊が神であることの原因だからである。それゆえ，神学的な文脈におけるウーシアー概念は，「神」とは翻訳され得ない。さもなければ，様態論的サベリオス主義か三神論のいずれかを招きかねないからである。

この点をしっかり銘記して，次に我々が対峙せねばならないのは，以下のようなある種のディレンマである。一方で，三つのヒュポスタシスは個体として実在している。しかし他方で，三つのヒュポスタシスは依然として統一化されており，ホモウーシオスすなわち本性とウーシアーにおいて一である。したがって，もし，いかなるヒュポスタシスにとってもそれが存在することなしにウーシアーが実在し得ないとするならば，神的ウーシアーがそれ自身のヒュポスタシスの内に存在すると主張することはある種のパラドクスとなるだろう。なぜなら，不可分なはずのウーシアーが三つのヒュポスタシスに内在する，つまり既に三つに分割されているということになってしまうからである。本書簡において「統一された分割でもあり分割された統一でもある」（διάκρισίς τε συνημμένη καὶ διακεκριμένη συνάφεια）（4,90-91）という撞着語法によって表されたこのパラドクスは，著者によって，（1）多なる光（のスペクトル）からなる一なる虹の例証によって，（2）聖書箇所の例示とその解釈によって，（3）（テクストに顕在化してはおらず，あくまで伏在的に示される）彼の哲学的戦略によって，解決のための方途が模索される。我々にとっては，この第三の途がもっとも重要である。すなわち①意味論的レベルでは，普遍的な意味と特殊な指示の相補的，相互依存性があったように，②形而上学的レベルでは，本質と個別性の間に相補性があり，③神学的レベルでは，神的本質（ウーシアー）と個別的ヒュポスタシスの間に相互依存性がある。つまり，三つのヒュポスタシス（三つの位格）は，ウーシアーなしには神でもなければ神とみなされることすらあり得ないが，同時に，ウーシアーはヒュポスタシスなしには現実に実在し得ないということになるだろう。そうだとすれば，我々人間にとって三一神構造の実相に漸近し得る方途は，一なる神的ウーシアーと三なる個別的ヒュポスタシスの間のそのような相補的で動態的な均衡に我々自身が脱自的に与ることによってしかないのかもしれない[9]。

第3節　神的本性の不可分性と不可知性

古代末期の東西教父思想に関して20世紀後半に書かれた定評ある教科書群には，ほぼ例外なく，「東方の三一神論は位格《ヒュポスタシス》から始まり，西方のそれは本質《ウーシアー》から始まる」という解釈図式が示されている。19世紀末にフランス人イエズス会士ド・レグノンによって創出されたこの図式の影響力は極めて大きく，たとえば三位格が神的実体に先立つとみなす東方のいわゆる「社会的三一神論」（social Trinity）に，アウグスティヌスに代表される西方の「心理主義」（mentalism）を対峙させ，東西の分裂を際立たせる常套的な三一論解釈が長らく幅を利かせてきた。この解釈動向は，神的本質の〈類〉的解釈をカッパドキア教父に帰するテオドア・ツァーン[10]以降，アウグスティヌスに神的本質の〈一〉的解釈を帰する傾向と共に既に一般的なものであった。しかし，近年，こうした図式的解釈に対する批判的検討が進み，このような理解の仕方が誤りであるという考えが有力である。本書がもっぱら東方カッパドキア教父に焦点を合わせて議論を進めてきたのも，実はこうした平板な解釈図式を実

9）　こうしたテーマは，主に本書第Ⅱ部第6章および第8章で展開される。
10）　Zahn [1867], pp. 8-32.

例によって論駁するという意図によるものであった。

しかし，これほど根強い誤解には，やはりそれなりに根深い理由が東西教父の双方に存するはずである。東方教父の側では，先に挙げた『書簡』38とこれから考察する『アブラビオスに宛てて（*Ad Ablabium*）』において見出される説明モデル，すなわち〈固有性質と共通性質の各々にヒュポスタシスとウーシアーを振り分け，その特殊–普遍連関を人間の領域から神的領域へと類比的に移行させる説明方式〉を無批判にグレゴリオス（ないしバシレイオス）に帰したところに誤読の発端があるものと思われる（西方の側については，アウグスティヌスに関する附論1で詳述する）。

「三神が存在するのではない」という副題をもつ『アブラビオスに宛てて』が，小著ながらも従来のグレゴリオス解釈にとって決定的な意義を持ち続けてきたのは，三（位格）から始めて一（本質実体）に進みゆくという解釈図式を同書がもっとも明瞭に示しているとみなされたからであった。とりわけ多くの研究者を誤読に導いたのは以下のくだりである。

> ペテロ，ヤコブ，ヨハネは，一なる人間本性《アントローポテース》によって存しながら，〈三人〉と呼ばれる。たとえその本性《フュシス》によって結びついた者たちが，その〔共通の〕本性の名によって多なるものとして数えられたとしてもおかしくはない。（*Ad Ablabium* GNO Ⅲ /1 38,8-10）

この引用による限り，人間においては，あたかも本性が分割可能（つまりは複数化可能）であるかのように述べられている。確かに，固有名によって表示される三者はそれぞれ人間であり，「人間」はその共通性質を表示する一般名である以上，複数の「人間」が存在することを許容するようにみえる。しかし，それとの類比によって神的三位格と神的本性の関係を捉えるなら，三神の存在を許容することになってしまう。もちろんグレゴリオスが三神の存在を認めるはずがないので，これは明らかにテクストの誤読である。なぜこのような誤読が生じたかと言えば，この小著の論述構成が実は極めて複雑であるにもかかわらず，多くの研究者が前出の引用箇所だけを否定神学的な文脈を無視して強調し過ぎたからである。グレゴリオス自身は同書において，むしろ〈本性は不可分である〉という厳密な語法を，神性の場合はもちろん，人間本性の場合にも適用すべきだとはっきり主張している。同書におけるグレゴリオスの真の狙いは，三一神における多と一のパラドクスを解く鍵として，神的本性の統一的な原因である力《デュナミス》と働き《エネルゲイア》に着目し，そこから新たに議論を立ち上げることにあったと見るべきであろう（この点は本章冒頭で既に強調されていた）。

具体的には，同書では神的本性の探求が中心となる。神的本性が厳密な意味で不可分であるとすれば，神によるこの多様な世界の創造は，神の力《デュナミス》と働き《エネルゲイア》によって説明されざるを得ない。言い換えれば，我々が知り得るのは，神の本性に由来する力の働きであって，神的本性それ自体は不可分にして不可知のままなのである。では，我々には神に関するなんらの知もないのか。この点ではグレゴリオスは大きくプロティノスに負っている。すなわち，プロティノス（*Enneades* V4.2）によれば，働き《エネルゲイア》は「実体《ウーシアー》の働き」と「実体から出る働き」に二分され，「実体から発する働きは，それぞれのものとは異なるが，それぞれのものすべてに必然的に伴うもの」とみなされる。グレゴリオスも同様に，神的本性に内在する力とは別に，本性の「周囲に《ペリ》」に存する力とその働きを見て取り，それを通して（また思考《エピノイア》と言語を用いて）間接的に神的本性の知に漸近していくと考えた。思考《エピノイア》を介して限りなく神に漸近していきながらも，神の本性自体は常に不可知であり続けるという神認識の構造は，バシレイオスのケースで既に詳細に考察したが（本書第2章第1節1-3参照），グレゴリオスにおいてその意味合いはさらに強化されたと言ってよいだろう。

第4節　意志の統一

グレゴリオスはまた，ギリシア哲学で展開された魂論の系譜を三一神論に接続しようとした点でも注目に値する。まず，姉マクリナの死の前夜に二人の間でなされた対話に基づくとされる『魂と復活』では，情念の魂論的，道徳的位置づけが論じられる。その論述は，心的現象の原因である魂を本質《ウーシアー》，能力《デュナミス》，働き《エネルゲイア》という術語で記述していくアリストテレス的側面と，魂を欲望的《エピテュメティコン》・気概的《テュモエイデース》・理性的《ロギスティコン》な三部分から成るものとして記述していくプラトン的な側面を折衷的に取り込んだものであるが，そこでの強調点は，情念がもたらす心的葛藤，魂の自己分裂の経験に置かれている。すなわち，葛藤に陥った魂は，自己と一致し得ない限り，有徳な行為者として善を意志し得ない。それにもかかわらず，人間は何ゆえ，善に向けて意志を統一すべく自らの魂を配慮し続けているのであろうか。それは人間が神の像《エイコーン》だからである，というのが『人間創造論』におけるグレゴリオスの答えである。神性が善の充溢であるとするなら，神との類似性によって，人間があらゆる善に充たされることを意志するのもゆえあることである。とりわけ注目すべきは，自由の強調である。

> すべての内で卓越しているのは，必然性から自由《エレウテロン》であること，自然による支配に拘束されることなく，望むことを自分の力《アウテクスーシオン》で決める意志《グノーメー》をもつことである。なぜなら，徳はいかなる支配にも服することなく，自発的なものだからである。（*De hominis opificio*, PG44,183b）

ある意味で神の不完全な似像に過ぎない人間は，自ら自由に善を意志できるからこそ，善をめぐる葛藤に陥り，自己の統一を喪失しかねない存在なのである。

では，こうした自由意志論をグレゴリオスは，一体どのようにして三一神論に組み込んでいったのだろうか。父・子・聖霊の三位格をそれぞれ意志の主体として文字通りパーソナルな関係論として解釈していこうとすれば，それは明らかに時代錯誤的誤読となる。グレゴリオスは，〈父〉と〈子〉という二つのヒュポスタシスの間に，原因と原因づけられたものという原因論的，存在論的差異より以外，いかなる関係性も認めない。また，〈父〉からの〈子〉の「出生」によって本質《ウーシアー》の連続性，同一実体性《ホモウーシオス》を担保するアタナシオス的な戦略をもグレゴリオスは断固否定し，むしろ「出生」は両位格の存在の差異を明確にする原因論的な意味しか持ち得ないという主張を展開する。だとすれば，互いに異なる三位格の本性的統一はいかにして可能となるのか。その答えは，言うまでもなく，本書がこれまで一貫して探求してきた三位格《ヒュポスタセイス》を関係づける神的な力《デュナミス》という力動的なウーシアー観によるものである。ただし，グレゴリオスがこの解釈動向に新たに組み込んだものが自由意志論ということになる。確かに三位格は互いに異なるけれども，そのことによって神に複数の意志が存するわけではない。なぜなら，神が善の充溢であり，徳と知恵の原理である限り，人間の魂に見出される自己分裂は神性にはあり得ないからである。かくして，神の一なる自由意志は，神的本性に内在する力《デュナミス》として三位格における多様な働き《エネルゲイア》を原因づけ，そのことによって三位格を統一する力動的根拠となり得るのである。このようにしてグレゴリオスは，兄バシレイオスの後を承けて，神的本性の一性へと文字通り全身全霊をかけて漸近する試みの中で，静態的（実体的）なウーシアー観から力《デュナミス》・働き《エネルゲイア》という力動的なウーシアー観へと思索を深めていったのである。

（補註）『書簡』38 冒頭部の全訳
ウーシアーとヒュポスタシスの差異に関する弟グレゴリオスへの書簡

1.〔聖三位一体の〕神秘的教義に関して，ヒュポスタシスと〔それら三つのヒュポスタシスに共通する〕ウーシアーを説明する際に両者の違いを区別できない多くの人々は，誰もが同様に，ウーシアーと言おうがヒュポスタシスと言おうが，何も変わりはしないと考える（だからこそ，何ら吟味することなくそのような考えを受け容れるある者たちは，〔神を〕一つのウーシアーと語るように，〔神を〕一つのヒュポスタシスと語ることで満足する。それに対して，三つのヒュポスタシスを受け容れる人々は，そのような考えによる限りウーシアーも同じ数に分かれると言わざるを得ないと考える）。このようなわけで，あなたも同じような考えに陥らないようにするために，そのような議論に関するあなたへの短い覚え書きを記した。以下が，ここで語られている言葉〔ウーシアーとヒュポスタシス〕のごく簡略な意味内容である。

2. すべての名（ὀνόματα）の内，複数の数的に異なる事物について述語される名，たとえば「人」は，より一般的な意味をもつ。なぜなら，その名を言う時，あなたはその名によって共通の本性（κοινὴ φύσις）を表示したのであって，「人」と発話することによって，〔たとえばペトロスという〕名によって固有な仕方で知られるある特定の人を特定したわけではないからである。実際，アンドレアスやイオーアンネースやイアコーボスよりもペトロスのほうがより以上に「人」であるというわけではない。「人」という名によって表示された共通性は，同じ名の下に置かれたすべてのものに同じように関わる限り，それによって我々が普遍的な「人」ではなくペトロスやイオーアンネースを認識できるようになるさらなる区別のしるし（ὑποδιαστολή）を必要とするのである。

他方，極めて固有な指示をもつ名がある。その名によって表示されるものに見出されるのは，共通本性ではなく，ある特定の事物の個体性である。そうした個体，たとえばパウロスやティモテオスは，その固有性における限り，同じ類に属するというような結びつきを一切もたない。なぜなら，そのような発話は，もはや共通本性には言及せず，そうした包括的な意味からある特定の限定された事物の意味を分離し，表示するからである。ところで，まったく同じ仕方で〔人で〕ある二つないしそれ以上のもの，たとえばパウロスやシルーアノスやティモテオスについて，彼らのウーシアーを表示する説明規定《ロゴス》が求められる時，パウロスのウーシアーにはある説明規定《ロゴス》を，シルーアノスのウーシアーには別の説明規定《ロゴス》を，またティモテオスにはさらに別の説明規定《ロゴス》を割り当てる人はいないだろう。むしろ，パウロスのウーシアーを表示する説明規定《ロゴス》が，他の二人のウーシアーにも適用されるはずである。したがって，同じ「本質を示す説明規定」（λόγος τῆς οὐσίας）によって記述されるものたちは，互いにホモウーシオイ（ὁμοούσιοι）である。しかるに，共通なものを知った者が，個々のものがそれによって分離される個体性に考察の目を向けようとする時，このものの知識をもたらす説明規定は，別のものに関する説明規定とは，たとえある点で共通なものがあるとわかったとしても，あらゆる点で一致するわけではないであろう。

3. さて，次に我々が述べるべきは以下のことである。個別に語られるものは，ヒュポスタシスという語によって表示される。すなわち，「人」と発話する時，その発話者はそこで用いられている語の不特定性によって心の中にある種の漠然とした概念を生み出す。その結果，その事物の〔共通〕本性《フュシス》はその〔一般〕名によって表示されるが，〔その本性によって〕実在し（ὑφεστώς），〔固有〕名によって指示される事物は表示されない。他方，「パウロス」と発話する時，その発話者は，その〔固有〕名によって指示される事物に実在する（ὑφεστῶσαν）本性《フュシス》を意味表示する。この特定の本性がヒュポスタシスである。しかし，それはウーシアーという不特定な観念ではない。そのような不特定な観念は，表示される共通性によって〔固有の〕実在をなんら明らかにはできない。ヒュポスタシスは，〔固有名によって〕表示された固有性によって，共通で無限定なものをある特定の事物の内に限定し境界づける。……

附論 1

アウグスティヌス
――一つの本質《エッセンティア》・三つのペルソナ――

神への述語《カテゴリー》づけの体系

東方教父たちにとって，ギリシア伝来の修辞学や哲学との関わりは，共通の母語ギリシア語を介して極めて親密であった。対して，西方の教父たちにとって，ギリシア思想の導入には，ラテン語への翻訳という壁が立ちはだかっていた。第Ⅰ部のテーマである三位一体論をめぐる神学用語に関しても，ニカイア信条に由来する教義論争自体がギリシア語による東方出自のものである以上，事情は変わらない。だからこそ，ギリシア起源の三一神論をアウグスティヌス（354-430 年）もある部分で理解し損ない，その結果，理論展開にやむを得ぬ修正・変換が加えられたという通説が，従来，まことしやかにまかり通っていたのであろう。しかし，三位一体論に関する東西分裂という常套的解釈には，果たして信じるに足る根拠があるのだろうか。

少なくとも，通説を裏づける証言として，「ギリシア人がウーシアーとヒュポスタシスをどう区別するつもりなのか，私にはわからない」（『三位一体論』CCSL 50, V 8,10〔以下，同書からの引用は巻・章・節数のみ記載〕）というアウグスティヌス自身の告白を挙げることができる。確かに，先行するカッパドキア教父たちとは，およそ四半世紀の時を隔て，ギリシア語からラテン語への翻訳の壁にも苦しめられたことだろう。しかし，本当にアウグスティヌスはギリシア教父たちが生み出した根本術語を理解できなかったのだろうか，あるいは一体それらの何が理解できなかったのだろうか。

まずラテン語への翻訳から見てみよう。「一つのウーシアー，三つのヒュポスタシス」は，ラテン語では，さしあたり「一つの本質(essentia)，三つの実体（substantia)」と訳されるのが常である。ただ，ラテン語圏では通常，「本質《エッセンティア》」と「実体《スブスタンティア》」はほぼ同義とみなされるので，位格を表すために，ギリシア語「プロソーポン」(本来,「仮面」の意）の訳語として「ペルソナ」をあて,「一つの本質《エッセンティア》ないし実体《スブスタンティア》，三つのペルソナ」とすれば，どうにか妥当なラテン語訳ということになる。しかし，このようにただラテン語へと置き換えだけの話では，確かにアウグスティヌスが言うように，何も明らかにならない。

神について何事かを語ろうとする場面での，もっぱら被造物に関わるアリストテレス的な述語づけ体系《カテゴリー》の無力さについては，既に『告白』(Ⅳ 16, 28f.) において強調されていたが，その後，アリストテレス起源のカテゴリー論や論理学関係の基礎知識を新プラトン主義的な解釈によって修正することで，三一神論に適用可能な述語づけの分類が考案されていったものと思われる。それによれば，述語づけられるものは，実体に即して（secundum substantiam）語られるものと，偶有性に即して(secundum accidens）語られるものに二分されるが，神自身に対しては，前者すなわち実体的な述語づけのみが用いられる。では，三位格「父・子・聖霊」の各々は実体的に語られるのか，それとも偶有的に語られるのか。答えはそのいずれでもなく，三位格は相互に対して，関係に即して（secundum relatiuum）語られる（V5,6; 8,9)。もちろん，この「関係」は偶有性ではない。なぜなら，たとえば〈父〉と〈子〉は，一方が他方に対してそう呼ばれる関係だが，両者は共に永遠かつ不変であり，その関係も不変である以上，偶有的なものではないからである。

そもそも「実体」概念は，その原義からして，偶有的属性の基体(subjectum）としての含意を完全に払拭することは難しい。にもかかわらず，神は，その大きさ，知恵，全能，善などの基体とはなり得ない。なぜなら，もしそうであるなら，神の大きさや善は，偶有的に神に内在する属性となってしまうからである。永遠不変の神の内には，変化するものは何一つないのであるから，神の内には偶有性に即して語られるものは何もない。だとすれば，神については，物質的基体性を払拭し得ない「実体」概念ではなく，非物質的な述語である「本質《エッセンティア》」概念を用いるほうがより適切である。実際，「本質」述語によって物質的基体性が払拭される以上，神について，三位格が「三つの本質」と言われ得ないのと同様に「三つの大きさ」と言われることもない（V 10,11）。神が存在すること（esse）すなわち神の本質（essentia）と，神が大きくあること，知恵あること，善なることは常に同一だからである。

では，「ペルソナ」についてはどうであろうか。神にとっては，存在することとペルソナであることは，神が大きくあることと同様，常に同一である。〈父〉は存在するがゆえに〈父〉であって，〈父〉のペルソナとは〈父〉自身である。したがって，〈父〉のペルソナとは〈父〉の実体以外ではあり得ない（Ⅶ 6,11）。換言すれば，〈子〉や〈聖霊〉，つまり他に対して（ad aliquid）〈父〉が語られるような関係カテゴリーの場合と異なり，自身に対して（ad se）語られる場合，〈父〉のペルソナは関係ではなく実体カテゴリーに配されるはずである。そうであるなら，〈父・子・聖霊〉はなぜ一つの本質・一つのペルソナではなく三つのペルソナなのだろうか。

類としてのペルソナ

アウグスティヌスは，ニュッサのグレゴリオスが『アブラビオスに宛てて』で扱ったのと同じように，アブラハム，イサク，ヤコブが「三人」と呼ばれる事実を考察するところから始める。彼ら三者を包摂する（complecti）「種」の名によって，彼らは「三人」，あるいは「類」の名によって「三匹の動物」と複数で語られる（Ⅶ 4,7）。類・種関係を基軸にしたここでのアウグスティヌスの考察方法は，言うまでもなくポルフュリオスの『エイサゴーゲー』を背景としたものである。では，父・子・聖霊という「三」を包摂する類ないし種は何か。「三つのペルソナ」と呼ばれるのであれば，その三者に共通するもの（すなわち普遍）は「ペルソナ」である。通常，本性の異なるもの，たとえば馬，牛，犬は種の名で「三匹の牛」と呼ばれることはなく，類の名で「三匹の動物」と呼ばれる。したがって，父・子・聖霊は共通の神的本性をもつ以上，種の名で呼ばれ得るはずであるが，実際には「ペルソナ」は種ではなく，類の名である。なぜなら，「ペルソナ」という語は神のみならず人間にも述語できるからである。つまり，「ペルソナ」という類語は，種の名を見出し得ないまま，父・子・聖霊という三つの特殊者に分割され，「三つのペルソナ」と呼ばれるのである。種の名を欠く類としてのペルソナという事態は極めて異例であり，アウグスティヌスもその論理学的扱いに当惑を隠せないが，当面は，種の名を我々が語り得ないのも神性の超越性のゆえだと考える以外にない。それというのも，「神は語られるよりも真に思考され，思考されるよりも真に存在する」（Ⅶ 4,7）ものだからである。

要するに，アウグスティヌスによれば，神の本質《エッセンティア》もペルソナも，父・子・聖霊に共有されるが，類であるペルソナは，本質にはあり得ない仕方でその特殊者へと分割可能であり，複数性を許容する。それに対して本質は，三位格に共通でありながら不可分であり，常に単一性を保持する，という結論になる。このような意味での「一つの本質，三つのペルソナ」という三一神理解を基盤として，『三位一体論』では，神の似像である人間の心の内に，三一的な構造が探求されていくことになる。そうしたいわば「心の哲学」としての展開は，東方教父には及びもつかないアウグスティヌスの独壇場となるわけであるが，紙幅の都合上，この附論ではその論点には立ち入らず，カッパドキア教父とアウグスティヌスの三一論の共通性と差異について押さえておきたいと思う。

東方カッパドキア教父たちとアウグスティヌスの三一論を比較した場合，著しく異なるのは，ヒュポスタシスとペルソナの位置づけに関してであろう。ウーシアーとヒュポスタシスの区別がわからない，というアウグスティヌスの不満も，その最大の要因は東方教父たちによるヒュポスタシスの規定仕方の内にある。すなわち，アウグスティヌスがペルソナに対して為したようなヒュポスタシスに関するカテゴリー分析が東方では為されてこなかった上に，ヒュポスタシスの実在を個物がもつ自明の個体性として前提する傾向があったことは確かである。たとえば，ペテロ，ヤコブ，ヨハネの三者を父・子・聖霊に対応させて見てみよう。カッパドキア教父の場合，「父」や「子」といった名が，あたかも「ペテロ」や「ヤコブ」と同じように固有名の機能をもち，固有名「ペテロ」が実在する個人ペテロを表示するように，「父」や「子」という名は，〈父〉なるヒュポスタシスや〈子〉なるヒュポスタシスを表示すると考えられる。その際，ペテロ，ヤコブ，ヨハネが人間本性を共有するように父・子・聖霊は神的本性を共有するが，前者が「三人」と呼び得るのに対して，後者は「三神」とは呼び得ない，と主張される。なぜならば，神的本性は三つのヒュポスタシスに共通でありながら厳密に不可分であり，その一性が損なわれることはないからである。対して，アウグスティヌスの場合，ペテロ，ヤコブ，ヨハネの三者を包摂する普遍的な（種の）名，すなわち「人間」によって「三人の人間」と呼ばれるように，父・子・聖霊の三者を包摂する普遍的な（類の）名である「ペルソナ」によって「三つのペルソナ」と呼ばれる。この限りで，ペルソナは普遍／類として分割可であり複数化可能なのである。その際，ペルソナと同一存在である神の本質は一にして不可分であるゆえに，三つのペルソナでありながら決して三神とはなり得ない。

以上から明らかなように，ヒュポスタシスは位格の個別的実在性の側面が強調されるのに対して，ペルソナは三位格を包摂する普遍／類概念の面が強調されている。ヒュポスタシスが個体性に定位する一方，その概念把握をエピノイア（思考・概念）が可能にするという実在–思考あるいは個別–普遍の相補的構造が東方の位格理解の特徴である。東方では，神の本性は絶対的に不可知であるので，いかなるエピノイアをもってしても神の本性を把握することはできない。それゆえ，普遍（類種概念）によって「三人の人」として包摂するように，三位格を包摂する普遍（類種概念）は存在しない。三位格に共通するのは，普遍概念ではなく，一にして不可分な神の存在本質《ウーシアー》ないし本性《フュシス》なのである。それに対して，ペルソナであることと神であること，すなわち神の本質《エッセンティア》が常に同一であるという一致構造がアウグスティヌスの位格理解の特徴であり，その一致を構成する存在契機が本質《エッセンティア》，概念的契機が類としてのペルソナへと振り分けられていくわけである。したがって，前者においてはあくまで「一なる本質」を保持しながら，後者において概念的に「三つのペルソナ」への分割が可能となるのだと言えるだろう。

アウグスティヌスは親ニカイア派か？

一般に哲学は，抽象度の高い思想と思われがちであるが，思いのほか，それが生まれ育った時代や風土の影響を色濃くその深層に宿しているものである。そうしたいわば背後に潜む具体的文脈から哲学を引き離すことが，時に誤読の原因となりかねないのもそのゆえである。本書が扱う 4 世紀から 5 世紀初頭にかけての教父哲学の分野においても，脱文脈化し断片化された教説を一定の図式に即して再編成していくといった類の誤読が幾重にも重ねられ，強固な定説と化していったと言っても過言でない。4 世紀を通じて不変であり続けた本来のニカイア神学などというものを捏造する根強い解釈動向がある一方で，カッパドキア神学を三つの独立した存在者の共通本性を問うていく相似本質《ホモイウーシオス》派の神学として，アタナシオスにおける同一本質《ホモウーシオス》派神学からの逸脱と決めつけるいわゆるハルナック説も強い影響力を誇っていた。またアウグスティヌスに関しては，彼の三一神学の基盤となる概念構成を新プラトン主義的と断ずることで，様態論的サベリオス主義を過剰に強調する反面，三位格の現実性を軽視するような解釈図式があたかも既成事実であるかのようにみなされることが少なくなかった。こうした解釈図式を組み合わせることによって，三位格から始める三神論的な東方と，一なる本質から始める一神論的な西方というお馴染の東西分裂の構図もまた難なく出来上がるというわけである。

このように 4 世紀を取り巻く論争状況の文脈を都合よく捨象して作り上げられた解釈の図式化を批判的に暴きながら，それぞれの教父たちの思索を教義論争や教会政治，あるいは修道院運動の文脈に置き戻し，そこから新たに立ち上げ直そうという試みが，近年，盛んになりつつある。そのような試みにおいては，〈東方ギリシア〉対〈西方ラテン〉，あるいは〈同一本質《ホモウーシオス》派〉対〈相似本質《ホモイウーシオス》派〉といった対立図式から事後的に「新ニカイア派」などと称するのではなく，多様だが相関した観点から，4 世紀後半にニカイア信条に用いられた術語の特定の解釈に賛同し，その解釈のためにより広い神学的文脈を自ら作り出していった神学傾向を，極めてフレキシブルに「親ニカイア派」(pro-Nicene) と呼ぶようになった。ギリシア語からラテン語への翻訳上の微妙なボタンの掛け違いや聖俗両面での東西の多様な相違にもかかわらず，親ニカイア派神学者たちは，解釈上の基本原理を緩やかに共有しているとみなされた。その基本原理とは，神的本質の一性・不可分性と，三位格が等しい存在論的状態にあること（すなわち，神であることの本質的完全性を三位格すべてが実現していること）の妥協なき両立を主張するものである。この点でアウグスティヌスは，共通するが不可分な本質《エッセンティア》と，父・子・聖霊への分割可能な類としてのペルソナという両契機の統合を主張することで，確かに親ニカイア派の系譜に立っていると言える。とりわけ，この附論で明らかなように，神的本性の一性・不可分性への強い執着においてカッパドキア教父との共通点も見出せたことと思う。

カッパドキア教父が，神的本性の一性へと文字通り全身全霊をかけて漸近する試みの中で，静態的なウーシアー観から力《デュナミス》・働き《エネルゲイア》という力動的なウーシアー観へと思索を深めていったのに対し，アウグスティヌスは，一なる神の本質を求めて，自らの心の内に神の像である三一構造を模索していった。こうして両者は，「一つのウーシアー，三つのヒュポスタシス」という共通の源泉から発しつつも，プラトンからプロティノスやポルフュリオスに至る（新）プラトン主義やアリストテレス主義，ストア主義など多様な哲学的伝統を各々固有の仕方で受容することによって，やがて新たな方向へと分岐し始めていくことになるのである。

附論 2
書　評

Stephen M. Hildebrand
The Trinitarian Theology of Basil of Caesarea: A Synthesis of Greek Thought and Biblical Truth
Washington, D. C. : The Catholic University of America Press, 2007, pp. vi + 254

本書は，現在ステューベンヴィル・フランシスカン大学神学部の准教授である著者が2002年にフォーダム大学から博士学位を取得した際の学位論文「カイサレイアのバシレイオスの三一神学における用語上の功績と聖書解釈」をもとに，大幅な加筆修正を経て刊行されたものである。本書を一言で評するなら，カッパドキア三星の先陣として，ニカイア公会議以降の教義論争の荒波に立ち向かったバシレイオスの浩瀚な著作群に取り組み，彼の三一神学の全体像を丹念に纏め上げた労作と言い得るだろう。

振り返れば，バシレイオス没後1600年を記念した国際シンポジウム（1979年）の全容がP. J. Fedwick編集の2巻本として1981年に公刊されて以降，バシレイオス研究は新たな時代を迎えたと言ってよい。たとえば，バシレイオスの伝記として，R. T. Smith（1879），W. K. L. Clarke（1913）以後の空白を埋めて余りあるP. Rousseau, *Basil of Caesarea*（1994），三一神学史における従来のバシレイオス理解に修正を迫るH.-C. Brennecke, *Studien zur Geschichte der Homöer*（1988）や L. Ayres,

Nicaea and its Legacy（2004），さらにバシレイオス三一神論研究における金字塔 B. Sesboüé, *Saint Basil et la Trinité*（1998）など，既に定評のある研究書に限っても枚挙にいとまがないほどである。こうしたリストの中に本書を置いてみるならば，確かに英語圏において待望久しいバシレイオス三一神論研究書ではあるものの，その主張が先行研究の穏当な取り纏めの閾を越えることは思いのほか稀である。長年にわたる錯綜した論争史をコンパクトに鳥瞰していく著者の手腕は，バシレイオスの思想形成過程を鮮やかに輪郭づける利点をもたらすものであることは間違いないが，その反面，論争による哲学的理解の深まりに分け入り従来の解釈史の更新を訴える有力な主張に対しては殊のほか冷淡（あるいは無関心）であり，敢えて言えば解釈の平板化という弊害さえ生み出しかねない。その点を明らかにするためにも，まず本書の構成から見ていきたい。

第 1 章ではバシレイオスの生涯と仕事が概観される。本書を理解する上では非常に簡便で役立つ記述だが（詳細な伝記ならば上記 Rousseau が必須），バシレイオス研究のアキレス腱ともいえる年代画定問題について，せめて，年代画定に不可欠な資料である書簡集の最新の独語訳者 W.-D. Hauschild が提唱した新たな年代設定には言及すべきであったろう。

続く第 2 章では，まず最初に，本書を一貫するバシレイオス三一論の用語法から見た 4 段階の発展過程が提示される。それはすなわち，（1）相似本質派《ホモイウーシアン》時代（360 年頃 -65 年頃），（2）同一本質派《ホモウーシオス》への移行期（365 年頃 -72 年頃），（3）位格を表現するためにギリシア語「プロソーポン」を用いた時期（372 年頃），（4）位格を表現するためにギリシア語「ヒュポスタシス」を用いた時期（375 年頃 -379 年），以上の 4 段階である。この内，第 1 段階の説明に当てられる第 2 章では，この時期に書かれたラオディキアのアポリナリオス宛て書簡 361 や『エウノミオス論駁』において「ウーシアーにおける相似」（*homoios kat' ousian*）という相似本質派《ホモイウーシアン》固有のフレーズが用いられていることを論拠に，著者はバシレイオスがこの期間に相似本質派に与していたと解する。この点で重要なのは，この時期にはウーシアーとヒュポスタシスの語義区分がまだ不明確で，ほぼ同義的でさえあったという論点である。では，一体なにゆえに，また如何にして，バシレイオスは親ニカイア派に転向し，キリスト論において〈父〉と〈子〉の同一本質《ホモウーシオス》を擁護するようになったのか（第2段階），あるいはまたウーシアーとヒュポスタシスの語義区分を明確化していくようになったのか（第3・4段階）。その点の解明が第3章において，各段階に典型的なテクスト（書簡，講話，『聖霊論』の）箇所を挙げて非常に見通しよく纏められる。しかし，扱われるテクストの選別，解釈共に有力な先行研究の要約といった感は免れない。そもそもバシレイオスを相似本質派から同一本質派へと転向させた動機は何なのだろうか。著者は書簡のやり取りを題材に，影響を与えたとみなされ得る特定の要素を慎重に消去していきつつ，バシレイオスのテクストに見出される用語頻度の変化のみを事後的に同一本質派への転向の証左として提示するにとどまる。その禁欲的で堅実な解釈姿勢は評価できるが，哲学的により一層踏み込んだ議論を期待する向きにはいささか物足りない論述である。しかも，この論点を扱うには今や避けて通れない（上記の）Brennecke をまったく参照していないのは極めて遺憾である。同様に，第3・4段階，すなわち「プロソーポン」から「ヒュポスタシス」への用語交替を介してウーシアー・ヒュポスタシス間の語義区分確立へと至る過程を，サベリオス主義への反論のみを論拠にして説明する点，また372年頃になされた講話24の用語法のみによって第3段階とみなす点，そうしたところに著者の語彙中心的でやや表層的なテクスト解釈の方法論的問題があるように思われる。

しかし，本書後半部（第4-6章）に入るや，個々の論述が俄かに生彩を放ち出し，伸びやかに躍動し始める。後半部の統一主題は，バシレイオスの三一神論において聖書解釈が果たす重要な方法的意義の証示にある。第4章では，まずバシレイオスに見出される聖書解釈法について，たとえば初期には多用されたアレゴリー的解釈が『ヘクサエメロン』のような後期著作では影をひそめるというようにして，相異なる局面として識別され，特徴づけられていく。続く第5章では，実際に自らの三一神論の明確化のために，彼がどのように聖書解釈を用いるか，その具体例として三つの枢要箇所（ヨハ 14:9, 17:26, マタ 11:27）について考察がなされる。たとえば，〈父〉なる神が〈子〉キリストを「生む」ということを説き明かすために，バシレイオスはヨハ 14:9 の解釈を用いている。

すなわち，〈父〉なる神が自らの命と本質をもって自らの像たる〈子〉となすがゆえに，〈子〉は〈父〉の栄光の全き光となり，その結果，〈子〉を見る者は〈父〉を見ることになる（ヨハ 14:9），といった具合である。同様に第 6 章では，バシレイオスの聖霊論における聖書解釈の役割が，1 コリ 12:3 の解釈を用いて説明される。

いずれにせよ，本書を一読して明らかなことは，本書における著者の最大の関心が，もっぱら三一論的文脈でのバシレイオスによる聖書解釈に向けられていたのであり，ギリシア思想にではなかったという点である。確かにバシレイオスにおいて，ギリシア出自のパイデイアは重要な役割を演じていたが，それはあくまでも聖書的真理に与るための手段に過ぎなかった，というのが著者の大前提である。したがって，「ギリシア思想と聖書的真理の総合」という本書の副題は，構成的に見れば，前半部（第 1 章 - 第 3 章）と後半部（第 4 章 - 第 6 章）の対比として明らかなものの，実質的にはいささか皮肉に聞こえかねない。なぜなら，本書において「ギリシア思想」とは，ギリシア的語彙と用語法の再編に他ならないからである。このような著者のスタンスが，「ギリシア思想と聖書的真理の総合」に本来不可欠なはずの論点，たとえば，不可知な神の本質《ウーシアー》に各位格《ヒュポスタシス》の固有性《イディオーマタ》の認識を介して限りなく漸近するというバシレイオス特有の方法論的主張と神の本質《ウーシアー》の可知性を主張するエウノミオスとの間に横たわるストア的エピノイア論の問題，近年 M. Barnes が精力的に論じている「三つのヒュポスタシス，一つの力《デュナミス》」の問題，さらにそのようなデュナミス論には不可欠なプロティノスからの影響問題，こうした諸論点の軽視ないし無視をもたらしたと言っても過言ではないだろう。

以上，批判的コメントに終始してしまったが，それにもかかわらず，冒頭に掲げた「バシレイオスの三一神学の全体像を丹念に纏め上げた労作」という私の評価はいささかも揺るぎはしない。カッパドキア三教父の著作群を収録した *Patrologia Graeca* 10 巻分 6000 コラムの内，4 巻 2500 コラムを占める大バシレイオスの多様で複雑な姿を読み解くことは，本書のように穏当な読み筋を過不足なく集成し，細部にまで配慮の行き届いた研究書の手引きなしには極めて困難だからである。

附論 3

書　評

Andrew Radde-Gallwitz

Basil of Caesarea, Gregory of Nyssa, and the Transformation of Divine Simplicity

Oxford: Oxford University Press, 2009, pp. xxii + 261

本書は，シカゴ・ロヨラ大学神学部の assistant professor である著者が，2007 年にエモリー大学から博士学位を取得した際の学位論文「《求めよ，さらば与えられん》：神の単純性とカイサレイアのバシレイオスおよびニュッサのグレゴリオスにおける〈神を知ること〉」にかなりの加筆訂正を施した上で，Oxford Early Christian Studies シリーズの 1 冊として公刊されたものである。著者はその後，2011 年に本書が高く評価されて，優れた学位論文に与えられるテンプルトン賞を受賞，同年には Mark DelCogliano との共訳でバシレイオス『エウノミオス論駁』の英訳本を，次いで 2012 年にはバシレイオスに関する非常によくできた啓蒙書を立て続けに刊行し，今，まさに乗りに乗っている若手研究者の一人である[1]。ややもすると弟グレゴリオスの名声の陰に隠れがちであったバシレイオス研究にあって，V. Drecoll や P. Rouseau を始めとして，近年は本誌〔中世思想研究〕で紹介したこともある S. Hildebrand[2]

1） DelCogliano & Radde-Gallwitz [2011]; Radde-Gallwitz [2012].

2） 附論 2 参照 .

やM. DelCogliano[3]など，神学者・哲学者としてのバシレイオスの新たな可能性の開拓に新世代の躍進が著しく，中でも，師《メンター》Lewis Ayresの薫陶を受け，その若さに似合わぬ師匠譲りの周到な目配りと深い洞察によって教父研究者必読の本書を仕上げた著者の力量は，カッパドキア教父研究が今まさに大きく躍動しつつあることの象徴として高く評価されるべきであろう。

本書の目的は，4世紀後半に俄かに立ち現れた神学的言語とそれに関連する「神学的認識論」（theological epistemology）の問題，すなわち，人間が神について何を知り得，知り得ないのかという根本的な問題の本性と重要性，およびその問題に対するバシレイオスとグレゴリオスによる応答の特徴を明らかにすることである。しかし，タイトルにも掲げられたバシレイオス兄弟のために直接割かれる紙数は本書の約半分（第5-7章）ほどであり，残りの大半（第1-4章）はいわばその前史とでも言い得る部分に充てられている。そこが本書の特徴であり魅力でもある。思想史の面白さを満喫させてくれる前半部で丁寧に跡づけられるのは，一方で本書を貫く縦糸として，神の単純性《ハプロテース》の教説およびそれから生じる神学的認識論上の問題（もし，神が単純《ハプルース》であるならば，聖書の叙述等に見られる諸々の神の属性によって果たして神は知られ得るのか，という問題）であり，他方で横糸として，プラトン対話篇に由来し，教父たちに継承された認識論上の定義優先の原則（そもそも何かを知るということは，それを説明し，定義できること，すなわち，その本質を知ることである，という原則）である。こうした縦糸と横糸の編み込みの一つの典型が，本書で「同一性テーゼ」（identity thesis）と呼ばれるもの，すなわち「人が神に帰属させるあらゆる語は，神の本質・実体を名指す。形而上学的には，神の本質と神の特性は，実際に同一である」という主張で，バシレイオス兄弟の論敵であるエウノミオスの立場である。対して，その対極には，このように単純な神の知には，何ら肯定的な内容はない，という否定神学的な主張が控えている。その上で，本書後半で仔細に論じられるように，バシレイオスとグレゴリオスが同一性テーゼにも否定神学にも与することなく独自の主張を為し得たのは，彼らによって神の単純性

3）DelCogliano [2010].

という概念そのものに変容が加えられたからだ，という本書の結論部へと導かれることになる。

本書の第1章では，2世紀ウァレンティノス派のプトレマイオスにおいて，世界創造や立法といった活動と至高神の特徴である絶対的な完成という属性との間に見出される矛盾に焦点が合わせられる。至高神は単純であり，内的な不一致はあり得ない以上，創造や立法といった活動は，至高神よりも劣ったレベルの神的実在に帰すべきだ，というのがプトレマイオスの主張である。ここでの議論は，バシレイオス兄弟が，父と子と聖霊の活動の間に矛盾はないと主張する際の思想背景として極めて重要である。第2章では，クレメンスの否定神学へと目が転じられ，彼の主張を基礎づけているのが認識論上の定義優先の原則であったことが論じられる。続けて同章では，2世紀から4世紀への移行期において非常に重要な，つまり〈神の本質に関して神が真に何であるか〉という問いと〈それについて我々は何を知り得るか〉という問いとの間に緊張をもたらした人物としてオリゲネスが取り上げられる。第3章では，アエティオスとエウノミオスの神学的認識論の背景として，「不生性《アゲネートス》」という語の歴史と，神に述語づけられる単純さという語が何を意味するかという点に関するアタナシオスの議論が紹介され，続く第4章では，いわば前半のクライマックスとして，エウノミオスたちが認識論上の定義優先の原則の修正版すなわち同一性テーゼに基づいて導出した神の単純性に関わる解釈が考察される。単純な神的本質は，「始まりがない＝生まれざるもの」（不生性《アゲネートス》）であると同時に「生まれたもの《ゲネートス》」であると言われる時，根本的な矛盾をはらむ。こうした矛盾する特性は，単純な実体を特徴づけることができない。そこで彼らはプトレマイオスの場合と同様に，矛盾する二つの語の一方（「生まれたもの《ゲネートス》」）を低次元の神性へと格下げし，他方（「不生性《アゲネートス》」）を神の本質を名指すものとして特権化したのである。バシレイオス兄弟によれば，三一の神にこうした矛盾を帰した者こそエウノミオスであり，子を父に従属させることによって，彼はそれと意識することなく神の善性に対立する悪を混合してしまったのである。対して，彼らにとっては，神が単純であると言うことは，神的な善性がそれと矛盾する悪と混ざり合っていないと言うことに他ならない。バシレイオス兄弟は，神の無矛盾性の問題との繋がりで，単純性に関わるこのように長い神学的伝統に関与していたのだと言えよう。

同一性テーゼと否定神学，両者いずれにとっても，根本的な仕方で知は本質の知に依存している。この点でバシレイオス兄弟は先人たちと袂を分かつ。彼らにとって，何かを確実に知ることは，対象の本質を知ることに依拠してはいない。このように定義優先の原則を含まない神学的な認識論，さらには，同一性テーゼと否定神学のいずれをも回避できるような神の単純性理論を彼らがどうやって構築していったか，その詳細が第5-7章で明らかにされる。その経緯を詳述する紙幅の余裕はないが，彼らの主張で重要な位置を占める概念の一つとして，「（本質的）固有性」（propria）を挙げておきたい。ギリシア語形容詞「固有な《イディオス》」から派生した「固有性《イディオテース》」（そのラテン語訳がpropria）は，哲学用語として見る限り，偶有性を意味する用法（たとえば，「スミスは医術の心得がある」と言われる時の「医術の心得」）の他に，種における特性を意味する用法（たとえば，「ウマはいななくことができる」と言われる時の「いななく能力」）がある。バシレイオス兄弟が神の属性を語るときに念頭に置いていたのが後者であることは疑い得ない。いななくことができないウマを考えることができないように，我々は善なしに神を考えることができない。このような本質的な固有性，バシレイオスなら「本質《ウーシアー》のロゴス」と呼ぶところの，光，命，力，善といった語で名指されるものは，父と子に共有される属性であるが，神の本質（の部分）ではない，言い換えれば神の定義を構成する要素ではない。しかし，何かがウマであれば必然的にいななく能力があることが真であり，その逆もまた真となるようなものが，本質的な固有性である。本書の結論部では，このように本質を構成するものではないが，偶有的な属性からは厳密に区別される本質的固有性，さらにはそれを把握するために概念化されたもの（エピノイア）という道具立てを意識的に用いることによって，バシレイオスとグレゴリオスが神の知を定義優先の原則から分離し得たことこそ，彼らが神の単純性の教義を変容させたことの核心であったと纏められる。

最後に，このような神の単純性をめぐるバシレイオス兄弟の画期的な主張が，なぜ永らく研究者の間で積極的に取沙汰されることがなかったのか，その点に若干触れておきたい。一つには，やはり初期キリスト教のギリシア哲学使用の正当性に関するハルナック的な疑念が，依然として，（ギリシア哲学に由来するとみなされた上での）神の単純性に対する軽視の動向を作り出していたものと思われる。幸いなことに，こうした動向の前提そのものが，むしろ不正確だというコンセンサスが生じつつある。そうしたコンセンサスの基礎固めに尽力したM. BarnesやL. Ayresらが登場する以前にも，神の単純性に興味を示した研究者がわずかながらいるにはいたが，彼らはその教説の整合性を否定する傾向にあった。そのもっとも顕著な例がC. Steadである。彼の影響の大きさゆえであろうか，著者のSteadに対する批判は時にやや苛烈にすぎるきらいがあるが，その自信に満ちた筆致は個人的には痛快であった。いずれにせよ，細部にわたるまでよく練られた本書によって，マルキオンやユスティノスからアレイオス（／エウノミオス）論争の終焉に至るまでの教父哲学史の見方が見事なほど鮮やかに刷新される喜びを是非とも味わっていただきたい，そう思わずにはいられない力作である。

第Ⅱ部

ギリシア教父思想の諸相

人間本性の完成を「神に似ること」(ὁμοίωσις θεῷ) とみなすプラトン主義的な伝統は,「洞窟の比喩」という極めてよく知られたイメージと相まって,ヘレニズム期以降の哲学者ばかりでなく,ギリシア教父たちにも深い影響を与えた。洞窟から真実在の観想へ,すなわち感覚によって直接感じ取られる世界から知性によって思念される世界へと上昇することによって人間は「神に似たものになる」とみなされ得る以上,プラトンに由来するこの二つの主題は常に相互補完的な関係にあると言える。とりわけ,「魂の浄化 (κάθαρσις)」を「神に似ること」とみなす『テアイテトス』(176a-b) や『パイドン』(69b-c) に見られる魂観が,洞窟に象徴される物質性(肉体性)からの脱却というモチーフと一致することは確かである。しかし,同時にプラトンにとって,人間が神に似たものになるのは「徳の実践によって」であるという考えが決して無視できない重要な意味をもっている。果たしていかなる徳をもつことが神に似たものになることなのであろうか。さらに,洞窟から上昇し浄化されることで神に似たものとなった魂にとって,洞窟への帰還は一体何を意味しているのであろうか。アンソニー・メレディスの卓越した論文[1)]が明らかにしたように,プラトン由来の「洞窟の比喩」のニュッサのグレゴリオスによる翻案によって,問題の力点は明らかに変容したように思われる。

第Ⅱ部冒頭の第5章では,その点を確認するために,まず「洞窟の比喩」のギリシア教父思想への影響一般をオリゲネスやバシレイオスまで概観した上で,そうした伝承とはまったく異なる「受肉」という救済論的文脈からもたらされたニュッサのグレゴリオスによる「洞窟の中へと降下する太陽」という読み替えの真意を探っていく。続く第6章では,メレディス論文がほとんど触れていない「神に似ること」という側面から[2)],まず洞窟の比喩に組み込まれた「神に似ること」がどのような意味で道徳的浄化と人間の自然本性の回復という文脈で伝

1) Meredith [1991], pp. 49-61.

2) もちろん,メレディスが ὁμοίωσις θεῷ についてまったく触れていないというわけではない。たとえば,Meredith [2000], pp. 93-109 参照。ただし,管見によれば,ὁμοίωσις θεῷ という観点からニュッサのグレゴリオスによる洞窟の比喩の書き直しを考察した論考はまだない。

承されていったかを，プラトンからプロティノスに至る系譜において確認し，次いでフィロンからオリゲネスへと受け継がれる中で，その伝承がいかなる変容を被りつつユダヤ・キリスト教圏へと受容されていったかを考察していく。その上で，受肉したイエスの「へりくだり」（ταπεινοφροσύνη）の徳を模倣する（つまり「キリストに倣う」）ことで「神に似たものになる」というニュッサのグレゴリオスの主張を取りあげ，人間が「徳を行なうことによって神に似たものになる」という伝統的な解釈にまったく新しいキリスト教的意味変容が加えられたことを明らかにしたい。そのことは，肉体からの脱却に対して，霊的肉体への立ち戻りという形で，「洞窟帰還」という論点に新たなキリスト教的書き換えをもたらしたものとも考えられる。この限りで，ニュッサのグレゴリオスは，洞窟の比喩と「神に似ること」というプラトン主義的な伝統に決定的な変容ないし刷新をもたらしたと言えるであろう。

このように不変・不可知な神の本性を保ったまま人間の救済のために下降・受肉するロゴス・キリストのあり方をめぐるいわゆるキリスト論の領域において，人間的事柄に介入することのない神の本性《ウーシアー》に関わるテオロギア（神学）と，人間的事柄に絶えず関わる神のオイコノミアとが明確に区別されるようになる。そこで第7章においては，アリストテレスによって術語化された「オイコノミア（家政）」概念がいかにして「神のオイコノミア（救済の実践）」へと変容していったか，その錯綜した経緯を詳《つまび》らかにした上で，カッパドキア教父におけるオイコノミア概念の意義解明に向かいたい。

続く第8章では，「神に似ること」を新たに「一者への帰還」と捉え直したプロティノスに端を発する「神との合一」という極めて神秘神学的な論点を取り上げ，それが東方神秘主義思想の雄ディオニュシオス・アレオパギテースやそのラテン語訳を遺したヨハネス・エリウゲナを経てサン・ヴィクトル学派のトマス・ガルスに至るまでにいかなる変容を被ったのかについて，ささやかな追跡調査を試みてみたい。そうすることによって「神との合一」という根本主題をめぐる東方教父起源の神秘主義思想が，一旦は図式化への頽落の途を辿りつつも，トマス・アクィナスによって新たな相貌で再生していく経緯を幾ばくかでも明らかにできればと思う。

残る三つの章では，まず第９章において，「光」という表象，さらには「光の形而上学」によって媒介されたロゴス・キリスト論の展開を主にフィロンとユスティノスのテクストの内に辿っていく。続く第10章では，オリゲネスとニュッサのグレゴリオスそれぞれの『雅歌』解釈から，従来のプラトン的エロース論やキリスト教的アガペー観をも大きく踏み越えた彼ら独自の愛《エロース》と欲求《エピテュミア》の教説を読み取るための基礎作業を試みる。最後に第11章において，東方教父思想における実践の射程を主にバシレイオスの救貧説教などを手がかりに考察する。

附論として，わが国における東西教父思想の発展に大きく関わってこられた（と同時に私の恩師でもある）二人の研究者それぞれの哲学スタイルをめぐるエッセイ二篇と，本書では詳しく論ずることのできなかったエヴァグリオスとニュッサのグレゴリオスとの関係性に着目するというこれまであまりなかった観点から書かれた書籍の書評一篇を付す。第Ⅱ部の「ギリシア教父思想の諸相」というタイトルに少しでも見合った多彩さが補えれば幸いである。

第5章

洞窟に降り来った太陽

——教父思想への「洞窟の比喩」の影響史——

我々が日々暮らしているこの世界を洞窟になぞらえた「洞窟の比喩」は，『国家』篇の中でも特に広く知られている譬え話である。実際，古代ギリシア世界にあって「洞窟」というイメージは，もともと強い喚起力をもっていたに違いない。たとえば，ホメロス『オデュッセイア』（13.102-112）においてニンフたちの聖域として描かれた洞窟《アントロン》や，エンペドクレス（Fr. B120）における罪深き現世の写し絵としての洞窟，さらにその背景として神的世界に対比された現世を洞窟になぞらえるオルフェウス教の伝統など同工異曲の例は少なくない。仮にプラトンの着想がこうした先行例から独立したものであったとしても[1]，後の時代のプロティノスやポルフュリオスらが先行者たちの「洞窟」譚を一括りに論じるのはごく自然な成り行きだったに相違ない。いずれにせよ，本章では，アリストテレスからヘレニズム期を経て古代末期のギリシア教父に至るまで，プラトンの「洞窟《スペーライオン》の比喩」がどのような影響を与え，同時に自らがどのような変容を被っていったか，紙数の許す範囲でその伝承の跡を辿ってみたい。とりわけ，地下の仄暗い洞窟と光溢れる地上世界を支配する太陽とのコントラストが，キリストの受肉というまったく異なる文脈においてどのように語り直されていくのかが見どころである。

1） たとえばジェイムズ・アダム（Adam [1963], p. 88.）によれば，プラトンは，洞窟の比喩の細部は言うまでもなく，基本となるそのアイデアでさえエンペドクレスらの先行著作から借りることはなかった，と主張される。

第1節　教父以前の「洞窟の比喩」伝承

1-1　洞窟への降下と洞窟からの解放・上昇

『国家』第7巻における「洞窟の比喩」をめぐっては，様々な角度からの考察や解釈がなされてきたが，後代への伝承を扱う本章では特に以下の五つの論点に焦点を絞りたい。

> ① 地下の洞窟に囚われている人間の姿は我々自身によく似ている（cf. 515a5）。つまり洞窟とは，我々が住まうこの世界の譬えに他ならない。② なぜ人間が洞窟を住まいとしているかについて，『国家』篇ではその理由は何も述べられていない。しかし，洞窟は「牢獄《デスモーテーリオン》」と言い換えられ（515b7），人々は「囚人《デスモータイ》」としてそこに子供のときからずっと拘束されていることになっている。③ 囚人たちは，背後からの松明の光で洞窟奥の壁に照らし出された様々な模像の影だけを見るよう，幼少時からずっと手足も頭も固定されている。彼らは，このような「影以外には何も真実なものと認めないだろう」（515c1-2）。しかし，④ 彼らの内の一人が縛めを解かれ，松明の方へと体を向け変え，眩しさによる目の痛みにもかかわらず模像や火を直視するよう強いられる。その上，さらに上方の地上へと引っ張り出されたその囚人は，地上の真実の光景，さらに最終的には太陽を見るよう強制される。⑤ かくして真実を観想した囚人は，その知に基づいて地下洞窟の同胞を支配する哲人王となるべく，再び洞窟へと帰還するよう強制される。

まず，洞窟が我々の現実世界の象徴であるという点（①）に関しては，後代の論者たちも見解を一にしている。プロティノスは第6論攷「魂の身体への降下について」（*Enn.* Ⅳ 8, 1: 33f.）において，「プラトンにとっての洞窟《スペーライオン》は，エンペドクレスにとっての岩窟《アントロン》と同様に，この世界全体を表しているように私には思われる」と述べ，ポルフュリオスもまた，ホメロスの「ニンフたちの洞窟」を主題とした論稿の中で，「ピュタゴラス派，そして彼らの後にはプラトンが，この世界を岩窟や洞窟として示した」(*De antro nympharum*, 8, 11f.) と主張している[2)]。彼らに特徴的なのは，『国家』篇の「洞窟」と，先行するホメロスやエンペドクレスの「洞窟」とが共通の象徴的機能をもつとみなす点にある。とりわけプロティノスにあっては，『国家』篇のみならずプラトンの他の対話篇をも参照することで，人間が洞窟に住まわねばならない（『国家』篇では述べられていない）理由（②）にも言及している。すなわち，「〔プラトンは〕感覚的なもの一切をあらゆる場面で侮蔑し，魂の身体との交わりを非難した上で，魂は縛めの内にあり〔『パイドン』67d1参照〕，身体の内に埋葬されていると述べ〔『クラテュロス』400c2参照〕，さらに〈魂は牢獄の内にある〉と説く秘教の教えを重要視している〔『パイドン』62b2-5参照〕」(*Enn*. Ⅳ 8, 1: 28-33)。換言すれば，身体という縛め・墓・牢獄の内にある魂は，かつて自らを飛翔させていた翼を喪った（『パイドロス』246c2, 248c9参照）がゆえに，洞窟に譬えられるこの世界に堕ち来った (*Enn*. Ⅳ 8, 1: 36f.) のである。この限りで，堕罪のゆえにこの地に堕ちた魂に言及するエンペドクレスの「洞窟」とプラトンの「洞窟」は，プロティノスにおいて一致を見たわけである。

次に，洞窟の壁に映る影だけを真実と思いなす段階（③）から，その影をもたらす模像，さらにその原型としての真実在の観想へと至る道ゆき（④）について見てみよう。その道ゆきが意味するところは，生成変化する可感的領域から永遠不変の可知的領域への魂全体の「向け変え《ペリアゴーゲー》」(518d4) にあるが，洞窟の比喩的表象においては，地下の暗い洞窟から光に満ちた地上世界への上昇《アノドス》として，その対照がより一層際立っている。その意味で，地下の洞窟と地上の太陽，暗闇と光明という二元的構図は，認識と存在の根拠である太陽（すなわち「善のイデア」）が洞窟の外部にしかあり得ず，したがって洞窟から解放されない限り囚人たちに救い（すなわち知性界における真実在の観想）はあり得ないという悲観的な魂論へと直結していると言えよう。プロティノスはその点を，人間の魂がありとあらゆる害悪に遭遇するのは洞窟に譬えられたこの世界にお

2）　ポルフュリオスは，ホメロスによる「ニンフたちの洞窟」をも「この可感的な生成界の象徴」と解していた (*De antro nympharum*, 7,1)。彼によれば，当時，「神学者たちは，洞窟をこの世界と，そこでの現世的な諸々の力の象徴と考えていた」(9,1-2)。

いてに他ならぬと明瞭に指摘している（*Enn.* Ⅳ 8, 3: 1 -5）。プラトンおよびプラトン主義者たちにとって，このような悪に染まった洞窟（つまり現世）から抜け出し，欲望にまみれた肉体を脱ぎ捨てた魂が，真実在の世界へと上昇していく浄化の過程こそ，人間本性の完成であり「神に似ること」（ὁμοίωσις θεῷ）に他ならなかった。

1-2　明るい洞窟？

しかし，プロティノスはプラトンの内にそのような悲観的な魂論だけを読み取っていたわけではない。彼の第6論文第4章において，魂の中に「何らか超越している《ヒュペルコン・ティ》部分が常にある」（*Enn.* Ⅳ 8, 4: 31）と述べられているのは，プラトン『ティマイオス』（90a2-b1）において，「身体の最上部に住まい，我々を天の親族に向けて大地から持ち上げている」「魂のもっとも権威ある部分」あるいは天に根付いた「神的な部分」と呼ばれる部分である。魂のこの部分が常に「知性的な領域に留まる」（*Enn.* V1, 10: 23）ことによって，真実在への観想に向けた魂全体の上昇が可能になるのである。こうした魂論は，身体が洞窟にありながらも頭は地上にあるというような「両棲類」的なあり方によって，感覚界と知性界，地下の洞窟と地上の太陽という二元的構図を相対化し，「洞窟」がもつ象徴的な意味合いを失効させかねない。

この点で極めて示唆的なのは，キケロの引用[3)]によって保持されたアリストテレスの失われた対話篇『哲学について』（断片13）の一節である。それによれば，「これまでずっと地下で暮らしてきた人々がいた。彼らの居心地のよい明るい住まいは，影像や絵画で飾られ，幸福だと思われている人々がふんだんに所有しているようなあらゆる物財を備えていた」とある。一度も地上に出たことのない彼らが，ある日突然地上に出たなら，地上の光景や太陽の大きさ，美しさを知って大いに驚くことだろうという寓意が込められたこの話が「洞窟の比喩」を下敷きにしたものであることは間違いない。イェーガーが的確に指摘しているように，「彼〔アリストテレス〕が彼ら〔地下の住人〕に教えたのは，超自

3）　Cicero, *De natura deorum*, 2. 37. 95. なお，この箇所でのキケロの叙述を介して，プラトンの「洞窟の比喩」の系譜上にデカルトを置こうとする興味深い論稿として，神崎［2009］が示唆に富む。

然的な世界を観想することではなく，むしろ万人に見られることができるのにまだ何一つ見られていないものを観想することである。彼には，現実世界をプラトンの目で見た最初のギリシア人であるという確たる自覚がある」[4)]。言い換えれば，プラトンが暗い地下の洞窟と明るい地上の太陽という二元的構図によって仕立てた「洞窟の比喩」を，アリストテレスは，感性界と知性界というそれら二つの位相を現実世界に重ね合わせることによって実質的に解体したと言えるだろう。

しかし，たとえどれほど洞窟が明るく居心地のよいものとなったとしても，その明るさが太陽に起因するものでない限り，自らの知性を覚醒させることなく洞窟の内にまどろむ多くの人々に真の幸福の訪れはない，そうアリストテレスは説く。もし真の幸福を洞窟から出て太陽を仰ぎ見ることに譬えることができるなら，自らの魂の超越的部分を覚醒させることができぬまま洞窟に留まる人々には，結局のところ，強制的に洞窟から引きずり出される以外に救済はあり得ないのであろうか。

第2節　教父思想における「洞窟」と「太陽」

2-1　オリゲネスにおける洞窟の比喩の受容

前節において，古代末期までの「洞窟の比喩」伝承をごくおおまかに辿ってきたが，（キケロの伝えるアリストテレスを除けば）どの論者も基本的に暗い地下の洞窟と明るい地上の太陽という二元的構図を採りながらも，洞窟への降下と洞窟からの解放・上昇という形で，洞窟に住まう我々人間の魂の向け変えに重点を置いていたことがわかる（アリストテレスでさえ，こうした傾向の一つのヴァリエーションと言えないことはない）。では，こうした傾向が古代末期のギリシア教父たち，すなわち東方キリスト教思想圏に入ってどのように変化するのか，その考察が本節の主眼である。

まず，オリゲネスの場合，重点は洞窟から太陽の側に移り，人間の魂が洞窟から上昇していく方向ばかりでなく，光が太陽の側から洞窟へ

4）　Jaeger [1934], p.164.

と降下していく方向もまた主題化されるようになる。確かにオリゲネスには，「洞窟」への直接の言及はないものの，前節で挙げられた「洞窟の比喩」の五つの論点の内，強い光に対する目の眩みを徐々に慣らしながら，洞窟内を照らす火から地上の太陽へ漸近していくというモチーフ（④）が，太陽を神の表象と解する文脈において用いられていることは疑いようもない[5]。たとえば，『諸原理について』（*De Principiis*）において，太陽は神と類比され，以下のように語られている。

> たとえば，光の閃きや非常に小さなランプの光をかろうじて見ることができるが，それ以上の光に耐えられるほどの視力がない人がいるとして，もしその者に太陽の明るさと輝きについて教えたいのであれば，我々はその者が見たどんな光よりも太陽の輝きのほうが，言い表し得ないほど，また計り知れないほど遥かにずっと善美で卓越していると教えねばならないだろう。……しかしながら，知的な，つまりは非物体的なあらゆるものの内で，神ほど何よりも優れていて，言い表し得ないほど，また計り知れないほど卓越しているものがあるだろうか。（*Princ*. 1.1.5）[6]

身体という「牢獄」に閉じ込められている我々の精神は，たとえどれほど純粋であろうと，そのまなざしが神の本性を把握することは決してあり得ない，とオリゲネスは強調する。同書のギリシア語原文がほとんど失われ，ルフィヌスによるラテン語訳を介しているとはいえ，神の本性の不可知性に関するオリゲネスの断固とした態度は明白である。この点で，最終的に太陽（すなわち「善のイデア」）の観想に至るとするプラトンの「洞窟の比喩」とは大きく異なる。オリゲネスにおいては，太陽そのもの（すなわち神の本性）は決して観ることができず，ただそこから帰結する光線の輝かしさからその源泉を推論できるのみなのである（cf. *Princ*. 1.1.6）。

5）オリゲネスにおける洞窟の比喩の応用については，Dillon [1988], pp. 219-228 を参照のこと。

6）オリゲネス『諸原理について』の底本としては Behr 版（詳細は巻末の文献一覧を参照）を使用。

しかし，太陽への上昇というプラトン的モチーフは，オリゲネスにおいても重要な意味を担っている。目もくらむほどの太陽の眩しさを克服するための上昇の道ゆきは，プラトン『国家』第7巻においてはいわば強制的な教育プログラムとして描かれ，プロティノスにおいては魂における神的部分の自己展開の可能性として説かれてきたが，オリゲネスにおいては，太陽の側からの光の降下によって魂が引き上げられるといういわば救済論的バージョンに変容していく。そこで俄かに議論の的となったのが，太陽（すなわち神）と人間とを媒介すべきキリストの受肉という問題である。もし，キリストの受肉を人間世界への「神の下降」とみなすなら，不死なる神のロゴス（キリスト）が死すべき人間の身体と魂を受け容れる限りでもう既に変化《メタボレー》を被っているのではないか，という2世紀後半の異教の哲学者ケルソスの主張を，オリゲネスは以下のように論駁している。すなわち，「神はその本性《ウーシアー》において何一つ変化を被ることなしに，摂理《プロノイア》と救いの営み《オイコノミア》（οἰκονομία）[7]によって人間的事柄へと下降する（συγκαταβαίνει）」（*C. Cel.* IV 14: 18-19）。言い換えれば，「神性の燦然とした輝きを見る力のない者の程度に合わせて」神のロゴス（キリスト）が下降することによって，彼を受け容れた者は徐々にロゴスによって引き上げられる（*C. Cel.* IV 15）のである。この点で，太陽への段階的な上昇というプラトン的モチーフは確かに継承されているのだが，その一方で，問題の核心は，不変・不可知な神の本性を保ったまま人間の救済のために下降・受肉するロゴス・キリストのあり方をめぐるいわゆるキリスト論の領域へと既に移行したと言ってよいだろう。同様の傾向は，カッパドキア教父たちにも見出される。ただし，たとえば，バシレイオスの場合，太陽の光に譬えられる神の降下は，キリストではなく，万物に生命と恵みを付与する聖霊の働きとして語られる（『聖霊論』第9章22）。いずれにせよ，銘記すべきは，オリゲネスであれバシレイオスであれ，太陽それ自体（すなわち神の本性）が変容し，人間世界へと下降すると主張しているわけではない，という点である。「洞窟の比喩」に引き戻せば，太陽は常に洞窟の外部に存在し，決して太陽自身が洞窟に降り来りはしない，ということであり，この限りで，プラ

7）オイコノミアに関しては，本書第7章において主題的に展開される。

トンからオリゲネスまで何一つ異論はなかった。ところが，次に見るニュッサのグレゴリオスにおいて事態は一変する。

2-2　太陽（＝神）の洞窟への降下 —— ニュッサのグレゴリオス

4世紀後半，シリアのラオディキア主教アポリナリオスがキリストの受肉をめぐって提起したのは，キリストが完全に人間でありつつなお無辜であることは，いかにして可能であるのか，という問いであった[8)]。完全に人間であるとすれば，罪に堕ちているのが当然だと主張するアポリナリオスに対して，グレゴリオスは次のように応える。

> 自らの本性《ウーシアー》によって（κατ' οὐσίαν）非物質的で不可視であり，非身体的でもある神は，いつかこの世の時が満ち，悪が極みに達するとき，人間への愛《フィラントロピア》と救いの営み《オイコノミア》によって，彼らの罪を一掃するために，人間の本性と混ざり合い，太陽が薄暗い洞窟に入ってそこに住まうように（οἷόν τις ἥλιος ἐν γνοφώδει σπηλαίῳ εἰσοικιζόμενος），自らの臨在による光によって闇を駆逐するのである（διὰ τοῦ φωτὸς ἐξαφανίζων τῇ παρουσίᾳ τὸ σκότος）。
> （『アポリナリオス反駁』GNO, Ⅲ 1, 171, 11-17）

神の本性は，人間本性と混ざり合っても，決して人間本性に根差す罪に染まることはない，それがグレゴリオスのアポリナリオスに対する一貫した主張であるが，その限りでは，神の本性の不変性を主張したオリゲネスらと大した違いはない。しかし，オリゲネスの場合，神の本性は人間本性には不可知，不可捉なものとして，いわば手の届かぬ高みに輝く太陽のように計り難く卓越した存在である。したがって，神の降下として語られるのも，神の本性ではなく神のロゴス（すなわちキリスト）の受肉のことであり，譬えて言うなら，太陽自身は高みに留まったまま，そこから発する光線が洞窟へと降り注ぐということを意味してい

---

8)　アポリナリオスがこの問いから導出しようとした異論をニュッサのグレゴリオスがどのように論駁したか，換言すれば，キリストの無辜性をどのように擁護し得たか，という論点を鮮やかに切り拓いた開拓的論文としては，以下を参照されたい。Srawley [1906], pp. 434-441.

るに過ぎない。それに対して，グレゴリオスの場合，神自身が人間本性と混ざり合うと言われるのは，まさに太陽自らが洞窟へと降り来り，そこに居を構えるという意味である。グレゴリオスは，同書ばかりでなく『ステファノス頌歌』においてもこの点を強調し，「〔神は〕我々のために命の洞窟へと降り来った」(75. 9) と明言している。

言うまでもなく，「洞窟の比喩」の系譜上，太陽自らが洞窟に降り来るというモチーフを明示したのはニュッサのグレゴリオスが最初であり，おそらくは彼ただ一人であっただろう。決して小さくはないこのモチーフの書き換えによって，彼は一体何を示そうとしたのであろうか。そのヒントは，『アポリナリオス反駁』の先に引用した箇所の直後にある。そこでは，「ヨハネ福音書」第1章第5節から「光は暗闇の中で輝いている」という言葉が引かれている。つまり，グレゴリオスは，それまでの論者たちのように，神を太陽に，罪にまみれた人間を洞窟になぞらえ，「洞窟の比喩」をキリスト論に適用しようとしたのではなく，むしろ逆に太陽を光に，洞窟を暗闇に言い換えることで，「洞窟の比喩」を聖書の言葉によって語り直そうとしたのではないだろうか。あるいはメレディスの言葉を借りるならば，「グレゴリオスは，我々が『国家』第7巻を信仰の目でもって読むことを欲している」[9]と言うこともできるだろう。光が闇を凌駕し，駆逐するという確信（ないし信仰）をもって洞窟と太陽の関係を解き直すならば，太陽が洞窟に降り来って闇を駆逐するように，神自身が人間の罪を一掃すべく人間の本性と交わるという救済論的モチーフは，ごく自然なものとなるだろう。グレゴリオスの意図もきっとその点にあったに違いない[10]。

---

9)　Meredith [1991], p.58.

10)　その根拠をメレディスは主にグレゴリオスのもっとも成熟した著作，*Oratio Catechetica* と『モーセの生涯』の内に見出している。両著作において，グレゴリオスによる「洞窟の比喩」の大胆な書き換えは，洞窟からの上昇とイデアの観想の強調から，受肉と徳の重要性の強調へと力点が移ったとみなされ得る。彼のこの解釈は極めて示唆に富み有力なものではあるけれども，その論点を補強するためには，そこではほとんど触れられていなかった，洞窟の比喩と密接な相補的関係にある「神に似ること」という観点から問題を新たに考察する必要があると思われる。そのような試みの一例として本書第6章（とりわけ第3節）を参照していただきたい。洞窟の比喩に関する伝統的なプラトン的解釈の転倒というグレゴリオスの大胆な書き直しの意味が，その考察によって必ずやさらに明瞭なものとなるであろう。

このようなグレゴリオスによる「洞窟の比喩」の大胆な読み替えは，しかし同時に，神学上の難問をもたらすものでもあった。もし，洞窟に降り来った太陽が，人間本性と混ざり合った神，すなわち受肉したキリストであるとすると，〈父〉なる神と〈子〉キリストの関係は，その比喩においてどう語られ得るのであろうか。つまり，父なる神と子キリストは，互いに独立した位格でありながら，神的本性は同一である，という三位一体論の問題が改めてこの場面で問い直されることになるのである。その問題の核心をごく素朴に比喩的な形で述べるならば，太陽が洞窟の内に降り来るという限り，太陽がそこに存すべき天上における太陽の不在という事態が生じはしまいか。プラトン的文脈で考えれば，イデア界から善のイデアが立ち去るなどということはあろうはずがない。では，キリスト教の救済論的な文脈ならばそういう事態は可能なのだろうか。少なくともオリゲネスは，光源としての太陽とそこから発出し降下する光線の区別になぞらえて，神の本性の単一・不変性を損なうことなく神的位格としてのキリストが人間本性と混ざり合うこと，すなわち受肉の可能性を擁護した。しかし，そのオリゲネスでさえ，神の降下を語る限りでキリストの神性を否定する異端的な従属主義とみなされかねなかったのである。まして，明確に神の本性に相当する太陽自身の洞窟への降下を語るニュッサのグレゴリオスの場合，天と洞窟の両領域にそれぞれ太陽を想定する多神論に至るか，洞窟に降りた太陽＝神はもはやその神的本性を喪失したとみなしてキリストに神性を認めない従属主義へと至るか，いずれにせよ異端とみなされざるを得ないそれら二つの道しか残されていないのではないだろうか。

実はこの問題を解く鍵が，最初に挙げられた「洞窟の比喩」の五つの論点の内，まだ考察されていない最後の論点⑤，すなわち洞窟帰還後の哲人王支配という政治学的な問題に見出される。もともとプラトンによる比喩では，善のイデアを観照した元囚人である哲学者が自らの身の危険をも顧みず再び洞窟へと降下するのは，地下の同胞たちに理想の国制と統治をもたらすためであった。対して，グレゴリオスの救済論的なモチーフでは，神の本性に相当する太陽自身が洞窟へと降下し，人間本性と交わることにより人間に救済をもたらすというように書き換えがなされたのである。これら二つを較べてみると，哲学者にせよ神にせよ，彼らが洞窟へと降下するのは，洞窟内の人々に正義や救済をもたらすためであり，少なくともその点では同じ理念が共有されていたと言えるだろう。このようにしてプラトンの洞窟の比喩は，キリスト教的救済論の文脈へと置き移され，ついには「太陽の洞窟内への降下」という倒錯した形で語り直されるまでに至ったのである。

第6章

プラトン主義と神化思想の萌芽

――東方教父思想における「神に似ること」概念の変容――

人間本性の完成を「神に似ること」（ὁμοίωσις θεῷ）[1]とみなすプラトン主義的な伝統は，前章で考察した「洞窟の比喩」という極めてよく知られたイメージと相まって，ヘレニズム期以降の哲学者ばかりでなく，ギリシア教父たちにも深い影響を与えた。「似たものになる」（ὁμοιοῦσθαι, ἀφομοιοῦσθαι）という動詞に呼応するこの「似ること《ホモイオーシス》」（ὁμοίωσις）という語には，「模倣《ミーメーシス》」（μίμησις, 動詞形：μιμεῖσθαι）や「像《エイコーン》」（εἰκών）のようによく知られた類義語や関連語がある。したがって，「神に似ること《ホモイオーシス・テオーイ》」（ὁμοίωσις θεῷ, ὁμοίωσις πρὸς θεόν）という句にもまた同様に類似した多様な言い回し，たとえば「神の模倣」（あるいは「キリストに倣うこと」imitatio Christi）や「神の像」（εἰκὼν τοῦ θεοῦ），その他にも「神になること」（θεὸν γενέσθαι），「神に与ること」（μεθουσία θεοῦ），さらには「神との合一」（ἕνωσις），「神化」（θέωσις）など数多くの関連表現が見出される。これらの表現は，ごく緩やかな意味の重なりを保ちつつも，それぞれが用いられる文脈やその使用者，さらには思想史的背景の相違に応じて微妙な，しかし時には決定的な差異を有しており，その分析には細心の注意が必要である。

本章では以上の点に留意しつつ，まず，「神に似ること」という人間的生の終極目的が，プラトンをはじめとするギリシア哲学諸学派からユダヤ教徒フィロンの旧約聖書解釈やニュッサのグレゴリオスのパウロ解釈に至るまでに一体どのように変容していったのかを追跡調査してい

1） ὁμοίωσις θεῷ に関する包括的な研究としては Merki [1952] を参照。

く。その上で，プラトン主義的な「神に似ること」概念のユダヤ・キリスト教思想による変容過程そのものが，実は既にして東方「神化」思想の系譜を形成し始めているというところまで示唆できればと思う。

第１節　ギリシア哲学における「神に似ること」

1-1　魂の向け変えによる本来性の回復 —— プラトン

まずプラトンにおいて「神に似ること」とは，この世の悪から逃れること《フュゲー》であり，「知慮《フロネーシス》をもって正しく敬虔になること」である（『テアイテトス』176b1-3）。『国家』篇においてよく知られた「洞窟の比喩」によって語り直すならば，「徳を行なうことによってできる限り神に似ること」（『国家』613a8-b1）とは，洞窟から上昇して地上すなわち真実在の世界において「秩序だてられ，常に同一を保つもの」（500c3-4）を観想し，「それらを模倣し《ミーメイスタイ》，できる限りそれと似たものになろうとすること」（500c6）である。これらの箇所の解釈をめぐっては，神に似たものになるために為される徳の実践が，この世界における市民的徳（civic virtues）の実践なのか，それともイデアの来世的観想を目的とする身体性および物質性からの「浄化」（『パイドン』69b-e），すなわち浄化的徳（cathartic virtues）の実践なのかが問題とされてきた。プラトン自身がこの区別にどこまで自覚的であったかは確証できないが，少なくとも中期プラトン主義者，たとえばアルキノオスにおいてその区別は気づかれることなく，むしろ様々なプラトンのテクストからの記述を統一する一貫した思想がプラトン哲学にはあるという立場が採られていた[2)]。

いずれにせよ，プラトンの言う「神に似ること」の内には，「秩序だてられ，常に同一を保つもの」を理想的な範型《パラデイグマ》として，それを模倣する，という基本的な構想が含まれていることは確かである。たとえば『国家』篇において，ソクラテスが言論によって建設してきた理想の国家が「天上に掲げられた範型」（592b1）とみなされ，それを絶えず見ることによって実際に理想的な国家を建設する可能性が述べられている

2）　Cf. Dillon [1993], pp. 171-176.

ように，プラトン的な意味での「模倣」には，知性認識の対象を範型とし，それを感覚世界における似像として具現する，という二元的な構図が見出される。こうした見方は，宇宙を「知性によって直知されるものの像《エイコーン》」あるいは「感覚される神」とみなす『ティマイオス』篇（92c5-9）にも顕著に見出されるように，可知的領域の可感的領域からの離存というプラトン哲学に特徴的な考え方を強調するものと言えよう。少なくともその限りで，プラトンにおいて「神に似ること」とは，そうした構図の倫理的場面への適用，すなわち可感的領域であるこの俗世から，可知的領域における諸々の徳の理想的範型へと「魂の向け変え」を行なうことによってこの世の諸悪から逃れる，という倫理的な実践を意味している。

こうした意味での「神に似ること」は，この表現がそのまま使われているわけではないが，「可能な限り自分を不死なものとすべきであり，自身の内でもっとも優れたもの〔すなわち自身に備わる神的なものとしての知性《ヌース》〕に従って生きるために，できることは何でもすべきである」（『ニコマコス倫理学』1177b33-34）と諭すアリストテレスの内にも見出される。しかし両者には，人間にとって「神に似ること」がどの程度まで可能かという点で決定的な相違がある。つまり，魂の不死性を主張するプラトンにとって，神に似たものとなりゆく生の永続性もまた確信されていたであろうが，アリストテレスにとっては，人間の生はあくまで有限なものであり，その限られた生の内での徳の実現こそが「神的な知性に従って生きる」ということの主眼であった。

では，プラトンにとって「神に似ること」とは，神ならざる人間が人間としての自己規定の一切を無化し，自らとは完全に異なる神へと超脱することなのであろうか。あるいはむしろ，自己が誰かある他者に「似る」ことが可能であるためには，その両者が異なるものであるだけでなく，両者の間に何らかの共通性が予め存することが必要なのではないだろうか。もしそうであるなら，プラトンの「神に似ること」にとってその共通性とは，不死性と知性であるように思われる。言い換えれば，人間の魂が本来不死であり，知性的であるからこそ，人間にとって「神に似ること」は実現可能なものとなるのではないか。その意味で，プラトンにとって「神に似ること」の実践とは，いわゆる「死の練習」に他ならない。なぜなら，知を愛し求めることによって魂としての自己自身を限りなく肉体から解放するという意味での「死の練習」において，「魂が自らと似た不可視なもの，すなわち神的で，不死なる，叡智的なもののほうへと立ち去る」（『パイドン』81a4-5）ことこそ，「神に似ること」の実践そのものだと言えるからである。その限りでプラトンにとっての「神に似ること」とは，詰まるところ，人間の魂の本来のあり方を（死後をも含む永続的な生のスパンにおいて）回復するために，可知的領域における諸々の徳の理想的範型へと「魂の向け変え」を行ない，それを観想することによって為される自身の浄化と倫理的な徳の実践，ということになるだろう[3)]。

1-2　一者＝神との合一 ―― プロティノス

プラトンの「神に似ること」という主題を解釈したプロティノスにとって，先に挙げられた「いかなる徳によって我々は神に似たものとなるのか」という問いは，決して無視できないものであった。前述のプラトン『テアイテトス』（176a5-b3）の要約的抜粋から始まる『エネアデス』（I 2）において，プロティノスは，改めてその問いを立て，こう答える。

3）　このような神に至る道としての浄化と上昇というプラトン主義的な原理は，プロティノスからオリゲネスを経てバシレイオスやナジアンゾスのグレゴリオスにまで継承された。たとえばバシレイオスは，我々にとって問題なのは，人間本性にとって可能な限り，神に似ることだと規定した上で，『聖霊論』第９章において，この原理のいわば集大成とも言える以下のような叙述を行なう。

> 魂は，悪のために染みついた恥から清まり，もともとの本性の美に立ち戻り，その清さによって，いわば王的な似像に元の姿をとり戻す。そのようにしてのみ助け主に近づき得るのである。そうなった時，あたかも太陽が清まった眼で見られるように，ご自身の中で，見えざるものの似像（εἰκών τοῦ ἀοράτου）を，あなたにお示しになるであろう。その似像のさいわいなる観想の中に，あなたは原型（ἀρχέτυπον）の言うべからざる美を見るであろう。……霊を内にもつ魂は，霊に照らされて，それ自身霊的なものになり，他の人々に恵みを溢れさせる。そこから，来るべきことの予言，……，神の内にとどまること，神に似ること，そして究極の望みであるところの神になること（θεὸν γενέσθαι）が生じる。（山村訳［1996］, p. 89）

もちろん，このことによって，人間が神と同じ本質をもつと言うことはできない。cf. *Contra Eunomium*, 2. 4.

> プラトンは，「神に似るということは，この世から逃れることである」と言ったり，日常の市民生活に関係している徳を，何の制約もつけずに「徳」と呼ぶようなことをしないで「市民的な《ポリティカイ》」ということばを付け足したり，また別のところでは，徳を「浄化《カタルセイス》」と呼んだりしているが，この場合，彼がすべての徳を二通りに分け，「神に似ること」を市民的な徳によるものとはみなしていないことは明白である。(*Enn.* I 2, 3: 6-10)

ここからも明らかなように，我々が神に似たものになるために必要な徳は浄化的な徳であるというのがプロティノスの主張である。しかし彼は，浄化的な徳でさえ，神的なもの（知性《ヌース》や「一者」）には相応しくないものであり，ただ，魂が可知的領域へと上昇するための手段として役立つのみである，と主張する。プロティノスにとって浄化的徳は，あくまで肉体から離脱し，あらゆる地上的関心を脱ぎ捨て，世俗世界から上昇してより高い原理に至るために必要な過渡的条件でしかない。したがって，一旦，より高度な領域に到達したならば，そうした徳は後に置き去りにされ，この世における倫理的な共同の生ではなく，自己本位的で来世的な生が選ばれることになるだろう。「なぜなら，我々が類似すべきは神々であって，善い人たちではないからである」(*Enn.* I 2, 7: 27-28)。つまり，プロティノスにとって「神に似ること」とは，プラトンやアリストテレスのようにもはや倫理的実践の問題ではなく，むしろ一者への帰還，その限りでの神との合一という極めて神秘神学的な問題圏へと移行する。この論点はディオニュシオス・アレオパギテースに引き継がれ，その後，後期スコラ哲学にまで及ぶ大きな展開を遂げることとなる[4]。

4)　この論点については，本書第 8 章において主題的に展開される。

第2節　ユダヤ教徒フィロンにおける「神に似ること」

2-1　ヘレニズム的「神に似ること」概念と旧約聖書的内実との違和

ユダヤ人フィロン（前25頃–後50年頃）は，アレクサンドレイアに居住するヘレニズム化した（つまりギリシア語を母語とする）ディアスポラ（離散）ユダヤ教徒として，（旧約）聖書註解に大きく貢献すると同時に，しばしば中期プラトン主義者として言及されることもある人物である[5)]。とはいえ，実際には彼自身がアカデメイアに所属していたことは一度もなく，しかも彼がもっとも信奉していたのはモーセ五書の教えであったが，その一方で，初めてイデアを神の思考内容と想定したのは彼であり，その点も含めてフィロンを中期プラトン主義の最重要な構成員とみなすことは必ずしもゆえなきことではない。少なくとも，モーセ五書を含む（旧約）聖書を詳細に註解するためにギリシア哲学の思考枠を利用したという意味で，彼をプラトン主義に通じた聖書註解者と考えることは極めて妥当なところだろう。とりわけ，「創世記」の註釈に際し，プラトン『ティマイオス』が最大限に活用されたであろうことは疑う余地がない。その限りで，フィロンが中期プラトン主義を知るための主要な源泉であることに変わりはない。

「神に似ること」についても，彼は『テアイテトス』（176a5-b3. 以下の引用文中の「 」内）を長々と引いて以下のように述べている。

> 善いものは〔天上へと〕上昇するものであり，たとえそれが我々のところに降り来っても，（天に居る父は気前がいいので）なんとか正しい仕方でもと居た天上へと戻ろうとする。だが悪しきものはこの世に留まり，神の合唱隊から遥か遠く離れ，死すべき生を彷徨い歩き，人間の種族から離れることができない。このことは『テアイテトス』において，その知恵のゆえに賞賛された一人の高貴な者が立派に述べたことであり，以下のように言われている。「しかし，悪

5）　Cf. Dillon [1977], pp. 139-183.

を滅ぼすことは可能なことではない。なぜなら，善と対立するものが常に存在することは必然だからである。また，悪が神々の内に居座ることも可能ではない。むしろ悪が死すべき本性のまわりに出没し，この地上をうろつくことは必然である。それゆえ，この世からかの世へとできるだけ早く逃げようとしなければならない。逃げることは，できるだけ神に似ることである。似ることとは，知慮をもって正しく敬虔になることである」。（『逃亡と発見』62-64）[6]

ここに挙げられた文言を見る限り，フィロンはプラトンの「神に似ること」概念を忠実に受け継いでいるように見えるかもしれない。しかし，当該箇所でのプラトンの強調点は「知慮をもって」というところにあり，その限りで不敬虔とは無知に他ならないのであるが，対してこの引用文が置かれた文脈は，「創世記」におけるカインによる神からの離反とその悪を論ずるもので，そこにおいてフィロンは「不敬虔とは終わることのない悪」であり，「神における生命に対して，生命のない骸《むくろ》」であると述べている（『逃亡と発見』61）。プラトンから引かれた文言とそこに込められた旧約的な意味のズレを感ぜずにはおれないが，ではフィロン自身は，プラトン的な「神に似ること」概念を旧約聖書的な意味内実によって換骨奪胎しようとしていたのだろうか。

しかし，もしそうであるなら，旧約聖書中でもっとも「神に似ること」に相応する，「〔聖なる神のように〕あなたも聖なるものになれ」という神の聖性の模倣（レビ 19：2）の話が，フィロンの註解群において「神に似ること」という文言と結び付けられるような形で並行して語られていてもおかしくはないはずである。ところが不思議なことにそうした場面はフィロンの著作中には一つも見当らない。それどころか，旧約聖書から記事を引いておきながら，その内実と「神に似ること」とを結び付けることが周到に回避されているように思われる箇所さえ見出される。たとえば，

特に，彼〔モーセ〕が唱える教えは，理性的本性にもっとも相応し

6）フィロンからの引用はすべてLoeb版（詳細は巻末の文献一覧を参照）を使用，出典箇所についても同版の区分に従った書物ごとの表記が書名の後に示される。

い。すなわち，できる限り神を模倣すべきであり，可能な限り神に似ることに何一つ着手せぬまま放っておいてはならない。彼が言うには，あなたがもっとも強力なものから力を得た時，あなたが受け取った力を他の人々に分け与えなさい。それはできるだけ気前よく与えることによって，あなたが神に似ることができるためである。なぜなら，最初の支配者の施す賜物は共通の利益となるからである。(『徳論』168-169)

ここで言われるモーセの「教え」とは，主があなたの父祖に誓った契約を果たすために「あなたに富を生み出す力を与えた」(申 8：18) と言われる箇所だが，少なくともその限りでは，「神に似ること」とそこでのモーセの教えとが内容的に結び付けられてもおかしくはない。しかし，引用文を読む限り，ここでのモーセの教えの扱いは，その後に「神に似ること」を極めてギリシア的な共同体倫理として語るための単なる話のきっかけに過ぎない。言い換えれば，フィロンにおいて「神に似ること」とは，プラトンに範を仰ぎ，ストア派からの影響を受けた[7]，当時ヘレニズム社会で半ばトポス化していた〈善行や慈善活動一般が人間を神的にし，神へと近づける〉というギリシア的世俗倫理観を源泉とするものであって[8]，それ自体決して旧約聖書から導入された理念ではない。先に述べたような，ヘレニズム的な「神に似ること」概念と旧約的内実との違和が生じた原因もまさにこの点にあると言えるだろう。では，フィロンにおいてそうした違和を生み出していたものとは一体何であったのか。

---

7) たとえば，神とアダムの緊密な同族性を「神の気息が彼に多く流れ込んでいた」(*De Opificio Mundi* 144) ことから説明する箇所では，ポセイドニオスからの影響 (cf. Kidd [1989], p. 104) がうかがえるし，諸徳を生み出す源泉としてストア派による学問の三区分 (論理学，倫理学，自然学) が挙げられている点，さらには世界市民的な徳の記述等に影響が見出される。

8) たとえば『世界の創造』144 (「最初の人〔アダム〕は，……王である父に喜ばれるように，言葉と行為のすべてにわたって熱心に取り組み，諸徳の切り拓いた大道を一歩ずつ父に従って行く。それゆえ，彼を生んだ父に似ることを目的とみなす魂だけが，神へ近づくことを許されるのである」)，さらには『徳論』8 (「諸徳は魂から浪費を切り捨て，神に似ることによって自足と質素への愛好を生み出す」) などがそうした傾向の一例として挙げられる。

2-2　フィロンにおける「像」（エイコーン）概念

フィロンにとって，神とは絶対的な存在であり，「神のみがそれ自体で一なるものであり，神に似たいかなるものも存在しない」（『律法の寓意的解釈』2.1）以上，人間がそれと「似ること」など本来はあり得ないはずである。しかしその一方で，人間は「神の像と〔それとの〕類似に従って」作られたのであり，「職人によって創造されたものが，その職人の本性と似たものになるのは理にかなっている」（『世界の不滅性』44）という一般論を人間の創造主に当てはめるなら，旧約的文脈においても「神に似ること」は十分筋が通る話と言えるだろう。にもかかわらず，プラトン的な「神に似ること」との決定的な違和をもたらす要因は，聖書由来の「神の像」としての人間という考えにあると思われる。この「神の自己表現の原理としての像と人間の神に対する特殊な関係の基礎としての像という二重の意味での」[9]像という主題は，ギリシア思想によって表現されたキリスト教の本質に本来属すべきものでありながら（あるいは，そうだからこそ），あまりにも多様な解釈と論争を引き起こしてきた。ここではそのいずれにも立ち入って言及することはできないが，神への類似という本章の主題との関係から，像と類似の区別についてはごく簡単に考察しておきたい。

フィロンに限らず，およそ神の「像」を論じたすべてのキリスト教著作家に決定的な意味をもつのが以下の七十人訳「創世記」（1: 26-27）のテクストである。

> 神は言った。我々は自分たちの像《エイコーン》と〔それとの〕類似《ホモイオーシス》に従って（κατ᾽ εἰκόνα ἡμετέραν καὶ καθ᾽ ὁμοίωσιν）人間を作ろう，と。……神は人間を作った。神の像に従って（κατ᾽ εἰκόνα θεοῦ）人間を作った。

ここでの解釈のポイントを二点に絞ると，⑴一つは（像）「に従って」と訳した前置詞 κατά に関わる点，⑵もう一つは「像《エイコーン》」と

9） Lossky [1974], p. 126.

「類似《ホモイオーシス》（似ること）」の違いに関する点である。

（1）　まず前置詞 κατά を「〜に従って」と解するなら，「神の像」とは人間が神に似ることができるように神と人間の中間に置かれた範型《パラディグマ》と考えられる。その限りで，人間は正確には神の「像の像《エイコーン・エイコノス》」ということになる。他方，κατά を「ちょうど〜のように」と解するなら，人間はそのような中間項によって媒介されることなく，直接，神に似せて作られたそれ自身が「神の像」であることになる。フィロンはあくまで前者の立場に立つ（その詳細は後に述べる）。対して後者に見られるような無媒介的に神と人間の類似関係を見る立場は，プラトン的な「神に似ること」概念と極めて親和的な考え方と言えよう。

（2）　フィロンは，先に見た「創世記」1:26 を七十人訳に少し変更を加えて，「人は神の像にならって，神に似たものとして〔直訳すれば，「神の像に従って，神との類似に従って」〕創られた」[10] と引用した上で，次のような註釈を加えている。

> 像のどれもが原型（ἀρχέτυπον）や範型（παράδειγμα）に忠実であるわけではなく，むしろその多くはそれらとあまり似てはいないのであって，「像に従って」の句に添えて，「類似に従って〔似ることによって，似たものとして〕」という句が付け加えられているのは，〔人間が単なる像ではなく，むしろ〕正確な写し（ἔμφασις ἀκριβής）であって，原型をくっきりと映し出しているということを判然とさせるためなのである。（『世界の創造』71）

フィロンによれば，可感的な世界における人間は，「可知的な世界における神の像（原型，範型）」の像（写し）であるので，「類似〔似ること〕」とは，神の像の写しが正確であることとみなされ得るだろう。伝統的註釈においても「像」と「類似〔似ること〕」とは区別されてきた。たとえばオリゲネスは，「神は人間を神の像に従って創造したが，いま

10）　Philo, *De opificio mundi*, 69: τὸν ἄνθρωπόν φησι γεγενῆσθαι, κατ′ εἰκόνα θεοῦ καὶ καθ′ ὁμοίωσιν. 他方，七十人訳版では，καὶ εἶπεν ὁ θεός ποιήσωμεν ἄνθρωπον κατ′ εἰκόνα ἡμετέραν καὶ καθ′ ὁμοίωσιν.

だ神との類似に従ってはいない」[11]と言うことによって，両者の差異を明らかにしている。言い換えれば，神の像の像として与えられた人間本性の完成の可能性は，神の恩恵の援けを得て人間自らが神を模倣することによって完全に「神に似ること」として実現されると言えるだろう。しかし，こうした伝統的註釈に対して，カッパドキア教父の一人であるニュッサのグレゴリオスは，両者の区別を認めているようには思われない。実際，彼は「類似《ホモイオーシス》〔似ること〕」を人間の自然本性における神の像（すなわち神の像の像）とほぼ同じ意味で用いている[12]。この点は，後に見るように，プラトン主義的な意味での「神に似ること」概念のグレゴリオスにおける変容の問題へと直接繋がることになる。いずれにせよ，フィロンにおいて，「人間本性における神の像」が「神の像の像」である限り無媒介的に神に似ることなどあり得ないのだとすれば，プラトン的な「神に似ること」概念とフィロンの旧約的な「神の像」概念が違和を生むのは当然のことと言えよう。

2-3　神と人間を媒介するものとしてのロゴス

フィロンにおける神の像のもつこのような媒介性は，神による人間の創造という文脈にあっては彼のロゴス論として展開されるが，そうした展開は旧約第二正典の内の「シラ書」や「知恵の書」[13]において既に見出される。すなわち，「シラ書」（17：3）においては，人間を神の像へと媒介するものとして，「神と同じように〔地上のものたちを支配する〕

11）　Origen, *Contra Celsum* 4. 30 (SC 136, p. 254).

12）　Gregory of Nyssa, *Oratio Catechetica* 5 (GNO 3/4, 18):「神的存在を特徴づけるもののすべてを枚挙することは，〔人間本性における神の〕像に従った類似による（ἐν τῇ ὁμοιώσει τῇ κατὰ τὴν εἰκόνα）」。少なくともグレゴリオスがこのテクストにおいて，フィロンやオリゲネスのように「人間の自然本性における神の像《エイコーン》（εἰκών）」（すなわち神の像の像）と，神の恩恵によってもたらされた超自然的な「類似《ホモイオーシス》（似ること）」（ὁμοίωσις）とを明確に区別しているとは考え難い。それどころか，Harnack らによってグレゴリオスにおける両概念の区別の根拠とされてきた彼の他のテクストは，現在ではそもそもその真筆性さえもが疑問視されている。Cf. Srawley [1903], p. 24.

13）「シラ書」は前 2 世紀前半にエルサレムにおいてヘブライ語で書かれ，前 133 年にエジプトでギリシア語訳されたものである。他方，「知恵の書」はそこに七十人訳からの引用が散見されるため，前 1 世紀にアレクサンドレイアのユダヤ人によって初めからギリシア語で書かれたものとされる。そのためか，ユダヤ教のギリシア化に対する当時の動向に対する保守的な姿勢が「シラ書」に，進歩的な姿勢が「知恵の書」に見出される。

力」が挙げられ，さらに「知恵の書」においては像としての知恵《ソフィア》が導入される。そこで知恵とは，「神の力の息吹であり，全能者の栄光の純粋な発出」(7：25) であり，「永遠の光の輝きであり，神の働きを映す曇りのない鏡であり，神の善性の像である」(26) と言われる。こうした神の像としての「知恵」がフィロンの「ロゴス」概念に繋がり，さらにオリゲネスにおいて，それ自身に固有の実在《ヒュポスタシス》をもつものとしての「知恵」が〈子〉イエスの実在《ヒュポスタシス》へと繋がっていくことになる。

いずれにせよ，ヘレニズム化したユダヤ教徒の間で当時高まりつつあったこのような動向を主導する模範的位置にあったのがフィロンであることは論を俟たない。彼は，「ヒュポスタシス」概念の形成に寄与し，第一原理（である〈父〉＝神）と創造者《デーミウルゴス》的原理とを分離することによって，つまり「神による世界創造の補助者としてのロゴス」という前提によって，オリゲネスの体系を，そのキリスト教的含意（すなわちロゴスと〈子〉イエスとの等値）を前提することなしに予示していたと言えるだろう。

確かに，フィロン思想において「神のロゴス」はもっとも重要な概念であり，彼の思想をもっともよく特徴づける神学的概念であるが，同時に，その概念の働きと性質が多岐にわたり複雑に絡み合うため，その理解が極めて難しい概念でもある。その詳細に立ち入る余裕はないが[14]，少なくとも，フィロンのロゴス説が，プラトン『ティマイオス』篇から強く影響を受けたものであるにもかかわらず，それ自体としては同対話篇の内に見出すことのできない彼固有の教説であることを忘れてはならない[15]。それによれば，建築職人の心の内に思い描かれていた都市が，外界にはその場をもたず，その建築職人の魂の内にのみ刻印されていたように，可視的世界の範型《パラデイグマ》としての「可知的世界《コスモス・ノエートス》」（いわゆるイデア界）もまた，「諸々のイデアを秩序づけた神のロゴス」（『世界の創造』20）にのみその場をもつとみなされる。その際，確かに「神のロゴス」は，『ティマイオス』における「範型」と同一視されはするが[16]，その意味す

14）フィロンのロゴス論については，彼のテクストに即したより詳細な考察がなされる本書第9章第2節を参照願いたい。

15）Runia [1986], p. 446.

16）*De Opificio Mundi* 25 には校訂者の間で意見の分かれる（したがって括弧付きの）

るところはむしろ，世界創造の計画を作るために統一・構造化され，イデア全体をも表している神の思考の働きと見るべきであり，プラトン的「範型」は，あくまでフィロン的「ロゴス」の可知的（叡智的）側面と見ておくほうがより精確であろう。なぜなら，ロゴスは，創造過程において働く神の「力」をも含意していると考えられるからである。さらにロゴスは神の像でもある以上，創造された世界（マクロコスモス）と人間（ミクロコスモス）は，共にその「像の像」ということになる。

しかし，ロゴスは以上のように単に可知的世界を思考する働きとしてだけでなく，世界創造の道具としての役割も担っている。すなわち，世界の創造者である神は『ティマイオス』におけるデーミウルゴス（世界創造に携わる工匠）のように，（悪の原因である質料と直接関与することを避けるため）素材（質料）に触れることなく，代わりに道具《オルガノン》として「刃物《トメウス》としてのロゴス」（λόγος τομεύς）を用いて宇宙全体を分節化していく（『神のものの相続人』140 参照)。この点が，素材に直接触れ，それを意のままに扱うことに何の躊躇いもなかった『ティマイオス』のデーミウルゴスとは明確に異なる点である。このような創造の道具としてのロゴスという考えは，『ティマイオス』において死すべき身体の創造をデーミウルゴスから任せられた「若い神々」(cf. *Timaeus* 42d5-e4) の役割とも相俟って，「神の創造の助力者・補助者としてのロゴス」という観念の萌芽ともみなされ得るだろう。

以上のようにフィロン思想にとって極めて大きな位置を占める媒介者としてのロゴス概念であるが，「神に似ること」概念を用いた議論が展開される箇所に限ってそれは一切登場することがなく，もっぱら人間が無媒介的に神に似ることとして記述されているということは，少なからず奇異なことである。このことからも，フィロンにおける「神に似ること」概念が本来はユダヤ教にとってまったく異質なギリシア哲学的源泉から引き継がれたものであることは明らかであろう。

記述がある。それによれば，ロゴスは「刻印された原型（ἀρχέτυπος σφραγίς），範型，諸々のイデアの原型的イデア（ἀρχέτυπος ἰδέα τῶν ἰδεῶν）」であるとされる。

第３節　「神に似ること」から「キリストに倣うこと」へ

3-1　神の像としてのキリスト ―― パウロ

旧約文献が世界創造の一環としての人間の創造において「神の像」を主題化したのに対し，パウロはむしろ人間本性の内面的完成を強調することによって，「神の像」についての考え方を変容させたと言える。では，一体それはいかなる意味によってなのだろうか。まずは具体的に彼の書簡を見てみよう。(擬) パウロによれば，子イエス・キリストは「不可視の神の像《エイコーン》」(εἰκὼν τοῦ θεοῦ ἀοράτου) であり「すべての被造物に先立って生まれた」(コロ 1：15) と言われる。「神の像」は，これまで「知恵の書」においては「知恵」，フィロンにおいては「ロゴス」とみなされてきたが，パウロにおいて遂に神の像は〈子〉イエスと同一視されるに至った。しかし，その結果，神の像としてのキリストの位置づけは，フィロンにおけるロゴスの位置づけとは決定的に異なるものとなったのである。

フィロンにおいて，神の像としてのロゴスは，神とは異なるそれ自身固有の実在《ヒュポスタシス》をもつものとして，人間にとって確かに範型の位置にありはしたが，それはあくまで神による世界創造の補助者として，神と人間とを媒介するものに過ぎず，その限りで第一原理である神に対する創造者《デーミウルゴス》的原理として，あたかも船長に対する舵手のごとき従属的な位置に立つものであった。対してパウロにおいては，「神の像」である〈子〉キリストの，原型である〈父〉＝神への対等性が強調されることとなる。つまり彼によれば，キリストは既にして「神の形《モルフェー》をしており」，「神と等しくあること」(フィリ 2：6) を得ているのである。その意味での対等性はまた，「ヨハネ福音書」においては「私を見た者は，父を見たのだ」(14：9) というイエスの言葉によって端的に表されている。

しかし，そのように神と等しいキリストが，「自らを無化し，僕《しもべ》の形をとって人間と似たものになった」(フィリ 2：7) のである。原型－似像関係で言い換えれば，原型であるキリストが，せいぜい「神の像の像」に過ぎない人間に「似たものになる」というのである。ここでのキリストの受肉による似像関係の劇的な逆転を，プラトン主義的な「神に似ること」概念の決定的な変容へと繋げたのが，ニュッサのグレゴリオスである。

3-2　キリストに倣うこと ―― ニュッサのグレゴリオス

先に見たように，フィロン以来の伝統的註釈によれば，「像《エイコーン》」と「似ること《ホモイオーシス》」とは明確に区別されていた。しかも，キリストが神の像であるのに対して，人間は自身が神の像ではあり得ず，あくまで「神の像によって創られたもの」，つまり像の像だとみなされていた。だが，4 世紀カッパドキア教父の一人ニュッサのグレゴリオスの解釈はその伝統から逸脱する。彼の場合，「像」と「似ること」は，後者を神の恩恵によってのみ可能となる人間本性の完成としてではなく，あくまで人間の自然本性における神の像（すわわち神の像の像）とみなすことによって同一視されるようになった。しかし，彼の伝統的註釈への挑戦はそれだけにとどまらない。グレゴリオスは，「不可視の神の像」（εἰκὼν τοῦ θεοῦ ἀοράτου）としてのキリスト（コロ 1：15）という（擬）パウロのパッセージを解釈する際に，もはや「像」という用語をキリストの神的本性には適用せず，むしろ，受肉したキリストの人間本性に適用しようとする[17]。このことは一体どのような意味をもつのか。この問いを解くためには，何よりもまず，グレゴリオスの『至福について』（*De beatitudinibus*）において，人間の生の目的が，「できる限り神に似たものになること」から「イエス・キリストにできる限り似たものになること」へと置き換えられていく点に注意を向ける必要があるだろう。

グレゴリオスは，この講話において，「幸いなり，霊にて貧しいものたちは」（マタ 5：3）という箇所を解釈する際に，徳に即した生の目的としての「神に似ること」という本章の主題をめぐって考察を進めていく。

> 徳に基づいた生の目的（τέλος τοῦ κατ᾽ἀρετὴν βίου）は「神に似ること〔直訳すれば「神的なものへの類似」〕」（ἡ πρὸς τὸ

17）Cf. *De perfectione*, GNO 8/1, 194, 4-195, 5.

> θεῖον ὁμοίωσις）である。とはいえ，実のところ，完全に無情念（ἀπαθές）で無垢（ἀκήρατον）であることは，人間の模倣《ミーメーシス》としては逸脱している。なぜなら，情念に支配されている動物が情念を受け入れない自然本性と類似したものになることは，まったく不可能なことだからである。（*De beatitudinibus*, GNO 7/2, 82, 24-28.）

人間の生の目的を神への類似とみなす点では確かにこの講話も伝統的註釈と異なりはしない。しかし，完全に無情念で無垢になるというような模倣は，人間の自然本性上，不可能であり，そうである限り，人間が自らの生において至福《マカリオテース》に至ることは不可能だというグレゴリオスの主張は，プラトン主義的な浄化を理想とする伝統的解釈に変更を迫るものと言えよう。では，神性を模倣することは実際に人間には不可能なのだろうか。その問いにグレゴリオスは，「神性を模倣しようとする者にとって，模倣が可能な神的特徴がないわけではない」（*Ibid.*, GNO7/2, 83, 4-5.）とした上で，「主は，富者であったにもかかわらず，我々のために貧しい者となった」（2コリ 8：9）という聖句を引用して以下のように答える。

> 「霊の貧しさ」というその言葉は，私には，自発的なへりくだり（ἡ ἑκούσιος ταπεινοφροσύνη）を名指しているように思われる。その範例は，使徒〔パウロ〕が神の貧しさについて語るとき，我々に示されている。…… 神的本性に関して見出されるその他の特徴はすべて，小さな人間の尺度を越えているが，ただ，へりくだりだけは我々に適合しており，地上を歩き回り，土から成り土へと滅び去る（創 3：19）人間に相応しいものである。自然本性に則した可能なあり方で，あなたは神を模倣し（τὸν θεὸν μιμησάμενος），自ら祝福されるもの《モルフェー》になったのである。しかし，へりくだりの達成が労なく容易に実現されると考えられてはならない。むしろ反対に，その種の実践は，徳に則して為される他のいかなる実践よりも労多きものである。何ゆえにか。それは，よい種子を受け入れた人が眠っている間に，もっとも悪い種子，すなわち高慢（ὑπερηφανία）という毒麦の種子が我々の生命の敵によっ

て植え付けられたからである（マタ 13：25 参照）。…… 主は我々の〔魂の〕状態から高慢を第一の悪として駆逐するのであるが，それは自ら進んで貧しくなった，真に祝福された者を模倣すること（μιμήσασθαι τὸν ἑκουσίως πτωχεύσαντα, ὅς ἐστιν ἀληθῶς μακάριος）を勧めることによってである。それはまた，自ら選択して貧しくなることによって，その者にできる限り似たものになり，至福に与ることができるようになるためである。…… 存在するものすべての王にとって，我々の貧しい本性に自発的に与ること（τὸ εἰς κοινωνίαν τῆς πτωχῆς ἡμῶν φύσεως ἑκουσίως ἐλθεῖν）以上のへりくだりが何かあるだろうか。ところが，王たちの王，主たちの主（1 テモ 6：15）〔であるイエス〕は自ら進んで僕《しもべ》の形をとるのだ。（*Ibid.*, GNO 7/2, 83, 6-84, 16.）

ここで注目すべきは，グレゴリオスがギリシア哲学由来の「神に似ること」を「キリストに倣うこと」すなわち imitatio Christi へと変換したことである。「彼イエスは，神の形（ἐν μορφῇ θεοῦ）をしていたが，神と等しくあること（τὸ εἶναι ἴσα θεῷ）を褒賞とはみなさず，自らを無化し（ἑαυτὸν ἐκένωσε），僕の形をとった」（フィリ 2：6-7）というパウロの言葉を引くことによって（*Ibid.*, GNO 7/2, 84, 10-12.），グレゴリオスは，神に似ることを目的とし，俗世からの解放と観想を「褒賞」とみなすプラトン主義的な伝統的註釈を，受肉したキリストを模倣することによって，この世界において「善いことに与ること」（ἡ τῶν ἀγαθῶν μετουσία）を「徳の褒賞」（ἆθλον ἀρετῆς: *Or. Cat.* 5）とみなす解釈へと転換する。プラトン的伝統において，徳の実践はあくまで「神に似ること」としての観想を目的とする手段に過ぎなかったが，グレゴリオスにおいては，徳の実践は善いことへの与りとしてそれ自体で目的であり，褒賞である。このように「神に似ること」そのものの意味内実の変換を可能にしたのが，キリストの受肉である。洞窟の比喩の文脈で言い換えるならば，太陽の観想を目的とする洞窟からの上昇というプラトン主義的伝統を，グレゴリオスは，太陽自らの洞窟への降下へと書き換え，そのベクトルを 180 度逆転したのである。さらに，像の神学の観点から言い換えるならば，キリストの受肉を強調するグレゴリオスにとって，神の像とは，もはやキリストの神的本性ではあり得ず，むしろキリストの人間的本性こそが神の像《エイコーン》であり類似《ホモイオーシス》ということになる[18)]。このようにグレゴリオスがプラトン主義的伝統をパウロないしキリスト教思想によって刷新的かつ体系的に書き換えたことによって，「神に似ること」という伝統的理念に代わって，「キリストに倣うこと」（imitatio Christi）という理念が教父思想に初めて登場したと言ってよいだろう。

3-3　復活による人間の身体性の霊的回復

プラトン研究者の中にも，徳の行使によって神と似たものになることを，洞窟すなわちこの世界からの飛翔とみなしはせず，そのように神的なものと同化するように強いられることよりもむしろ，洞窟内の同胞の魂の内に秩序と不変性をもたらすこと（『国家』500c）を強調するJ·アナスのような研究者がいないわけではない[19)]。しかし，観想と徳の実践との対比を強調するのは極めてアリストテレス的な解釈であり，中期プラトニズムやプロティノス以降，洞窟に象徴される物質性，身体性からの魂の浄化と観想を「神に似ること」とみなす考え方のほうが広く定着していったものと思われる。そのようなプラトン的縦糸に，大胆にパウロの観念やテーマを横糸として織り込んでいったのがニュッサのグレゴリオスである。本章で考察されたように，受肉を強調することによって，生の終極目的である神への類似を洞窟からの上昇と観想とみなすことから，太陽の洞窟内への降下とキリストの模倣へと解釈し直したことが，そのよい例である。では，復活というパウロ的ないし聖書的なテーマを，グレゴリオスはプラトン主義的伝統とどのように織り合わせていったのだろうか[20)]。この問題を扱ったのが「グレゴリオスの『パイドン』」とも呼ばれる彼の『魂と復活』（*De anima et resurrectione*）である。同書におけるグレゴリオスの身体の扱いを考察することによって，身体からの浄化というプラトン的伝統とはまったく異なる考えに光を当て，そのことによって彼の「神に似ること」の解釈を補強することにし

18）　註12参照。
19）　Annas [1999], pp. 52-71.
20）　この点については，Roth [1992], pp. 20-30を参照せよ。

たい。

死後においてさえ，魂と身体の結合が維持されるかどうかという問題について，その扱いの点で，グレゴリオスとプラトンの間には明らかに重要な差異がある。プラトンおよびプラトン主義者にとって，死とは魂の肉体からの解放であり，その限りである種の浄化であることはよく知られたことである。純粋な魂はできる限り身体から離脱していくべきだという『パイドン』の浄化のテーゼが洞窟の比喩に反映していることは言うまでもない。対してグレゴリオスは，パイドンのテーゼに基づきながら，一貫して「身体」(σῶμα) を「肉」(σάρξ) と置き換えて作中話者のマクリナに次のように語らせる。

> 主は次のように教えているように思われる。すなわち，肉の内に生きる人は，徳に基づく生を送ることによって，死後，出来る限り肉から離れ，肉への執着から解放されねばならない。(PG46, 88A)

グレゴリオスは「身体」を人間の罪深さを表す「肉」へと意図的に置き換えることで，パウロ的な「身体」と「肉」の間の区別を導入し，そのことによって「肉的」(σαρκικός) ではない「身体」の可能性を導き出し，プラトン的な魂浄化のテーマを新たな観点から問い直そうとしていると言えるだろう。

彼はまず，人間の生を堕罪と死とによって，堕罪以前の生，堕罪後の生，死後の生の三つに区分し，それぞれの生を担う身体を，「肉的な」(σαρκικός)，「自然・生命的な」(ψυχικός)，「霊的な」(πνευματικός) という形容詞を用いて種分けしていく。まず，堕罪以前の生は，神の像《エイコーン》と似姿《ホモイオーシス》に則して創造された最初の人アダムの生であり[21]，その生は「自然・生命的な」身体によって担われる。「精確な意味で神的なものに似るとは，魂が卓越した本性に似るということだ」と言われるとき，「卓越した本性」とはまさに神の像のことであり，自然・生命的な身体を纏った最初の人は，その限りで既に神に似たものと言えよう。次いで，堕罪後の生は私たちの生であり，自然・生命的かつ

21）『創世記』第1章26節参照。

肉的な身体によって担われる。罪を負った私たちにとって，神に似るとは，過酷な事実性と偶然性に曝され自然の汚れを被った肉的な身体が浄化され，ひたすら自然・生命的な身体へと純化されることによって，神の像に限りなく近づくことである。しかるに，死とはそのような自然・生命的な身体の構成要素《ストイケイア》への解体である。では，死後の生とはどのようなものなのだろうか。「自然・生命的な身体が播かれ，霊的な身体が蘇らされる」（コリント前書 15:44），あるいは「朽ちる身体に播かれたものが，朽ちることのない身体の内に蘇らしめられる」（同上 15:42）というパウロの言葉に基づいて，グレゴリオスは死者の復活を以下のように定義する。すなわち，「復活（ἀνάστασις）とは私たち人間の本性の原初状態の復元（ἀποκατάστασις）である」（『魂と復活』156）と。もし，ここでの「人間の本性の原初状態」が最初の人アダムを指しているとするなら，彼には自然・生命的な身体があるだけで霊的な身体に与ることがない以上，彼には復活を可能にする身体は備わっていないことになる。最初の人はあくまで大地から来た土的なものであって，霊的なものは，天から来た「第二の人」すなわちイエス・キリストに他ならない。もしそうであるなら，グレゴリオスにとって「復活」とは，私たちの死後，すなわち自然・生命的な身体が土やその他の構成要素へと解体した後，キリストに似たものとなることによって霊的な身体に与り永遠の生命を得ることだと言えるだろう。

このようにして，グレゴリオスにとって，肉と区別された身体は，プラトン的伝統のようにそこから離脱すべきものではなく，むしろそこへと新たな仕方で立ち戻るべきものなのである。

第4節 第5章・6章の小括

以上見てきたように，人間的生の目的を，悪に染まった洞窟から脱け出し，欲望にまみれた身体から離脱することによって，神に似たものとなることだとみなすプラトン主義的な伝統は，ニュッサのグレゴリオスによって再編され，より複雑なものになっていったように思われる。実際，洞窟の比喩に関しては，〈魂の洞窟からの解放〉から〈太陽の洞窟への降下〉へ，「神に似たものになること」に関しては，〈神への類似〉から〈キリストの模倣〉へ，神への類似に伴う徳の行使に関しては，〈上昇的な浄化的徳〉から〈へりくだりの徳〉へ，さらに身体のステータスについては，〈身体性からの離脱〉から〈霊的身体の回復〉へ，というように一見すると従来の主張と相反するような主張が見出された。この限りでは，グレゴリオスによって，洞窟の比喩と「神に似ること」というプラトン主義的な伝統に決定的な変容ないしキリスト教的刷新がもたらされたと言ってよいだろう（少なくとも，それがここまでの考察の結論と思っていただいて結構である）。しかし，実はそれはコインの一面に過ぎない。ここまでの話は，序章のごく最初の部分に過ぎず，まだまだ解決すべき課題は山積しており，本題はさらに先にある。

たとえば，身体に関して言えば，ニュッサのグレゴリオスには，プラトン的な伝統に連なる「身体から離脱し神に似たものになる」という超越の方位と，イエス・キリストの受肉とへりくだりによって可能となった「身体を伴ったままキリストに似たものになる」という内在の方位という，絶えず緊張関係の内に置かれた互いに相反する二つの方位がある。しかし同時にグレゴリオスは以下のようにも語っている。

> 死と復活に関する限り，それはまさに神の救済という神秘に他ならない。それはなにも自然の必然的な流れに従って死が魂と身体を分離するのをなんとか食い止めようというようなことではなく，むしろ魂と身体が復活において互いと再び結合されることと言えるだろう。（*Oratio Catechetica*, ch.16, 傍点筆者）

復活において復元される身体は，生前と同じ要素から構成されるとグレゴリオスは述べているが，その言わんとするところは，神の像という原初の人間本性に従ってむしろ新たな（霊的な）仕方で魂と再結合されるということであろう。その限りで，身体をめぐる超越と内在という互いに相反する方位は，グレゴリオスの場合，死後においては復活という形で，他方，生前においては秘儀による神化という稀有な形で一致すると言うことができるだろう。このような仕方で二つの異なる身体観が緊張関係を保ちながら一致を目指す構造は，グレゴリオスに限らず，広く東方教父に共通したものと思われる。

「朽ちる肉体に播かれたものが，朽ちぬ肉体の内に蘇らしめられる」というパウロの言葉は，私たちにとって希望であり救済の在処を示している。その限りで，自己脱自や自己無化の限りない実践を経て，究極の根源による自己の存在の根拠づけに至り，新たな生を獲得するという道行きこそは，神による救済《オイコノミア》と言い得るだろう。

いずれにせよ本章では，プラトン主義的な「神に似ること」概念とそれに関連する諸概念の由来と変遷を相互に照らし合わせることによって，それら諸概念の東方ユダヤ・キリスト教思想による変容過程そのものを，いわば「神化」思想前史として描き出すことが目指された。果たして人間本性の完成とは，魂の浄化によって限りなく本来の自己へと立ち戻り「神に似ること」なのであろうか，それとも神の像によって媒介された限りでの神性の模倣こそがそうなのだろうか。あるいはまた，受肉したキリストに倣って自らへりくだり，霊において貧しき者として生きることであろうか，それとも限りなく自己を無化し先在する一なる根源へと自己超出的に合一することであろうか。いずれにせよ，「神に似ること」と「神になること」すなわち神化《テオーシス》との近さと隔たりは，自己からの超出と本来的自己への帰還，超越と内在の閾においてこそ問われ得るに違いない。

第7章
教父哲学におけるオイコノミア

教父神学において，三位一体の神の不可知の本性《ウーシアー》に関わる狭義のテオロギア（神学）と対をなすオイコノミア概念が，アリストテレスのオイコノミア（家政）に由来し，そのような家政の国家規模への拡張が近代における経済学（political economy）の誕生に繋がるという概念史的な粗筋は，今さら述べるまでもなく既に周知のところであろう。しかし，そもそも神学的な「オイコノミア」が一体どのような意味で「家政」と類縁性をもち，いかにしてキリスト教神学において枢要な位置を占める概念となり得たのか，その経緯はたとえその語が「摂理」「経綸」と翻訳されたところで俄かに明らかとなるわけではあるまい。そこで本章では，まずオイコノミア概念の4世紀ギリシア教父に至るまでの受容史（あるいはむしろ変容史）を概観し，その経緯を踏まえた上で，主にカッパドキア教父における同概念の錯綜した概念構成の解明が試みられる（大きな流れを俯瞰することに重きを置いているため，総じて駆け足の図式的記述になることを予めご容赦いただきたい）[1]。

1） この主題に関する最初のもっとも包括的な研究書である Richter [2005] には本章も多くを負っている。

第1節　古代末期におけるオイコノミア概念の受容／変容史概観

1-1　アリストテレス

「オイコノミア」（οἰκονομία）とは，もともとアリストテレスによるポリスと家《オイコス》の区別に呼応した，（ポリスに関することども《タ・ポリティカ》に関わる）政治術《ポリティケー》に対する家政術《オイコノミケー》すなわち〈家における運営・管理《オイコノミア》〉を原義とする語である。ここで「家」とは，ポリス（＝政治的共同体《ポリティケー・コイノーニアー》）を構成する最小部分としての家–共同体のことであり（『政治学』第1巻第1-2章参照），数世代にわたる夫‐妻，父–子，主人–奴隷関係から成る生殖・養育・労働つまりは生産と消費という「日常必需の」（*Pol.*, 1252b13）基底的な生《ゾーエー》の領域と言ってよいだろう[2)]（そこでは当然，私的財の獲得・管理・運営といった側面も不可欠である）。さらに，家父長制的な専制支配と政治的な自由市民支配を「家」とポリスとに振り分けながらも，その両者をあくまで自然本性的かつ目的論的な一つの生の発展過程として包括していく点にアリストテレス的自然主義は色濃く反映されている[3)]。しかしその一方で，「家政的な支配《オイコノミケー・アルケー》は一者支配《モナルキア》である（ἡ οἰκονομικὴ [ἀρχὴ] μοναρχία）」（*ibid.*, 1255b19）という彼の確固とした主張は後世に大きな波紋を投じることとなる。

そもそもアリストテレスにとって一者支配とは，何よりまず，宇宙全体を一なる原理が支配するという，いわゆる「不動の動者」説にその典型が見出される。「多数者の支配は善くない。支配者は一人でよい」というホメロス『イリアス』（2, 204）からの引用句で締め括られた『形而上学』第12巻において，アリストテレスは，自ら動かされることなく永遠の時間にわたって天界を動かす神（＝不動の動者）を究極原理と

2）「生きる」ために不可欠な〈私的（ἴδιον）領域＝家〉と「善く生きる」ために要請される〈公的（κοινόν）領域＝ポリス〉とを区別するW・イェーガーからH・アーレントに至る伝統的な解釈に対して，〈家〉のもつ政治的機能に着目し異議を唱える解釈としては，Swanson [1992] を参照のこと。

3）こうしたアリストテレスの政治学的自然主義の後世における受容と変容，とりわけ〈家〉と政治的支配の関係づけの変化をめぐる論考としては，土橋 [1996] 参照。

して導入した。しかし，〈不動の動者〉という構想を政治支配の構造へと転用する場合，〈不作為の支配者による統治〉という背理に向き合わざるを得ない。〈不作為の支配者による統治〉という問題点をもっとも見事に展開したのが偽アリストテレス作の『宇宙論』である。同書第6章によれば，

> 神は宇宙に生起するあらゆるものの産出者であり救済者である。しかし，神は自分で働いて苦労することはない。むしろ無尽の力《デュナミス》を用い，その力によって遥か遠くにあるように思われる幾多のものを支配する。（397b）

ここで偽アリストテレスは，神の実体《ウーシアー》と力とを区別し，いにしえの哲学者がかつて「宇宙は神々に満ちている」と看破したものは，実は神の実体ではなく力（のもたらした動き・働き）であったことを強調する。その上で，神は操り人形遣いのように，あるいは法のように，それ自体は不動でありながらあらゆるものを動かし「支配する」（400b）と主張される。この「支配する」という動詞として，オイコノミアと同様に「家」（οἶκος, οἰκία）から派生した「オイコノメイン」（οἰκονομεῖν）が用いられている点にも注意が必要である。

1-2　ストア派

『宇宙論』が偽書であることは研究者間でほぼ一致を見ているが，では一体，いつ誰が書いたかについては未だ決定的解決には至っていない。しかし，オイコノミアの同族語であるオイコノメインの用法に関する限り，「宇宙を支配する《オイコノメイン》」という表現にヘレニズム期に特徴的な世界観が見て取れる。中でもオイコノミア系語彙を家政という実践領域から解放し，「自然世界の統御」という新たな自然学的意味へと転用・拡張したのがストア派である。クリュシッポスら初期ストア派は，自然世界（宇宙）を「秩序づけ統御する」という意味で，οἰκονομεῖν あるいは同じく οἶκος から派生した διοικεῖν（名詞としては自然世界を「秩序づける力，あるいはその統御」という意味で οἰκονομία あるいは διοίκησις）を使用した。（偽）プルタルコスの証言によれば，彼らは「この宇宙は自

然によって統御《ディオイケイスタイ》され（διοικεῖσθαι）」（SVF Ⅱ, p.264: 912），そのような「共通の自然と自然の共通のロゴスが宿命《ヘイマルメネー》であり摂理《プロノイア》である」（*ibid.*, p.269: 937）と主張することによって独自の宿命論を展開する。後期ペリパトス派のアフロディシアスのアレクサンドロスの証言はより詳細である。

> 彼ら〔ストア派〕は，この宇宙が一つであり，あらゆる存在を自らの内に包み込み，生命的・ロゴス的・知性的な自然によって統御《ディオイクーメノン》されており（διοικούμενον），しかもそのような全存在の統　御《ディオイケーシス》（διοίκησις）が永遠のものであり，ある種の〔因果的な〕連鎖と秩序《タクシス》に従っていると主張する。（*ibid.*, p.262-273: 945）

つまり，ストア派によれば，「全宇宙は常に一つの秩序とオイコノミアに従って統御《ディオイクーメノン》され一つのものであり続けるのである」（*ibid.*）。言い換えれば，宇宙《コスモス》とは，オイコノミア（＝ディオイケーシス＝自然に内在する，秩序づけ統御する力ないし働き）に従ってオイコノメイン（＝ディオイケイン＝統御）された自然全体のことである。このような自然の本性とそれに内在するオイコノミアの力との区別は，その後の教父神学におけるウーシアーとエネルゲイア，テオロギアとオイコノミアの区別を準備するものと言い得るだろう。いずれにせよ，偽アリストテレスの宇宙論における「オイコノメイン」が，超越の位相に即して不作為・不介入の世界支配を意味していたのに対して，ストア派の「オイコノメイン」は，内在の位相に即し，世界の隅々にまで行き渡り，秩序づけ統御する自然自身の力による働きを意味していると言えよう[4)]。

1-3　七十人訳旧約聖書とアレクサンドレイアのフィロン

アレクサンドレイアのフィロン（前 25-45/50）は，当地の離散ユダヤ

---

4)　19 世紀にツェラーとブレンターノの間でアリストテレスの「神」概念をめぐってなされた論争，すなわち世界の運動の秩序維持・管理をもっぱらとする非創造的で非力な神とみなすか，万物を創造し万事に介入する強力な神とみなすかという「神」観の対立は，ここで見られた超越的ないし内在的オイコノミア支配の区別となにかしら共通の問題位相を孕みつつ，細部の議論で決定的な掛け違いが見出され，興味深い。

人共同体に属し，ユダヤ教を信奉する一方でギリシア語を用い，ヘレニズム文化，とりわけプラトン主義に深く精通し，その教養を駆使してモーセ五書等の寓意的解釈に基づく多くの旧約聖書註解を書き残した。もちろん，彼が用いたのは前 3-1 世紀にヘブライ語からギリシア語に翻訳された『七十人訳（*Septuaginta*）』旧約聖書であり，そうした翻訳の段階で既に潜在していたともいえるギリシア主義化の傾向が彼によって顕在化・加速化されたことは疑い得ない。そこで，七十人訳旧約におけるオイコノミア系語彙の用例を見た後，フィロンにおけるオイコノミア概念理解の特徴を調べてみたい。

七十人訳旧約における「オイコノミア」の用例は，イザヤ書 22 章のいわゆるシェブナの罷免の記事 1 例だけである。

> お前〔シェブナ〕はその職務《オイコノミア》から退けられ，その地位《スタシス》から追われるだろう。……彼〔エルヤキム〕にお前の衣を纏わせ，お前の飾り帯を締めさせ，お前に授けられていた権能《オイコノミア》を彼の手に渡すことになるだろう。彼はエルサレムの家に住まう者とユダの家に住まう者の父となるのだ。（19 節，21 節）

最初（19 節）のオイコノミアは，「地位」という語と並べて用いられているところから見ても，財務主任といったような職務，官職を意味しているのに対して，第二（21 節）のオイコノミアは単に職務というだけでなく，エルヤキムに委ねられた権能，権力（κράτος）を意味しているように思われる。その権能をもつことが，家に住まう（ἐνοικεῖν = ἐν + οἶκος）者たちの家長となることだという表現から，ここでの用法が「家政」としての「オイコノミア」の系譜に連なることは明らかである。同書 36 章や 37 章に現れる派生語の「オイコノモス」もエルヤキムの官職名である以上，あくまで家政的な「財務主任」といった程度の意味であろう。以上より，動詞形も含めて七十人訳旧約においてわずか数例ほどのオイコノミア系語彙には，ストア派によってもたらされた家政的文脈からの意味の変容・拡張が一切見出されないことが明らかとなった。

対して，フィロンの用法には少なからぬ変化が見出される。確かに，

「家《オイキア》は小規模なポリスであり，家政《オイコノミア》は縮小された国制《ポリテイア》であり，同様にポリスもまた大きな家，国政は共通な家政である」（『ヨセフについて』38-39）と述べられる限り，家政《オイコノミア》と国制《ポリテイア》の対比的構図はアリストテレス的なオイコノミア観の繰り返しに過ぎないように思われる。しかし，以下に見るように，ヨセフに課せられた職務は，実は家政レベルどころか単なる国制レベルをも超えたものである。

> この宇宙は巨大なポリス（μεγαλόπολις）であり，一つの国制，一つの法を享受している。……個々の国制は，自然に則した一つの国制に付加されたものであると考えるほうが理にかなっている。国ごとの法は自然の正しいロゴスに付加されたものに過ぎないのだから。……一見すると彼〔ヨセフ〕は主人によって家の執事に任じられたように見えるが，実際のところ真実はといえば，そう任命したのは自然であって，自然が彼に〔すべての〕ポリスと民族，巨大な国土の支配権《ヘーゲモニア》を委ねたのである。（*ibid*., 29-31, 38）

傍点を付した部分からもストア派からの影響は明らかであるように思われる。旧約においてシェブナが失いエルヤキムが得たオイコノミア（職務，権能）がせいぜい家長的支配であったのに対して，ここでヨセフに委ねられたのは自然世界の統御とでも言うべきものなのである。

さらに教父思想の救済論的文脈においてしばしばオイコノミア概念と併用される「ソーテーリア」という語が散見されるのも，フィロンにおける際立った変化と言えるだろう。ただし，彼の場合，その語（σωτηρία およびその副詞形 σωτηρίως）に「救済」といった宗教的な意味が特に付与されているわけではない。たとえば，

> 至高にしてもっとも威厳高き父なる神，巨大なポリス〔＝宇宙〕の支配者にして無敵不敗の万軍の将，さらに万物を常に安寧《ソーテーリオース》に統御する《オイコノメイ》（οἰκονομεῖ σωτηρίως）舵取り……。（『十戒総論』53）

この引用でも明らかなように，フィロンにとって「ソーテーリア」とは，あくまで政治的な（すなわち非宗教的）文脈において支配者（ここで

は神）が常にその守護を心掛けるべき全体の「安寧」，つまりは「公益」を意味しており，宗教的文脈における個々人の救済が意味されているわけではない。以上より，フィロンにおける「オイコノミア」の用法は，確かにヘレニズム期のユダヤ教文献においてストア派による意味の拡張・変容を示す決定的な証言と言えよう。しかし，ストア派の「オイコノミア」が自然に内在する秩序づけ統御する働きを意味していたのに対して，フィロンの場合，自然はあくまで世界の支配権を家長的支配者に任命するだけであって，その支配構造は一貫して非内在的，超越的である（その限りでフィロンのオイコノミア理解は明らかに「一者支配」の系譜に連なるものである[5]）。その結果，フィロンによって新たに取り入れられた神のオイコノミアに伴う「ソーテーリア」概念もまた，支配されるべき共同体全体の秩序守護，安寧保持にのみ目が向けられ，個々人の苦難の救済という歴史内在的なオイコノミア理解には至っていない。

1-4　新約聖書

これまでの考察から明らかになったところでは，オイコノミア概念の系譜には大きく分けて三つの流れがあるように思われる。すなわち，(1)「家」(οἶκος, οἰκία) に由来する〈家政＝家における運営・管理〉という原義に沿った流れ，(2) 家政的な支配を「一者支配《モナルキア》」と断じたアリストテレスに端を発し，フィロンの神権政治へと繋がる流れ，そして (3) ストア派によって家政から「自然世界（宇宙）の秩序づけ・統御」へと転用・拡張された流れ，がそうである。新約聖書でもこれらの流れを見出すことができるが，「神の家である教会」への「家」概念の転用・拡張とイエス・キリストの登場によるオイコノミア概念の変容によって流れはさらに複雑に交錯することとなる。

まず，家政の文脈での従来通りの用法は新約においても散見される。たとえば，イザヤ書のシェブナの罷免を想起させるルカ福音書における不正な家計管理者の話は，オイコノミア系語彙の典型的な使用例である。

5）かくして，フィロンにおいて初めて，一なるユダヤ民族の，一なる神によるユダヤ教的神権政治（theocracy）というものが明瞭な形で登場することとなる。

> ある金持ちに一人の家計管理者（οἰκόνομος）がいた。〔その者の不正を見咎めた主人は彼にこう言った。〕「お前の家計管理（οἰκονομία）の明細を出しなさい。もうお前には家計管理の仕事（οἰκονομεῖν）を任せられない」と。（ルカ 16:1-2）

さらにヘレニズム期には，後見人《エピトロポス》や養育係《パイダゴーゴス》と並んで家計管理者《オイコノモス》が主人の子弟（未成年者）の監督といった社会道徳的な責任まで負うようになっていた事実（ガラ 4:2）や，ローマ帝政下，「皇帝の家の人たち」の一員である「市の財務主任」がオイコノモスと呼ばれていたこと（フィリ 4:22，ロマ 16:23）なども様々な新約書簡から知られる。

しかし，「家」概念が特定の人物の家から「神の家」へと比喩的に転用されることによって，オイコノミア概念は決定的な変容を被ることになる。すなわち，擬パウロ書簡において「神の家とは生ける神の教会《エクレーシア》であり，真理の柱であり土台である」（1 テモ 3:15）と説かれているように，本来はポリスにおける「市民集会」を意味していた ἐκκλησία という語は脱政治化され，家–共同体を核とするオイコノミア文脈に組み入れられると同時に，「キリストの身体」（コロ 1:24）としての教会という神学的表象を担い得るところまで語義を拡張していった。その結果，オイコノミア概念自体もまた，「神のオイコノミア」「神の秘儀《ミュステーリオン》のオイコノミア」といった聖書研究者の間でも未だ見解の一致を見ない解釈困難な表現を担うこととなる。

たとえば，擬パウロ書簡の一つに現れる「神のオイコノミア」は，以下のようなテクストの内に置かれている（解釈によって大きく意味が変わるため，ここでは極力テクストに忠実に直訳しておく）。

> 私は神のオイコノミアに従って（κατὰ τὴν οἶκονομίαν τοῦ θεοῦ）教会の仕え手《ディアコノス》となった。その神のオイコノミアとは，あなたがたに対して神の言葉を満たす〔完成させる〕ために私に与えられたものである。〔この神の言葉とは〕この世の始めから幾世代にもわたって隠されてきた秘儀《ミュステーリオン》（μυστήριον）のことであるが，それが今，神の聖者たちに明らかにされたのである。（コロ 1:25-26）

ここで「神のオイコノミア」は，これまで述べられてきた「オイコノミア」の諸義に応じて，「神によって与えられた職務」とも，「神が為す世界全体の秩序づけ・統御」とも解釈可能であろう。多くの独訳やネストレ訳が「神的な職務」（das göttliche Amt, the divine office）というように原文から改訳しているのは前者の解釈を採るためであるが[6]，「神の」という属格を文字通り主格的属格と解して「神の為す」と採るなら後者となる[7]。「職務」解釈派が自説の根拠とするのは，「私はオイコノミア〔使徒としての職務〕を委託された」（1コリ 9:17）というパウロの言葉との一貫性である。確かにパウロは，「人は私たちをキリストに奉仕する者，神の秘儀《ミュステーリオン》のオイコノモイ（管財人）（οἰκονόμους μυστηρίων θεοῦ）とみなすべきだ」（1コリ 4:1）と述べており，神の秘儀すなわち神の言葉の完成こそがパウロに委託されたオイコノミア＝職務だという解釈には整合性がある。

対して神をオイコノミアの主体とみなす解釈を支持すると思われるのは，以下である。

> 神は私たちに自らの意志《テレーマ》の秘儀《ミュステーリオン》を知らせて下さった。それは，神がキリストの内に前もってよしと定めたことであり，時の満ち溢れ《プレーローマ・トーン・カイローン》というオイコノミアのため（εἰς οἰκονομίαν τοῦ πληρώματος τῶν καιρῶν），すなわち，天にあるものも地にあるものも一切すべてがキリストの下にまとめられるためである。そのキリストにおいて，私たちは，万物を自身の意志の決定に従って働かせる方〔＝神〕の意図《プロテシス》に則して前もって定められ，選び出されたのである。（エフェ 1:9-11）

まず，「時の満ち溢れというオイコノミア」とは，構文上，次に述べられる「キリストの下に万物を服従させる」ということであり，そのように万物を自らの意志で働かせることができるのが神に他ならないとす

6）新共同訳に至っては，「神的な」という形容詞さえ削除し，単に「務め」としている。しかし2018年に刊行された最新の聖書協会共同訳では，救済論的文脈が強調され，「神の計画」と大きく改訳された。

7）この点を強く支持する主張として，田川 [2009], pp. 484-485 参照。

れば，それこそが神の（意志の）秘儀＝神の言葉の完成であり，「神が為す世界（万物）の秩序づけ・統御」すなわち「神のオイコノミア」と言えるだろう。このように「神のオイコノミア」は，「（人間が為す）神的な職務」あるいは「神が為す世界の秩序づけ・統御」という具合に両様に解釈され得ることは否めないが，いずれの解釈にしても従来のオイコノミアの語法に準じたものであることは確かであり，リヒター[8]，アガンベン，田川がこぞって強調するように，「オイコノミア」を新たに「救済計画」といった神学的救済論の文脈から読み取ることを正当化するテクスト上の根拠は新約文書中には見出し難いと言えよう。

しかし，「オイコノミア」に拙速に救済論を読み込むことを忌避するあまり，アガンベンのように「オイコノミア」を頑なに「職務」という意味に限定する立場にも俄かに同意はできない[9]。むしろ「オイコノミア」概念とは，神のオイコノミア遂行と人間のオイコノミア遂行という意味上の緊張関係を内に孕んだまま，決して分断されることなく，むしろその両方向の絶えざる力動的交錯と共働とを豊かに内包した概念なのではないだろうか。もしそのような理解が可能であるなら，「神の内にこの世の始めからずっと隠されてきた秘儀《ミュステーリオン》のオイコノミアがどのように実現されるかを，すべての人に対して明らかにする」（エフェ 3:9）というテクストも，〈神の意志による秘儀が神自身によって遂行《オイコノミア》・実現される次第を万人に告げ知らせるパウロの職務《オイコノミア》〉といった形で複層的に読み取っていくことが許されるのかもしれない。いずれにせよ，三位一体論やキリスト論といった神学的文脈においてオイコノミア概念が用いられることにより，その概念構成により一層の複雑さが見出されるようになるのは次節で見るような東方教父のテクストにおいてである。

第2節　東方教父におけるオイコノミア概念の変容

2-1　オリゲネス，バシレイオス，ニュッサのグレゴリオス

本来，「教父」（Fathers of the Church）という概念は，古代性と正統

8）Richter [2005], passim (ex. pp. 36, 53, 67 etc.).
9）アガンベン [2010], pp. 53-58（特に p. 55）参照。

性をポイントとする厳密に神学的な規定によるものであったが，とりわけ正統性という基準に関しては，オリゲネスのように教会が長いこと異端として排斥していたキリスト教思想家を教父とみなす動向なども絡んで，近年ではかなり漠然としたものになってきたようである。したがって，本書では「教父」をやや漠然と「古代世界に生きたキリスト教の思想家たち」とみなすこととする。とはいえ，1-2世紀の使徒教父，ユスティノスやエイレナイオスなどの護教家，さらにアレクサンドレイア学派やアンティオケイア学派の数多の教父たちにまで詳細に言及する余地はないので，以下ではオイコノミア概念の新たな動向を典型的に示しているアレクサンドレイアのオリゲネス（184/5-253/4年）と4世紀のカッパドキア教父（バシレイオス，ニュッサのグレゴリオス，ナジアンゾスのグレゴリオス）に焦点を絞って考察を進めることにする。

教父たちにとって，神と人間を媒介すべきキリストの受肉というテーマは避けては通れない問題であったが，とりわけオリゲネスにあってはそのテーマをめぐる異教の哲学者ケルソスとの論争が自らの主張を明確化するための重要な契機であったことは確かである。そもそも，キリストの受肉を人間世界への「神の下降」とみなすならば，不死なる神のロゴス（＝キリスト）が死すべき人間の身体と魂を受け容れることになり，その限りでもう既に変化《メタボレー》を被っているのではないかというのがケルソスの主張である。対するオリゲネスの論駁はこうである。すなわち，「神はその本性《ウーシアー》において何一つ変化を被ることなしに，摂理《プロノイア》と救いの営み《オイコノミア》（οἰκονομία）によって人間的事柄へと下降する（συγκαταβαίνει）」（『ケルソス駁論』第4巻14）。言い換えれば，「神性の燦然とした輝きを見る力のない者の程度に合わせて」神のロゴス（キリスト）が下降することによって，彼を受け容れた者は徐々にロゴスによって引き上げられるのである（同書15）。神の本性を太陽に譬えるならば，人はそれを観ることは決してできないのであるが，太陽から発せられた光線に譬えられる神の下降によってのみその源泉を推論することはできる（『諸原理について』第1巻第1章6参照）。このような議論の推移を見る限り，もはや問題の核心は，不変・不可知な神の本性を保ったまま人間の救済のために下降・受肉するロゴス・キリストのあり方をめぐるいわゆるキリスト論の領域へと既に移行したと言ってよいだろう。その限りで，先の

「人間的事柄におけるオイコノミア」とは，神学的救済論の文脈へと転用されることによって，まさに人間のために神によって為された「救済行為・救済の実践」という意味を獲得していったものと思われる。かくして，人間的事柄に介入することのない神の本性《ウーシアー》と人間的事柄に絶えず関わる神のオイコノミアとは，明確に区別され対比されながらも決して分裂することなく，超越的一者支配と内在的世界統御の交錯する閾的な領域を形成していくことになる。

同様のことはバシレイオスにおいても見出される。

> 神の善性に従って人間のために生じた，大いなる神，私たちの救世主《ソーテール》イエス・キリストによるオイコノミアが，聖霊の恩恵によって成就することを一体誰が否定するだろうか。（『聖霊論』16. 39）

太陽の光に譬えられたオリゲネスの神の降下が，バシレイオスでは万物に生命と恵みを付与する聖霊の働きとして語られており（同書 9. 22 参照），それと同時に，〈神の善なる意志に基づき，聖霊の恩恵によって，キリストにおいて成就した救いの業〉という仕方での三一神論的なオイコノミア理解がはっきりと打ち出されていることがここからも明らかであろう。

さらに，より明確に救済論的構図を打ち出しているのがニュッサのグレゴリオスである。彼は 4 世紀後半，キリストの受肉をめぐってシリアのラオディキア主教アポリナリオスによって提起された問い，すなわち，キリストが完全に人間でありつつなお無辜であることは，いかにして可能であるのか，完全に人間であるとすれば罪に堕ちているのが当然ではないかという問いに直面し，次のように応答している。

> 自らの本性《ウーシアー》によって非物質的で不可視であり，非身体的でもある神は，いつかこの世の時が満ち，悪が極みに達する時，人間への愛《フィラントローピア》とオイコノミアによって，彼らの罪を一掃するために，人間の本性と混ざり合い，太陽が薄暗い洞窟に入ってそこに住まうように，自らの臨在による光によって闇を駆逐するのである。（『アポリナリオス反駁』GNO Ⅲ 1, p.171）

神の本性は，人間の本性と混ざり合っても決して人間本性に根差す罪に染まることはない，それがグレゴリオスのアポリナリオスに対する一貫した主張である。しかもグレゴリオスの場合，神自身が人間本性と混ざり合うと言われるのは，オリゲネスの場合に，いわば太陽自身が高みに留まったまま，そこから発する光線が地上の洞窟へと降り注ぐと言われたのに対して，まさに太陽自らが洞窟へと降り来り，そこに居を構えるという意味である（ここでの「洞窟」がプラトン『国家』篇のいわゆる「洞窟の比喩」に由来するものであることは言うまでもないであろう[10]）。ここに至って，オイコノミア概念はキリストの受肉と救済というテーマと極めて密接な繋がりをもつようになると同時に，人間本性と混ざり合い受肉した〈子〉キリストと〈父〉なる神とが，独立した位格《ヒュポスタシス》でありながら神的本性《ウーシアー》は同一であるという三位一体論の問題として，改めてクローズアップされることになるのである。

2-2　ナジアンゾスのグレゴリオス

ナジアンゾスのグレゴリオスは，オイコノミア概念に元々内包されている超越的一者支配という垂直軸と，世界内在的な管理・運営・統御という水平軸を交錯させることによって，あたかも新たに〈三位的な神による一者支配〉という場を出現させようとするかの如き以下のような言説を展開している。

> 神に関する見解の内，最古のものが三つある。それはすなわち，無支配《アナルキア》＝無神論，多数支配《ポリュアルキア》＝多神論，一者支配《モナルキア》＝一神論である。このうち前二者はギリシアの子供たちの玩具に過ぎなかった。……そのどちらも同じように無秩序に至り，そこから崩壊へと進む。……だが我々が尊重しているのは一者支配＝一神論である。ただし一者支配＝一神論と言っても，唯一の位格《プロソーポン》に限定された意味でのそれではない――なぜなら，自分自身との内戦《スタシス》に陥る一者は，多を生み出すことがあり得るからである。（『講話』29.2）

10）　この論点に関しては，本書第 5 章で既に展開された。

ここでグレゴリオスは，神学的概念（「一なる神」）を政治学的語彙（「一なる権力」＝一者支配＝君主制）に託して語っているが，では一体ここでは，何が問題となっているのだろうか。テクスト上の論駁相手は，〈父〉の位格のみを神の本性とみなし，〈子〉キリストの神性を認めない有力異端派の一つであるエウノミオス派である。彼らの主張は確かに字義通りの「一者支配」である。しかし，グレゴリオスは，〈唯一の位格による一者支配〉に，〈三位一体論的な神による一者支配〉を対置させることで，一者支配の構造そのものを複層化する戦略を採っているように思われる。

たとえばオリゲネスが説くように，光源としての太陽（＝一なる神）から発出する光としてのキリストも，不変不動の一者を根拠とし，そこから原因づけられた多なる対象に関わる働きと解することができるだろう。もしそうであるとすれば，このような一者支配のあり方においては，一なる支配者は構造的に「自分自身との内戦《スタシス》に陥り多を生み出す」可能性を否定できないように思われる。なぜなら，絶えざる自己同一を本質とする一者が，同時に多なる対象への働きを動機づける実践的原因として存する限り，そこに内的自己分裂の萌芽を見出すことは容易いからである。それがナジアンゾスのグレゴリオスによる先の引用の意味するところではないだろうか。

かくしてナジアンゾスのグレゴリオスにおいては，一者支配の構造そのものを三一論的に複層化すること，言い換えれば，神の一性を損なうことなく三一の神の働きを語ることがいかにして可能となるのか，その点が焦眉の問いとなる。グレゴリオスの答えはこうである。

> 神性，つまり受動性や物体に優る本性の面には卓越した表現を帰する。他方，あなたのために自らを空しくし，肉となって――このように言うことはなんら悪いことではない――人間となり，しかる後に高められたかの〔神人〕複合的存在には，劣った表現をあてはめればよいのである。（『講話』29.18）

つまり「本性《フュシス》の言説《ロゴス》」（λόγος φύσεως）による「卓越した表現」と「オイコノミアの言説（λόγος οἰκονομίας; *ibid.*）による「劣った表現」

との区別を学ぶ者にのみ，より高く神性へと上昇する途が開かれるというのである。本性の言説とは，さしあたり実体の本性をめぐる存在論的言説のことと押さえておけば問題はない。対して〈オイコノミアの言説〉とは何を意味するのであろうか。

先に『講話』29の冒頭を引用した際に予め触れておいたように，グレゴリオスは〈唯一の位格による一者支配〉に〈三位的な神による一者支配〉を対置させることを意図していた以上，〈本性の言説〉による政治神学に対する〈オイコノミアの言説〉には，〈子〉イエスに託された実践的な救済計画という意味にとどまらない，より一層，三位性の現成に力点を置いた意味が求められるはずである。この点をほぼ1世紀遡った3世紀に先取りしていたのがローマのヒッポリュトスである。たとえば，彼の『ノエトス論駁』8によれば，「力《デュナミス》に即して見る限り，神は一である。オイコノミアに即して見る限り，……その現れは三様となる」という形で三位性とオイコノミア概念との結合は既に定式化されていた。この限りでは，神の本性に関わる神学《テオロギア》と，三位性に立脚したオイコノミアとが互いに両立することを可能にする地平として，〈本性の言説〉と〈オイコノミアの言説〉の区別はいわば既成のものとして，グレゴリオスの時代における「オイコノミア」の第二の意味を形成していたと考えられる。

要するに，グレゴリオスの主張する「オイコノミアの言説」には，「家政」としての「政治」からの明確な語源的区分に対してその両領域の相互曖昧化として，あるいは〈子〉イエスに託された実践的救済論的側面に対して三位性を可能にする文脈という神学的側面として，それ自身の内に絶えず両義性の理解を要請する複層的構造が見出されるように思われる。換言すれば，それは一方では確かに，〈本性の言説〉から〈オイコノミアの言説〉を区別することによって，一なる神性に関わる存在論的・本性論的神学およびその政治神学的文脈から，神の救いの実践とその実現の場である教会共同体《エクレーシア》（「市民集会」という原義を脱政治化し，いわば家共同体化したもの）を分節化する試みであったはずである。しかし他方で，グレゴリオスは，そのように区分することによって一なる神の本性と三位格との三一論的関係を単に合理的に分節化するだけではなく，むしろ分節化しつつ統合する力動的な本性観《ウーシアー》へと向かう契機としてもなんとか説き明かそうとしていたに相違ないのである。

結　び

駆け足の記述に終始してしまったが，少なくとも以上の考察から明らかになったのはオイコノミア概念の豊饒さではないだろうか。〈家〉とポリス，あるいは〈家〉やポリスといった共同体と自然世界（宇宙），家政と国家政治，そのような共同体統治と自然世界の統御，超越と内在，ウーシアーとエネルゲイア，テオロギアとオイコノミア，一者支配と三一神論，受肉と救済，……等々の区別・対立・類比を一方で際立たせ多層的に交錯させながら，他方でそれら相互を相対化し，自身の内に絶えず緊張を孕みつつ融通無碍な閾的領域としてその都度の力動的な意味変容の揺らぎを自ら体現する「オイコノミア」概念の系譜を，ほんのわずかではあれ垣間見ることができたとすれば幸いである。いずれにせよ，このような豊饒でスリリングな「オイコノミア」が，一体どのような経緯で平板で単なるカオスに過ぎない昨今の「エコノミー」へと変質していったかについては，また別の長い長いストーリーが語られねばなるまい。

第8章

自己投企と受容

——東方教父起源の「神との合一」概念のトマス的再生——

天使らはわれらのものなど意に介してはいないのだ，自己からの流出とそれへの復帰との渦巻のさなかにあって[1)]。

およそ思想史と呼ばれ得る限りの一連の史的運動には，川の流れや生き物の成長などに喩えられるような連続性の契機と，ボタンの掛け違いに喩えられるような断絶の契機とが見出される。それら両契機は，必然と偶然，受容と創出という互いに矛盾する諸契機と相俟って，全体としては絶えず逆説的な緊張関係にさらされつつ自己同一を保っていると言えよう。そもそも個々の思想自体が，先行する思想群の選別的な受容と自発的な創出に向けた自己投企との不即不離の緊張関係そのものだと言えるかもしれない。しかし，仮にそうだとしても，そのような緊張関係を長期にわたって維持することは決して容易なことではない。思想形成期の張り詰めた力動性はやがて弛緩し，複雑なベクトル複合も単純化され，遂には自己投企と受容の緊張関係すら単なる静態的図式へと頽落した挙げ句，二者択一的な分派対立を経て思想史の表舞台からフェイド・アウトしかねないのだ。その恰好の実例を，皮肉なことにこのプロティノス起源の対概念「自己投企」（ἐπιβολή）と「受容」（παραδοχή）自身の影響史の内に見出すことができる。以下では，まずそれら両概念が東方神秘主義思想の雄ディオニュシオス・アレオパギテースにどのよう

1） R・M・リルケ『ドゥイノの悲歌』（手塚富雄訳），岩波書店，2010年，18頁。

に継承され，その後さらに彼の著書をラテン語訳したヨハネス・エリウゲナを経てサン・ヴィクトル学派のトマス・ガルスに至るまでにいかなる変容を被ったのかについて，ささやかな追跡調査を試みてみたい。次いで，そうすることによって「神との合一」という根本主題をめぐる東方教父起源の神秘主義思想が，一旦は図式化への頽落の途を辿りつつも，トマス・アクィナスによって新たな相貌で再生していく経緯を幾ばくかでも明らかにすること，それが本章の狙いである。

第1節　一なる始源＝神との合一

1-1　一者からの知性《ヌース》の生成――プロティノス

そもそも東方神秘主義思想が究極の課題として掲げる「神との合一」という概念を哲学的に基礎づけ，後期スコラに至るまで後代に大きな影響を与えたのが新プラトン主義の系譜であることは論を俟たない。だが，その経緯を全体として詳細に跡づけていくことは決して容易な作業ではない。そこで一旦は論点を絞り込むため，まずプロティノス（205-270年）のテクストにまで遡り，そこで「一者との合一」の要諦を記述するために用いたられた一対の概念に光を当てることから始めたい。以下がそのテクストである。

> T1：知性《ヌース》（νοῦς）は一方で直知する（νοεῖν）ための能力をもつ。その能力によって知性は自らの内にあるものを見る。他方，知性は自らを超えたものを何らかの自己投企（ἐπιβολή）[2]と受容（παραδοχή）によって〔見る〕もう一つの能力をもつ。この能力によって，以前もただ単に見てはいたのだが，その後に〔一者を〕見ることによって知性を得て，〔知性として〕一なるものとなるの

2）ἐπιβολή という語はプラトンでは用いられておらず，プロティノスにおいても使用例は稀であるが，プロクロスや偽ディオニュシオスでは比較的よく用いられる。プロクロスにおいてはしばしば ἐπαφή（接触）の意味で用いられるが，本章で扱われる局面ではその意味を取らない。従来の邦訳は「直面」（プロティノス），「放射」「没頭（する）」（ディオニュシオス）などで定訳と言えるものはない。

である。(*Enn.* Ⅵ 7, 35.19-23)

一見するとここでは知性の異なる二つの能力が述べられていると取られかねないが，それはあくまでも説明のための便法的語り方であって，プロティノスが言わんとしているのは，一者（τὸ ἕν）から知性がまさに知性として存立する場面における同時的かつ相補的な二にして一なる働きについてである。そもそも始源として知性を生み出すものである「一者」は，「無形相」(ἀνείδεον）であり「この何か」(τόδε τι）でも「存在」(οὐσία）でもない「存在の彼方」(ἐπέκεινα οὐσίας)，「知性の彼方」(ἐπέκεινα νοῦ）にあるものである以上，本来，直知対象（νοητόν）ですらあり得ない。しかし，一者自身がまったくの無自覚というわけではない。ある種の自己感知（συναίσθησις)，自己直観（κατανόησις αὑτοῦ）を一者に想定し得るとすれば，知性のなす直知作用（νόησις）とは別様の，一者に固有の「見る」働きもまた想定し得るはずである（cf. *Enn.* V 4, 2.15-19)。それは，まだ何も見ていない視力に喩えられるように，対象からの限定をまだ受けていないまったく無限定な直知作用であり，T1 で「以前もただ単に見てはいた」と述べられた，まだ一者が自己を振り返って見る前の，見る働きそのもののことである。その意味での無限定な「直知作用は，直知対象〔である一者〕を見て，それへと振り返り（ἐπιστραφεῖσα)，かのものからいわば完成され完全にされる」(*Enn.* V 4, 2.4-6)。このようにして生じた知性は，言うまでもなく「全体としての知性」(πᾶς νοῦς）であり，「直知することによって存在するもの（τὸ ὄν）を存立させ，他方，存在するものは直知されることによって〔全体としての〕知性に，直知することと存在することを与える」(*Enn.* V 1, 4.27-28)。このようにして知性が自らを超えた一者を見ることによって自身の内に生み出されたものが直知対象としてのイデアであり，それらを見る時，本来の意味で「直知する」と言われるが，他方，それによって直知することになるその同じ能力によって知性は一者を同時に見るのである（*Enn.* Ⅵ 7, 35.30-33)。

このようにして，T1 では，全体としての知性として定立される以前の，始源である一者のいわば「第二の働き《エネルゲイア》」[3]（*Enn.* Ⅳ 5, 7.16-17）として「単に見るだけ」の知性が，それ自身一者でありながら，その当の一者を見ることによって，知性の本質契機としての「二」性，すなわち「直知すること」と（直知対象として）「存在すること」を獲得し，まさに知性として生成する瞬間が簡潔に記述されている。そこで導入されるのが「自己投企」と「受容」という対概念である。「自己投企」とは，まさにこれから生成しようとする知性が，自己創出的・能動的に自らを超えた始源である一者へと自身を投げ出すこと（ἐπιβάλλεσθαι）と解され得る。他方，「受容」とは，まさにこれから生成しようとする知性が，受動的に始源である一者から自身の存在を受け取ることと解される。要するに，全体としての知性がそれ自体として存立されるためには，存在論的に知性に先立つ一者自身の第二の働きとしての絶えざる自己投企と受容こそがその必要条件となるわけである。この両概念は，二者択一的にいずれか一方を単独で取り出すことができないという点では相補的合一性を保ちながら，いずれかに還元することができないという点では対的緊張関係性を失うことがない。いずれにせよ，このように撞着的で重層的な語法を多用することによって，言語では把握し得ない始源・根拠へと言語によって肉薄せんとする姿勢は極めてプロティノス的であると言えるだろう。このT1での知性による直知と合一に関する記述を，「自己投企と受容」という対概念も含めて継承したと思われるのがディオニュシオス・アレオパギテースである。

1-2　天使にとっての神との合一 ―― ディオニュシオス・アレオパギテース

500年頃の著作と想定されるいわゆる偽ディオニュシオス文書は，アテナイのアカデメイア閉鎖（529年）に象徴される古代の終焉期にあって，新プラトン主義的東方教父思想の伝統を西方世界へと継承し，スコラ期を経て近世初頭に至るまで強い影響力をもった極めて重要な著作群である。その中の『神名論』第7章第1節において，明らかにT1を要約ないし敷衍したものと思われる箇所がある。以下がそのテクストである。

3）「第一の働き」は，一者として自身の内に留まる働きである。

T2：我々の知性《ヌース》が一方で直知するための能力をもつことが知られねばならない。その能力によって知性は直知対象を見るのである。他方，知性の本性《フュシス》を超える合一（ἕνωσις）を我々の知性がもつことも知られねばならない。その合一によって，我々の知性は自らを超えたものへと結び付けられるのである。(*DN* Ⅶ 1, p.194, 10-12)[4)]

知性に直知および一者（すなわち神）との合一という二つの働きを見る点で，この著者がここでプロティノスによる T1 を念頭に置いていることは明らかであるが，同時に T2 には T1 との差異もいくつか見出される。すなわち，①直知能力によって見られる対象が，T1 では「(知性) 自らの内にあるもの」であったのに対して，T2 では「直知対象《タ・ノエータ》」へと変わっている，② T1 で二番目の能力として挙げられていた部分では，「見る」が省略されてはいるものの文脈上明らかに「見る能力」として語られていたのに対して，T2 の当該箇所では「見る」も「能力」も削除されている，③同様に T1 で挙げられていた「自己投企と受容」に関する記述が T2 では完全に削除されている。いずれも細かな点ではあるけれど，なぜこうした差異が生じたのだろうか。その理由は，④ T1 では「全体としての知性」の生成場面が問われていたのに対して，T2 では「我々の知性」，つまり全体としての知性を構成する個々の人間の知性が問われていることにある。したがって，個々の人間知性にとって知的対象は外在的であって，決して「自らの内にあるもの」ではない（①）上に，我々の知性にとって一者との合一は，知性が知性である限りは絶対にあり得ないある種の本質変容を伴う超越体験そのものであり，もはや我々の知性に固有の「見る能力」とは言い得ない（②）。まして全体としての知性がそれ自身として存立するための必要条件であった「自己投企と受容」が，我々の知性として既に存立している場面において不要となる（③）のはむしろ当然と言えよう。

では，ディオニュシオスにおいて「自己投企と受容」が語られる場面は果たしてあるのだろうか。それが『神名論』第 1 章第 5 節にある以下のテクストである。

4)　ディオニュシオス『神名論』(*DN* と略記) からの出典箇所の指示は Suchla 版（巻末の文献一覧参照）の頁数と行数で表示。

> T3：一にして不可知な，存在を超える善自体，まさに三一なるものにして同一の神，同一の善であるものは，それを語ることも直知することも〔我々には〕できない。しかし，聖なる能力をもった天使に相応しい〔彼らそれぞれの一者との〕合一でさえも，〔彼らには〕語られも直知されもしない。天使に相応しい合一とは，不知を超え，光を超えた善性のまさに自己投企と受容であると語られねばならない。そのような合一は，天使的な知を超えて，かかる合一に値する天使たちにのみ帰属するものである。(*DN* I 5, p.116, 7-13)

確かに我々の知性は一なる神と合一し得るが，それを語ることも知ることもできない。では，我々より神に近い存在である天使ならどうか。その問いに対するT3での答えは，たとえ聖なる能力をもった天使でさえ，神との合一について語ることも知ることもできないというものである。しかし，この引用箇所の直後にこう述べられている。「天使を模倣することによって，天使に相応しい合一と可能な限り一つとなった知性は，――すべての知性的働きの停止によって神的なものとなった知性の，神をも超えんばかりの光との合一が生じるので――存在するものの一切を否定することによってその光をもっとも適切に讃えられるのである」(*DN* I 5, p.116,14-p.117,2)。つまり，我々の知性が究極の始源である神と合一することを可能にする働きが何であるかは，天使に相応しい合一をある種の範型とみなすことによって明らかになるに違いない。だとすれば，我々の知性について述べられたT2では不在でありながらT3において天使に相応しい合一とみなされている「自己投企と受容」こそが，その解明の鍵となるだろう。

T1において，つまりプロティノスにとって自己投企と受容とは，一者から（全体としての）知性がそれ自体として存立するための必要条件であった。対して，ディオニュシオスによるT3では，天使すなわち「天上の知性たち」は既に存立している全体としての知性に依拠することによって各々が存立し得るのであって，全体としての知性のように自己投企と受容を自らの存立のために不可欠な条件とする必要はない。つまりT3での問題は，天使たちがいかにして自らの本性を超越した一なる神と合一し得るかという点へと移行したのであり，そこでの自己投企と受容の役割は天使の存立のためではなく，むしろ既に存立している天使としての存在を能う限り完成へと向かわせる働きにあったと言えよう。その限りで，自己投企と受容の主体がT3では天使に先立つ超越的「善性」つまり一者＝神である点に着目すべきである。言い換えれば，天使が神と合一するためには，天使は先在する神（＝一者＝善性）のいわば第二の働き《エネルゲイア》としての自己投企と受容に自己超出的に与らなければならないのである。

では，我々の知性が神と合一するためには，こうした天使における神との合一をどのように模倣すればよいのだろうか。

T4：我々が不死不滅となり，キリストの如きこの上もない至福の定めに至る時，……また，神の顕現を目の当たりにし，その純粋な観想に与る時，我々はもっとも光輝な煌めきによって満たされる。その神の顕現は，あのもっとも神的な変容において弟子たちを照らしたように（マタ17：1-8およびその並行箇所参照），我々のまわりを照らす。我々は情念と物質性から脱却した自らの知性によって，神の叡智的光の賜物に与り，すべての光を超えた光の知られざる至福の自己投企によって，知性を超えた合一に与るのである。天上の知性たちをより神的に模倣することによって，聖書の真理が語るように，我々は「天使のようになり，復活の子であることによって，神の子」（ルカ20：36）となるのである。

今はしかし，我々に可能な限り，神的な事柄に相応しい象徴《シュムボラ》を用い，それらの象徴から次に直知的観想の単純単一な真理へと我々に相応しい仕方で上昇し，その神の如き直知作用の一切を経た後に，知性の活動を停止し，我々に許される限りで存在を超えた光へと自己投企する（ἐπιβάλλομεν）のである。（*DN* Ⅰ 4, p.114, 7–p.115, 10）

ここでは，我々の知性を「情念と物質性から脱却した」知性すなわち天上の知性へと浄化していく上昇の過程が，天使を模倣することとみなされている。この点を，T2でディオニュシオスが参照しているプロティノスのテクスト（*Enn.* Ⅵ 7, 35）に立ち戻って確認してみよう。彼の理論体系に即して言えば，まず魂の知性への変容が生じる。すなわち「魂の〔内に留まる〕知性が最初に〔何かを〕見て，その〈見ること〉が魂にも生じ，これら二つ〔すなわち魂と知性〕が一つになる」(*ibid.*, 34-36)。魂の存在は，自ら絶えず繰り返し自己投企することによってのみ自ら存立するようになる〈全体としての知性〉の先在に依拠しており，自らが知性との同一性を回復し，知性へと変容することによってしか「知性を超えた合一」には与り得ない。次いで「魂はかの神を見ると忽ち一切を放棄し」(*ibid.*, 7)，知性の活動を停止する。それに応じて善がそれらの上に広がり神との合一をもたらす。要するに，自らに先立つ何かに「なる」，つまり先在するものへと変容するような仕方で魂はより高次のものと合一するのであり，そうした変容ないし合一を可能にするのが，先在するものの自己投企であり，それに対応する受容が我々の魂や知性の変容であり，自己超出的な合一だと言えるだろう。言い換えれば，ディオニュシオスにとって，先在する一なる根源からの働き（自己投企）は，その当の根源へと向かう魂の運動（受容）とまさに相互に共属し合い一致するがゆえに，その根源たる神との合一は，神との関係における魂の完全なる自己否定・自己超越としての神への帰還運動そのものとなるのである。したがって，T4の最後の「〔我々は〕存在を超えた光へと自己投企する」という箇所も，それ以前に語られた「神の叡智的光の賜物に与り，すべての光を超えた光の知られざる至福の自己投企によって，知性を超えた合一に与る」という内容を縮減した表現と解すべきだろう。

第2節　合一をめぐる註解の二つの伝統

さて，知性が自身を無化し自らに先立つものへと変容することによって，知性を超えた合一に与るというプロティノスからディオニュシオスへと継承された主張は，残念ながらその後の註解の歴史においては，必ずしもよき理解者，よき継承者に恵まれたとは言い難い。その結果，ヨハネス・エリウゲナ（c. 810–c. 877年）によるディオニュシオス文書のラテン語翻訳にも以下で見るような少なからぬ悪影響が及んだものと思われる。その原因としては，註解者たちが，知性の自己変容・自己無化が自己の本性の完成をもたらすという新プラトン主義的な逆説的緊張関係を保持し切れず，知性を超えた合一さえもある種の知性に還元しようとする知性主義的解釈か，さもなければ神との知性を超えた合一体験それ自身を一種の神秘体験として特化する神秘主義的解釈へと分裂していった点が挙げられるだろう。バーナード・マッギンに倣えば，前者は「思弁的ディオニュシオス主義」(speculative Dionysianism)，後者は「情愛的ディオニュシオス主義」(affective D.) ということになる[5]。ただしこの分派は同時発生的なものではなく，前者が先行し，後者は 12 世紀パリのサン＝ヴィクトル学派から始まる。また共に東方・西方の別なくどちらにも見られる思想動向である。

2-1　知性主義的解釈の系譜

まず知性主義的解釈の系譜を辿ってみよう。ディオニュシオス文書の初期の註解は，スコリア（欄外書き込み《マルギナリア》）の形で残されているが，現存する最初期の資料（欄外書き込みされたギリシア語写本 4 巻とシリア語翻訳 1 巻）[6]に含まれるスコリアをスキュトポリスのヨアンネス（6 世紀前半に活動）に帰す点で最近の研究者の見解はほぼ一致している（それらは，かつてはマクシモスのものとみなされてもいた）。ミーニュ（J. P. Migne, *Patrologia Graeca*）第四巻に収められている同文書の全スコリア 1600 の内，約 600 がこの資料に収められており，それらが当初ヨアンネスの作とみなされた。しかし，ビザンツ皇帝ミカエル二世が 827 年に同文書をフランク王ルイ一世（敬虔王）に寄贈したのを機に始まった同文書のラテン語翻訳の過程を辿っていくと，実はその 600 のスコリアより以前にそれより少数のスコリアが伝承されていたことが判明した。そもそも最初のラテン語訳の試みは，寄贈後 5 年余を経た 832-35 年頃のサン＝ドニ大修道院長ヒルドゥイヌスによるものだが，ギリシア語写本の判読・音読の係，それを聞いてラテン語に口頭で訳す係，さらにそれを口述筆記する係というような分業体制で翻訳が行なわれた結果，訳語選定も場当たり的で一貫性がなく時に不正確であり，行き過ぎた逐語

5)　McGinn [1998], p.79.
6)　B. R. Suchla によって発見された。Cf. Suchla [1980], 3: 33-66.

訳のため内容理解にやや難のある結果に終わった。次いで860年頃にカール二世の命により上梓されたヨハネス・エリウゲナ訳は，同じく逐語訳の方針を採ってはいるものの前訳からの改善が見られ，1167年にヨハネス・サラケヌスによる新訳が出た後でさえ暫くは読み継がれることとなった。実は，エリウゲナ訳のそのような成功の一因は，教皇司書官アナスタシウスが自らの図書館で発見したディオニュシオス文書の写本に含まれていたスコリアを同文書の理解に資すべくラテン語に翻訳したことにあった。つまり，彼がスコリア翻訳の際に準拠したのがエリウゲナによるラテン語訳であったため，彼が訳出した詳細な註解の助けもあって同訳書の利用価値はますます高まったというわけである。ところが，アナスタシウスが翻訳の際に参照したであろう写本（それ自体は残っていない）には，最初期の資料に収められていた600のスコリアの内，420しか含まれていないことが，そのラテン語訳から判明した。そこから言えることは，ディオニュシオス文書への最初期のスコリアがスキュトポリスのヨアンネスの手になるものとしても，少なくともその数は420以下であって，現存する最初期資料の600のスコリアには他の註解者の筆による補完も加わっているとみなさざるを得ない，つまりミーニュ第4巻所収のスコリアを無条件にヨアンネスに帰すわけにはいかなくなったということである[7)]。

ではその最初期の註解者[8)]は，知性を超えた合一を一体どのように解釈していたのだろうか。まず，プロティノス起源の知性における直知と合一の区別に関して，ポルフュリオスのようにむしろ両者の同一性を主張する[9)]立場からの影響を註解者は（たとえ間接的であれ）受けたものと思われる。そのことによって，当然，知性を超えた神との合一の教説にも変容が生じたことであろう。実際，ディオニュシオスにとっては神との合一の本質的契機であった自己投企という脱自的な働きへの言及が，スコリアにおいては完全に脱落しているのである。その結果，「知」と「不知」の捉え方もまた異なるものとなった。一例として，『神名論』第

7） 以上については，Harrington [2004], pp. 1-3, 16-18 参照。

8） 前述のような事情でヨアンネスとは特定できないので，このような仕方で呼ばざるを得ない。

9） Cf. Hadot [1966], pp. 127-63.

2 章第 4 節とその箇所へのスコリアを見てみよう。

T5：神の統一《ヘノーシス》すなわち存在を超えたものの統一に関して，統一の原理である三一性と一致し共通するのは，存在を超えた実在性，神を超えた神性，善を超えた善性，……不可知にして完全に知られるもの（ἡ ἀγνωσία, τὸ παννόητον），万物の肯定にして万物の否定，万物の肯定と否定を超えたものである。（*DN* Ⅱ 4, pp. 126, 14-127, 2）

この引用文中の「不可知にして完全に知られるもの」に関するスコリアが以下である。

T6：一体，神はいかにして不可知にして完全に知られるものであるのか。また，いかにして我々は，不知において神の知を獲得するのか。そのことについて語られねばならない。なぜなら，神は不知によって知られるものとなるからである。ところで，ここでの「不知」（ἄγνοια）を無知のゆえに生じるものと解してはならない。なぜなら，それは魂の闇のことだからである。あるいはまた，この「不知」を「不可知なものは知られることがない」ということを知ることと解してもならない。なぜなら，それもまた一種の知なのだから。しかし，むしろ不知によってこそ不可知なものは知られるものとなる。知は，多数化されることによって細分化され，一なるものではないがゆえに一なるものへと再び包み込まれるのだが，不知によって，我々はそうした知の一切を超えて単一なものとなるのである。（*PG* 4: 216D-217A）

不可知である神と合一するためには，あらゆる知性の働きを停止し，あらゆる知を超越せねばならないと説くディオニュシオスに対して，この註解者は，超越されるべき知を，細分化された諸部分が再統合されるという分析・総合的な知のモデルへと限定することによって，神に相応しい単一性に与る余地を人間知性に残したと言える。つまり，別のスコリアで「知性は全体としての知性になり，内にあるものへと振り返り，一にして単純なものとなるのであり，賞賛すべき不知によって神的光を受け取ることができるようになるだろう」（*PG* 4: 264A）と述べられ，闇（すなわち不知）へと進み入るモーセについてさえ，「その時，彼は不知によってすべてを知った」（*PG* 4: 421B）と註解される時，ディオニュシオスにとっての知性を超えた合一は，註解者によって，不知を介して再び知性へと還元されたのである（しかも，神的全智へと）。この限りで，知性主義的解釈の伝統は確かに彼ら註解者から始まったとみなされるべきだろう。

知性主義的な解釈傾向は，以下に概観するように，ディオニュシオス文書のラテン語訳に携わったヨハネス・エリウゲナにも継承された。しかし，くれぐれも注意すべきは，翻訳に携わった時期に較べ，その後『ペリフュセオン』を執筆した時期における彼のディオニュシオス理解が格段に深まった点である。本章ではその点に詳しく触れる余裕はないが，13 世紀中葉にパリの匿名ドミニコ会士が『ペリフュセオン』から選出した百余りの抜粋を概観するだけでも，神との合一がいかなる意味でも知性の働きによって把握不可能であることを強調するそこでの彼のディオニュシオス理解が，彼の翻訳に見出される知性主義的な傾向と背反するものであることは明らかである。

まだディオニュシオス文書に接し始めた頃のエリウゲナに知性主義的な影響を与えたのが，彼の使用したギリシア語写本なのか，それとも先行訳者であったヒルドゥイヌスによる翻訳からなのかを確定することは難しいが，いずれにせよディオニュシオスにとって大前提であった知性と合一の明確な区別が彼において相対化される傾向にあったことは確かである。たとえば，ディオニュシオス『神秘神学』において「万物の彼方にある方（ὁ πάντων ἐπέκεινα）が真に存する闇の中に進み入る人々に（万物の善なる原因は開示される）」[10] という「出エジプト記」（第 20 章 21 節）のモーセ記事を想起させる箇所で，エリウゲナは，新プラトン主義の伝統では極めて重要な「彼方」（ἐπέκεινα）という語をおそらくは意図的に「頂上，最高点」（summitas）という異なった意味のラテン語に置き換え，「万物の頂上〔最高点〕が真に存する闇」（caligo ubi

10） *Corpus Dionysiacum II*（詳細は巻末の文献一覧を参照），p. 143, 16-17.

vere est omnium summitas: *PL* 122:1173C）と訳している。存在や知性の「彼方」と言うことによってそれらからの合一《ヘノーシス》の超越・断絶を強調したディオニュシオスに対して，存在するもの全体を山とみなし，そこから言わば地続きで到達し得る「頂上」と言い換えることによって，彼は知性と合一との断絶を単なる認識レベルの差異へと相対化したと言える。

同様のことは，我々が着目してきた「自己投企《エピボレー》」の翻訳についても見て取れる。たとえば，先に見たT3では「不知を超え，光を超えた善性のまさに自己投企と受容である」となっていた箇所をエリウゲナは，「不知を超え，光を超えた善性との〔天使たちの〕合一は思弁的（speculativus）かあるいは受容的である」というように訳し変えている。同様に他の箇所でも「自己投企」が「観想」（theoria; *DN* Ⅳ 11, p.156, 17-19）や「経験」（experimentum: T4）と訳し変えられている。プロティノス・ディオニュシオスにおいては，知性認識を超越し神との合一を可能にする脱自的活動としての「自己投企」が，ここに至ってことごとく主観的知性認識の圏域へと回収されるべく改訳されていった（あるいはむしろ書き換えられたと言ったほうがよいかもしれない）経緯の一端が垣間見られる。

こうした知性主義的解釈の系譜は，この後，アルベルトゥス・マグヌス，さらにトマス・アクィナスへと発展的に継承されることになるが，こうした動きに対抗するように，神秘主義的解釈の動きが現れる。

2-2　神秘主義的解釈の系譜

サン・ヴィクトルのフーゴー（1142年没）は，12世紀初頭にシャンポーのギヨームによって創立されたサン・ヴィクトル修道院において，創立者の学問的・観想的指導理念を継承し，自らの聖書学，教父学，さらに神学全般への百科全書的関心に基づいて優れた修道士教育を行なったが，特筆されるべきは，ディオニュシオス『天上位階論』への度重なる註解によって合一をめぐる解釈史に新たな展開をもたらした点である。たとえば，「愛は知に勝り，知性より偉大である。すなわち，人は知解するよりも愛し，知が入ることのできないところに入り込み，〔神へと〕近づく」（*PL* 175: 1038D）という言葉はつとに知られているが，こうした愛の強調はフーゴーにとって，ディオニュシオスの以下のようなテクストへのごく自然な解釈からもたらされたものだった。

> T7：我々は聖なる位階の秩序を受け入れ，天上の諸々の知性の名称すべてが神に似たそれぞれの特性を説明するものだと考えている。ヘブライ語を知っている人ならば，「セラフィム」という聖なる名称が「発火するもの」あるいは「熱するもの」を表示し，「ケルビム」という名称が「多くの知識」あるいは「知恵の流布」を表示すると考えるだろう。（『天上位階論』Ⅶ 1, p.27）

ここでディオニュシオスの念頭にはまったくなかった「愛」の観念が，フーゴーによって，おそらく「愛の火」との連想から導入され，セラフィムがケルビムの上位に立つがごとく，愛は知よりも勝ると自由に敷衍されたものと思われる。こうしたディオニュシオス文書の比較的自由な敷衍的註解の伝統は，フーゴーからリカルドゥスを経てトマス・ガルス（1246年没）へと受け継がれたが，中でもガルスは，ディオニュシオスの『神秘神学』と「雅歌」の情感的註解とを結合することによって新たな神秘主義的解釈の系譜（いわゆる「情愛的ディオニュシオス主義」）を体系化し集大成したと言ってよいだろう。

そもそも本章T1・T2で見た知性における直知と合一の二区分はガルスにおいて以下のように発展的に継承された。

> T8：神認識は二通りの仕方で示される。一方は知性的で〔被造物の〕考察によって働く。……他方，もう一つの神認識は，ディオニュシオス『神名論』に記されているように，比較にならないほど他方を凌駕している。……
>
> 〔この高次の知はさらに以下の二つの相をもつ。すなわち〕使徒パウロの教えに従って偉大なディオニュシオス・アレオパギテースは，この超知性的な知恵（superintellectualis sapientia）の理論を自著『神秘神学』においてそれが書き及ぶ限りで著している。他方，この書〔「雅歌」〕においてソロモンは，その書全体から明らかなよ

うに，同じ神秘神学の実践をおこなっているのである[11)]。

ここでガルスが企図しているのは，知性認識を超越した高次の知の層において，サン・ヴィクトル学派における（情感的愛をすべての知性認識の上位に置き，そうした愛による合一を可能にする内的力として天使的位階を強調する）ディオニュシオス註解の伝統と，クレルヴォーのベルナルドゥスなどシトー会士による「経験による言葉」を強調した「雅歌」註解の伝統とを対話的に統合することであったと思われる。そのためならば，ガルスはフーゴー同様，かなり強引な敷衍さえ厭いはしなかった。たとえば，『神秘神学』第一章の最後で，モーセがいかにして神秘的な不知の闇へと入っていくかが語られる場面のガルスによる敷衍的『抜粋』（*Extractio*）[12)]がその典型である。

T9：万物からも，さらにいわば自分自身からも分離され，（真の認識をもたらす）愛の合一によって（per unitionem dilectionis），知性によっては知り得ない神との合一がなされる。その合一は知性認識よりも遥かに優れた認識によってなされる。つまり，知性認識を放棄することによって，知性や精神を超えて神と見《まみ》えるのである[13)]。

この抜粋に該当するディオニュシオスの原文，すなわち「完全な不知によってもっとも優れた合一がなされ，何も知らぬことによって知性を超えて知る（τῷ μηδὲν γινώσκειν ὑπὲρ γινώσκων）」（『神秘神学』I, p.144, 9-15）と比較すれば明らかなように，傍点を付した「愛の合一によって」の部分は完全にガルスによる加筆，すなわちラテン・キリスト教的解釈の挿入であり，テクストの改変とさえ言い得るものである。しかも，愛の神化的合一（unitatio deificans）へと超越する以前に，すべ

11）　Barbet [1967], pp.65-66（*Comm. II*）. なお，ガルスは「雅歌」に関する三つの註解書を書いた。⑴初期（1224 年）の失われた著作，⑵ヴェルケリで 1237-38 年に書かれた *Comm. II*, ⑶ 1243 年 Ivrea で書かれた *Comm.III*。

12）　ガルスのディオニュシオス解釈書は二つの部分から成る。⑴ *Extractio*: 1238 年完成。翻訳の部分と要約の部分から成る。ラテン語訳はエリウゲナ版とサラセヌス版と併用。⑵ *Explanatio*: 1241-43 年執筆。全文書の完全な註解。

13）　Chevalier [1937], I: p.710.

ての知を分離し排除することを強調する点で，ガルスはそれ以前の神秘主義者とは明らかに一線を画している。

では，我々が着目してきた「自己投企」をガルスは一体どう捉えていたのだろうか。少なくともその点での直接の言及は見当らないが，彼が「自己投企」と類似した役割を「エロースの運動」に見ていたことは明らかだろう。彼は「雅歌」第 1 章第 3 節「私をあなたのところへと引っ張ってください」（trahe me post te）を註解する際に，以下のディオニュシオス『神名論』の箇所を丸ごと引用する。

> T10：それは，超越した合一の善なる発出（πρόοδος）であり，単純で自己運動し，自己活動するエロースの運動である。それは，善の内に先在し，善から存在するものへと迸り出て（ἐκβλυζομένην），再び善へと立ち戻る（ἐπιστρεφομένην）。（*DN* Ⅳ :14, p.160, 8-11）

ガルスは，神の愛がいかにして「私」を知性へと引き上げ，さらに知性を神へと引き上げるかを説くために，T3 において先在する善の自己投企と受容に自己超出的に与り合一に至るとされた過程を T10 においてそのまま「エロースの運動」と重ね合わせて見ようとしているように思われる。もしそうであれば，「自己投企と受容」という用語自体の伝承が途絶えたとしても，なおその力動的・逆説的な働き自体は形を変えて継承されていると言えよう[14)]。

その後，知性活動を否定した後に愛が到来するというサン・ヴィクトル学派の『神秘神学』註解の伝統を色濃く受け継いだ一人としてフランシスコ会士ボナヴェントゥラ（1274 年没）が挙げられる。被造界の象徴を理解することによって可感的・可視的なものから可知的・不可視なものへと上昇するという彼の見解は，明らかにフーゴーやリカルドゥスに

14）　ガルスによる『出エジプト記』(3:14) の註解（*Comm.* Ⅲ , ed.123）では，神の名（ego sum qui sum）が「自己へと立ち返る存在（esse)」と同定され，「〔神と〕合一された者にだけわかる合一の名」とみなされている。これもまた「自己投企と受容」のヴァリエーションの一つと言えようが，強調点が自己投企から自己再帰へと移行している点に注目しておきたい。

よって媒介されたディオニュシオスの神秘主義的解釈の伝統を継承したものである。しかも，ボナヴェントゥラは単にサン・ヴィクトル学派の解釈伝統を受け継ぐのみならず，ディオニュシオス的な「闇」をキリストの死と復活と等値することによって，神秘神学の内に愛と共に十字架に掛けられたキリストという解釈契機を組み入れた点で独創的であった。さらに14世紀の匿名著者による『不可知の雲』は，カルトゥジオ会士バルマのフーゴー（1304年没）を介してトマス・ガルスから強い影響を受け，神への合一に至る上昇過程の最上位に立つ愛の合一とそれより下位の知性的段階の間にまったく，あるいはほとんど連続性を認めない反知性主義の立場を打ち出すようになった[15]。ここに至って，知性主義的解釈と神秘主義的解釈というディオニュシオス解釈の二つの系譜は，もはや修復しがたいほどの分裂を抱え込んだように見える。それどころか，一方で西方スコラ学に知性主義的系譜を，他方で東方のヘシュカズム（静粛主義）に神秘主義的系譜を割り振ることで，両者の分裂を東西キリスト教の対立構図と重ね合わせたステレオタイプの解釈図式がまかり通ることとなった。しかし，果たしてそうした図式はどこまで事態の真相を解き明かしてくれるのだろうか。

第3節　トマス・アクィナスによる神秘主義思想の再生

いささか前置きが長くなってしまった。西方スコラ盛期において，ディオニュシオス著作集成《コルプス》すべてに註解を施した師アルベルトゥス・マグヌス（1193/1200-1280年）に続いて，それまでの註解伝統を集大成すると同時に新たな展開をもたらしたのがトマス・アクィナス（1224/5-1274年）であることは，今さら門外漢の私が言うまでもないことである。それにもかかわらず本節において敢えて蛇足を加えようとするのは，周知のようにトマスが自らのアリストテレス受容に基づいた類比思想によって，神秘的不知を強調するディオニュシオスの否定神学を批判的に摂取する（その限りであくまで知性主義的な系譜に与する）一方で，

15）　Cf. Rorem [1993], p.221.

その当のアリストテレス的存在論をプロクロス出自の『原因論』から学び取った「自己の本質への完全な帰還」という新プラトン主義的構図によって刷新を図ろうとする，彼の飽くなき知的探求の開かれたダイナミズムに目を向けたいからである。

まず，トマスのディオニュシオス解釈であるが，『神名論註解』第1章から明らかなように，それは認識主体とその対象の間に存すべき比例関係（I.1.14）[16]を基軸にして展開される。この比例関係によれば，より上位の存在者は，下位の存在者によっては理解され得ない以上，「神自身をまさにあるがままに完全に知ることは神にのみ相応しい」（I.1.13）。けれども善それ自身である神は，「必要性によるのではなく，恩恵によって」（I.1.37）そのような「超実体的な神の知」（supersubstantialis Dei scientia）をいわば比例的啓示として我々に授ける。その際，聖書から啓示される神の名称についてこう言われる。

> T11：聖書において我々に教示される神名によって，以下の二つのことが知られる。すなわち，聖なる光とその善性あるいは完全性の拡散と，その拡散の原理自身がそうである。たとえば，我々が神を「生きている」と言う時，我々は被造物における生命の拡散を知り，さらにこの拡散の原理が神であることを知る。（I.2.45）

被造世界における事物すなわち分有により存在するもの（ens per participationem）に固有な完全性は，いかなるものであれ，原理的には自存する存在そのもの（ipsum esse subsistens）である神の内に先在している（cf. I.2.50）。つまり，トマスにとって神との合一への途は，異なった仕方で分有された完全性の段階を第一の原因・根源である神へと超越していく途に他ならない。その途は，『神名論』第7章第3節（以下のT12）から導出された三段階の途（triplex via），すなわち除去による途，卓越による途，因果性による途へと展開される。まず，ディオニュシオスの当該テクストが以下である。

16）『神名論註解』のテクストは，*In Librum Beati Dionysii de Divinis Nominibus Expositio*, Marietti, 1950を使用し，出典箇所の指示は（章・講・節）の順。

T12：我々が神をその本性から知るというのは，決して真実ではない。――なぜなら，神は不可知であるし，あらゆる言葉と知性を越えているからである。――むしろ我々が神を知るのは，存在するものすべての秩序（διάταξις）からである。その秩序とは，神から発出したものであり，神における範型の何らかの像であり類似である。我々は，万物の彼方へと，力の及ぶ限りこうした方途と秩序によって，すなわち万物の除去と卓越，そして万物の原因〔という途を通ること〕によって上昇する（ἄνειμεν ἐν τῇ πάντων ἀφαιρέσει καὶ ὑπεροχῇ καὶ ἐν τῇ πάντων αἰτίᾳ）[17]。（*DN* Ⅶ 3, p.197,18-p.198,2）

「神は，知性と感覚を超え，実在するすべてのものを越えた自らの本質によって，すべてのものを認識する」（『神名論註解』Ⅶ .4.728）とみなされる以上，我々が神を知る手だては，神の本質を観想することによってではなく（それは神の自己知によってのみ可），被造世界の秩序を省察することによってしかあり得ない。なぜなら，被造世界の秩序とは，原型である神的実在の像・似像として創造されたものであり，そうした因果関係を介して神を知る可能根拠が我々に授けられたと考えられるからである。しかし同時に，ディオニュシオスにとって，万物の彼方への超越とは知性の本性を越えたものであり（T2 参照），除去と卓越という相補的な要素から成る超越の契機としての否定が強調されることとなる（いわゆる「否定神学」）。こうした論点をさらに展開すべく，トマスは以下のように註解する。

T13：それゆえ，〔ディオニュシオスの言う〕ある種の方途と秩序によるように，我々は世界の秩序から，自らの能力に従い，知性によって（per intellectum）すべてのものを越えた神へと上昇するのである。それは三通りの方法による。第一は，すべてのものの除去によって（in omnium ablatione），すなわち，被造物の秩序に即して吟味される事物のどれ一つとして，それを神であるとも神に相

17）トマスが用いた同箇所のサラケヌス訳では，in omnium ablatione et excessu et in omnium causa.

応しいものであるとも判断しないという方法である。第二は，超過によって（per excessum）。すなわち，「生命」や「知恵」などその種の被造物の完全性を我々が神から除去するのは，神の欠如によってではなく，あらゆる被造物の完全性を神が越えているからである。第三は，すべてのものの因果性に従うことによって（secundum causalitatem omnium）。なぜなら，被造物として存在するものは何であれ，原因からのようにして神から生じたと我々は考えるからである。（Ⅶ .4.729）

ここでトマスは，ディオニュシオスにおいて否定という超越契機において相補的に統合されていた除去と卓越という二要素を，可感的事物から象徴として受容された被造的存在に固有な完全性の除去・否定と，神から被造物にもたらされた可知的完全性の除去・否定というように明瞭に区別し，異なった仕方で分有された完全性の二段階として提示する。したがって，こうした異なった完全性の段階を第一の根源へと超越していく道行きは，トマスにとってあくまで「知性によって」可能となる完全性（すなわち存在）認識の遂行であり，その限りで彼の解釈もまた知性主義的解釈の線上にあると言い得るだろう。

しかし，もしそうであれば，神秘主義的解釈に継承された自己投企と受容の力動的・逆接的な働きにトマスは目を向けなかったということになるのだろうか。少なくとも，『神名論註解』と並んで新プラトン主義に取り組んだ（しかも『神名論』の場合と事情が異なり，プロクロス『神学綱要』がその源泉だとトマス自身知っていた）『原因論註解』[18] を見る限り，答えは「否」である。同書 15 命題（「自らの本質を知るようなすべてのものは，完全な帰還によって，自らの本質へと立ち返るものである」）をトマスは，『神学綱要』の諸命題（Prop. 16, 43, 44, 83:「自己を知ることのできるものはすべて，完全に自己へと立ち返ることができる［ἐπιστρεπτικόν］[19] ものである」, 186）に基づいて，《自己の本質へ

18）　テクストは，*In Librum de Causis Expositio*, Marietti, 1955 を使用。出典箇所の指示は同版の節番号による。

19）　この語はムールベケのグイレルムスによって conversivum ad と訳され，さらに「立ち返り・帰還」は『原因論』著者によっては reditio，トマスによっては conversio, reditus と

の帰還という働きをもつものはその実体においても非物体的かつ自己帰還的であり，その限りで自存するもの（αὐθυπόστατον, idest per se subsistens）である》と読み解いていく。プロクロス的自己帰還をアリストテレス実体論と融合させたこの「実体における自己帰還としての自存」という概念は，「自己認識」に固有な，知るものとしての自己から知られるものとしての自己への一種の循環運動（circulatio）としての立ち返り・自己帰還（310），および「自己に先在する原因からの自己認識」（312）という解釈を介して，最終的には，知性を自存させつつそれに分有される「自らによって自存する存在《エッセ》そのもの」[20]すなわち神の存在《エッセ》[21]にまで展開される。こうした「自己へと立ち返る存在《エッセ》」[22]という発想は，トマスがガルスを読んだか否かは別として，驚くほどガルスと類似しており，その限りで自己超出的かつ自己帰還的な「自己投企と受容」の力動性を強調する解釈伝統は，知性主義的解釈の系譜に連なるトマスにも，ガルスら神秘主義的解釈者に劣らず豊かに流れ込んでいるように思われてならない。

以上のようなラフ・スケッチのみによって，東方教父起源の「神との合一」をめぐる神秘主義思想のトマスにおける再生を言い募るのはいかにも早計であり，臆断との誹りを免れないであろうが，少なくともトマスにおける飽くなき知的探求の開かれたダイナミズムの一端に触れることはできたものと信じたい。本章が覚束ない足取りで辿った「神との合一」理解における「自己投企と受容」解釈の系譜が，その後，東方ヘシュカズムの雄グレゴリオス・パラマス，さらにはマイスター・エックハルトやニコラウス・クザーヌスに至ってどのような変貌を遂げるのか，その点については，紙幅も尽きた以上次稿を期さざるを得ない。

いう語が用いられる。

20） *Summa Theologiae*, I, q.4, a.2, c.: Deus est ipsum esse per se subsistens.

21） Cf. *De Ente*., 4: esse suum receptum a Deo est id, quo subsistit in rerum natura.

22） 本章註 14 参照。

第9章

光の超越性と遍在性

——初期ギリシア教父における光とロゴスをめぐって——

アレイオスの異端説を告発すべく325年に開かれたニカイア公会議において作成された信条の内に，「光から光が，真の神から真の神が」（φῶς ἐκ φωτός, θεὸν ἀληθινὸν ἐκ θεοῦ ἀληθινοῦ）という一節が見出される。キリスト教教義史上よく知られたいわゆる「アレイオス（アリウス）論争」がもつ複合的な意味合いについては，1960年代以降，R・ウィリアムズ，M・R・バーンズ，L・エイヤズらによる再検討が飛躍的に進んだが[1)]，ここではその問題を正面から扱うのではなく，その論争に関わるすべての陣営が第一位格（父なる神）からの第二位格（子イエス）の出生を記述する際に用いた「光から光が」「知恵から知恵が」といった「XからX」型の表現方式にまずもって着目してみたい。前述のニカイア信条においても，その後のコンスタンティノポリス信条（381年）においても，「光から光が」は確かに「真の神から真の神が」と同じ意味として理解されていた。しかし，4世紀以前には，必ずしもそうではなかった。むしろ，「光から光が」は，起源としての光に依拠し，その結果として生成したあくまで所産としての限りでの光を記述するための，言い換えれば，真の神からある種神的なものの生成を意味するための表現として使用される場合があり得た，いや，むしろそれが一般的でさえあった。その限りで，「XからX」型表現方式の意味内容は，その二つのX（たとえば「光」や「神」など）がどのような意味で，またどのような文脈で理解されているかにかかっている。本章では，最初

1） Cf. Williams [2001]; Barnes [2001]; Ayres [2004].

に「光から光」表現の哲学的背景を概観した後に，その表現が意味する「光が光を生む」という事態の解明が，単なる光のメタファーを越えた「光の形而上学」に基づき，ロゴス論を介してキリスト論へと至る過程を，アレクサンドレイアのディアスポラ（離散）ユダヤ人フィロンと護教家ユスティノスを比較する形で辿り直してみたい。

第1節 「光から光」表現の哲学的背景

「X から X」型の表現方式を最初に効果的に用いたのは，やはりアリストテレスだろう。彼の用語法において代表格の「人間から人間が」（ἄνθρωπος ἐξ ἀνθρώπου）という表現は，「人間が人間を生む」という表現を簡略化した派生形であり，それは以下のように説明される。

> T1：それによって生成するところのもの〔つまり，それが生成の原因となるもの〕も，形相に従って語られる自然本性であり，〔生成するものと〕同一形相（ὁμοειδής）の自然本性であるが，それは〔生成するものとは異なる〕他のものの内にある。なぜなら，「人間は人間を生む」（ἄνθρωπος ἄνθρωπον γεννᾷ）からである。（*Met*. 1032a24-25）

つまり，人間が生成するとき，その生成の原因は，生成した人間と「同一形相」の別の人間であるが，そのことは，〔親である〕人間が〔子である〕人間を生むのが自然のあり方である以上，当然のことと言える。さらに，

> T2：可能的に（δυνάμει）存在するものから現実的に（ἐνεργείᾳ）存在するものが生成するのは，常に，現実的に存在するものによってだからである。たとえば「人間から人間が」，「教養的なものから教養的なものが」〔生成するように〕。そこには常に第一に動かすものが存するが，その動かすものは既に前もって現実的に存在している。（*Met*. 1049b24-27）

人間^{1}が人間^{2}を生むとき，生むものである人間^{1}は常に予め現実的に先在するその生成の原因でなければならない。つまり「〔常に現実的に先在する原因としての〕人間^1（X^1）から〔それと同一形相の〕人間^2（X^2）が」生まれるというのが，アリストテレスの「X から X」型の表現が意味するところである。「教養的なもの」の場合で言えば，「〔現実的に先在する〕教養的なもの〔たとえば教師〕から〔それと同一形相の〕教養的なもの〔たとえば教え子〕が」生じるということになる。

以上の限りでは，ニカイア信条における「光から光」表現の場合も，現実的に先在する原因としての光からそれと同一本質（ホモウーシオス）の光が生じるという点で，アリストテレスの「人間から人間」表現の系譜に連なるのは確かである。しかし，両者は，「人間から人間」の場合，① 原因となる先在する人間とそこから生まれた人間とは，互いに独立・離存《コーリストン》した二つの実体（個体）であり，② そこで原因となる人間にも，さらにその原因となる先在する人間が存するという具合に限りなく因果連鎖を遡ることができるのに対して，「光から光」の場合，① 結果としての光が原因としての光から離存し得ず常に同一性を保ちつつ可視的世界に遍在し，② それにもかかわらずそこから光が発出する光の源泉自体は常に超越しているという点で，決定的に異なる。

可視性の可能根拠として世界にいわばア・プリオリに遍在する光の特質は，個々の存在者を実在せしめる存在根拠のメタファーとしてしばしば用いられる一方で，そうした光の遍在性は光の源泉自体のもつ超越的性格と絶えず緊張関係にあると言える。その意味での光のメタファーから光の形而上学への転回を予示していると思われるのが，プラトン『国家』篇における太陽の比喩である。そこではまず，光を「見るという感覚と見られるという働きを結びつける絆」（507e5-508a2[2)]）として規定した上で，以下のように述べられる。

> T3 :「天上の神々の内，どの神がこのことを原因づける権能をもち，どの神の光によって我々の視覚がもっともよく見ることができ，見られるものがもっともよく見られるようになるのだろうか？」「あ

2)　本節での『国家』篇からの引用は，ステファヌス版の頁・段落・行数のみを記す。

なたも他の人々もまさにそれだと答えるものです。なぜなら，あなたは明らかに太陽のことを問うているのですから」(508a4-8)

次いでプラトンは，その太陽を「善が自分と類比的なものとして生み出した」(508b13) として，「知るもの」と「知られるもの」に対する善の関係と，「見るもの」と「見られるもの」に対する太陽の関係を類比した上で，「認識されるものには真理をもたらし，認識する者にはその能力を与えるものこそが善のイデアなのである」(508d10-e2) と結論づける。ここで「善は実在《ウーシアー》ではなく，むしろ威厳においても力においても実在の彼方に超越している (ἐπέκεινα τῆς οὐσίας ὑπερέχοντος)」(509b7-9) と強調されている以上，善に類比されていた太陽 (つまり光の源泉・原因) にも超越的性格が帰せられてしかるべきである。この点で，光を，それ自体としては見られることができず，むしろ自らとは異なる別の物体 (発色物体) に属する色によって見られることができるようになる透明体 (*De Anima* 418b4-6) とみなしていたアリストテレスが，視覚対象と視覚能力とを媒介する光の遍在性に着目しそれをいわば光の自然学として展開していたのに対して，プラトンが光の超越性の観点から既に光の形而上学を論じ始めていた点を記憶に留めておく必要があるだろう。

第2節 ユダヤ教徒フィロンの「光」表現とロゴス論

2-1 光の創造と光の流出

紀元1世紀のユダヤ教徒フィロンにおいて，光のメタファーが最大限に威力を発揮するのは，「創世記」註解における世界創造，とりわけ創造第1日目の光の生成と4日目の太陽と星々の創造の場面においてである。創造第1日目の「神は言った，『光あれ』と (εἶπεν ὁ Θεὸς, γενηθήτω φῶς)」(七十人訳・創1:3) という記述から，フィロンは (またおそらく福音書記ヨハネも)，神から発せられた最初の言葉 (ロゴス) である「光」に格別の注意を払ったものと思われる。

> T4：創造者は，……すべての後で七番目に光のイデアを造った。それはまた，全宇宙に存するであろう光り輝くすべての星々と太陽の非物体的で叡智的な範型（ἀσώματον καὶ νοητὸν παράδειγμα）であり，……叡智的なものは感覚的なものよりもずっと明るく輝いている。……かの不可視で叡智的な光（τὸ ἀόρατον καὶ νοητὸν φῶς）は，それの生成を告げた神のロゴスの像（θείου λόγου εἰκών）として生じた。その光は天上の星であり，感覚される星々の源泉（πηγή）である。それを人がまったき光源（παναύγεια）と呼んでも的外れとはなるまい。（*De opificio mundi*, 29[3)]）

ここでは，非物体的で叡智的な範型である光はあくまで「神のロゴスの像《エイコーン》」であり，一方では創造者である神と造られたものである光の間に創造と被造という明確な断絶がありながら，他方では神から発出した言葉《ロゴス》によって媒介されることによって，いわば非連続の連続という形で神と光は一体化されている。しかし，光の生成そのものが主題化されてはいない場面に目を移すと，そうした精妙な区別は背後に退き，神と光は容易に同一視される。

> T5：まず第一に神は光である。すなわち「詩編」で「なぜなら主は私の光，私の救い」と詠われているからである。また神は光であるばかりでなく，他のすべての光の原型（ἀρχέτυπον）でもある。それどころか，どんな原型よりもずっと古くずっと高い位にある。なぜなら，それは範型の範型だからである。（*De somniis*, I,13,75）

フィロンにおいて，光の遍在性と光の超越性は，創造神と光が同一視されることによって際どく両立し得ているように思われる。創造の場面に定位した T4 においては，「叡智的な光」は，その創造主である神とは明確に区別されていたが，光の生成をあくまで「光から光が」という光の遍在性の観点から自然学的に見るならば，以下の T6 から明らかな

3)　フィロンからの引用はすべて Loeb 版（詳細は巻末の文献一覧を参照）を使用，出典箇所についても同版の区分に従った書物ごとの表記が書名の後に示される。

ように，そうした叡智的な光もまた叡智的な光源（すなわち「叡智的な太陽」）から生じたと言わざるを得ないだろう。

T6：ちょうど太陽が昇るとき，闇が消え失せ，すべてのものが光に満たされるように，神すなわち叡智的な太陽（ὁ νοητὸς ἥλιος）が昇り，魂を照らすとき，情念と悪徳の暗闇は一掃され，もっとも輝かしい徳がそのもっとも清らかでもっとも愛されるに値する姿を現すのだ。（*De virtutibus*, 22,164）

〈神が光を造る〉という「創造」の記述に対して，〈叡智的な光源から叡智的な光が生じる〉という光の遍在性に関わる記述は，T4 で用いられる「源泉《ペーゲー》[4]」という語からも明らかなように，もっぱら泉から湧出する川のメタファーを介して，光の生成をある種の「流出」として説き明かすフィロンの解釈傾向を示している[5]。たとえば，

T7：もし愛徳心に富む魂を庭園に喩えるならば，そこに天から授けられた草木の芽を潤し水分を補給するために，神のロゴスは知恵の泉から流れ出す川のようにして降り注ぐ。（*De somniis*, II,242）

T4 で見たように「神のロゴスの像」が光である以上，神からの光の流出が写像しているのは，神からのロゴスの流出に他ならない。とすれば，非連続の連続という形で光が神と一体化されるのと同様に，ロゴスもまた神からの離存を内包した非連続の連続という形で神と一体化するものと考えられる。

T8：ロゴスの内，一方は泉のようであり，他方はそこからの流れ（ἀποῤῥοή）のようである。すなわち，思考におけるロゴスは泉の

4）その他に，たとえば「神は永遠にあふれる生命の泉」（*De fuga et invention*, 198）や「神はもっとも浄らかな光の泉」（*De mutatone nominum*, 6）など，「泉・源泉《ペーゲー》」という語はフィロンにおいて神の徴標として多用される。

5）神からの光の発出を説く箇所として，たとえば，以下を参照せよ。「神は自身が原型となる光であるので，決して感覚されることなくひたすら直知されるだけの無数の光を発出している（ἐκβάλλει）」（*De Cherubim*, 97）。

ようであり，他方，口や舌から発せられた言葉は，そこからの流れのようである。（*De migratione Abrahami*, 71）

ここでもまた，「泉からの流れ」というメタファーを介して，「心の内にあるロゴス」（λόγος ἐνδιάθετος）と「発話されたロゴス」（λόγος προφορικός）というロゴスの二つの位相[6]，すなわち神に内在し，神の思考と一致した（あるいは思考そのものとも言い得る）ロゴスと神から離存したロゴスが，そうした位相差を内包しつつ「ロゴスからロゴス」の発出・流出という一つの連続した関係として捉えられている[7]。

しかし，フィロンにおいて神から流出するのは，ロゴスだけではない。

T9：神が真に一なる存在であるのに対して，神の最高にして第一の位に立つ力（δύναμις）は二つある。それはすなわち善性（ἀγαθότης）と主権（ἐξουσία）である。神は善性によって万物を生み出し，その生み出されたものを主権によって支配する。さらにこの両者の間にあってそれらを統合する（συναγωγόν）第三のものがロゴスである。なぜなら，神はロゴスによって支配者であり，かつ善なるものだからである。（*De Cherubim*, 27-28）

つまりフィロンにおいては，真の存在である神[8]から世界を創造する力である善性と，創造された世界を支配する主権という二つの力がロゴスによって統合され[9]神から流出するという構図を写像したものが，ま

6）*De vita Mosis* II,127.

7）こうしたロゴスの発出的連続性を人間の側から見るならば，発話されたロゴス（具体的にはモーセ五書に見られるような律法の言葉）を「不可視のものを見えるようにする象徴（σύμβολα φανερὰ ἀφανῶν）」（*De specialibus legibus*, III,178）として捉えることによって，神の内なる不可視の思考内容をアレゴリア的に解釈する契機となっているといえよう。

8）Cf. *De vita Mosis*, II,100：「非存在を存在へと至らしめるがゆえに，真に存在するもののみが疑いなく創造主でもあるのだ。また，創造主よりも正しく被造物を支配する者は誰もいないがゆえに，彼は本性的に王なのである。」cf. ibid., I,75.

9）Cf. *Legum allegoriae*, II,86：「もっとも包括的なのは神であり，次いで二番目が神のロゴスである。その他は皆，ロゴスにおいてのみ存するが，その働きの点では存在しないものと等しい。」

さに「光からの光」というメタファーであり，そうした光の遍在性を媒介することによって，悪と死を原因づける質料からなる物質世界とそこから絶対的に離存・超越した善なる唯一神という対極的二項関係が光の流出という表象によって非連続の連続，不同一の同一という形で一体化され得るのである。

では，そもそも「光」によって写像されるロゴス自身は，神と一体どのような関係にあるのだろうか。次項において彼のロゴス論を概観してみたい。

2-2 フィロンのロゴス論概観

フィロンにおいて「神のロゴス」とは，もっとも重要な概念であり，彼の思想をもっともよく特徴づける神学的概念である。しかし同時に，その概念の働きと性質が多岐にわたり複雑に絡み合うため，その理解が極めて難しい概念でもある。以下，D. T. Runia の分類を参考にして[10)]，ロゴスを三つの働きに即して概観してみる。

（1） 叡智的宇宙（叡智界・イデア界）の場としてのロゴス

可視的宇宙の範型としての「叡智的宇宙《コスモス・ノエートス》」（κόσμος νοητός）は，「神のロゴス」以外のいかなる場にも位置し得ない（T10 参照）。あるいは，叡智的宇宙それ自体が，現に創造活動にたずさわっている神のロゴスと一致しているとさえ言い得る（以下 T11 参照）。

> T10：したがって，建築家の〔心の〕内に予め描かれた都市は，外界にその場をもたず，その（建築）職人の魂の内に刻印されていた。それと同じように，イデアから成る宇宙も，諸々のイデアを秩序づけた神のロゴスより他にその場をもたない。（*De opificio mundi*, 20）
> T11：もっとあからさまな言い方を欲する人がいるなら，叡智的な宇宙とは，既に宇宙創造という活動に取りかかっている神のロゴスに他ならないと言えるだろう。（*De opificio mundi*, 24）

10） Runia [1986], pp.446-449.

さらに *De opificio mundi*, 25 には，校訂者の間で意見の分かれる（したがって括弧付きの）記述がある。それによれば，ロゴスは「刻印された原型（ἀρχέτυπος σφραγίς），範型，諸々のイデアの原型的イデア（ἀρχέτυπος ἰδέα τῶν ἰδεῶν）」であるとされる。確かに「神のロゴス」は，明らかにプラトン『ティマイオス』における「範型[11)]」と同一視されてはいる。その意味するところは，宇宙創出の計画を作るために統一され構造化され，同時にイデア全体を表している神の思考と考えられるだろう。しかし，このプラトン的「範型」というロゴス理解については，それをフィロン的「ロゴス」の叡智的側面を強調したものと見ておくほうがより精確であろう。なぜなら，ロゴスには，創造過程においてまさに善性として働く神の「力」（T9 参照）を統合する力動的側面をも含意していると考えられるからである。

同時にロゴスは神の像（エイコーン[12)]）ともみなされねばならない。したがって，宇宙（マクロコスモス）と人間（ミクロコスモス）は，共に神の「像の像」ということになる。

(2)　創造の道具としてのロゴス

都市の建設者は，都市を設計するだけでなく，実際に自身の計画を石材と木材から造り上げねばならない。宇宙の創出者《デーミウルゴス》についても事情は同様であるだろう。

> T12：棟梁は，これから仕上げられることになる都市の諸部分のほとんどすべてを自らの〔頭の〕内にまず素描的に思い描く。……次に彼は，ちょうど蜜蠟に押印するように，自らの魂にこれら（諸部分）の型を受け取り，叡智的な都市のイメージを心に抱く。その際，

---

11)　Cf. Plato, *Timaeus*, 28a6-b1：「ところで，いかなるものであれ創作者（δημιουργός）が同一を保つもの（τὸ κατὰ ταὐτὰ ἔχον）を常に眺め，それを範型（παράδειγμα）として用いながら〔創作物の〕形と働きを造り上げる（ἀπεργάζηται）ならば，そのようにして造り上げられたもののすべては必然的に美しい〔立派な〕ものとして完成される。」

12)　フィロンに限らず，およそ神の「像」を論じたすべてのキリスト教著作家に決定的な意味をもったのが『創世記』（1: 26-27）のテクスト（「神は言った。我々は自分たちの像《エイコーン》と〔それとの〕類似《ホモイオーシス》に従って人間を作ろう，と。……神は人間を作った。神の像に従って人間を作った」）である。

彼は生得の記憶力によって像を立ち現れさせ，その特徴をより判明に刻印する。彼は，善きデーミウルゴスのように，範型を眺めながら，非物体的なイデアのそれぞれに物体的な存在をすっかり似せるようにして，石材や木材からその都市を造り始める。（*De opificio mundi*, 17-18）

では，宇宙の創出者である神は，そのような宇宙の創造活動をどのようにして行なうのであろうか。

T13：神は，すべてを切り分ける刃物（τομεύς）としての自らのロゴスを研いで，宇宙全体のいまだ形も性質もない存在をそれでもって分割し，そこから宇宙の四元素を区分し，それらによって構成された動物と植物をさらに区別した。（*Quis rerum divinarum heres*, 140）

これがいわゆる「刃物としてのロゴス」（λόγος τομεύς）と呼ばれるもので，創造者たる神は直接，素材（質料）に触れることなく，代わりに道具《オルガノン》として刃物としてのロゴスを用いるという考えである。この点が『ティマイオス』のデーミウルゴス（創出者）とは明確に異なる点である。なぜなら，プラトン的デーミウルゴスは素材に直接触れ，それを意のままに扱うことに何の躊躇いもなかったからである（ただし，この変容はフィロンに固有のことではなく，『ティマイオス』解釈の伝統においては一般的に見られる進展過程であったようだ[13)]）。

以上のような創造の道具としてのロゴスという考えは，『ティマイオス』における「若い神々」とも繋がるものであるように思われる[14)]。ここに神の創造の助力者・補助者としてのロゴスという観念の萌芽を見ることができるだろう。

---

13)　Runia [1986], p.448.

14)　Cf. Plato, *Timaeus*, 42d5-e4：「〔それぞれの魂を〕蒔き終えた後，〔神は〕若い神々に死すべき身体を形作らせた。また，人間の魂についても，さらに付加すべき残りのものとそれらに付随するすべてのものを作り上げ，支配させ，できるだけ美しくかつ最善に死すべき生き物を操り，彼ら自身に悪の原因が生じないようにさせた。」

(3)　宇宙魂の代替としてのロゴス

フィロンにおいて，『ティマイオス』篇に見出される「宇宙魂」の概念は，それが同対話篇において中心的役割を付与されているにもかかわらず，意図的に避けられている。しかし，ならば何故，ロゴスがその代替として登場したのか。その原因としては，ストア派がプラトンの「宇宙魂」を彼ら自身のロゴス概念へと改変し，その変容した概念が中期プラトン主義に流れ込んだという事情が挙げられるだろう。

フィロンにしてみれば，神のロゴスという観念による方が，プラトンの宇宙魂という観念によるよりも，より一層容易に納得いく形で聖書の思想が解明され得たのであろう。実際，モーセの世界創造に「宇宙魂」という発想は見出されないのだから。

しかし，ロゴス説がフィロン思想の中にストア化した（つまり反プラトン的な）要素を蔵していると結論づけることは早計であり不当である。なぜなら，フィロンにおいてロゴスは，ストア派におけるように世界内在的に活動する形成原理ではなく，より高みからの（つまり神からの）指令を受けるものだからである。このことは，明らかにプラトン『パイドロス』篇（246e）における「天界を駆ける翼ある馬車」のイメージから着想を得て，馬車の行き先を告げる「神」に対する「御者」（ἡνίοχος）としてロゴスが表象されていることからも明らかである[15)]。

さて，以上のように多様なロゴスの働きを介して，フィロンは，第一原理（である父＝神）と創出者《デーミウルゴス》的原理との分離という，当時高まりつつあった動向を主導する模範的位置に立つことによって，その後の「ヒュポスタシス」概念の形成に少なからず寄与したと言えるだろう。したがって，《神による世界創造の補助者としてのロゴス》という前提によって，ユダヤ教徒フィロンはオリゲネスの体系を，そのキリスト教的含意（つまりロゴスを子イエスと等値すること）なしに予示し得ていたのである。しかし，オリゲネスに至る以前に，まずはユダヤ教徒（一神論者）や多神論者に対してキリスト教の核心となるロゴス・キリスト論を弁証する段階が不可避であった。その場面でのロゴス論の変遷と「光」

15）　*De fuga et inventione*, 101. cf. Runia [1986], p.449.

表現の変容を護教家ユスティノスの思想において見てみよう。

第3節　護教家ユスティノスの ロゴス・キリスト論と「光」表現

ユスティノス（165年頃没）は，ローマのクレメンスら使徒教父の時代を経て，日々強まる迫害に耐えキリスト教信仰の擁護・弁証に努めた護教家を代表する教父である。晩年の地ローマに自ら開設したキリスト教学校で哲学を講じるも，マルクス・アウレリウス帝治世下，殉教を余儀なくされたことで知られる。彼の著作の内，二つの『弁明』は主にギリシア多神論者からの様々な論難に対する弁証であるのに対して，『ユダヤ人トリュフォンとの対話』（以下『対話』と略記）では，ヘレニズム化したユダヤ教徒であり『七十人訳』旧約聖書にも通じたトリュフォンを相手にロゴス・キリスト論をめぐる対話体の議論が展開される。ここでユスティノスのロゴス・キリスト論とは，フィロンのロゴス論はもちろん，さらに『ヨハネ福音書』（1: 14「ロゴスは肉となり，我々の内に住まった」）の「受肉のロゴス」をも何らか継承し発展させたものとみなされるが，超越的な唯一の創造神を認める点で明らかにユダヤ教を継承しながらも，その一方でロゴスを「〔第二の〕別の神」と主張することによって，多神論の嫌疑を招き，ユダヤ教徒からの徹底した論難を引き起こさずにはおかなかった。したがって，『対話』においてそうした論難と真正面から向き合うことは，彼にとってキリスト教のアイデンティティ確立のためには避けて通れぬ試練だったと言えよう。

以下では，本章の主題である「光」表現の変容を考察するための手がかりとして，まずアブラハムへの神の顕現を叙述する『創世記』18章に対する，ユダヤ教徒フィロンとキリスト教弁証家ユスティノスの解釈の相違を見た上で，前者から後者への「光」解釈の変容がいかなるものかを明らかにしていきたい。

3-1　（第二の）別の神としてのロゴス

まず，フィロンは『創世記』の当該箇所（18: 1-2「アブラハムが真昼に彼の天幕の入り口のところで座っていると，神がマンブレ（マムレ）の木の前で彼に現れた。彼が目を上げて見ると，見よ，三人の男たちが彼の前に立っていた」）を以下のように註釈している。

> T14：……〔三人の内〕真ん中に位置するのが万有の父（πατὴρ τῶν ὅλων）であり，聖書において「〔私は〕存在するもの（ὁ ὤν）」と〔神自らが名乗った〕権威ある名によって呼ばれている。その両側のもっとも近いところには，その存在〔すなわち神〕の最長老の力（δύναμις）がそれぞれ控えている。一方は創造的（ποιητική）力であり，他方は王的（βασιλική）〔支配的〕力である。創造的な力は「神」（θεός）と呼ばれる。なぜなら，この力によって〔かの父は〕万有を造り出し，秩序づけたからである。他方，王的な力は「主」（κύριος）と呼ばれる。なぜなら，生成した被造物を支配し統御することがその力には相応しいからである。（*De Abrahamo*, 121）

先に見たテクスト（T9）で述べられていたことがここでも提示されているが，注意しなければならないのは，「創造的な力」（T9 では「善性」と呼ばれていた力）が，ここでは「神」と呼ばれていることである。確かにフィロンが，神のロゴスを「第二の神」（ὁ δεύτερος θεός）と呼ぶことがないわけではないが（*Quaestiones et solutiones in Genesim*, II,62），ここでは「神」（θεός）という語は，それが「造り出す」（τίθημι）という語から派生したと想定される限りでのあくまで語源に基づいた呼称に過ぎない[16)]。実際，フィロンにおいて冠詞付きの「ホ・テオス」（ὁ θεός）は「真の神」であるが，冠詞が付かない場合は，本来の意味では「神」とは呼ばれ得ないものを表示しているとみなされる（cf. *De somniis*, I,229-230）。つまり，ここでは無冠詞で「テオス」と呼ばれている以上，唯一の超越的創造神から流出した「創造的な力」は「真の神」とはみなされ得ないということである。

対して，『創世記』の同じ箇所をユスティノスは以下のように解釈す

16)　Cf. *De confusione linguarum*, 137：「万物を造り出し，秩序づけるその〔神の〕力は，その語源に従って（ἐτύμως）神と呼ばれる。」

る。

T15：私は，聖書を知っているあなたたちが以下の私の主張を納得できるよう努めよう。その主張とは，世界を創造した神とは別の神，別の主（θεὸς καὶ κύριος ἕτερος）が存在し，語られるということである。その別の神はまた，他のいかなる神も決してそれを越えることのない世界の創造神が人間たちに告げ知らせたいことを告げ知らせるがゆえに，御使い（ἄγγελος）とも呼ばれる。（*Dial.* 56,4）[17]

T16：アブラハム，ヤコブ，モーセに顕現したと語られ，またそう書かれてもいるのは，世界を創造したのとは別の神である。私が言っているのは，あくまで数において異なるということであって，思考においてそうだということではない（ἀριθμῷ λέγω, ἀλλὰ οὐ γνώμῃ）。なぜなら，私が言っているのは，この別の神は，他のいかなる神もそれを越えることのない世界の創造神が別の神に行なわせ，かかわらせようと欲したことのほかは，何一つ行なっていないということだからである。（*Dial.* 56,11）

両者の解釈を比較して明らかなように，マンブレの木の前でアブラハムに現れた三人の内，真ん中に位置する者を「万有の父」つまり真の〔第一の〕神と解釈したフィロンに対して，ユスティノスは，その者を神の「御使い」にして「〔第二の〕別の神」と解している。彼は『弁明』においても，「ユダヤ人たちは，世界創造の神が常にモーセに話しかけていたと考えたが，彼に話しかけていたのは御使いとも使徒（ἀπόστολος）とも呼ばれていた『神の子』（υἱὸς θεοῦ）であった」（*Apol.* 63,14）のであり，ユダヤ人たちが結局のところ父も子も知らないのだと断ずることの正当性を説いている。しかし，彼の言うように「イエス・キリストが神の子であり」（*Apol.* 63,10），「神のロゴス，神の初子であり，また神でもある（Λόγος καὶ πρωτότοκος ὢν τοῦ θεοῦ,

17）ユスティノスからの引用はすべてMarcovich版（詳細は巻末の文献一覧を参照）を使用，出典箇所は書名略記（*Apol.* はここではすべて *Apologia Maior*），章・節の順で示される。

καὶ θεὸς ὑπάρχει)」(*Apol.* 63,15) とするならば，しかもまた，世界創造主たる第一の神と，それとは「別の〔第二の〕神」が，いずれも真の意味で「神」と呼ばれるべきものであるとするならば，そこにはふたりの神が存することになり，もはや一なる神とは呼ばれ得ないのではないか。その限りで，ユスティノスにその点に関する挙証の責任が問われることは言うまでもない。

3-2 「光から光」表現から「火から火」表現へ

最初の手がかりとなるのは，T16 で述べられていたように，いわゆる第一の神と第二の神が「数において異なる」という点である。まず両者は，「生むもの」と「生まれたもの」として数において異なる（ἀριθμῷ ἕτερον）と言われる（*Dial.* 129,4)。ユスティノスによれば，「神は，すべての被造物に先立つ始源《アルケー》として自身から理性的な力を生んだ」(*Dial.* 61,1）のであり，そのように「神から生まれた子」(γέννημα ὑπο τοῦ θεοῦ）がソロモンによって「知恵」と呼ばれたのだとされる（*Dial.* 62,4)。さらに，そうした神の子はと言えば，T16 で語られたように，アブラハム，ヤコブ，さらにモーセに顕現して語りかける第二の別の神として，他方また，人間創造の場面で「〔我々は〕人を造ろう」(創 1:26）と「〔神が〕数において異なる理性をもった者に向かって話しかける」(*Dial.* 62,2-3）際にまさに神から話しかけられる相手として，それはフィロンの「ロゴス」のように抽象的・象徴的な存在ではなく明らかに人格化された実体的存在なのである。ユスティノスのロゴス論がフィロンのそれからもっとも異なるのは，まさにこうしたロゴスの人格化の点にあると言えよう[18]。その極めつけとも言えるのが，ユスティノスにおける三一神論の萌芽とも言える次のテクストである。

> T17：我々のためにこうしたことの教師となり，この目的のために生まれたイエス・キリストは，ティベリオス帝の治世下，ユダヤ総督となったポンティオス・ピラトスの時代に十字架にかけられた。我々は彼こそが真の神の子と知って，彼を第二の位に置き，預言的

18）Cf. Goodenough [1923], p.146.

な霊を第三の位に置いた上で，彼らをロゴスに従って尊崇しているのである。（*Apol.* 13,3）

このようにユスティノスにとってロゴスとは，あくまで受肉したロゴスとして歴史上に定位し人格化されたイエス・キリストであり，人々から尊崇される第二位の神のことだったのである。

しかし，そうであればなおのこと，フィロンにおけるように光の遍在性や泉からの流出のメタファーを利用して数において異なるふたりの神の同一性を主張することは，ロゴスが神の子として人格化された以上，もはや適切な方法とは言えないのではないか。確かに創造主としての神の超越性は揺るぎないとしても，その神から生まれた子イエスの第二の神としての存在性もまた，神から「生まれた」という一点を除けば，第一の神に劣らぬものである。その限りで，神の子を太陽から発出した光線とみなすよりは，むしろ第二の太陽とみなすほうが遥かに筋が通っているようにさえ思われる。もちろん，ユスティノスに光の流出メタファーがないわけではない。けれども，キリストが人格化・実体化されることによってそのメタファーは極めてミスリーディングなものになりかねない。たとえば，

T18：彼〔キリスト〕の真理と知恵の言葉は，太陽の光（ἡλίου δύναμις）よりももっと火のようで，よりいっそう光り輝いており，心と知性の深みにまで達する。（*Dial.* 121,2）

一見すると，ここでは太陽からの光の流出とキリストからの言葉の発出が類比され，あたかもキリストが太陽とみなされているかのように見える。しかし，それは誤った解釈である。なぜなら，ここでの「キリストの言葉とは，神の力に他ならない」（*Apol.* 14,5）から，つまり，キリストの言葉はあくまで神からの力の発出としての限りで太陽からの光と類比されているからである。その限りでは，神のロゴスを流出のメタファーを利用して語り得たフィロンのように，神とキリストとの同一性を流出のメタファーによって語ることは，ユスティノスにとって極めて難しくなったと言わざるを得ないのである。

では，ユスティノスはその点に関して一体どのような弁証を行なっているのだろうか。

T19：〔神が始源として生んだ理性的な力は，聖書において「主の栄光」「知恵」「御使い」「神」「主」「御言葉」など様々な名で呼ばれているが，〕そうした名で呼ばれるのは，それが父の意図（πατρικὸν βούλημα）と父の意志（ἀπὸ τοῦ πατρὸς θέλησις）に仕えることから生じたからである。しかし，それと同じようなことが自分たちにも生じていることを我々は見ていないだろうか。というのは，我々もまた言葉を発するとき言葉を生むことになるが，それは，言葉が外へと発せられることによって我々の内にある言葉が減少し，その一部がなくなるということを言っているわけではないからである。新たな火が別の火から生じるのを我々は見るが，その場合も同様である。新たな灯火（ἄναψις）が別の灯火から燃え移って生じても，元の灯火が減少する〔火が小さくなる〕わけではなく，火種となった灯火はあくまで同じ状態に留まっている。元の灯火から火を燃え移されたものも明らかにもう一つの灯火であるが，〔新たな灯火の生成によって〕火種となった灯火を減少させたりはしないのである。（*Dial*. 61,1-2）

ここでユスティノスが，神とキリストとの同一性を弁証し，ユダヤ教徒からの二神論（ditheism）との非難を論駁するために取った論法は，もはや「光から光」とういう流出メタファーではなく，「火から火」という，一つの灯火から別の灯火へと火を燃え移すという比喩を使用するものである。すなわち，光の遍在性および泉からの流出というメタファーを介して，「生むもの」と「生まれたもの」とを泉からの流れとして一体化し，両者の同一性を弁証する論法から，灯火から灯火へと火が燃え移るという比喩によって，それぞれの灯火がたとえ実体として離存していても，火という「力」においてはまったく同一であることを弁証する論法へとユスティノスは大きく舵を切ったものと思われる。その際，燃え移る火とは何を指すかと言えば，T19における「父の意図」「父の意志」を意味していると思われる。なぜなら，T16によれば，キリストは父なる神の意図し意志したこと以外は何一つ行なっておらず，その限りで神の力は，神の意志に完全に仕えるキリストの力として発現し得ているからである。しかしその反面，二神論批判を論駁しようとするユスティノスのロゴス・キリスト論は，極めて従属説的なものとならざるを得なかった。

第4節 結びに代えて――光の永遠性

アレクサンドレイアでは，クレメンスを経て，3世紀前半にアンモニオス・サッカスの開いた私塾で学んだと伝えられるオリゲネス（c.185-c.251）が膨大な聖書註釈と後代に多大な影響を及ぼす神学を紡ぎ上げたが，彼の死後300年を経て異端宣告を受け著書が破棄されるという数奇な運命に見舞われることとなる。20代前半には，自らも私塾を開き，ギリシア文学や修辞学（自由学芸の一部）を教えつつキリスト教の入門教育も行なうようになっていたオリゲネスの聖書解釈にどれほどプラトン主義が影響を及ぼしたかは，研究者間で意見の分かれるところであるが，旧約聖書からの影響はもちろんのこと，フィロンからも大きな影響を受けたものと思われる。とりわけ，旧約第二正典の一つである「知恵の書」からの影響は大きく，そこでの全能者の栄光の純粋な発出としての，また永遠の光の輝きとしての「知恵」の記述は，「コロサイの信徒への手紙」（1:15）[19]における「像」，「ヘブライの信徒への手紙」（1:3）[20]における「神の栄光の輝き」としての子イエスの記述を解釈する際の要《かなめ》と言えよう。以下に見るのは，オリゲネスが「知恵の書」7.25-26（七十人訳）の記述を註解したものの一つである。

T20：さて次に，知恵についてこう言われている。「〔知恵は〕神の力の息吹であり，全能者の栄光の純粋な発出（ἀπόρροια）であり，永遠の光の輝き（ἀπαύγασμα φωτὸς ἀιδίου）であり，神の働きの汚れない鏡であり，神の善性の像である」（知 7.25-26）。……

19）「子は見えざる神の像であり，すべての被造物に先立つ初子である。」
20）「〔子は〕神の栄光の輝きであり，神の実在の刻印である。」

〔ソロモンは〕まったく適切に知恵が「神の力の息吹」であると言っている。したがって，神の力は力強く活かすものであり，見えるものと見えないもののすべてを造り，保持し，支配し，摂理にかなう一切を満たし，そのすべてと一致し，すべてに現前するものであることが理解されねばならない。

それゆえ，かくも大きく測り難いこの力全体の息吹が，また私がそう述べてきたように活力が，それ自身に固有の実在（substantia = ὑπόστασις）をもつようになる。

意志（voluntas）が知性（mens）から出てくるように〔そうした息吹は〕神の力から出て来るのだが，それにもかかわらず，この神の意志自身は神の力となっている。したがって，自らの固有性の内に実在するもう一つの別の力が，聖書の言葉のように，第一の生まれざる神の力の息吹になるのである。この息吹は，自らの存在をそこ〔生まれざる神の力〕から引き出す。しかし，それが存在しなかった時はないのである。(*Princ.* I.2.9)[21]

ここでは，「知恵の書」で用いられた「神の力の息吹」という発出（流出）のメタファーを手がかりに，オリゲネスは 4 世紀を通じて論争を巻き起こすことになる鍵概念の一つ「ヒュポスタシス」を説き起こしている。彼はこの語を⑴単に思惟《エピノイア》においてだけの実在に対するものとして，しかも⑵「個的で限定された実在」として，「真の実在」を意味表示するために用いたと考えられる。この概念を誤って理解した人々は，「子は父と数において異ならず，その両者はウーシアーにおいてだけでなく基体（ヒュポケイメノン）においても「一」であり，ヒュポスタシスに即して父と子と言われるのではなく，なんらかのエピノイア（思惟）によって区別される」（『ヨハネ註解』10.37（21），212）と考えたが，それに対してオリゲネス自身は，「真の父と真の子は，ヒュポスタシス〔現実存在〕においては二つのものであるが，同意と調和，さらに意志の同一性によって「一」である」（『ケルソス論駁』VIII 12）と主張した。これによって，ユスティノスがロゴスの人格化によって示そうとしたこと

21）オリゲネス『諸原理について』の底本としては Crouzel et Simonetti 版（詳細は巻末の文献一覧を参照）を使用。

を明確に表示する存在論的な概念「ヒュポスタシス」がキリスト論に導入されることとなった。しかし，それは同時に，ユスティノスが直面した困難，すなわち数において異なる離存した二つのヒュポスタシスが一なる神であることの厳密な証明がオリゲネス以降の教父たちに課されるようになる幕開けでもあったのである。

その詳細に立ち入る余裕はないが，本章の主題であった「光」表現に関するオリゲネスの解釈を瞥見することによって本章を閉じたいと思う[22)]。

> T21：……知恵は永遠の光の輝きであると言われている。この表現の力については先に述べた箇所で既に説明した。そこでは，太陽の比喩と太陽光線の輝きを紹介し，我々の力相応にそれがどのように理解されるべきかを示した。ここではさらに一つだけ付け加えておこう。「永久に」とか「永遠に」とかいう語は，厳密にはこう言われる。すなわちそれは，存在したということの始まりをもつこともなければ，存在するものが存在することをやめることもできない，ということである。ヨハネによって「神は光である」と言われる時，このことが指し示されている。しかるに，神の光の輝きが神の知恵であるのは，単に光である限りではなく，永遠に光である限りでそうである。したがって，神の知恵は永遠であり，かつ〔神の〕永遠性の輝きである。このことが完全に理解されるならば，子の実在（ὑπόστασις）が父自身から由来し，時間的に由来するのでも，既述のように神自身以外の他の始まりから由来するのでもないことは明白である。（*Princ*. I.2.11）

フィロンにおいて神と神のロゴスは，光の原理的超越性をその遍在性によって媒介する「光から光が」という光のメタファーによって一体化され得たが，ロゴスをキリストと同一視しロゴスの人格化をもたらしたユスティノスにあっては，「光から光」よりはむしろ「灯火から灯火

22）　本来であれば，オリゲネスと同時代人であるプロティノスによる光の形而上学にも目を配るべきであるが，ここでは参照すべき論考を挙げるにとどめる。cf. Beierwaltes 1961], pp.334-362.

への火の燃え移り」という比喩によって，父の意志に完全に仕える子という形で「父＝生むもの」と「子＝生まれたもの」との同一性を担保せざるを得なかった。しかし，その場合，「生まれたもの」である子は自らが生まれる以前には存在しなかったはずである。だとすれば，「生まれざるもの」である父が永遠に存在するのに対して，子は非存在から存在へと，つまり無から造られたことになるのではないか。こうした嫌疑に対し，オリゲネスは，光源が永遠に存するなら，そこから発出する光もまた永遠である，という形で再び光の遍在性のメタファーを取り入れ，新たに光の永遠性のテーゼ「永遠の光からの永遠の光」を打ち出すことになる。その詳細な展開は次稿に期さざるを得ないが，少なくとも本章が駆け足で辿った「光から光が」という「光」表現の複雑に錯綜した解釈上の変遷が，まるでなかったかのようにストレートに「光から光が，真の神から真の神が」と高らかに詠い上げられたニカイア信条が，いかに奇異な響きをもつものであったか，その点に我々は注目すべきではないかと思う。おそらくそれは，子イエスに神性を認めないアレイオス主義者に対して，力ずくの押さえ込みをはかったホモウーシオス（同一本質）派，とりわけアンキュラのマルケロスのようなサベリオス主義的傾向の極めて強いグループの政治的圧力による影響が少なからずあったからだと推測される。そうした背景を考慮することに拠って「光から光が，真の神から真の神が」というスローガンの作為性の背後にある，フィロンからユスティノスを経てオリゲネスに至る初期教父たちの飽くなき思想的苦闘の跡が，本章を通して少しでも垣間見ることができたとすれば，この上もない幸いである。

第10章

愛《エロース》と欲求《エピテュミア》

——オリゲネスとニュッサのグレゴリオスの『雅歌』解釈をめぐって——

『雅歌』（原題は七十人訳では ᾆσμα ᾀσμάτων〈諸々の歌の中の歌〉）とは，旧約聖書の諸書に収められソロモンに帰せられた『箴言』『コヘレトの言葉』（正教会では『伝道の書』）と並ぶ，戯曲形式で書かれた言わば相聞歌集である。実際はソロモンの作とはみなされ得ず，おそらくは男女の恋愛を赤裸々に歌った世俗の恋歌や祝婚歌から編纂されたものであろうが，だからこそ，ヘブライ人の間でも，十分に成熟し肉欲から解放された者でなければ，徒に肉欲を刺激しかねない『雅歌』を読むことは許されなかったと言われる。そうした一筋縄ではいかないテクストを，神との神秘的合一への道行きの書と解釈し高く評価したのがオリゲネスの『雅歌註解』であり，その解釈伝統を引き継いだニュッサのグレゴリオスの『雅歌講話』である。両者の解釈には，多くの共通点も見出されるが，いくつかの決定的差異があることもまた事実である。ここでその詳細に立ち入ることはできないが[1]，少なくとも本章では，一般に主知主義的と解されるオリゲネスの解釈に比して，より大胆に愛《エロース》と欲求《エピテュミア》のもつ霊的力の意味を説くグレゴリオスの『雅歌』解釈の一端をテクストに即して提示できればと思う。

1） オリゲネスとニュッサのグレゴリオスの解釈上の一致と相違に関しては，以下の論稿の詳細かつ緻密な研究を参照せよ。Dünzl [1993], pp. 94-109; Meredith [1995], pp. 1-14.

第1節　オリゲネスの『雅歌』解釈

1-1　オリゲネスにおけるエロースとアガペー

オリゲネスの『雅歌』解釈の基本方針は，以下の『雅歌註解』(*Commentarium in Canticum Canticorum*)[2]の文言から明らかである。

> T1：〔ソロモンは〕『雅歌』において，天にあるものへの愛（amor）と神のものへの欲求（desiderium）を，花嫁と花婿の姿を借りて魂に植え付け，アガペーとエロース（caritas et amor）[3]という方途によって神との合一に到達すべきことを教える。(*Comm. Cant.* prol. 3,7)

『雅歌』において，花嫁と花婿の愛の交わりという表象によって神との合一という目的が寓意的に描かれているのだと解する限り，ここでもっとも解明されるべきは，愛と欲求の働きであるはずだ，というのがオリゲネスの揺るがぬ解釈指針である。オリゲネスが，愛の情念を決して人間本性の堕落した形態とはみなさず，むしろ人間本性に不可欠なものとみなしていることは，以下の引用からも明らかである。

> T2：人間の本性は何かを愛さずにはいられないものだということを知らねばならない。実際，思春期と呼ばれる年頃になった者は誰でも何かを愛する。愛すべきではないものを愛する時はあまり正しくない仕方で，愛すべきものを愛する時は正しく有益な仕方で。確かに，創造主の好意によって理性的な魂に植え付けられたこの愛の情念（amoris affectus）を…〔悪用し〕これほどの善の力を使い切ってしまう者もいることはいるのだが。(*Comm. Cant*. prol. 2,39)

2）オリゲネス『雅歌註解』（以下 *Comm. Cant.* と略記）の底本としては SC 版（詳細は巻末の文献一覧を参照）を使用。

3）ルフィヌスによるラテン語訳しか残存していない本書において，ギリシア語原著でのアガペーは caritas, dilectio と，エロースは amor, cupido と翻訳されている。

人間本性に根差す愛の力が人を堕落させる危険性について，オリゲネスは決して盲目なわけではなく，むしろその危険に対して絶えず注意を促しているが，そのことによって，人間が本性的に神の愛に応え，神を愛することのできるものであることまでもが見失われてはならない。そこで重要となるのが，ソロモンの手になるとされる三書『箴言』『伝道の書』『雅歌』において順になされる「欲求の訓練」とも呼ぶべき教育課程である。それはごく大雑把に言えば，まず徳へと教導された魂が，物質界における感覚対象への固執から解放され，不可視の美の観想に至るという道行きである。オリゲネスによれば，ギリシア人はソロモンからその教育課程，すなわちそれら三書に応じて，倫理学（ethica, moralis），自然学（physica, naturalis），観想学（epoptica, inspectiva）[4]という三区分を借用したのだと言われる（*Comm. Cant*. prol. 3,1）。この限りで『雅歌』は,「神的な事柄と天上的な事柄」を扱う観想（contemplatio）を扱うことになる（*Comm. Cant*. prol. 3,3）。

しかし同時に，オリゲネスがプラトンの伝統の内にあることもまたテクストから窺い知ることができる。序文において，ギリシアでは，教養ある人々が愛の本質を極めるために宴の席に集まる様子が対話の形式で書かれたものもある（*Comm. Cant*. prol. 2,1）と，明らかにプラトン『饗宴』篇を念頭においた記述がなされ，同書でのパウサニアスの演説で述べられていた「天上のアフロディテ」（Ἀφροδίτη Οὐράνια）と「低俗なアフロディテ」（Ἀφροδίτη Πάνδημος）の区別（*Symp*.180d6-e3）が，オリゲネス固有の「内なる人」（interior homo）と「外なる人」（exterior homo）の区別に重ねられた上で，そのそれぞれに即したエロースが対応させられる（*Comm. Cant*. prol. 2,16）。こうした事例一つとってみても，オリゲネスがプラトン主義的な考えに影響を受けていたことは明らかだろう。しかし，プラトン『饗宴』篇において主題とされた「エロース」という語自体への抵抗はオリゲネスの周囲にもあったものと思われる。したがって，「エロース」という語の使用にあたっては慎重さが必要であるが，それは聖書においても見出される配慮であると言う。

4）ルフィヌスは，まずギリシア語をそのまま音写し，すなわち順に ἠθική, φυσική, ἐποπτική に対応し，次にラテン語でのそれぞれの学問名を挙げている。

T3：読者が「愛《エロース》」という名によって過たぬよう，聖書は世の知者たちに愛《エロース》（cupido seu amor）と呼ばれているものを，初心者のためにより分かり易い「愛《アガペー》」（caritas vel dilectio）という語で呼ぶよう配慮しているように私には思われる。（*Comm. Cant*. prol. 2,20）

確かに聖書においてエロースという語は用いられていないが，知恵への愛のように肉欲の意味で解されることがあり得ない場面では例外的に用いられることがある[5]。要するに，オリゲネスに言わせれば，これはあくまで誤解しかねない読者に対する予防的配慮であって，「アガペーについて〔聖書に〕書かれていることはすべて，その名称について何も気にすることなく，ほとんどエロースについて言われていることと同じだと思ってよい」（*Comm. Cant*. prol. 2,33），それどころか「神をエロースと呼んでも非難され得ないと思う」（*Comm. Cant*. prol. 2,36）とまで言って憚らないのである[6]。

1-2　ニーグレンによるオリゲネス批判への論駁

しかし，ここで一旦我々が留意すべきは，アガペーとエロースという二つの愛を意味するギリシア語に関するアンダース・ニーグレンの主張である。ニーグレンは，（新）プラトン主義に与する哲学者が用いるエロース概念に，キリスト教的アガペー概念の諸特性を帰属させることに断固反対する。なぜなら，「エロースとアガペーが，元来，直に交わることのあり得ない二つのまったく異なる精神世界に属するものであることは疑い得ない」[7]からである。すなわち，ニーグレンによれば，エロースは自己に必要な善に対する欲求であり，元来は，神の高みへと上昇する人間の愛である。対象の価値を認め，それを自らのために獲得・所有しようとする点で利己的な愛と言える。対してアガペーは，自己を惜し

5）『箴言』4: 6（「知恵を愛せよ ἐράσθητι」）および『知恵の書』8: 2（「知恵を愛する人になった ἐραστὴς ἐγενόμην」）の 2 箇所。いずれも「エロース」ではなく，その関連語が使用されている箇所である。

6）ここでのオリゲネスのエロースとアガペーの同義性の主張は，ディオニュシオス・アレオパギテース『神名論』（4,12）において，『知恵の書』や聖イグナティオスの引用までそっくりそのままに繰り返されている。

7）Nygren [1953], p. 31.

みなく与えることに喜びを見出す，元来は神から下降する愛である。それは対象の価値に関わりなく愛する者自身の意志から発する無償の愛である。しかし，先に見たように「アガペー」と「エロース」をほぼ同義語と捉えるオリゲネスには，このように明確に区分されたアガペー・エロース対立図式は理解し難いものであるに違いない。だからこそニーグレンは，「こうしてオリゲネスにおいて，キリスト教における愛の思想史上初めて，愛に関するキリスト教的見解とギリシア的見解の真の統合が見出される」[8]と述べ，キリスト教アガペー概念がエロース概念と融合され両義的なカリタス概念となることによって本来の純正なアガペー概念が歪曲される端緒となった点に厳しい批判の目を向けるのである。

確かにニーグレンの解釈は非常に大きな影響力をもったが，彼以降の研究者が必ずしもその考えに同調したわけではない。たとえばジョン・M・リストは[9]，オリゲネスに見出されるエロースは，ニーグレンが記述する利己的・欲求充足的なエロースとはまったく異なる非利己的・非欲求充足的なタイプのエロースだと主張する。リストが示唆するところでは，オリゲネスの主張するエロースは，キリスト教的アガペー概念に近いが，決してプラトン的伝統と相容れぬわけではない愛の概念を示しているとされる。たとえば，プロティノスの以下のテクストを見てみよう。

> T4：かくして，この愛《エロース》が個々の魂を善の本性へと導くのであるが，その内のより上位の魂の愛《エロース》は常に魂をかの善に結びつける神であり，他方，混合した魂の愛《エロース》はダイモーンである。(*Enn.* III,5,4)

ここで重要な点は，エロースにも二種のエロースがあり，その内の神とみなされるエロースだけが人間を神と結びつけ，神（々）を観想することだけに満足する（*Enn.* III,5,2-3）という点である。そのようなエロースは少なくともニーグレンが言うような利己的で欲求充足的なエロースではあり得ない。本来，プラトン起源のエロース概念の内には，こうしたアガペー概念と対立することのない観想的エロースがあるのだ

8）Nygren [1953], p.191.
9）Rist [1964], pp. 79-80, 204-207.

とすれば，そうしたエロース観を継承したオリゲネスに対するニーグレンの批判は意味をなさないということになるだろう。

1-3　オリゲネスの『雅歌』解釈の要諦

では次に，オリゲネスの『雅歌』解釈の要諦を具体的なテクストへの註解から読み取っていこう。取り上げるのは，『雅歌』2:6「あの方の左手が私の頭の下にあり，あの方の右手が私を抱えてくださるように」に対する彼の註釈である。

> T5：この恋愛劇の記述は，花婿との交わりに心がはやる花嫁を描いており，明示的な言葉によって語られている。しかし，まずは肉体の各部の名称から離れて，生命を与える霊へともっと早く向き直り，そもそも神のロゴスの左手とは何であるか，右手とは何であるか，さらに花嫁の頭すなわち完成に達した魂ないし教会の頭とは何であるかを鋭く見抜き，肉体的で感覚的なものに囚われないようにせよ。（*Comm. Cant.* III,9,1）

註解すべきテクストに表れる「左手」「右手」「頭」といった語を解釈するにあたって，字義通りに身体の一部である手や頭を感覚的に表象するのではなく，あたかも手や頭に生命を付与している霊へと向き直るように，表面上の文言を象徴的な比喩と解して，その意味するところへと向き直ることがここでは命じられている。具体的な手や頭だけでなく，「手」や「頭」といった語自体にも拘泥してはならない。それは，「「神のロゴス」はギリシア語では男性形であり，ラテン語では中性形であるけれども，ここで考察されるべき事柄は，男性形であれ中性形であれ女性形であれ，そうした一切をまったく超越するものとして考えられねばならない」（*Comm. Cant.* III,9,3）からである。

オリゲネスのこうした解釈方法のもつ意味を，一旦『雅歌』から離れ，彼のいわゆる「神的感覚」が導き出される『ケルソス駁論』における以下のテクストから探ってみたい。

> T6：（聖書中に見出される「目」という語が）身体における目と同じ

> 名で聖書によって語られていることを我々は知っている。同様に，耳も手も，さらにはそれ以上に驚くべき，より一層神的な感覚，すなわち大衆によって慣習的に（感覚と）名づけられているものとはまったく別の感覚もまたそうである。（*Contra Celsum* VII 34）

『聖書』中に現れる「感覚」という語は，文脈によっては既に身体的感覚との類比による修辞的変容を被っており，その真意を汲み取るためには，決して表面的な同名性によって惑わされてはならない，というオリゲネスの主張は，同書第1巻48にも一貫している。そこでは，身体的な五感と逐一対比されながら霊的五感の用例が『聖書』から引き出され，それらが「感覚的に」（αἰσθητώς）という仕方ではなく「神的に」（θείως）「霊的に」（νοητῶς）という仕方で解釈されるべき「感覚的ではない感覚」であることが明示される。そして，そうした霊的に働く「感覚」こそが，『箴言』1:5において，オリゲネスによって「あなたは〈神的感覚〉（αἴσθησις θεῖα）を見出すであろう」と読まれた（修正された？）ものである。我々が現在手にし得る『七十人訳』では，その「神的感覚」の箇所が「〈神の知〉（ἐπίγνωσις θεοῦ）を見出すであろう」となっていることから見ても，オリゲネスの解釈が決して恣意的なものでないことが窺える。

しかし，オリゲネスによって，そうした「感覚」のもつ語義の変容は，

> 身体・「外なる人」：魂・「内なる人（ἔσω ἄνθρωπος）」（e.g. *Contra Celsum* VII 38）
> ＝身体的感覚：X

という比例的類比によって理性的に算出されたものであって，その未知の項Xさえも『聖書』においては「感覚」と象徴的に語られているという事実を説明するために修辞学／解釈学において要請された，いわば解説言語上の語義変容と言えるであろう。言い換えるならば，オリゲネスにとって，「感覚」という語は，その修辞的語法によって神認識における「神的感覚」という契機の重要性を理性的に示唆し得たものの，

「霊的感覚」という能力ないし経験がそれ自体としてもつ固有性を直示する（直感させる）までには至らなかったのではないだろうか。

実は，このことは同様にオリゲネスの『雅歌』解釈にも言い得るように思われる。すなわち，神との合一を象徴すべく被解釈項として措定された花婿と花嫁の交わり・結婚が，修辞学的，解釈学的要請により解説言語としての語義変容を遂げていくプロセスによって，彼の註解は確かに『雅歌』の霊的意味を解明し，理性的に示唆し得るところまで我々を導いてくれるに違いない。しかし，それはあくまで神との合一という神秘のもつ意味を観想し得たに過ぎないのではないか。言い換えれば，我々が真に神との合一を渇望するのであれば，最終的には，理性的観想すら障害となり得るほどの高みへとさらになお昇らざるを得ないのではないかと思われる。ニュッサのグレゴリオスが『雅歌』解釈においてオリゲネスと袂を分かつとすれば，それはまさにその地点においてに他なるまい。

第2節　ニュッサのグレゴリオスの『雅歌』解釈

2-1　近年の解釈傾向

ニュッサのグレゴリオスの『雅歌講話』を考察するに先立って，まずは近年のグレゴリオス研究の比較的新しい解釈傾向について触れておきたい。主だった傾向として以下の三つが挙げられるだろう。

① ニュッサのグレゴリオスの修徳主義（asceticism）理論の再評価（とりわけ，欲求の理性に対する関係の見直しがもつ修徳理論の人間学的基礎づけ）
② 分裂した人間学構想から，本質的に統合され，多層化された力動的な人間学構想への展開（理性 vs 欲求，結婚 vs 独身主義といった対立図式の克服）
③ 神との合一という終極目的に対して欲求，情念，身体性がもつ本質的意義の再評価

これら3点は相互に深く関係し合っているが，中軸となるのは，グレゴリオスの修徳主義理論の特徴として論者が比較的よく取り上げる「欲求の訓練」という考えだろう。たとえば，グレゴリオスの『純潔論』の洞察力に富んだ読み直しにおいて，同書が明らかに結婚よりも独身主義を称揚していると読み取る従来の傾向を少なからず是正し得たと評されるマーク・D・ハートは，霊的発達の本性が真に理解されるなら，神との合一への魂の欲求が，身体に起因する結婚や家族というものへの要求と調停され得ると主張し，その限りでグレゴリオスにとっての修徳の焦点を，独身か結婚かという二者択一から欲求の正しい訓練へと移行し得たように思われる[10)]。またジョン・ベーアは，『人間創造論』に関する説得力に富む研究において，グレゴリオスの説く本性的に上昇する力が，善と美，さらには神を目的として万人が備えもつ欲求（ἔφεσις）のことであると解し，魂の運動が欲求の教育・訓練次第で悪しき情念にも徳にもなり得ると主張する[11)]。両者に共通していることは，欲求にはそれを根絶することではなく，教育陶冶し訓練することが必要だという確信である。

他方で，ローワン・ウィリアムズは，『魂と復活』『人間創造論』に含まれる人間論を精査し，たとえばクリストファー・ステッドの主張するような[12)]，人間性の完成が神との合一の達成という理性的主体の企図から衝動や欲求を切り離すという考えを真っ向から否定し，むしろ欲求というものが理性的主体の一部であり，人間知性がいかに自己を実現するかという問題解決にとって不可欠の契機でさえあると主張する[13)]。さらにモルウェンナ・ラドロウは，欲求がダイナミックで柔軟であることに着目し，アパテイアが欲求の不在ではなく，むしろすべての物質的衝動や情念からの欲求の解放であると説く[14)]。以上四人のグレゴリオス研究から言えることは，理性と欲求を切り離す分裂した人間学から，その両者が本質的に結合され，繊細に多層化された力動的な人間学構想への展

10）　Cf. Hart [1990], pp. 450-478.
11）　Cf. Behr [1999], pp. 219-247.
12）　Cf. Stead [1982], pp. 39-54.
13）　Cf. Williams [1993], pp. 227-246.
14）　Cf. Ludlow [2000], pp. 56-64.

開こそが求められているということである。

以上のような解釈を支えるグレゴリオスのテクスト事例を一書だけ見ておこう。先に「グレゴリオスの説く本性的に上昇する力」と呼んでいたものは，『人間創造論』の以下の箇所において見出される「生命力」のことである。

> T7：この理性的な動物（λογικὸν ζῷον）すなわち人間は，すべての魂の形相が混合されたものである。すなわち〔人間は〕まず植物的な[15]魂の形相によって栄養を摂る。次いで，それ自身の本性の点で知性的な実体と，より一層質料的な実体との中間にあるものとして，感覚的な魂の形相が成長を司る〔植物的な魂の〕能力に付け加わる。……さらに，感覚的本性の繊細さや輝きに対する知性的本性《ノエラ・ウーシアー》の適合と混合が生じる。その結果，人間はこれら三種〔の魂の形相〕から構成されると言える。（*De hominis opificio*, PG44, 145c）

> 我々の議論は生命力（ζωτικὴ δύναμις）の三つの区分を見出した。それはすなわち，感覚なしの栄養摂取能力，栄養摂取能力と感覚はできるが理性活動《ロギケー・エネルゲイア》に与らない能力，そして理性的で完全なすべての能力にわたって働く能力のことである。（ibid., 176a）

ここではアリストテレスによる魂の能力区分（たとえば『形而上学』第1巻第1章において見出されるような区分）を継承しながらも，そこにキリスト教思想による創造論的な展開による書き換えを読み取ることができる。確かにアリストテレスの哲学的議論と比較するなら単純化の誹りは免れないが，J· ベーアによれば[16]，オリゲネスの意図はむしろ魂の能力論を用いて創造論の展開を説くことにある。それはすなわち，魂の三種の（栄養，感覚，知性の）能力に聖書に見出される三つ組，たとえばイエスの掲げる愛の掟に見出される「心〔心臓〕（καρδία），魂（ψυχή），知性（διάνοια）」（「あなたの神をあなたの心を尽くし，あなたの魂を尽くし，あなたの知性を尽くし，全力で愛せよ」マコ 12:30）やパウ

15） テクストの φυσικὸν ではなく，variant の φυτικὸν を読む。
16） Behr [1999], p.227.

ロの「身体，魂，霊（πνεῦμα）」（1テサ5:23）に当てはめることと言えよう。

> T8：かくして魂は知性的で理性的であるという点で完全であるので，そのようではないすべてのものは，同名異義的に「魂」と呼ばれ得るのであって，実際には魂であるわけではなく，何らかの生命力が魂という名称と結び合わされているに過ぎない。（ibid., 176d-177a）

もし人間だけが魂をもった神の像（ἔμψυχος εἰκών）であるとすれば，植物も動物も厳密には「魂をもつもの」とは呼ばれ得ず，ただ生命力をもつものとしか言われないのであり，この理由によってグレゴリオスは知性《ヌース》と魂《プシューケー》を結果的にほぼ同義的に用いることができるのである[17]。また，「知性は身体全体に遍在し[18]」（ibid., 161b），そうであるからこそ逆に知性は自己表現のために身体を必要とする。身体は，ある意味で，人格自らの唯一の特殊性として，人格の具体的表現であらざるを得ない。換言すれば，人間が自己を表し，他者にそれとして知られ，自ら他者を知るための場こそが身体なのである。

さて，以上のような比較的新しい解釈傾向に即して『雅歌講話』の解読に取り組んだマーティン・レアドは，同書の主題を欲求の陶冶と見定め，以下のように簡潔にそのモティーフを要約している。「花嫁が超越的な領域を経て不可知の領域へと愛する花婿を探し求めることができるのは，まさに正しく陶冶され訓練された欲求によってである。その不可知の領域で花嫁はやっとのことで花婿を信仰の闇の内に見出すのである。」[19] 本章もまた，このような見通しに立って『雅歌講話』を読み解いていきたい。

17） Behr [1999], p. 228. cf. Meredith [1989], p. 35.

18） しかし同時にグレゴリオスは，非物質的な知性と身体の交わり（κοινωνία）がいかにして為されるかについては，言表不可かつ知解不可能な結合（συνάφεια）であるとしか明言しておらず（177b），その限りで，知性の独立性・離在性と身体におけるその遍在性の，一見すると自己矛盾的な緊張関係が両者の間に見出される。

19） Laird [2003], p.80.

2-2　オリゲネスからの影響

まず，ニュッサのグレゴリオスの『雅歌講話』の内に，一体どれほどオリゲネスの『雅歌』解釈からの影響が見出され，また，どの点で彼の解釈と袂を分かつことになるのか，その点をまず完結に纏めておきたい。もちろん『雅歌講話』序文においてグレゴリオス自身が認めているように，彼がオリゲネスからの影響を色濃く受けていることは論を俟たないが，とりわけ以下の三点において彼からの影響が明瞭であろう。

① 愛の情念を人間本性の堕落した形態とはみなさず，むしろ人間本性に不可欠なものとみる。（この点については本稿 T2 の引用文を参照されたい。）

② アガペーとエロースを交換可能な同義的語彙として使用する。（グレゴリオスの「愛」および「欲求」関連の語彙は，必ずしもそのそれぞれに明確な語義画定がなされているわけではない。『雅歌講話』においても，ἐπιθυμία, ἔρως, ἔφεσις, πόθος, πάθος といった語彙が緩やかに同義的に使用されており，これらを広義に「欲求」と包括的に捉えることで，かえって主題が明確化されることもあるものと思われる。その主題とは既に縷々述べてきた「欲求の訓練」のことである。）

③「欲求の訓練」におけるソロモン三書（『箴言』『伝道の書』『雅歌』）の重要性の強調。

以上の三点は『雅歌講話』の随所に散見されるが，とりわけ以下の引用文においては，神との神秘的合一に至る道行きがソロモン三書による欲求の陶冶・訓練の三段階として展望されており，オリゲネスからの以上三点の影響が集約的に見出される箇所である。

T9：〔知恵は〕『箴言』の教導によって徳への欲求（ἐπιθυμία）へと十分に導かれた者のために，『伝道の書』に含まれる哲学[20]を付

20）古代末期における哲学の重要な役割は，魂をよき生へと導き，情念や欲望と闘うよう訓練する生の技法としての機能にあったが，キリスト教教父たちは，そうした哲学の機

け加える。〔知恵は〕感覚によって把握されたすべてのものを越えて不可視の美へと我々の魂の欲求的運動（ἐπιθυμητικὴ κίνησις）を向かわせ，そのようにして心《カルディア》を現れへの傾きから浄化し，その上で『雅歌』によって思考を神の聖域の内へと参入させる。
……そこ（『雅歌』）に書かれているのは婚礼に関する詳細であるが，そこで認識されているのは，人間の魂と神との結合である。そのゆえに，『箴言』での「息子」は，ここでは「花嫁」と呼ばれ，知恵は花婿の役割へと変換される。それは，人間が花婿によって浄らかな乙女となって神と婚約するためであり，主と結ばれ一つの霊となるためである。確かに知恵は，「出来る限り心《カルディア》を尽くし力を尽くして愛せよ」「できる限り欲せよ（ἐπιθύμησον）」と言っている。私はそれらの言葉に，さらに大胆にも「恋せよ（ἐράσθητι）」と付け加える。なぜなら，非物体的なものへのこの情念〔エロースのパトス〕[21]は，『箴言』において知恵が神の美への恋《エロース》を命じる時に語っているように，非難されるものではなく，不受動なもの（ἀπαθές）だからである。（*In Cant*. 1, 22-23[22]）

『箴言』の哲学は，魂が物体的なものでなく徳を欲求するよう訓練したのに対して，『伝道の書』では，魂が見かけを越え感覚を越えたもの（不可視の美）を慕い求めるように訓練すると述べられている。いずれも，欲求を根絶することではなく，欲求を正しく掻き立て喚起することによって実践的に陶冶・訓練していくことが目的とみなされている。

しかし，物体的事物から欲求を撤退させ，非物体的なものへ魂を向け変えようとする『箴言』や『伝道の書』における哲学的指針と対照的

能をさらに聖書理解に基づく修道的生の形成へと発展的に応用していった。cf. Hadot [1995], pp.126-144.

21）「恋せよ」（ἐράσθητι）は，ギリシア語聖書では回避される傾向のある（七十人訳『雅歌』では用いられていない）動詞 ἔραμαι のアオリスト命令形であり，その限りでその直後に「この情念」と言われるものが「エロースの情念」であることは明らかである。この点でグレゴリオスがオリゲネスから決定的な影響を受けていることは，本章の引用文T2における「愛の情念」（amoris affectus）を見れば一目瞭然である。

22） ニュッサのグレゴリオス『雅歌講話』（以下，*In Cant*. と略記）の底本としては以下を使用。Gregorii Nysseni, *In Canticum Canticorum*, H. Langerbeck (ed.), GNO Vol. VI, Leiden: Brill, 1960.

に，『雅歌』に含まれる哲学はまったく異なった戦略を露わにしている。同時に，『雅歌』解釈においてグレゴリオスがオリゲネスと異なった方途をとるのもまた，まさにその点においてである。すなわち，『雅歌』に「観想学」を対応させ，『雅歌』の文言の象徴的意味を寓意的解釈を介して観想することこそ『雅歌』解釈の要諦とみなしたオリゲネスに対して，グレゴリオスは否定神学的領域における欲求の働きに着目し，表象や概念的把握を超越した神との合一へと欲求を訓導するという解釈上の構えをとった点で，両者が『雅歌』解釈に求める意味は大きく異なるものとなったと言えよう。言い換えれば，グレゴリオスが『雅歌』解釈で目指しているのは，オリゲネスのような天上的・霊的意味の観想ではなく，まさに魂とロゴス・キリスト（あるいは神）が合一すること，そうした神秘的体験そのものだと考えてよいだろう。この点の相違は，次に見る両者の『雅歌』解釈の具体的な方法においても顕著である。

2-3　グレゴリオスの『雅歌』解釈の特徴

オリゲネスの寓意的解釈については，本章では引用文 T5 や T6 に基づいて考察がなされたが，その要諦は，『雅歌』テクスト上の語句の字義的意味とは別に，その象徴的で霊的な意味を解釈学的に読み取り，観想することにあった。たとえば，我々がこれから解釈しようとしている花嫁が愛の矢に射抜かれ，愛に傷つくという場面を解釈する場合でも，オリゲネスは，そこで語られている「矢」が何を語り意味しているか「理解せよ」（intellige）と命じる（*Homiliae in Canticum Canticorum*, II 8）。そこには，テクストの字義通りの意味を超越する霊的意味の観想と新・旧約聖書からの意を尽くした引証とによって，当該テクストに秘められた霊的意味を体系的に理解可能とみなすオリゲネスの知性主義的な註釈姿勢が透けて見える。もちろん確かに，「多くの点でソロモンはキリストの像（typus Christi）である」（*Comm. Cant.* IV 17）とみなすオリゲネスにとって（この点はグレゴリオスにも継承されているのだが），たかだか神の「像の像」に過ぎない人間が[23]，キリストの像であるソロモンの言葉を理解し得るためには，観想の領域へのプラトン主義的な超越

23）　神の像《エイコーン》と人間創造（『創世記』1:26-27）に関する教父学的観点からの考察としては，本書第 6 章第 2 節 2-2 を参照のこと。

が前提となることは疑い得ないが，にもかかわらずそこで目指される目的はあくまで知性的観想なのであり，そこにおいて人間本性の完成が求められていることは動かし難いだろう。

対して，グレゴリオスの『雅歌』解釈の方法論には，確かにオリゲネスから継承し，さらに彼が発展させたものがある一方で，そこから大きく離れていった彼特有の解釈方法も見出される。まず，グレゴリオスにおいて，オリゲネスと同様に『雅歌』テクストに見出される語句を字義通りに解する表層的な理解に留まることを戒めている箇所から見ていこう。たとえば以下がその一例である。

T10：婚礼の部屋とか婚礼道具とかいうものは，話に出てくる事物の記述であって，我々の観想《テオーリアー》に素材を提供する。哲学[24]はそうした素材について摑まれる表層的な意味を，純粋で非質料的な意味へと変換し，解明されるべき事柄を明瞭なものにするために，テクストに述べられた出来事に関連する謎（αἰνίγματα）を用いて，その教えを示す。(*In Cant.* 6, 180)

テクストに現れる具体的な事物をさしあたりの対象として，その表層的な意味から，隠された霊的な意味へと向き直り，真に解明すべき事柄を観想するという寓意的解釈法それ自体は，オリゲネスとなんら異なるものではない。ただし「謎を用いて」という点では，なるほどグレゴリオスの手法は，オリゲネスより遥かに謎めいている。たとえばグレゴリオスは，確かにオリゲネスに倣ってソロモンをキリストの像《テュプス》とみなしてはいるが，実は「ソロモン」という名でバトシバの子ソロモンではなく「別のソロモン」を意味している。

T11：ここでは〔バトシバの子ソロモン（列王 1:11）ではなく〕別のソロモンが意味されている。すなわち，そのソロモンとは，……その存在こそが知恵であり真理であり，神にふさわしく至高の名と叡智が彼に属する者である。この別のソロモンがあの〔バトシバ

24）　T9, T10 での「哲学」の含意については本章註 20 を参照のこと。

の子〕ソロモンを道具として用い，まず『箴言』において，次いで『伝道の書』において語り，その後に『雅歌』において示された哲学によって語り，完成へと向かう上昇する道を順に言葉によって示しているのである。（*In Cant*. 1, 17）

つまり，『雅歌』における真の導師がロゴス・キリストであるとすると，そのいわば分身としての「別のソロモン」が，世に知られたソロモンの口を借りて語るという仕掛けである。こうした錯綜した『雅歌』の読み取り方は，『雅歌』を「真なる証しの幕屋」（*In Cant*. 2,44）に見立てるかと思えば，その幕屋の内奥に秘められた「聖域」（聖なるものの中の聖なるもの）を『雅歌』（歌の中の歌）それ自身と同一視し（*In Cant*. 1, 26），遂には『雅歌』に収められた言葉が神性それ自身を分有したものであるとみなすところまで進む。たとえば，第三講話の冒頭，それまで読み取ってきた『雅歌』の序章部分では花嫁や友人や娘たちが語ってきたが，ここ（『雅歌』第1章9節）に来て初めて花婿が語り始めるという段になって次のように説かれる。

T12：『雅歌』においてここまでに語られてきた文言はすべて，なにがしかの浄化や洗浄の力をもつ。実際，そうした力によって魂は浄められ，神を受け容れる備えがなされてきた。しかるに，ここ〔第三講話冒頭に掲げられた『雅歌』1:9-11〕での言葉は神性それ自身を分有するものである。というのは，神の言葉そのものは神自身の声によって聴く者に汚れのない力を分かち与えてくれるからである。（*In Cant*. 3, 71）

奇妙なことではあるが，『雅歌』の内で語られる「聖域」と『雅歌』そのものとを同一視したグレゴリオスにとって，『雅歌』を読み，それが意味する世界に入ることは，すなわち聖域それ自体に入ることに他ならない。そうであれば『雅歌』は同時に，魂が内なる聖域へと入り込むための手段でもあることになる。「ソロモンは『雅歌』によって思考を神の聖域へと参入させる」（*In Cant*. 1, 22）と語られるのは，まさにそのことを意味している。

この〈内なる聖域への参入〉には際立ってグレゴリオス的な特徴が三つある。第一は，「内なる聖域」によって示唆される神の不可捉性・不可知性・不可言表性の強調という点である。この点で，「それぞれが自己から離れ，質料的宇宙から外に出て，不受動心によってなんとか楽園に入り，清浄によって神と似た者になり，そのようにしてこの書〔雅歌〕によって我々に明かされた神秘の内なる聖域（ἄδυτον μυστηρίων）」（*In Cant.* 1, 25）という『雅歌講話』の表現は，同じく晩年の作『モーセの生涯』の以下のテクストと響き合っている。

T13：その時，彼〔モーセ〕はあえて闇（γνόφος）に向かい，不可視なものの内に入ってもはや人から見えないものになった。なぜなら，彼は神の神秘の聖域（ἄδυτον τῆς θείας μυσταγωγίας）へと入り込み，彼自身もそこで不可視なものと一緒になって見えなくなったからである。思うに，彼は自ら為したことを通して次のことを教えている。すなわち，神と合一しようと思う者は，一切の現れから離れ出て，自らの思考をちょうど山の頂を仰ぎ見るように，不可視で不可捉なものへと向けなければならない。そして，知性の働きが達しないところに神が存在することを信じねばならない。（*De vita Moysis*, I, 46）

T14：存在するものの真理は，何か聖なるものであり，聖なるものの中の聖なるものであり，多くの人々が理解できず，近づき得ないものである。そのような真理は，神秘の幕屋の立ち入ることも語ることもできない内奥に（ἐν τοῖς ἀδύτοις τε καὶ ἀπορρήτοις τῆς τοῦ μυστηρίου σκηνῆς）置かれているので，もはやその理解を越えた存在の知に関心をもつべきではない。探し求めているものは，確かに存在するが，万人の目の前に置かれているわけではなく，思考が立ち入ることのできない内奥に語り得ないままに留まっていると人々は信じている。（ibid., II, 188）

ここで繰り返し語られる「聖域」とは，結局のところ，人間存在の内奥にありながら，自らが知ることも語ることもできない「心の秘密の小部屋（τὸ κρυπτὸν τῆς διανοίας ταμεῖον）」（*De Oratione Dominica*, Ⅲ ,1149）であり，そこにおいてこそ神と出逢うことができるのである[25)]。

次に第二の特徴としては，知性を越えた内奥の聖域へと参入するために，敢えて一切の思考，すべての知性把握を断念すべく否定神学的な領域へと議論を導入する様々な表現上の工夫が挙げられる。聖域参入には知性による思考の営み自体が障壁となるため，思考の合理性に抵触し，自己矛盾を引き起こすような表現を採ることによって思考それ自体を解体し超克していく撞着語法のような方法が用いられる。たとえば，「聖域，至聖所」（ἄδυτον）というギリシア語は元来「立ち入ることができない」という意味であるが，そうした「立ち入ることのできない」場所に「立ち入る」と言うこと自体，既に矛盾した表現になっている。このような撞着語法を用いることによって，「神秘の聖域」や「闇」に象徴される非論証的な知すなわち不知の領域はさらに強調される。グレゴリオスにとって情念的・官能的な表象に富んだ『雅歌』は，同時にそれ自体がもっとも内奥の聖域であり，表象と概念の把握を越えて不知の闇において神と出会う否定神学的な領域でもあるので，反対の一致（表象と脱表象，パトスとアパテイアの一致）がそこでの欲求の訓練を特徴づけていると言えるだろう。

最後に第三の特徴であるが，一旦神秘の聖域へと導き入れられた花嫁は，もはや人間ではなく，主の教えによって本性においてより神的なものへと変容させられた（*In Cant*. 1, 29）という点が挙げられる。この特徴はさらに以下の二つの方向に敷衍することができる。一つはエペクタシス（絶えざる前進），もう一つは，花嫁に生じた内面的な変容経験の教会的交わりへの展開である。まず『雅歌講話』におけるエペクタシスの基本原理としては，「以前，なし遂げた上昇において，魂はその都度の成長の割合と較べて常により以上の善へと変容し，決して到達した善に留まりはしない」（*In Cant*. 6, 175）という点が挙げられる。上昇の道行きにおいて，完全性のその都度の最頂点は，それを越えた段階への新た

25）神が住まう内奥の聖域というイメージの萌芽は，既にプロティノスに見出せる。たとえば，「神はいわば内なる神殿（ἐν τῷ εἴσω νεῷ）の内に独りで存し，万物の彼方で閑かに留まっている」（*Enn*. V,1,6）；「聖域の中に入る」（*Enn*. VI, 9）を見よ。

な始まりである。したがって，既に到達したゴールは，絶えずそれを越えた段階へと向かう新たなスタート地点に過ぎず（(*In Cant*. 6, 177-8)，そうした段階への希望の始まり（*In Cant*. 6, 179）と言うこともできるだろう。なお，こうした無限的な霊的自己伸展であるエペクタシスを可能にする根拠として，神の無限性を強調したグレゴリオス特有の神概念に着目したエッケハルト・ミューレンベルクの研究は[26]，未だに価値を失わない画期的な主張であり，それ自体がさらに議論を必要とする問題提起でもあるのだが，残念ながら本書では詳述する余裕がない。次稿に期したい。

さて，もう一つの教会的交わりへの展開については，以下の引用をまず見てほしい。

> T15：以下の文章は，御言葉による教会の統治《オイコノミア》を明らかにしている。すなわち，最初に恩恵によって弟子となり，御言葉の目撃者となった（ルカ 1:2）者たちは，自らの内に善を閉じ込めることなく，彼らの後に続く者たちにも同じ恩恵を分かち与えた。それゆえ，御言葉と顔と顔を合わせたことで最初に諸々の善に満たされ，隠された神秘に値する者となった花嫁に向かって，娘たちはこう言う。「私たちはあなたの内で喜び楽しみましょう」（なぜなら，あなたの喜びは私たちの共通の喜びであるから），そして「あなたが御言葉の胸をワインよりも愛するように，私たちもあなたに倣って，そこからキリストにおける幼子たちにあなたが乳を飲ませるあなたのその胸を人間の造るワインよりも愛しましょう」と。（*In Cant*. 6, 40-41）

愛する花婿との否定神学的合一によって，花嫁の内面は神の神秘に値する者へと変容し，それに応じて彼女の胸は愛する彼の胸の特徴を帯びるようになる。そうした変容によって，花嫁は養育の源となり，彼女の内で御言葉の美によって惹き付けられ，霊によって掻き立てられた神への愛は，さらに他者の内に同種の変容と愛を呼び起こすのである。M・レアドが的確に纏めたように，否定神学的合一の文脈において，花嫁に

26）Mühlenberg [1966].

もたらされた変容〔ある種の神化〕に応じて彼女の行為と発話それ自体もまた変容を被り，さらに「他者を惹き付け，魅了し，変容させていく御言葉《ロゴス》の力を自らが帯びるようになることで，御言葉のもつ受肉のダイナミズムを他へと伝播する媒体となるのである。」[27]

2-4　愛の矢と愛の傷

最後に，以上の考察の具体例として，『雅歌』に登場する表現としてはもっともよく知られた「愛の矢」と「愛の傷（痛手）」についてグレゴリオスの解釈を一瞥しておきたい。『雅歌』では以下の三つの節で「愛の傷」に関わる文言が見出される。

2:5：私は愛によって傷ついていた
5:7：町を見回る見張りは，私を見つけ，私を打って，傷つけた
5:8：もし私の愛しい人を見つけたなら，伝えてください，私は愛に傷ついていると。

グレゴリオスは，以上の三箇所のそれぞれについて，順に第四講話，第十二講話，第十三講話で自らの註解を展開している。その内，このテーマに関してもっとも広範な註解を付しているのは第四講話であるので，本章ではそこに焦点を合わせたい。

T16：彼は見事に彼女に向けて真っ直ぐに矢を射たので，彼女は射手の技倆を賞賛してこう言う。「私は愛によって傷ついた」（τετρωμένη ἀγάπης ἐγώ）と。その言葉によって彼女は，矢が心の奥深くに入ったことを示している。矢を射た射手は愛《アガペー》である。しかしながら，神が愛であることを我々は聖書（一ヨハ 4:8）から学んだ。神は自分の択んだ矢（イザ 49:2 参照）すなわち独り子である神を，三つ又に分かれた鏃《やじり》の先端に生命の霊を塗って，救いを求める人々に放つのである（鏃は信仰である）。それは，矢に射抜か

27）Laird [2003], p.87. 御言葉《ロゴス》のもつこうした受肉のダイナミズムを，Laird は，cataphasis（肯定）と apophasis（否定）の矛盾的対立を超克するロゴスの力に即して，“logophasis” という造語で表している。

れた人の中に，矢と共に射手も取り込むためである。主の言うように「私は父と彼のところに行き，彼と共に住まうだろう」(ヨハ 14:23)。それゆえ，神的登攀によって上昇した魂は，それによって傷つけられた自らの内にある愛の甘美な矢を見て，そのような打撃を誇りに思い，「私は愛に傷ついた」と言うのである。(*In Cant.*4, 127-128)

まず，ここで三一的イメージが「矢」に込められていることは明白であろう。射手が愛である神，矢が独り子イエス，鏃の先端に塗られたのが聖霊，という対応関係である。鏃の先端が三つ又に分かれているという記述も，三一的イメージを喚起することだろう。その結果，矢に射抜かれた人は，その矢に仮託された三一神的愛を一撃のもとに受容させられるのである。「私が愛に傷ついた」とは，このように「私」が，まったく無条件，無制約に神に愛された，という証に他ならない。

ここで一つの問い，すなわち，〈愛の矢に射抜かれ，愛に傷ついた〉と語ることは，エロース論一般において，一体どのような意味をもつのか，という点に触れておきたい。我々はニーグレンの主張には既に批判を加えておいたが，しかし，彼がエロースに見出したように，我々が何かを欲求し，何かを愛するにあたっては，必ずやその欲求や愛を引き起こす動機があり，それの獲得を目指すのが欲求であり，愛である，という考えが我々には根強くあるように思われる。その古典的典型がアリストテレスである。彼は友愛《フィリアー》を区分するにあたって，その三種の動機，すなわち善，快，利益がそれぞれの友愛を原因づけていると説いており，その動機の性質に応じて完全な友愛と付随的な友愛が分けられていく。しかし，相手に善，快，利益のいずれの属性もなければ，友愛が発生しないとするなら，いくら善なる動機に基づいた友愛関係であれ，それが自らの善への欲求を充足するための利己的な愛でないと果たして言い得るのだろうか[28]。

こうした問いに対して，キャサリン・オズボーンの以下のような解

28）こうした問題に対するアリストテレス内在的な解釈に関しては，拙著『善く生きることの地平――プラトン・アリストテレス哲学論集』，知泉書館，2016 年，第 8，9 章を参照願いたい。

釈[29]は極めて示唆に富むものである。すなわち，〈愛の矢に射抜かれ，愛に傷ついた〉関係性の場合，愛を引き起こす原因は，端的に愛である。なぜあなたは神を愛するのか，と問われたなら，神が無条件に私を愛したから（私を愛の矢で射抜いたから）と答えることのできる関係性が，ここにはあると言えるのではないか。神が愛である限り，愛の動機が愛自身であるということは，確かに極めて明快で純粋な関係性ではないかと思う。

さて，グレゴリオスは次に，愛の矢の議論と神との神秘的合一を目指す神的登攀の議論とを二つの謎になぞらえ，その二つを一挙に合体させてしまう。もう既に否定神学的領域に入り，撞着表現なども多用され，読者は混乱に陥りかねない文脈であるにもかかわらず，グレゴリオスは容赦なく話を進めていく。

> T17：テクストは神的登攀に関する事柄を同時に二つの謎によって哲学的に語っているように思われる。それが表すところによれば，同じものが我々の花婿であり，かつ射手であり，彼は浄められた魂を花嫁として，かつ矢として用いる。彼は矢としては彼女を善き的に導き，花嫁としては不滅の永遠性に与るよう彼女を受け容れる。……
>
> それゆえ，彼女は言う。矢を的へと放つあの方の左手が私の頭の下にあり，あの方の右手は私を抱え，自らの方へと引き寄せ，すっかり軽くなった私に上方への道行きを全うさせてくれる。彼方へと放たれても射手と離れることはなく，射撃によって放たれると同時に射手の手の内でやすらっている。（*In Cant*.4, 129）

ここに至って，グレゴリオスの『雅歌』解釈が，神との神秘的合一への欲求《エピテュミア》のエペクタシス的発現というテーマを，神の愛に拠る愛の自己変容すなわち〈愛に基づく神化〉へと収斂させる道行きであったことに気づかされる。しかし今は，本書第Ⅱ部の諸章において繰り返し変奏されてきた主題がここでも低く鳴り響いていることの指摘にとどめ，そこか

29）　Cf. Osborne [1994], pp.52-85, 特に pp.71-74.

らの新たな展開は次著に期したいと思う。

第 11 章

砂漠から都市，そして帝国へ

――「貧しい人々」と教父たちの〈社会化〉をめぐって――

およそ道徳的な感性をもちあわせた人なら誰であれ，今日，世界に蔓延する貧困の深刻さに慄かざるを得ないだろう。かなり古い資料になるが[1)]，約 60 億人の世界人口の内，7 億 9 千万人が適正な栄養分を摂取できず，10 億人が安全な水を飲むこともできずにいる一方で（UNDP, 2000, p.30），8 億 8 千万人以上の人々が簡易医療施設で診てもらうことさえかなわずにいる（UNDP, 1999, p. 49）。ざっと見積もっても，世界の一日の死亡者数の約三分の一にあたる 5 万人が，毎日，貧困のゆえに亡くなっている（UNICEF, 1999; WHO, 2000）。内戦のグローバル化に伴い，世界各地で紛争が激化している昨今ではあるが，貧困による死者は，紛争による犠牲者の実に 50 倍にも上るのである。

ポッゲによれば[2)]，このようにグローバル化した貧困の現状は，いまや我々一人ひとりを，以下の二通りの仕方で道徳的に告発せずにはおかない。すなわち，一方では，極度の貧困に苦しむ人々を救済するという我々の積極的義務の履行を怠ったがゆえに，他方では，他者の不正な貧困化から（たとえ，それが間接的であれ）利益を得ず，またそれに与しもしない，という消極的義務の履行を怠ったがゆえに，かくも悲惨な現状に立ち至ったというのである。前者の積極的な救済義務に関しては，功利主義の立場からシンガーが（彼らしい性急さで），特に道徳的犠牲を払

1） 本章は，2007 年開催の第 7 回東方キリスト教学会におけるシンポジウム「教父思想における〈実践〉の射程」での提題に筆を加えたものである。したがって，情報が当時参照した古い資料に拠るものであることをお許し願いたい。

2） Pogge [2007], p. 633.

うこともなく貧者を救済できるにもかかわらず，貧者救済のためのわずかの寄付行為すら拒むことは，道徳的な悪であると断じ，すべての富者（非貧者）に一定の寄付行為を義務づけようとする[3]。対してポッゲは，極貧層の人々の存在が我々の暮らしぶりに何らか起因する限り，それはまさに後者の消極的義務の不履行とみなされるがゆえに，我々には，彼らの権利を侵害した責任が重く問われねばならないと主張する。

いずれにせよ，貧困のグローバル化がもたらす最大の難点は，富裕者層の近隣生活圏に見出される貧困者層が必ずしも「絶対的貧困」に苦しむ人たちとは限らず，むしろ先進国の平均的市民にとっては統計上の「不可視の貧困」救済こそが優先されてしかるべきとみなされる以上，我々に課せられる積極的／消極的義務の内実が極めて抽象的で観念的なものとならざるを得ないという点にある。かつての中核国による周縁国からの帝国主義的な搾取の構造化が，現在もなお負の遺産として貧困問題の背景をなしているとはいえ，加速度的に進んだ政治経済のグローバル化（ハート＋ネグリのいう意味での〈帝国〉化）を前にして，ローカルな社会構造が個々に抱え込まされた歴史的な歪みの是正責任を，誰が誰に対して，どのように負うべきなのかは，限りなく不透明になってきている。

このような現代の危機的状況を鑑みるにつけ，かつてのもう一つの「帝国」化の時代，すなわち古代ギリシア世界がローマ帝国における一地方へと推移していった，いわゆる古代末期（late antiquity）において，貧者救済の仕組みがどのように変化していったかを考察することは，決して単なる歴史的興趣に尽きるものではないように思われる。それは，一言でいうなら，不可視の貧困を可視化し，克服するための方途の探求とでも呼ぶべき研究領域である。こうした研究動向は，近年，とりわけ英語圏での教父学における純然たる教理研究の退潮および社会学的関心の興隆という傾向にも即したものであろう。中でも，古代末期における社会モデルの転換という壮大な見取り図を描いた先達として，ポール・ヴェーヌ『パンと競技場』（1976年），エヴリーヌ・パトラジアン『ビザンツにおける経済的貧困と社会的貧困』（1977年），ピーター・ブラウン

3）　Singer [2007], p. 616.

『古代末期の世界』(1971 年) から『後期ローマ帝国における貧困とリーダーシップ』(2002 年) までの一連の研究が挙げられるが，彼らに共通しているのは，深い学識に裏打ちされた歴史研究が現代にまで届く射程をもって為されているという点である。

かくして本章では，まず第 1 節において，ブラウン言うところの古典期の「市民型」社会モデルが，後期ローマ帝国において「経済的」モデルへと移行する過程を，貧困を主題として批判的に跡づけてみたい。次いで第 2 節では，4 世紀のカッパドキアにおいて貧者の代弁者・守護者として，また修道院のみならず，救貧のための新たな都市建設者として，貧者を愛し治める司教像の原型とでもいうべきものを身をもって示したカイサレイアのバシレイオスの書簡を具体的にいくつか紹介し，そこに込められたメッセージを解明していくことになる。最後に第 3 節では，そうした社会実践の経験が，同時期にほぼ並行して始まった彼の三位一体論形成期の思想展開に，どのような影響を与えたのか，その点を探ることによって，神学的教理研究か経済的社会史研究かという従来の二者択一的な対立を哲学的に止揚し得る方途を試論的に模索してみたい。

第 1 節　富裕市民による恩恵施与活動のキリスト教化

1-1　古典期ギリシアの恩恵施与活動

既にギリシア古代世界においては，公共奉仕（λειτουργία）などの恩恵施与活動（εὐεργεσία）が共同体内で一定の機能を果たしていた。官僚機構を欠く古代ギリシア・ポリスにあって，公的な職務の多くは富裕市民に割り当てられていたが，たとえば，古典期アテナイの場合，ディオニュシア祭における悲劇・喜劇の競演や様々な祭典で繰り広げられた松明競争の実施費用，とりわけ軍船として用いられた三段櫂船の修繕管理などの財政負担，さらに戦時においては船員の指揮監督までが富裕者の負担となっていたのである[4]。こうした恩恵施与活動を指す「エ

4)　三段櫂船奉仕（τριηραρχία）と呼ばれた。富裕な居留外国人（メトイコイ）にもこうした公共奉仕の義務が課せられたが，三段櫂船奉仕だけは，戦時における軍事指揮権を考

ウエルゲシア」という語は，もともと「善き業，善行」を意味するものであったが，ヘレニズム期において，公共的な目的のための贈与や奉仕活動によって「都市のために尽力した」(εὐεργετεῖν τὴν πόλιν) 人々を顕彰する用語として定着したものと思われる[5)]。恩恵施与者の側からいえば，同胞市民のための娯楽と公共建造物の提供のために物惜しみせずに財政面での贈与を行なうことによって，みずからが「われらが都市を愛するもの」(φιλόπατρις) であることを誇示し，そのことによって同胞市民たちからの名誉や賞賛を得ることもできたのである。

このようにして，正義の実現としての貧者に対する社会的な援助は，確かに古代ギリシア世界における一つの文化的装置として存在していたのだが，それは経済的な限界値を大きく下まわる経済的貧者に発動されたのではなく，むしろ，救済を必要とする者が共同体構成員（＝市民）として有価値とみなされる限りで機能していたのである。つまり，この意味での救済は，「慈善」と表現される必要はなく，むしろその共同体の有価値な構成員から成る市民秩序それ自体を維持するという観点だけから説明できる，いわば都市の自己保全機能であった。そもそも貧困は，プラトンにあっては，政体秩序を蝕む内戦 (στάσις) を引き起こす要因として，その克服が理想国実現のための枢要課題とみなされ，アリストテレスにおいても，たとえば食事にも事欠く貧困層への共同食事制度[6)]などの具体的施策案が理想的国政の重要案件として取り上げられるほど，ポリス共同体とっては忌まわしい一種の病弊とみなされていたのである。では，このような古典期以来の恩恵施与にかかわる共同体的慣習とキリスト教の倫理思想とは，いったいどのような影響関係を相互にもたらし合い，最終的にどのような形へと収束していったのだろうか。

少なくとも，古代的意味での公共奉仕において，貧者自身が主題化されることはなかったであろう。恩恵施与者は，あくまで「都市を愛するもの」であって，「貧者を愛するもの」(φιλόπτωχος) ではなかった。

慮してか，免除されていた。

5) ヴェーヌ [1998], p. 7.

6) アリストテレス『政治学』第 7 巻第 10 章参照。さらに，Nussbaum [1990], pp. 203-205 の当該箇所への註解は的確である。

都市の機能保全は，その都市の有力市民層が担わねばならない，という古代的社会慣習は，余剰利益が一部市民に偏在せぬよう巧妙に仕組まれた財の再分配方式でもあった。言い換えれば，財の過剰を見返りなしの自発的な贈与行為として散財させることを通常の商取引より上位におくなんらか古代的な価値体系があったものと推察される。それがキリスト教化する社会の中でどのように維持され，あるいは変容されていったのか，その点が次に問われねばなるまい。

1-2　新約聖書および初期教父たちにおける貧者と富者の扱い

初期キリスト教世界で大きな問題となっていたのは，誰が神の国に入る（ないしは神の国を受け継ぐ）ことができるか，ということであった。その際，資格条件として挙げられたもの（たとえば 1 コリ 6: 9-10，エフェ 5: 5-6）の内の一つが財の有無である。すなわち，「財産のある者が神の国に入るのは，なんと難しいことか。……金持ちが神の国に入るよりも，らくだが針の穴を通る方がまだ易しい」（マコ 10: 23, 25）といわれる一方で，「貧しい人々は，幸いである，神の国はあなたがたのものである」（ルカ 6: 20）と明言されているのである。イエスによる，この革命的ともいえる価値観の転倒は，しかし，富裕者が神の国に入るには，一体どうすればよいのかという切実な問いを当然引き起こしたことであろうし，贖罪の問題もクローズアップされざるを得なかった。そこで新たに問題となったのが，人が神の国に入ることができるのは，ひたすら洗礼（「だれでも水と霊とによって生まれなければ，神の国に入ることはできない」ヨハ 3: 5）と神の力（「人間にできることではないが，神にはできる」マコ 10: 27）によってだけなのか，それとも受洗後の人間の行ないの正しさや徳によるものなのか（「正しくない者が神の国を受け継げないことを，知らないのですか」1 コリ 6: 9，「あなたがたの義が律法学者やファリサイ派の人々の義にまさっていなければ，あなたがたは決して天の国に入ることができない」マタ 5: 20），という新約聖書内に見出される二つの対立する記述の解釈であった。

そこで使徒教父たちによって強調されたのが，贖罪のための「施し」（ἐλεημοσύνη, εὐποιία, φιλοπτωχία）[7] の意義である[8]。たとえば，『ディダケー』（1.5）は，神と隣人への愛を説いた直後に，もし自らが無辜でありたいなら果たすべき主要な掟の一つとして「施し」を挙げる。同様に『ヘルメスの牧者』（2.6）では，「（施しを）与える者は無辜である」と述べられている。しかし，唯一の罪の贖い（λύτρον）がイエスの死である以上（「人の子は……，多くの人の身代金（λύτρον）として自分の命を献げるために来たのである。」マコ 10: 4-5），贖罪のための施しの教えとは両立し得ないはずである。にもかかわらず，イエスの命が人々の罪の身代金として神に支払われたように，施しをなすことも罪の贖い金を神に差し出すこととみなし得るという考えが取り入れられるようになった原因は一体どこにあるのだろうか。おそらくは，受洗後の罪を浄化するための手段が次第に強く求められるようになったからであろうが，いずれにせよ，かかる教えによって，富裕者は神学的な利益を手にし，貧困者は物質的な扶助を得ることが可能となった。最終的に，こうした動向をより確固たるものに仕上げたのは，「我々が幾万の善行を積もうとも，施しを為すことなしに神の国の門に入ることは不可能である」（『説教』23）と説いたクリュソストモスである。

しかし，贖罪がイエスの専権事項であるべきなのか，はたまた贖罪のための施しが認められるべきなのか，その両者の対立は絶えず緊張関係を保ち続けたまま，どちらか一方に回収されることはないであろう。なぜなら，イエスが自らの命を人間の罪の贖いとして差し出す行為に倣ってこそ，施しは贖いに値するものとなるべきもののように思われるからである。その限りで，富裕者が神の国に入ることができるか否かという問題を正面から取り上げたアレクサンドレイアのクレメンスもまた，施しの意義を明確に示したといえる。「救われる富者は誰か」と題された講話体の文書において，福音書（マコ 10: 17-31）で語られた「行って持っている物を売り払い，貧しい人々に施しなさい」というイエスの

7）それぞれ，「憐れみ，慈悲」「善を為すこと」「貧者を愛すること」といった原義から「施し」を意味する語である。使徒教父にあっては，エレエーモシュネーが，カッパドキア教父たちには，エウポイイアやフィロプトーキアがよく用いられたが，わけても「貧者への愛」という概念は，4-5 世紀に登場したまったく新しい恩恵施与のタイプといえる。

8）この問題に関しては，Garrison [1993] から多くを学んだ。

言葉を，彼は字義通りに理解することを戒め，富裕な者が，たとえ富者のままであってさえ，神の国に入ることができるということを立証しようとする。その際，クレメンスは，物質的なものはすべて善悪無記（ἀδιάφορα）であるというストア派の教説に依拠することによって，金銭・物財それ自体は善悪無記であるに過ぎず，それらすべてを無理に遠ざける必要はない，と説く[9)]。むしろ，金銭・物財をどう用いるかが肝要であり，先のイエスの言葉も，「金銭をめぐる思い，財に向かう執着心，過度の欲求，金に関する恐れや病的感情，思い煩い，生命の種を摘み取る生の刺を霊魂から取り払うようにとの命令」（11）と解すべきである。要するに，「主は財の剰余でもって」（13）貧しい人々，飢えた人々に施しをなし，共に分かち合うよう命じているのである。そのためにも，財産のある者は，自らの霊魂が欲求や情念に蹂躙されることなく，完全に自足した神に倣って，可能な限り「霊において貧しい者」（16）となることによって，外的な財を善く用いるようにせねばならない。ここに至って，「贖罪のための施し」という考えはようやく十分な正当化を得たわけである。

1-3　〈恩恵施与〉から〈施し〉へ

以上の二つの流れ，すなわち古典期およびヘレニズム期のギリシア世界において確立されていった恩恵施与活動と，使徒教父および初期教父たちによって検討され続けた〈施し〉とを重ね合わせてみると，貧しい人々に何らかの経済支援が為されるという点では共通性が見出されるものの，両者の間には，いくつもの差異が横たわっているように思われる。たとえば，動機の面から見るなら，恩恵施与はあくまで都市への愛から発し，またそれを誇示することによる同胞市民からの賞賛や名誉への期待から為されたと思われるが，後者の〈施し〉の場合，貧者への愛から発すると同時に，自らの救済のための贖罪を求めて為されたものと考えられる。前者には，市民共同体の意識が強固であるが，後者では，聖書から喚起された隣人愛ないしは「人間愛」（φιλανθρωπία）の意識が強固である。たとえば，「何よりもまず，心を込めて愛し合いなさ

9）　Countryman [1980], p. 51.

い。愛は多くの罪を覆うからです」(1ペト 4: 8)。さらに，模倣すべき手本が，前者の場合，有徳な同胞市民であるのに対して，後者では，イエスこそがすべての施しの模範となる(「人の子は仕えられるためではなく仕えるために，また，多くの人の身代金として自分の命を献げるために来たのである」(マコ 10:45)，「わたしの兄弟であるこのもっとも小さい者の一人にしたのは，わたしにしてくれたことなのである」(マタ 25: 40))。

ここで以上を纏めて，恩恵施与活動に象徴されるギリシア的な「市民型」社会モデルがローマ帝政期に入り，キリスト教化していった，と言うことは確かに可能であろう。しかし，「「貧者への愛」が主要な公的美徳となりえたのは，この強固な「市民」共同体意識が弱まっていき，帝政後期に至ってついに，「富者」と「貧者」という純粋に経済的な社会区分を強調する，そういう社会モデルに取って替わられてからのこと」というブラウンの見立てにどこまで同意することができるだろうか。少なくとも，市民的位相や経済的位相とは別に，「霊的な貧しさ」や「情念の貧しさ」，また「徳の豊かさ」が語られ得る霊的・道徳的位相が，〈施し〉に欠かせぬ位相として語りだされている点に着目すべきではないかと思われる。さらに言えば，貧者の身体が受肉したイエスの身体とみなされることを可能にする言説空間もまた，不可視の貧困を見えるかたちで説き起こし，貧者の苦境を代弁しては多くの富者に彼らの私財の供出を説得するためには不可欠な位相となるのではないだろうか。その点を探るためにも，次節で具体的な事例を見ていくことにしよう。

第2節　カイサレイアのバシレイオスによる救貧説教

度重なるキリスト教徒への迫害・剥奪，そして殉教の時代から，観想・祈り・禁欲的修徳修業をもっぱらとする修道運動を経て，4世紀コンスタンティヌス帝以降のキリスト教国教化へと向かいつつある歴史的変遷のただ中で，「自発的貧者」として都市に戻り来たった教父たちは，キリスト教化する社会の中で自らをどのように位置づけていったのであろうか。本節では，この問いを，バシレイオスのいくつかの説教をもとに，いささか図式的な仕方でではあるが，考えていくことによって，前節での問いかけに応じていきたいと思う。

2-1　砂漠から都市へ

キリスト教徒を取り巻く外的条件が変化し，もはや迫害と戦い信仰に殉ずる必要のない状況にいたったとき，禁欲的な修道活動がかつてない仕方で修徳的課題として立ち現れた。しかし，そうした状況変化にあってなお，殉教者への敬意は，あらたな理念として修道生活の内に内面化され，存続し続けていったのである。その経緯を，バシレイオスによる説教 18（「殉教者ゴルディオスについて」）[10] によって確認してみたい。

バシレイオスによれば，絶えずよい行ないを心がけた人物の伝記は，行為の方向づけと模倣の範型として，徳の教材としてうってつけであった。では，崇敬の的であった殉教者ゴルディオスは，どのような生を送ったのであろうか。

（1）都市から砂漠へ：ゴルディオスは，キリスト崇拝が禁じられた時代，彼の住む都市で，世俗的な成功を収めていた。しかし，そうした誰もが求めるであろう栄光，名誉ある職務，富，家族を捨て，都市生活の騒乱（「混乱した政治，広場の大衆」（496C））から逃れて，単独で神と出会うために，都市を出て砂漠に分け入ったのである（「偶像崇拝者と共に暮らすより，〔エリヤのように〕獣と共に暮らすほうを好んで」）。かつての隠修士のように振舞ったゴルディオスのこの事例は，まったく異なった状況にあるバシレイオスの時代にも模範として機能したことがうかがわれる。

（2）砂漠から都市へ：ゴルディオスは，砂漠にあって，徹夜，断食，祈りという禁欲的生活を守りぬいた。それは何のために？　来るべき闘いのために，あたかも競技者のように備え，鍛錬するためである。では，その闘いはどこでなされるのか？　それは，徳をめぐる敵との闘いが公衆の面前でスペクタクルとして繰り広げられる闘技場，すなわち都市においてである。彼はキュニコス派の哲学者や隠修士のようないで

10）　Migne, *PG* 31, 489-508.

たちで，再び都市に入り，こう宣言した。「長官，私は自らの行ないによって，あなたがたの秩序への軽蔑と，私の希望の神への信仰を明らかに示すつもりだ」と。死をも恐れぬ豪胆ぶりに，長官がとった戦術は，甘言による誘惑である。「悪魔は臆病者には脅しをかけるが，強者にはからめ手から懐柔する」。すなわち，およそ人が望みそうな一切が約束されたのである。ここで描かれているのは，殉教者が直面し，それを克服すべき誘惑であり，その限りで修道者に課せられた条件とぴったり接合していることがわかる。課せられた闘いとは，この場面では（すなわち砂漠ではなく都市においては），コンスタンティヌス帝以前／以後に関係なく，すっかり内面化された誘惑と徳との闘いなのである。言い換えれば，迫害という外圧が取り除かれた後には，有徳な行為は，途方もなく強烈な，内面的・霊的な闘いへと変容していったのである。

2-2　都市を襲う危機とそこからの回復の方策および修道者の役割

バシレイオスによれば，都市へと帰還した殉教者ゴルディオスは，キリストの命令に従った「霊的な貧者」であり，自発的な服従の結果もたらされた貧困の内にある。その限りで，そのような自発的貧困は祝福されるべきものであり，自ら意図したのではなくやむなく状況の結果として生じた貧困とは区別される。ニュッサのグレゴリオスもまた，貧困を二つのカテゴリーに分類する。すなわち，徳における貧困と悪徳における貧困であり，後者が祝福に値する。言い換えれば，徳における富，自発的な謙遜，霊的貧困が奨励され，物質的な富が拒絶される。ここでも，やむなく状況によって生じた貧困とは区別される。

実は，バシレイオス自身も，ゴルディオスと同じ「自発的貧者」としてカイサレイアという都市に，修道者として，また司祭（後に司教）としての生を送っていた。しかし，時代は彼を内面的・霊的な闘いに静かに沈潜させておいてはくれなかった。一方で，三位一体論をめぐる教会政治的な教義論争に駆り出され，他方，368/9 年にカイサレイアを襲った未曾有の大飢饉に当市司祭として直面せざるを得なかったのである[11)]。このとき，少なくともバシレイオスにとって，状況によって飢餓，

11）この問題を正面から取り上げ，ブラウンのテーゼがカッパドキア教父にも妥当することを立証しようとしたものとして，Holman [2001] が極めて有用である。

疫病，自然災害に巻き込まれ，貧困へと陥らざるを得ない「余儀なき貧者」の存在が大きくクローズアップされることとなったのである。

物質的富を拒否し自発的に選び取られた貧困が一般に賞賛されるキリスト教的文脈に沿って，カッパドキア教父たちは，物質的な乏しさにあくまで霊的な力でもって耐えるよう貧者を諭し，対して，富者には，生活に必需の余剰の物財を施しとして貧者に供するよう（あくまで富者の罪の贖い，霊的浄化のために）勧告してきた。しかし，客観的な状況の変化によって余儀なく陥った極度の物質的貧困に苦しむ「経済的貧者」「社会的貧者」にとって，その苦境はあくまで自ら霊的に克服されるべき事態なのか，それとも，経済的に救われなければ解決のしようのない問題なのだろうか。バシレイオス以降，とりわけビザンツ帝国においてこの問題は，社会保障的慈善活動として組織化され，制度化される方向で解決されていくこととなるのだが，本章においては，その端緒に立つバシレイオスの所論を，カイサレイア飢饉をめぐる彼の説教を素材にして検討してみたい。まずは，その構成と内容をごく簡単に抜書きしてみよう。

2-3　『説教』6 および 8[12)]

(1) 多様な描写によって，旱魃がもたらした飢饉と飢餓に苦しむ人々へと聴衆のまなざしを釘付けにし，憐れみを喚起する手法が採られる。従来，主題化されることのなかった「余儀なき貧困」の窮状を，究極の災難であり，いかなる死より悲惨な結末である飢餓の惨状を事例とすることで，これでもかとばかりに訴える。生き延びるために必要な物資を得るために，わが子を売り飛ばし，さらには人肉食というショッキングな事例まで持ち出す目的は，あくまで聴衆の憐れみを引き起こすところにある。このように，人々の感情に訴える修辞学の手法は，バシレイオスにおいて，現実をリアルに聴衆に訴えるためには不可欠の手段であった。

(2) 次いで，この災難の原因は，実は人間の側にあるという指摘が

12) Hom. 6, *PG* 31, 261-278; Hom. 8, *PG* 31, 303-328.

なされる。「神はこのような災いを，我々の背きと無関心の結果として我々にもたらした。それは，我々を躓かせるためにではなく，ちょうど，よい父親が不注意なわが子に対するように，我々をしっかりひとり立ちさせるためにである。」さらに，我々の止まることを知らない貪欲さが災いの元とされる。「神があなたがたに災難の宣告を下したのは，あなたのせいだ。あなたは，もっているのに与えなかった。飢えた人の横を通り過ぎるとき，泣いている人たちから顔を背けた。疲れ果てた人たちに慈悲の心をもたなかった。」

(3) このような災難を神がもたらした目的は，我々の生活を，個人としても，共同体としても，試し，吟味するためである。たとえ，自ら貧しいと思っている者でさえ，もっと貧しい者に施すことはできる[13)]。かつて豊かな富に恵まれた者も零落すれば，物乞いをせざるを得ない。とりわけ，飢饉のような外的状況によってもたらされた貧困によって，貧富の境界線は一時的にせよ相対化される。また，人間は神の財産の管財人に過ぎない，というキリスト教固有の思想が，さらに貧富の区別の意味内実を空洞化していく。こうした相対化によって，富者と貧者の双方の観点からの記述が無理なくなされるようになる。そうした中で，声なき極貧者の代弁者であると同時に富裕者の支援者[14)]でもある司教の役割は，極めて大きなものとなるように思われる。

(4) 相対的に貧者であれ，富者であれ，自らに可能な施しを進んで為すべきである。物財の贈与行為は，現世での利得のためではなく，天

13) 「あなたは貧しいのだろうか？　いや，あなたよりずっと貧しい人がいる。……あなたの余剰分を貧窮している人に分けることで，皆と等しくしなさい。あなたがもっているわずかなものを与えることをためらってはならない。自分の災難が，一般のそれよりずっと酷いと思ってはならない。たとえあなたが，たったパン一切れしかもっていなくても，物乞いが戸口に立てば，その一切れを棚から出し，それをささげられた手に渡し，慈悲深く思いやりのある祈りをささげなさい。」

14) 「おそらく，あなたたち〔富裕な者たち〕は，エリヤのように敬虔な者たちの援けを求め，あなたを恐れから寛大にも許すような人の祈りを求めるだろう。すなわち，財をもたず，〔おそらくはバシレイオス自身のように〕顔色が悪く，はだしで家も炉もなく，貧しく，エリヤが獣の皮を纏うように襤褸布を纏い，彼のように祈りと自制の人であるような者の援けを求めるだろう。……もし，そのような者たちからの必要な援けが得られたなら，あなたが自らの所有する財貨の重荷によって苦しめられることは，永久になくなるだろう。」

上の生への投資である。さらに，ギリシア人が人間愛に基づく慈善活動（φιλανθρωπία）と呼ぶものが，カッパドキアの人々を恥じ入らせる。彼の地では，慈善活動の法令によって，一つのテーブル，一つのパン，一つの炉を分かち合う共同体のあり方が実現されてきたのである。同様の活動が，当地でも為されるべきである。

2-4　公共奉仕の担い手の交代

魂が真に害されるのは，不正を被ることによってではなく，不正を為すことによってである，というソクラテス的原則は，ここでは，個人にではなく地域共同体に適用される。すなわち，その共同体の一員がかつて貪欲な物質的享楽に走ったことが原因で，その当人だけでなく，その地域共同体に何らかの災厄がもたらされる（というキリスト教的文脈に立つ）以上，当該の罪にかかわらぬ者が災厄を余儀なくされるケースも出てくることになるだろう。しかし，そうであるからこそ，その救済もまた，共同体全体でなされねばならない。それが，共同体構成員一人ひとりが可能な限りの余剰分を施しとして差し出すという仕組みであり，その仲介をするのが，自発的に貧しさを引き受けた修道者（修道院）や司教（教会）なのである。

そうした仕組みは，新たに作り出されたわけではなく，第 1 節で見たように，既に古典期ギリシア世界において公共奉仕などの恩恵施与活動として実用化されていたものが雛形となっている。それらが，キリスト教的文脈のもとでいわば本歌取りされるような仕方で新たな公共福祉の形としてもたらされたのだといえよう。少なくとも，古代的意味での公共奉仕において，貧者自身が主題化されることはなかったのに対し，キリスト教化しつつあった帝政期ギリシア・ローマ社会にあっては，貧富の区別は単なる社会問題に止まらず，前節で見たように，人間存在の究極の救いに関わる宗教的かつ実存的な問題でもあった。とりわけ，カッパドキア教父が富者による無際限な富の蓄積を攻撃し，余剰利益を速やかに施しとして差し出すよう勧告する場面では，人間は誰一人として財の所有者ではなく，神の財のたまさかの管財者に過ぎないというキリスト教独自の思想背景が息づいているように思われる。これが同時に，財貨の死蔵，滞留を忌避する一般的な経済観念と結びついて，たとえばバシレイオスの説教に見出されるような所論にいたったものと察せられる。

いずれにしても，バシレイオスが説くような救貧活動は，修道院および修道者の社会的役割がそこで実際に機能してこそ始めて実現可能となる機構であった。実際，歴史的に見るならば，5世紀半ば以降，ユスティニアヌス法典に収められた様々な法令によって，そうした修道院の役割は次々に制度化されていったのである。たとえば，451年のカルケドン公会議において，修道院に独立法人格が付与され，472年には正式に遺贈受領権をも修道院は獲得するようになった。そうした流れは，社会的な慈善活動の担い手が，古代末期以降，都市の有力市民層から教会や修道院に集中的に移行し，しかも国家がそれを制度的に固定化していった事実を象徴する出来事なのである。

第3節　教義研究における実践への射程

前節で見たように，バシレイオスが，自らの死に先立つほぼ十年間に為した公共福祉面での目覚しい活躍は，単に施しを訴える説教を重ねたのみならず，カイサレイア近郊に「バシレイアス」と名づけられた修道院併設の救貧施設を，あたかも「新しい都市」を建設するかのような壮大な規模で築き上げたことからも十分に知ることができよう。しかし，同時にその時期は，彼が三位一体論をめぐる様々な党派的論争のただ中でまさに苦闘していた真最中でもあったはずである。従来，神学的・哲学的教理研究と経済社会史的研究とが別個に描き挙げてきたバシレイオス像は，教会政治の有能な実務家にして三位一体論の正統教理確立に大きく寄与した神学者であり，共住修道院規則を書き上げる傍らに救貧活動の礎石を築き上げる活動的な修道者でもあるというように，実に多方面にわたる並外れた器量の持ち主というものであったが，言うまでもなく，どれほど拡散した多彩な人物像であろうと，結局は一人の修道者像へと収斂していかねばならぬものと思われる。とすれば，彼の司教としての社会的な実践が，過熱する教理論争の渦中で苦闘する彼自身の思想になんらかの影響を与えたと考えても，なんの不思議もないはずである。言い換えれば，そうした影響は，彼自身の社会実践へと何らかの形でフィードバックされもしたに違いない。しかし，その痕跡を彼の著作群から探り当てることは，実は極めて困難なことである。ここでは，彼の思想遍歴の最終幕に垣間見えたその痕跡についてささやかな試論を立てることで，この問題領域の可能性をわずかなりとも拓きたいと思う。

周知のように彼の三位一体論をめぐる教説には，明らかに変遷ないし発展の跡が見出された。しかし，正統教義の形成途上，混乱を極めた教義論争の中にあって，ニカイア信条を支持する点でバシレイオスにはいささかの揺るぎもなかった。すなわち，新アレイオス主義とも呼ぶべきエウノミオス派に対しては〈子〉の神性をあくまで認める一方，サベリオス主義を標榜するパウリノス派に対しては神的位格の多性を主張し，そうした中道的均衡の内に，旧弊なニカイア右派ともホモイウーシオス（相似本質）派とも一線を画す，いわば親ニカイア派とも称されるべき三一論を展開するに至ったのである。そうした苛烈を極めた教義論争の結果，彼が確立したのは，それまで同義語とすらみなされていたウーシアー（本質・実体）とヒュポスタシス（位格・固有体）の間の明確な区別であった。つまり，三つの位格は，それぞれ唯一特異な個体として自存するが，同時に，それらはホモウーシオス（同一本質）として統一されるというわけである。しかし，もしそうなら，三つのヒュポスタシスは，一体いかにして一つのウーシアーとして統一され得るのか。かかる神的一性をバシレイオスは，どのように解明していったのか。本書第 3 章では，こうした問いに答えるべく，彼のウーシアー理解の深まりを跡づけることが意図された。その結果，『聖霊論』においてプロティノスの影響のもと，聖霊を〈全体として遍く現在する生命付与の非実体的力〉と解することで，「ホモウーシオス」という概念になお伏在していた個体・実体性および本質・実体性の含意を払拭し，三位格《ヒュポスタシス》を関係づける神的な力《デュナミス》という力動的なウーシアー観にまで至ることが明らかにされた。

実際，最晩年においてバシレイオスは，ウーシアーという概念を神と人間との力動的呼応関係の内に見出そうとしていたようにさえ思われる。『聖霊論』において，「同一本性（ホモウーシオス）」を捨て，「同一の栄光に値すること（ホモティミア）」や「一つの権能（モナルキア）」といった概念を模索する彼の姿から読み取ることができるのは，本性的な統一化を極力無化し，相互に絶対他者として自存する三位格が，一つの権能として，一なるエネルゲイアを人間に働きかけることに呼応して，我々人間もまた，「一なるものとしての崇敬」を送り返し，そこに能う限りの「同一の栄光」を認めていく，そのような力動的呼応関係の内に現成するウーシアーの一性である。もし，このように本性的一性に基づく協働ではなく，文字通り力能の発揮を通じて一性を現成させるところに神性のウーシアーを見出せるとするならば，そのような神の力動的三一構造に随時呼応できること自体が，人間の協働性の可能根拠としてそれが既に我々を駆動している証ではないだろうか。その限りで，我々人間もまた，人類愛という形での観念的かつ本性的統一に安住することなく，神の力動的三一性に実践的に呼応することの内に他者との真の協働を発現させることが可能であるはずである。バシレイオスが精力的な救貧活動を通して得たものが，このような三一神論の理解の深化である一方で，そのような神の力動的三一性自体が，その本性理解に先立って彼の救貧活動を突き動かす力となり得ていたのではないだろうか。しかし，この点については未だ試論の域を出ず，今後のより一層立ち入った研究による精査を俟たねばなるまい。

附論4

観想《テオーリア》と受肉《インカルナツィオ》

――「肉体」「形の現象」を中心に――

第1節　加藤哲学の二つの「場」――プラトンとアウグスティヌス

加藤信朗のまわりには，ソクラテスがそうであったように，「哲学する場」とでも呼べるようなものが絶えず形成され，私たち（当時の）若者は，その交わり《コイノーニア》の場に胸躍らせて参集したものであった。そのような「哲学する場」の一つは，言うまでもなく加藤の演習が開講されたその都度の大学の教室であり，私たちはいくつもの大学をまるでジプシーのように経巡《へめぐ》っていたものである。加藤が大学を退官した後も，そうした「哲学する場」は加藤宅で毎週月曜に開かれる「マンデー・セミナー」へと引き継がれた（加藤宅の改築の際は，仮住まいである南大沢の都営アパートへと場を移したこともあった）。そうした数々の場では，アリストテレス研究が重要な位置を占めたことは言うまでもないが，やはりプラトンの対話篇を読むことが，加藤が「哲学する場」としてはもっとも相応しく思われた[1)]。なぜなら，加藤と共にプラトンを読むことが私たちにとって哲学することの始まりだったからである。

その一方で，加藤にはもう一つの，加藤を語る際には決して欠くこと

1）　加藤哲学において，プラトン研究とアリストテレス研究の関係がどのようなものであったかを理解することは，アウグスティヌス研究とトマス研究の関係同様，私にとっては今もって大きすぎる課題であり，本稿では論じることができない。「哲学する場」と関連する「哲学の現場は政治である」という加藤の言葉の解釈に関しては，神崎 [2015] を参照されたい。

のできない場があった。それが教父研究会である。けれども，この場は直ちに「哲学する場」ではなかったかもしれない。確かに加藤は，アウグスティヌスの哲学をプラトンに優るとも劣らぬ自らの哲学の中核とみなしている。しかし，主だった教父研究者が集う教父研究会という場にあって，加藤は「教父」アウグスティヌスの全人格的な理解を決しておろそかにすることはなく，教父としての全体像から「哲学者」アウグスティヌスを説き明かしていくことを常としていたように思われる。それが，教父学という一般にはあまり知られていない学問領域の日本固有のありようのゆえなのか否か，その点については定かではないが，決して無関係ではあるまい。そもそも教父学とは，クアステンによれば「キリスト教文献史学に属しキリスト教古代の神学的著作家を扱う学問分野であり[2)]」，伝統的な教会教義の代弁者とも言うべき厳密な意味での教父（Patres Ecclesiae）や教会博士のような著作家が主たる研究対象であるが，オリゲネスのようにかつて異端視された著作家たちも盛んに研究されている。しかし，その場合教父学とは，歴史学，文学，哲学，神学のいずれであるのか，あるいはその総体であるのか。教父学を文字通り教父（patres）に関する諸々の言説（logoi）すなわち patrologia と解すれば，そこに哲学も当然含まれるであろうが，theologia patristica と解するなら，そこにおいて神学と哲学の関係はどうなるのか。とりわけ信仰者にとって，自らの信仰と哲学の関係は切迫した問いとなってくるに違いない。このようにして教父研究とは，そこから真に哲学を解き明かそうとする者にとって，哲学の何であるかが絶えず根底から問い返されざるを得ない場となるのである。こうした事情は，哲学畑から教父研究に加わり，あくまで哲学として教父テクストを読み解こうとする研究者が少なくない日本の教父学の状況を鑑みるにつけ，決して見落とされてはならない「教父哲学」というものの本質に関わる問題だと言えよう。

いずれにせよ，加藤にとって，プラトンを読むことを中核とする「哲学する場」と，アウグスティヌスを中核とする教父研究において「哲学の何たるかが問い返される場」とは，単に二人の哲学者を考察対象とする二つの異なった研究領域と言って済ませるわけにはいかない何か特別

2）　Quasten [1950], p. 1.

な関わりがあるように思われる。確かに，前者に西洋古典学会におけるギリシア哲学研究，後者に中世哲学会における教父哲学研究を当てはめれば，そのいずれかに軸足を置き，棲み分けている研究者のほうが遥かに多いことは言うまでもあるまい。実際，加藤の主催する二つの場のいずれにも加藤と同じスタンスで参加し得ている研究者はごく僅かでしかない。それはなぜなのだろうか。おそらく，加藤自身の場合，事態は他の研究者とはまったく異なるように思われる。加藤にとって，プラトン対話篇に伏在する根本的な問いを探り当て，そこに絡む多様な言論に逐一吟味を重ねていく一連の具体的な営みが「哲学すること」そのものへと鍛え上げられるためには，プラトン対話篇の読みが深化せねばならぬことは言うまでもないが，それに加えて，教父研究という「哲学の何たるかが問い返される場」を経ることによってそうした営みが自己自身の生へと再帰化されることが不可欠となるのではないだろうか。その一方で，アウグスティヌスを中核とする教父研究は，哲学することへと鍛え上げられたプラトン読解を座標軸とすることによってそこでの「哲学の何たるかの問い返し」をより先鋭なものとし得るに違いない。このように，加藤にとって「哲学する場」と「哲学の何たるかが問い返される場」とは絶えず緊張関係の内にありながら，同時に極めて密接かつ有機的に結びつき，相互補完的に機能し合っているものと思われる。米寿を迎えた現在〔2014年当時〕にあっても，加藤は，一方でマンデー・セミナーや朝日カルチャーセンターにおいて後期プラトン哲学の問い直しを熱く説き，他方で聖心女子大学キリスト教文化研究所での公開講座においてアウグスティヌス『告白』第12巻の創世記註解を全身全霊で読み解こうとしている。このような二つの場の緊張関係の内にこそ，加藤哲学が絶えず現在進行形の「哲学」であり続ける秘密があるように思われてならない。

第2節　東方教父との関わり

一般には意外と知られていないことかもしれないが，加藤の教父研究への関心は決してアウグスティヌスに限られたものではない。むしろ東西教父への広範な関心と深い見識は，教父研究会の会誌『パトリスティカ』にしばしば掲載されたその都度の研究会における討論の採録部分を読めば誰の目にも明らかである。しかし，それにもかかわらず，加藤に東方教父に関するまとまった仕事が見られないこともまた事実である。もちろん，加藤の古代・中世哲学両領域における錚々たる研究実績を顧みれば，東方教父に関する業績を望むのは，欲張ったないものねだりに過ぎない。また，東方教父のテクストとして優れた批判校訂版の数が必ずしも十分ではなく，ミーニュの不確かなテクストに頼らざるを得なかった時代にあっては，思想紹介の域を超えた専門研究論文の執筆は極めて困難であったとも思われる。とはいえ，加藤にとって古くから信仰と愛知を共にした今道友信が，一時期，ニュッサのグレゴリオス研究に没頭し，その後も宮本久雄，谷隆一郎，大森正樹らによって東方教父研究が続々と押し進められていったことを思えば，なお東方教父研究を躊躇する理由は，限られた研究時間という外的な制約を除けば，もはやとりたてて言うべきものは見当たらなかったはずである。にもかかわらず，加藤が東方教父に関する研究の必要性の確認に留まり，自らその先に敢えて歩を進めようとしなかった（少なくともそのように見受けられる）理由は何かあるのだろうか。

この点に関しては，まず加藤が自らの哲学の出発点をどこに定めているかを知ることが手がかりとなるだろう。そもそも加藤にとって「哲学探究」とは，「「自己自身」とその根拠に関わる，「事柄そのもの（＝真（alethē））」の探求」であり，そのような思索を導いているのが他ならぬアウグスティヌスである。なぜなら，アウグスティヌスにとって哲学探究とは，「「自己のあるがまま」（「真（uera）」）の探求であり，それはそのままそれを根拠づけている「真理そのもの（＝神）」の探求」だからである。加藤はこれこそが自らの哲学探究を今に至るまで導く出発点であると明言している[3)]。言い換えれば，加藤にとって哲学の問いとは，問いを問いゆく自己自身が真理そのものの下で問いただされるような根源的な問いなのであり，そのような問いに曝された者が辿る道行きこそが「哲学の道」と呼ばれ得るのである。

3）　加藤 [2014], p. 44.

翻って東方教父を顧みれば，そこで目指されているのは，神のエネルゲイアに導かれた人間本性の完成，すなわち，プラトンに由来する「神に似ること」（ὁμοίωσις θεῷ）であり，絶えざる修徳修業の彼方に到来する自らの「神化」（θέωσις）である。したがって，神化が新プラトン主義的な「脱自」（ἔκστασις）であり，自己無化（κένωσις）である限り，そうした神的なものとの脱自的合一によって特徴づけられた東方教父思想に「自己自身への再帰」という内省的契機を見出すことは極めて難しいと言わねばならない。つまり，仮に東方教父哲学（あるいはギリシア教父哲学）というものがあるとしても，それがアウグスティヌス哲学を特徴づけている「自己自身の探求」へと収斂することは双方の哲学の特徴を見る限りあまりありそうにない。もしそうであるとすれば，加藤にとって，自己自身への再帰を不可欠の条件とする「哲学の何であるかが問い返される場」を形成し得る教父はアウグスティヌスであって，東方教父ではなかったということになるだろう。

もちろん，加藤が東方教父の思索を不要だと考えているわけではないことは言うまでもない。ここで確認されるべきは，東方教父の哲学的思索には，加藤哲学を構造づけている二つの場の一方を担うための内省的・再帰的契機が見出されなかったということ，その一点に尽きるだろう。では，東方教父哲学は加藤哲学にとって単に異質な思想ということに留まるのであろうか。そうではあるまい。それどころか私たちは，加藤がそれと意識することなく自身の哲学的営為によって東方教父哲学を自ら体現しているとさえ言い得るような場面に遭遇することがある。そのような驚嘆すべき場面を，以下において，「肉体―自己認識の問題」（初出 1968 年，以下「「肉体」論攷」と略記）と「形の現象――存在の美をめぐる省察」（初出 1973 年，以下「「形の現象」論攷」と略記）の二論攷の内に探ってみたい[4]。

4）　この二論文は加藤 [1997] に再録された。以下，これらから引用する際の頁づけは同書のものを用いる。

第3節　肉体における超越の方位と内面化の方位

3-1　形の現象 ―― 超越の方位

行論上，初出年とは逆にまず「形の現象」論攷から見ていきたい。それによれば，パルメニデスの存在理解に則して存在を世界存在として見る限り，「世界は形によって，一なる存在の一つの現象として把握される」[5]。ここで「形」（ἰδέα, species）とは「一なる存在の外化〔表現〕の形式」であり，「存在の『ありのままの姿』（ἀλήθεια・真実相）」[6]のことであると規定される。このようにして存在が形として現象する時，人は慣れ親しんでいる日常の生活空間の外に引き出され（「自己忘却=脱自《エクスタシス》」），自己の存在を根拠づけているものに触れ，その根源によって息吹かれると言われる。言い換えれば，形としての美がその時「外から肉体に宿る」のであり，そこに新しい自己，新しい生の獲得が見られるわけである[7]。

ここで「脱自」が，「人間存在における理性（νοῦς）の肉体（σῶμα）からの離存（χωρισμός）」[8]を意味するとすれば，加藤が「形の現象」において語り出そうとした人間の魂と肉体のありようとは，まさに現世の悪から逃れ魂を浄化すること（『テアイテトス』176a-b,『パイドン』69b-c 参照）によって「神に似ること」（ὁμοίωσις θεῷ, ὁμοίωσις πρὸς θεόν）を人間本性の完成とみなしたプラトン的伝統に連なるものと言えよう。加藤は，このように形が現象し美が宿る肉体の象徴とも言うべきものをギリシア彫刻に見出す。すなわち，ギリシア彫刻に特徴的に見出される〈重さをもたない肉体〉は，そこにおいて形が現象し神の美の宿る場であり，その限りで超越の場となるのである。

　ギリシア人にとって超越の方向は，自己の外への方向であらざ

5）加藤 [1997], p. 431.
6）加藤 [1997], p. 442.
7）加藤 [1997], p. 456.
8）加藤 [1997], p. 83.

るを得なかったのであり，それは，自己がこの肉体の外に出て（ἐκπλαγείς）そのもののもとに赴くことでなければならなかったのである。[9)]

3-2　肉体存在の存在論 —— 内面化の方位

しかしその一方で，「肉体」論攷においては，上述のような「「形」の原理に依る説明」が排され，ミケランジェロの彫刻に特徴的に見出される「肉体として刻まれた」「肉体の重さ」をもった「肉体」概念が前面に押し出される。〈重さをもたない肉体〉に対して〈重さをもった肉体〉を強調するここでの加藤の「肉体」理解は，「人間の肉体としての存在に真直ぐに突き入」り，「肉体の存在の本質を思索する」「肉体存在の存在論」へと差し向けられている[10)]。

加藤によれば，肉体についての思索は，「物体として肉体ではない，肉体としての肉体を思考するために」，まずもって「自己の肉体についての思考でなければならない」[11)]。そこから導き出される第一のテーゼは，「自己の肉体は自分では見られないものである」ということ，すなわち，自分の肉体は自分の向こう側に対象としてあるものでなく，手前にあって「自己の肉体の実存を覚知する直覚の内に，共に与えられている根本所与である」[12)]というものである。第二のテーゼは，「自己の肉体は他人によって見られるものである」ということである。「我々は他人に見られることを知ることにおいて自己が見られるものであることを知」り，「見られるものであること」が自己存在における本質構成的な事柄となる[13)]。ゆえに，見られるものが肉体である限り，肉体が自己なのである。「肉体としての自己を知ることは，……真理の前で顕わであるものとしての真の自己を問うべきものとしての自己を知ることである」[14)]。

最後に第三のテーゼは，「自己の肉体は他人により触れられるもので

9）加藤 [1997], p. 93. 傍点筆者。
10）加藤 [1997], pp. 87-89.
11）加藤 [1997], p. 94.
12）加藤 [1997], p. 96.
13）加藤 [1997], pp. 99-101.
14）加藤 [1997], p. 106

ある」ということである。他人に触れられるということが，他人からの支配の許容であり，自己の肉体＝自己の存在の生殺与奪の権が他人にわたされていることであるとすれば，ここに朽ち果てるべき肉の内に播かれた自己の存在の死すべきものとしての「事実性」と「偶然性」が存する。このように朽ち果てるべき人の自然が既に常に汚されているとするならば，そのような己れの事実を事実として引き受け，己れの存在の根源に己れのすべてを引き渡すことによってこそ，「新しい自己」「新しい生の獲得」はもたらされ得るであろう[15)]。

以上のような肉体の現象学的考察は，人がその内に棲むという点ではいわば肉体の延長とも言い得る建築物の存在様態に関する記述と重ね描きされることによって，人間存在の根本方位を示唆するものとなるだろう。すなわち，古代ギリシア神殿建築に喩えられる超越方向へと定位された〈重さをもたない肉体〉に対して，加藤は，〈重さをもった肉体〉を円天井《クポラ》を備えた古代キリスト教の教会建築になぞらえる。クポラ建築において，人は直視すべき対象を前方に持ち得ず，上方のクポラの頂点を仰がざるを得ないが，そのような天への憧憬は忘れかけていた自己の根源を思い起こさせ，やがて人を己れの内へと帰還せしめるであろう。言い換えれば，自己の根源すなわち神を自己の内奥に探し出そうとする極めてアウグスティヌス的な内面化の方位によって〈重さをもった肉体〉は特徴づけられるのである。

> したがってこの内面化の方位において，自己の肉体は，外への方位として自己がそれを離れ去るべき方位ではなく，むしろ，自己の位置の指標として内面化の向かうべき方位であることが，諒解されるであろう。[16)]

15）　加藤 [1997], pp. 106-112.
16）　加藤 [1997], p. 93.

第 4 節　「神に似ること」と「キリストの模倣」[17)]

上記の二論攷に見て取れるように，加藤には二つの肉体観が見出されるように思われる。すなわち，そこから外へと出ていくべき超越の契機としての肉体と，その内へと帰還すべき内面化の向かうべき方位としての肉体がそうである。実は，こうした二つの肉体観と極めて類似した考えが東方教父にも見出される。

まず超越に定位した肉体観について言えば，修道的な生という文脈で，肉体から離脱し情念から脱却することによって「神に似ること」を人間本性の完成とみなすという考え方が彼らにとっては標準的であった。この考えは既述のようにプラトンに由来し東方教父にまで続く伝統的なものである。そもそもプラトンにとって「神に似ること」とは，現世から遁れ，思慮《フロネーシス》によって正しく敬虔なものとなることであったが[18)]，彼のその言葉を引くところから始まる『エネアデス』（I 2. 3）においてプロティノスもまた，魂が肉体《ソーマ》から離れることによって「知性活動し，そうすることで〔肉体に起因する〕情念の働きを被らずにいる状態」を「神に似ること」とみなしている[19)]。こうしたプラトン的な伝統は，オリゲネスを経てカッパドキア教父にも引き継がれた。たとえば，バシレイオスは『聖霊論』（第 9 章 23）において，魂が浄化され聖霊と交わることによって「神に似たもの」になり，さらには「神になる」と述べている。

他方，内面化の向かうべき方位としての肉体という考え方は，確かに東方教父には見出し難いものであるかもしれない。しかし，超越の方位

17）　第 4 節で扱われるテーマは，本書第 5-6 章において展開されたものであり，内容的に重複する部分もあることを予めお断りしておく。

18）　プラトン『テアイテトス』176a-b，同『国家』第 10 巻 12 章 613a8-b1 参照。

19）　プロティノスは，ここで言われるような類似が「神々への類似」であって「善き人々への類似」ではないと明言することによって，「神に似ること」それ自身が徳なのではなく，市民的徳にせよ浄化的徳にせよ，徳はそのための手段に過ぎないと主張する（*Enn.* I 2. 7）。「神に似ること」が徳，あるいは観想とどのような関係にあるのかという問題は，プラトン研究者においても議論が分かれるところである。Cf. Annas [1999], pp. 52-71.

とは明らかに異なる文脈で肉体が語られる場面がないわけではない。たとえばニュッサのグレゴリオスの場合，イエス・キリストの受肉と復活がテーマとなるいくつかの場面を併せ見ると，彼が上述のプラトン的伝統とは異なる文脈で肉体を語ろうとしていることが明らかとなるに違いない。グレゴリオスはまずキリストの受肉をめぐって，彼が完全に人間でありつつなお無辜であることはいかにして可能であるかという問いに以下のように答える。

> 自らの本性《ウーシアー》によって非物質的で不可視であり，非身体的でもある神は，いつかこの世の時が満ち，悪が極みに達するとき，人間への愛《フィラントローピア》と救いの営み《オイコノミア》によって，彼らの罪を一掃するために，人間の本性と混ざり合い，太陽が薄暗い洞窟に入ってそこに住まうように，自らの臨在による光によって闇を駆逐するのである。（『アポリナリオス反駁』GNO, Ⅲ 1, 171, 11-17. 傍点筆者）

「洞窟の比喩」の系譜上，太陽が自ら洞窟に降り来たるというモチーフを明示したのはグレゴリオスが最初であり[20]，おそらくは彼ただ一人であったかもしれないが，ここで彼が強調したかったのは，太陽が洞窟に降り来たって闇を駆逐するように，神自身が人間の罪を一掃すべく人間の本性と交わるという救済論的な文脈それ自体であったに違いない。

このようにして，現世からの逃避／洞窟からの上昇・脱出／肉体からの離脱という超越への方位を，〈太陽の洞窟への降下〉という形で内在化の方位へと向け変えた上で，グレゴリオスはさらに『至福について』（*De beatitudinibus*）において，人間の生の目的を「できる限り神に似たものになること」から「イエス・キリストにできる限り似たものになること」へと置き換えようとして，こう述べている。すなわち，

> 徳に則した生の目的は〈神的なものへの類似〉（ἡ πρὸς τὸ θεῖον ὁμοίωσις）である。とはいえ，実のところ，完全に無情念（ἀπαθές）で無垢（ἀκήρατον）であることは，人間による模倣

20）グレゴリオスは『ステファノス頌歌』においてもこの点を強調し，「〔主は〕我々のために命の洞窟に降り来たった」（GNO 10/1.75.9）と明言している。

（μίμησις）としては逸脱している。なぜなら，情念に支配されている動物が情念を受け入れない自然本性と類似したものになることは，まったく不可能なことだからである。……しかし，神性を模倣しようとする者にとって，模倣が可能な神的特徴がないわけではない。それは一体何か。……それは，私には自発的なへりくだり（ἡ ἑκούσιος ταπεινοφροσύνη）であるように思われる。……主は我々の〔魂の〕状態から高慢を，第一の悪として駆逐するのであるが，それは自ら進んで貧しくなった真に祝福された者を模倣することを勧めることによってである。それはまた，自ら選択して貧しくなることによって，その者にできる限り似たものになり，至福に与ることができるようになるためである。（『至福について』第1講話, GNO, 7/2.82-83. 傍点筆者）

この時，「神の形はしていたが，自らを空しくした（ἑαυτὸν ἐκένωσε）」イエス・キリストのあり方は，まさに己れの事実を事実として受け容れ，己れの存在の根源に己れのすべてを引き渡し，自らを空しくするという限りで，人間の自然本性に可能な仕方で神に似たものになるための範型と言えるだろう。

しかし，「キリストに倣うこと」（いわゆる imitatio Christi）を，プラトン的伝統に則した「神に似ること」とは異なる人間の生の目的として掲げるためには，その背後にある「肉体」の捉え方にもプラトン主義とは異なった肉体観が必要となるはずである。そのためにグレゴリオスは，「グレゴリオスのパイドン」と呼ばれる『魂と復活』（*De anima et resurrection*）において，プラトン的文脈における「肉体」（σῶμα）をパウロ的な意味で人間の罪深さを表す「肉」（σάρξ）へと読み替えることによって，「肉的《サルキコス》」ではない肉体の可能性を導き出そうとする[21]。彼はまず，人間の生を堕罪と死とによって，堕罪以前の生，堕罪後の生，死後の生の三つに区分し，それぞれの生を担う肉体を，「肉的な」（σαρκικός），「自然・生命的な」（ψυχικός），「霊的な」

21）本稿で扱われる加藤論攷では，σῶμα が一貫して「肉体」と訳されており，σάρξ「肉体」に対して「身体」と約し分けることでかえって混乱を招きかねない。よって，この附論4においてのみ，σῶμα「肉体」: σάρξ「肉」と訳し分けておく。

(πνευματικός) という形容詞を用いて種分けしていく。まず，堕罪以前の生は，神の像《エイコーン》と似姿《ホモイオーシス》に則して創造された最初の人アダムの生であり[22]，その生は「自然・生命的な」肉体によって担われる。「精確な意味で神的なものに似るとは，魂が卓越した本性に似るということだ」と言われるとき，「卓越した本性」とはまさに神の像《エイコーン》のことであり，自然・生命的な肉体を纏った最初の人は，その限りで既に神に似たものと言えよう。次いで，堕罪後の生は私たちの生であり，自然・生命的かつ肉的な肉体によって担われる。罪を負った私たちにとって，神に似るとは，過酷な事実性と偶然性に曝され自然の汚れを被った肉的な肉体が浄化され，ひたすら自然・生命的な肉体へと純化されることによって，神の像に限りなく近づくことである。しかるに，死はそのような自然・生命的な肉体の構成要素《ストイケイア》への解体である[23]。では，死後の生とはどのようなものなのだろうか。「自然・生命的な肉体が播かれ，霊的な肉体が蘇らされる」(1 コリ 15:44)，あるいは「朽ちる肉体に播かれたものが，朽ちぬ肉体の内に蘇らしめられる」(同上 15:42) というパウロの言葉に基づいて，グレゴリオスは死者の復活を以下のように定義する。すなわち，「復活 (ἀνάστασις) とは私たち人間の本性の原初状態の復元 (ἀποκατάστασις) である」(『魂と復活』156) と。もし，ここでの「人間の本性の原初状態」が最初の人アダムを指しているとするなら，彼には自然・生命的な肉体があるだけで霊的な肉体に与ることがない以上，彼には復活を可能にする肉体は備わっていないことになる。最初の人はあくまで大地から来た土的なものであって，霊的なものは，天から来た第二の人すなわちイエス・キリストに他ならない。もしそうであるなら，グレゴリオスにとって「復活」とは，私たちの死後，すなわち自

22) 『創世記』第 1 章 26 節参照。

23) 本稿において詳細に論じる余裕はないが，グレゴリオスの『魂と復活』におけるソーマ理解によれば，ソーマが有するすべてのソーマ特性は，それ自体はソーマではなくロゴスであると主張される。ここでの「ロゴス」をどう解釈し翻訳するかについて研究者間での意見の一致は見られないが，ポイントは，それが創造の際の神の意志内容に相応するという点であり，ストイケイアを介したソーマ諸特性 (＝諸ロゴス) の結合としていわゆる「身体」が現成すると考えられているようである。その限りで，いわゆる霊肉・心身問題とは位相を異にするということが銘記されるべきである。グレゴリオスにおいてソーマ諸特性と魂とは共にロゴス的な存在として，人間を霊肉全一の存在として把握するための本質契機であると言えよう。

然・生命的な肉体が土やその他の構成要素へと解体した後，キリストに似たものとなることによって霊的な肉体に与り永遠の生命を得ることだと言えるだろう。

第5節　観想（＝肉体からの超越）と受肉（＝肉体を伴った内在）

以上見てきたように，ニュッサのグレゴリオスには，プラトン的な伝統に連なる肉体から離脱し神に似たものになるという超越の方位と，イエス・キリストの受肉とへりくだりによって可能となった肉体を伴ったままキリストに似たものになるという内在の方位という，絶えず緊張関係の内に置かれた互いに相反する二つの方位がある。しかし同時にグレゴリオスは以下のようにも語っている。

> 死と復活に関する限り，それはまさに神の救済という神秘に他ならない。それはなにも自然の必然的な流れに従って死が魂と肉体を分離するのをなんとか食い止めようというようなことではなく，むしろ魂と肉体が復活において互いと再び結合されることと言えるだろう。（*Oratio Catechetica,* ch.16, 傍点筆者）

復活において復元される肉体は，生前と同じ要素から構成されるとグレゴリオスは述べているが，その言わんとするところは，神の像という原初の人間本性に従ってむしろ新たな（霊的な）仕方で魂と再結合されるということであろう。その限りで，肉体をめぐる超越と内在という互いに相反する方位は，グレゴリオスの場合，死後においては復活という形で，生前においては秘儀による神化という稀有な形で一致すると言うことができるだろう。このような仕方で二つの異なる肉体観が緊張関係を保ちながら一致を目指す構造は，グレゴリオスに限らず，広く東方教父に共通したものと思われる。これと極めて類似した構造を，加藤の肉体論は，東方教父を主題とすることのない文脈においてさえ意図せざる形で既に自ら体現していると言えば，それは牽強付会にすぎるだろうか。しかし，「心身全一的」な「東方的」人間把握を基盤とした加藤の画期的なアウグスティヌス『告白』解釈[24]，さらには加藤が近年強調する「西方的偏り（Occidental Bias）」に根ざした西欧的な心身二元論的人間把握への批判を顧みるならば，グレゴリオスに顕著に見出されるような東方教父的な霊肉全一的人間把握と加藤のそれとは，殊の外近しいように思われてならない。

「朽ちる肉体に播かれたものが，朽ちぬ肉体の内に蘇らしめられる」というパウロの言葉は，私たちにとって希望であり救済の在処を示している。その限りで，自己脱自や自己無化の限りない実践を経て，究極の根源による自己の存在の根拠づけに至り，新たな生を獲得するという道行きは，神による救済《オイコノミア》と言い得るだろう。では，この道行きを洞窟からの脱出，真実在の観想と対応させるなら，洞窟帰還あるいはそれに類比される政治的《タ・ポリティカ》な活動は一体どう解釈されればよいのだろうか。それは言い換えれば，テオロギアとオイコノミアの関係に関わる問題であり，さらには観想と実践，普遍と個の問題でもあるだろう。かくして加藤哲学において，「哲学する場」と「哲学の何たるかが問い返される場」とは，絶えず緊張関係に置かれながら自己自身の存在をめぐって互いに相関するだけでなく，さらにその両者を往還する活動自体が，その場に自閉することなく公共的な活動へと開かれねばならない，つまりその限りで政治に関わらざるを得ないのではないだろうか。その意味で，哲学と政治の関係が問いただされ，観想の生と活動の生の関係が絶えず問い直される第三の場すなわち現実政治へと実践的に関わる場が加藤哲学によって要請されるのも至極もっともなことと言えるだろう[25]。

24）この点については，出村 [2015] を参照せよ。
25）納富 [2015] における加藤哲学の三一構造を参照のこと。

附論 5

わたしの生はあなたの生

――ポリフォニックな一人称語りとエヒイェロギア――

第 1 節　危機にあってなお顕現せざる神への語り方

大きな災害や悲惨な戦争が何もかもを奪い去り，人々の心に癒しようのないほど深い傷跡を残していった後には，必ずと言っていいほど「これほど巨大な害悪を何故神は見過ごしになさるのか」「神がもし存在するなら，なぜ，こんな酷いことが起こるのか」といった怨嗟の声が巷に渦巻くものである。2011 年の東日本大震災の後に書かれたおびただしい書物の内の或る一冊も，小説という虚構を借りてその被災者とおぼしき死者にこう叫ばせている。「これは誰かの呪いですか？ だったら俺はそいつを呪い返してやりたい。相手は神様ですか？ 神様だとしても俺は勝手なことをやってんじゃねえと首を絞め，…［中略］…，誰の目からも敬意が消えるくらいに手足をばたばたさせるそいつを息絶えない程度に苦しめ膝で蹴りながら山の頂上へ上がっていき，そこから町を見せてお前になんの権限があってこんなことをしたんだと」問い詰め，自分のしたことの結果から目を逸らすことができないようにしてやりたい，と[1)]。しかし，この男もまた，妻子の悲惨な境遇を思えば本当に責められるべきは自分だという思いに苛まれ，負い目をおったまま不本意に生を奪われた一人なのである。この小説が描くように，行き場のない憤りや悲しみを抱いたまま，死んでも死にきれずに「この世に留まりし魂

---

1)　いとうせいこう『想像ラジオ』河出書房新社，2013 年，93-94 頁。

魄」が被災地に満ち溢れているとしたなら，彼ら死者の声を私たち生者はどうやって聞き取ればよいのであろうか。

そもそも死者の声を聞き取ることなど，私たち生者に可能なものなのだろうか。無念の内に命を奪われた者の思いがよくわかるとか，その声を聞き取ることができるなどという思い込みは，所詮，生者の傲慢なひとりよがりに過ぎないのではないか。そうした煩悶を抱え込みながらも，この小説家は，愛する人に先立たれた一人の男の口を借りてこう書いている。

> 「生き残った人の想い出もまた，死者がいなければ成立しない。だって誰も亡くなっていなければ，あの人が今生きていればなんて思わないわけで。つまり生者と死者は持ちつ持たれつなんだよ。決して一方的な関係じゃない。どちらかがあるんじゃなくて，ふたつで一つなんだ。」「えっと，たとえばあなたとわたしもってこと？」「そうそう，ふたつで一つ。だから生きている僕は亡くなった君のことをしじゅう思いながら人生を送っていくし，亡くなっている君は生きている僕からの呼びかけをもとに存在して，僕を通して考える。そして一緒に未来を作る。」[2)]

ここには，近しい仲の男女の対話のようでいて，実は生者が死者に呼びかけ，その応答の声を聞き取ろうとして繰り返される自己対話の試みがある。それはまた，自分の前に決して二度と顕現することのない不在の死者を，既に過ぎ去ったものとして切り捨てるのではなく，（たとえそれがまったく聞こえないとしても！）その声にじっくりと耳を傾けることで生者自身の孤立した生を不在の死者との共生へと境目なく流動させていこうとする不断の意志であり，通時的公共性＝自己の抜き（Öffentlichkeit）に己の一切を委ねることさえ辞さない潔さでもあるだろう。

アウシュヴィッツにあってもまた，過酷な現実を前に，いっこうに現れない神に絶望していった人は決して少なくなかったであろう。彼らに

2）　同上書，183 頁。

とって，危機にあってなお顕現せざる神は，この世界にもはや存在する場をもたない死したる神，不在の神であったに違いない。そうした中にあって，オランダのユダヤ人女性エティ・ヒレスムは，自らが探し求め，発見した「自分自身の神」との対話を，1943 年にアウシュヴィッツで虐殺されるまで書き続けた日記という形で私たちに残してくれた。そこには，次のような言葉が綴られている。

> 神様，私はあなたが私のもとを去って行かれぬように，あなたをお助けするつもりです。…〔中略〕…あなたが私たちを助けられないこと，むしろ私たちこそがあなたをお助けしなければならないこと，そしてそれによって結局は私たちが自分自身をも助けることができるのだということです。…〔中略〕…私にはますますはっきりとしてくるのです。あなたは私たちを助けることができないのだということが。むしろ私たちこそがあなたをお助けしなければならず，私たちの内なるあなたの住まいを最後の最後まで守りぬかねばならないのだということが。[3)]

このあまりにも個人的で私秘的な日記という自己対話が，どこかに隠れてしまった神，不在の神との対話へといつの間にか変容することによって，抹殺への恐怖の中で何一つ救いのないエティの孤立した生でさえも，不在の神との信頼に満ちた共生へと境目なく流動していったに違いない。そう私たち読者も確信（／誤信？）してしまうその力の源は一体どこにあるのだろうか。

モノローグでしか語られない対象があるのは確かである。三人称語りが対象化を必然的に伴うのに対して，一人称語りは，発語する主体そのものの多様な変奏をしなやかに反映し得るポリフォニックな語りとして，決して対象化し得ない，それどころか顕現し得ない不在の他者さえをも語り得る捉えどころのない深みを抱え込んでいるように思われる[4)]。確かに，おそらくは危機にあってなお顕現せざる神に対する痛ま

3）　ベック [2011], pp. 6-7.

4）　宮本 [2002], p. 106 は，「常識では共生も対話も出来ない一本の樹の声を聞いて，彼と対話した」アウシュヴィッツの一乙女の例をフランクル『夜と霧』から引いている。

しいほどの不在感の共有が一方にはあるに違いない。しかし他方，そうした不在感が強ければ強いほど，それでもなお不在の神，不在の絶対他者との共生を断念することなく，その新たな共生の形をあくまでも具体的な一人称語りの中で日々繰り返し模索し，更新していこうとする不断の意志の如きものが，その力の根源にあるようにも思われる。

第2節 物語り解釈から脱在論への途

宮本久雄の数多くの著作群において一貫して探し求められてきたのもまた，アウシュヴィッツに象徴される根源悪とその思想的な温床である自閉的自同性（全体主義的な存在 - 神 - 論）からの脱出（エクソダス）の方途であった。それはまた，他者性の否定に陥った実体的自同性の物語を無化し得る新たな物語り的自己同一性の再解釈・語り直しの飽くことなき実践であり[5)]，それを可能にする脱自的・対他的存在の模索へと続く果てしない思索の旅路でもあった。

そもそもナチスによるユダヤ人絶滅という「他者の抹殺」について，その本質を慧眼にもハンナ・アーレントは「あたかもその人がこの世界に存在しなかったかのように」一切の記憶を剥奪することだと見抜いた。宮本もまた彼女のその洞察を承けて，現代をそうした徹底的な記憶の抹殺による「他者忘却」の時代，他者との「一期一会」の出会いを失った他者喪失の時代として特徴づける。そのように日常的・表層的な生活圏が他者忘却によってすっかり浸潤された現代にあって，宮

5)「物語」と「物語り」の表記上の意図的区別については，宮本 [2011a] の序，特に v 頁を参照せよ。ヘブライ的背景をもつ旧約物語りやイエスの十字架の死と復活をめぐる物語りへの宮本の飽くことなき取組みは，宮本 [1991] 以来，終始一貫したものであるが，初期においては，そうした物語の言語的構造，たとえば「神言語」の分類であるとか「プネウマ言語」の析出といったように，言語行為よりはむしろ言語そのものに関心が向けられていたように思われる。その時期の宮本哲学を語る際に，1987 年に東京大学教養学部教授を退官し，豊かな言語感覚によって独自の哲学を展開していた故井上忠の圧倒的な影響力を無視することはできない。その後，「物語る」という言語行為のもつ実体的自同性への異化機能が前面に押し出されるにつれて，物語り論へと考察の重心は移行していったと言えるだろう。ヘブライ的脱在論（エヒイェロギア）によるアリストテレス的実体＝存在論の超克が図られ始めたのもそのような物語り論の試行錯誤の時期と完全に軌を一にしており，その両者の協働が宮本 [2011b] において見事に結実したと言えよう。

本が一貫して取り組むのは，自らの深層に隠された，そもそも他者への問いがそこから発し始めた場（かつて宮本はそれを「原トポス」と呼んだ[6)]）へと遡源し，古代から現代に至る哲学と神学に関わる無数のテクスト群，とりわけヘブライ（旧約）思想から新訳聖書，ギリシア・ラテン教父を経て中世スコラ哲学に至る古典的なテクスト群を次々と物語り解釈的に読み解いていく試みである。しかし，そのようなテクスト群の中にさえ，実は他者忘却の要因は既に懐胎している。それが「存在 - 神 - 論」（Onto-theo-logia）である。M･ハイデガーやＪ・Ｌ・マリオンから受容しつつ著者が展開する存在 - 神 - 論とは，アリストテレス形而上学に由来する二つの位相の特徴，すなわちもっとも普遍的な仕方で一切の存在者を扱おうとする存在論的特徴と，全存在中の第一の存在者たる神によって他の一切の存在者を根拠づけようとする神学的特徴を融合しつつ，万物を自らの内に回収する自己同一的な神＝ロゴス（言語・理性）の営みである。やがてそうした第一存在者の座から神を追い落とした人間の「表象的主体」が，その科学技術力によって全存在界を支配するようになった時（言い換えれば，「仮想現実の世界を造化する」ようになった時），一切の他者を自らの内に呑み込み，自己の表象世界へと取り込んでしまうか，あるいはそれができぬものはあくまで異他的ものとして抹殺してしまうこの自閉するロゴスの内に，もはや真の他者との出会いはあり得ない。「アウシュヴィッツ」が象徴していたのは，まさにこうした他者忘却のありようなのである。では，そのような他者忘却とは一体どのようにして克服され得るのだろうか。

他者との出会いの地平をその内に望見しようと試みた物語テクスト群さえもが，他者忘却をもたらす存在 - 神 - 論による汚染を免れていないのだとすれば，こうした原初的な物語さえもさらに無化していくしか道はない，そう宮本は力強く宣言する。言うまでもなく西欧のテクスト群は，ロゴス中心主義的な言説によって絡め取られている。そうである以上，そうしたテクストの表層を読み破り，その行間を読み取るべく，「その背後にまわって語られざることを息吹かせ響かせる根源的トポス」に立つ，言い換えれば，今・ここでまさに他者が現成するような言語

6）宮本 [2000] 参照.

（これを宮本はかつて「プネウマ言語」と呼んだ）地平に立つことこそが求められる。

しかし，そのように他者が現成するような言語地平を可能にする存在理解は，従来のようなオントロギアではあるまい。オントロギアとは言うまでもなくアリストテレスに由来するものであり，諸々の述語《カテゴリアイ》形態の基に措定された主語《ヒュポケイメノン》＝基体の自己同一性の内に存在の第一義性を捉える存在論である。そのような実体的自同性に囚われている限り，融通無礙で自由な他者との交わりの可能性は決して披《ひら》かれはしないだろう。そこで宮本が改めて取り上げた立場が，有賀鐵太郎のハヤトロギアであり，そこからさらに独自に展開したエヒイェロギアである。いずれも，実体的自同性の内に自閉する存在論に対して，自他のあわいを自在に行き来する風のごときハーヤー的存在に根ざした，いわば脱在論の系譜へと連なるものである。その詳細は直接宮本の諸著作に当たっていただくこととして，本稿では，宮本へのオマージュとして，「自同的世界にあってはならない余剰な『わたしが汝である』という究極の〔アウシュヴィッツ的自同性の〕〈外〉の言葉」[7]のいくつかの変奏をポリフォニックに，かつ祝祭的に奏でたいと思う。私たち読者にとって，宮本の諸著書を読む楽しみの一つは，既知の物語りが著者によってどのように語り直されるかという点であるが，宮本の語り口そのものが何より魅力であることは言うまでもあるまい。そうした宮本のポリュフォニックな語りとは，畢竟，虚心にあらゆる言葉に耳を傾け，当たり前のように過ぎていく日々の暮らしの〈外〉から漏れてくる様々な〈異邦人〉の声にひたすら同化していこうとする卓越した「語り部」の身を挺した業《わざ》以外のなにものでもないのである。

第3節　わたしの生はあなたの生[8]

3-1　ブレヒト『セツアンの善人』

わが国では1960年に俳優座で，小沢栄太郎演出，市原悦子主演で初

7）宮本 [2011a], p. 204.

8）以下は，宮本 [2000]（『他者の原トポス』）を読み終え，その臓腑を抉られるような

演されたこの寓話劇『セツアン（セチュアン）の善人』は，ブレヒトによって1938年から40年にかけて執筆されたものである。天国官僚組織のどう見てもノン・キャリらしきみすぼらしい神様三人組が，ここセツアンに善人を探しにやって来る，というのがこの劇の発端。人のいい水汲み人夫ワンに紹介され，彼らは貧しい娼婦シェン・テに一晩の宿を提供してもらうが，彼女こそ善人だ，ということで多額のお金を御礼に与えた。そのお金で小さな煙草屋を営もうとするシェン・テだったが，今まで彼女のことを軽蔑し見向きもしなかった親戚やら何やらがどっと押し寄せ，彼女からなけなしの財産すべてをむしり取ろうとする。しかもそれが当然の権利であるかのごとく傲慢に厚かましく狡猾に。

私はこのブレヒト劇を2001年に松たか子主演の舞台（赤坂ACTシアター）で観たが，演出の串田和美はまさに今日の日本と地続きの街セツアンを見事に舞台上に再現してみせた（初演は1999年）。それは，なんとキャストの半分以上をヨーロッパ，アジアなど数カ国の俳優たちが占め，どうみても異国的な派手なアクションとカタコトの日本語が飛び交う，まさに「他者との相克的共生」を具現したような舞台だったのだ。こうした行き方は，国際演劇創造センター（CICT）で自ら演出した「ハムレット」を，同年，日本でも上演したピーター・ブルックが，「人間相互の違いを積極的に讃える」ために当時採用していた「国際キャスト」の思想や方法と相通ずるものであった。確かに，ドレットヘアのジャマイカ系ハムレット（エイドリアン・レスター）やインド生まれのオフィーリア（シャンタラ・シヴァリンガッパ）が表現するシェークスピア世界は驚くほど新鮮だった覚えがある。しかしおそらくそれ以上の過激さをもって，今回のブレヒト劇は，デンマーク王家にまつわる英雄的悲劇とは対極の貧民窟にうごめく狡猾でエネルギッシュな民衆の救いようのない日常を，リアルに赤坂の街に立ち現れさせてしまった。この芝居

強烈な印象の消え去らぬ翌2001年に，私を捉えた戦慄すべき種々の物語りに突き動かされ，「物語られた」エッセイ（「わたしの生はあなたの生……」『中央評論』237号，2001年）に若干の手を加えたものである。実は，この学内誌の同じ号に，宮本と野崎守英，そして私の三人による「他なる者と開く交わり」という座談も掲載されている。東大駒場で収録された座談会の後，中華料理と美酒を囲むまさに「食卓共同体」での語らいを含め，当時の私が宮本の著作と発言からどれほど大きな影響を受けていたかが，そのエッセイを読み返すと痛感させられる。敢えて旧稿を持ち出した所以である。

を見終え，特にあてもなく背広姿の酔客の流れにまかせて裏通りを行くと，どこからともなくカタコトの日本語でヨーロッパやアジアの客引きの女性たちが声をかけてくる。「ああ，ここもセツアンなんだ」，そう呟かずにはおれぬほど，劇場空間はもう既に街へと越境していたのだ。

舞台上では，その小さな煙草屋は四畳半程度の床板一枚で表現されているのだが，その床板の上に10数人の様々な肌の色の外国人たちがひしめき合ってシェン・テ役の松たか子を取り囲み，めいめい自分勝手に煙草を吸い，酒を飲み，歌を唄う。実はこうした作劇上の誇張されたイメージが，かえってリアルに現実を想起させる。かつて日本がバブルにわいていた頃，まとまった仕事を求めて来日し，やがてオーバーステイ（超過滞在）の身となった外国人労働者たちは，入国管理局の目を逃れ，各地で互いに寄り添うように集住を始めた。その一つである「中山荘」の歴史を追跡した当時のルポ[9)]によれば，その木造二棟のアパートにはその頃100人ほどのアフリカ人が住んでいたそうである。「汚い部屋で隠れるような生活だった。不動産屋は当時，黒人というだけでまったく部屋を貸さなかったし，僕らは集まって住むしか方法はなかった」。まさにそんな現実が舞台上に再現されたのである。

ところが，シェン・テは決して彼らを追い出そうとはしない。彼らが何の権利も理由もなく米を求めれば米を与え，法外な金を無心すれば自分の有り金をはたいてまでも与え，そうやってシェン・テは貧しく狡猾な人々が貪欲に求めるものすべてを我が身を顧みることなく分け与えていったのだ。いつしか街の人々は彼女を「スラムの天使」と呼ぶようになる。しかし，彼女の破産・破滅は目前だ。

その時，彼女の従兄弟シュイ・タが忽然と現れる。合理的で鋭利な知性の具現化であるシュイ・タは，あくまで従姉妹のシェン・テの自己利益を最優先し，そのためにはどんな狡猾かつ非情な手段も辞さず，煙草屋に巣くう貧民たちを即座に排除していく。彼のおかげでシェン・テは破滅を免れ，やがて飛行士の卵ヤン・スンと恋におちる。ところが，このヤンというのがとんだくわせ者で，再びシェン・テは自らの献身的愛で破滅へと向かう。と，そこでまたもや従兄弟シュイ・タが登場し，小

9）「朝日新聞」2001年9月7日付夕刊に掲載。

さな煙草屋を一ダースもの煙草工場へと発展させ，「セツアンの煙草王」の名をほしいままにする一方で，ヤンを含む貧しい街の人々を工場労働者として雇い入れ，過酷な労働条件の下で容赦なく搾取していく。そうした繁栄に支えられ，シェン・テは「スラムの天使」として思い通りの慈善を人々に施していくのである。

もちろん言うまでもなくシュイ・タはシェン・テの分身であり，舞台上では松たか子が一人二役を演じている。しかし，街の人々には最後までそのカラクリが見えないという設定である。やがてヤンの子を宿したシェン・テは，シュイ・タの陰に隠れ，ほとんど街に姿をあらわさなくなる。そうなると工場の労働者や街の人々は，シュイ・タがシェン・テを殺した，と騒ぎ始め，ついに裁きの場にシュイ・タは立つこととなった。裁判官はなんとあの神様三人組である。ここに至ってシェン・テは自らがシュイ・タであったことを白状する。

そうです，わたしです。シュイ・タとシェン・テ，二人ともわたしです。
いつかのあなたたちのご命令
善人であれ，しかも生きよ
それが稲妻のようにわたしを二つに引き裂いた。わたしには
わからない，どうしていいか，他人にもいい人間で
自分にもいい人間であるには。
他人も自分も助けることはむずかしい！
ああ，あなた方の世の中はむずかしい！　苦しみが多すぎ，絶望が多すぎる！
貧乏人に手をさしのべれば
貧乏人はすぐにその手をもぎとってしまう！　だめな者を助ける者は
自らがだめになってしまう！　なぜなら，誰だって
悪人にならずにいられようか，肉が食べられないで死ぬ者がいるというのに？
なにもかも，必要なものはどこからもってきたらいいのです？ただ

自分でなんとかするだけ！[10)]

こうしてブレヒトは誰の心にも棲むシェン・テとシュイ・タの二重性を暴き出し，串田は「わたしの家はあなたの家，あなたの家はわたしの家」というシェン・テ的楽観主義に頭から冷水を浴びせかけた。それもよりによって「他者との相克的共生」という発想を「大久保界隈的」リアリティーをもって具現した多国籍キャストによって。

3-2　テオ・アンゲロプロス「シテール島への船出」

生きていくことと善人であることを二つとも実現しようとすると，人はどうしようもなく矛盾に陥る。シェン・テとシュイ・タの分裂を抱えながら，人が現実を生き延びることは絶望的に困難だ。シェン・テの最後の台詞「助けて！」，それは善く生きることを求めるからこそ，敢えて悪しく生きねばならない，無垢な魂が放つ最後の叫びなのかもしれない。そうやってやがて誰もが大人になるように，そうした矛盾を矛盾とも思わず，鉄面皮に生きていけるようになるのであろうか。

ギリシアの映画監督テオ・アンゲロプロスが「シテール島への船出」（1984年）で描くかつての山岳パルチザン，スピロスもまたそうした無垢な魂の命ずるままに，自らの祖国に自由と平等を実現しようと願いながらも，結果的には同胞と闘い，愛する人々を傷つけたまま，ソ連に32年間も亡命し続けた男であった。そんな32年間の空白の後，老人となったスピロスがようやく祖国に帰還した時，出迎えた子供たちはもう既に「大人」になっていた。日々のささやかな善行よりも今日を生きることに汲々とするかつての隣人たちにとって，国籍を剥奪されてもなお祖国で〈善く生きよう〉とするスピロスは，過去の亡霊にすぎなかった。そこにおいてこそ皆が〈善く生きられる〉はずの理想の祖国を求めた政治の季節は当の昔に潰え去り，ただ生き延びるために故郷の空や雲をすら切り売りするような人々を前にして，老スピロスは悟る。この世でシェン・テ的理想を実現し得る場所はどこにもないのだと。32年間の空白にも関わらず今なお彼を愛している妻カタリーナと共に，ヴァイ

10)　加藤衛訳「セチュアンの善人」『ブレヒト戯曲選集』第三巻所収，白水社，1962年。

オリン・ケースを抱え，彼はどこにも存在し得ない心の故郷，愛の島シテールへと小さな筏に乗って船出していく。

シュイ・タのように，自らの利益に関与する人々には笑顔を送り，足手まといの貧しく無力な者たちは容赦なく排除していく生き方に，心の中のシェン・テが小さな悲鳴をあげて抗うような人，そういう無垢な魂をまだ持ち合わせている人にとってなし得ることとは，もはやシェン・テのように絶望の淵で助けを求めながら，スピロスのように心の中の故郷へと亡命することでしかないのだろうか。

3-3　2001 年 9 月 11 日，ニューヨーク

ある日何気なくテレビをつけてみたら，旅客機が突然高層ビルに，それも二機続けざまに激突していた。それは東日本大震災のちょうど十年前，2001 年 9 月 11 日のニューヨークから送られてきた映像であった。執拗に繰り返し映し出されるその無音のスローモーション映像に目を凝らしながら，最初から最後までまったく意味・脈絡のつかめない書物の中のある一節だけを無理矢理暗記させられているかのような居心地の悪さを感じていた。これは一体何なのだろう。出来の悪い CG 合成画像のような一連の動画映像の意味がつかめたのは，「自爆テロ」という解答に自分なりに辿り着いた時だった。しかし，それはあくまで概念に絡め取られたのであって，動画映像は相変わらずのっぺりと無力だった。もはや許しを請うことも叶わぬ数多くの犠牲者の方々には本当に申し訳なく思うのだが，正直言って僕はその時，まったく画面にリアリティを感じていなかった。

ところが翌日の夕刊に載った，崩壊寸前の高層ビルの窓という窓から身を乗り出し助けを求める人々の写真を見た瞬間，昂揚したレポーターの声しか届かなかった僕の耳に，人々の叫び声や崩落するビルの咆哮が押し寄せてきた。それは，一枚の静止画像によって一連の動きの意味が一挙に把握できた「決定的瞬間」だった。その時だ，確かに僕はシェン・テの声を聞いた。

> 他人も自分も助けることはむずかしい！
> ああ，〔神様〕あなた方の世の中はむずかしい！　苦しみが多すぎ，

絶望が多すぎる！

しかし，その声の主はシェン・テではなかったのかもしれない。ひょっとしてそれはまだ心のどこかに無垢の魂の欠片を宿しているアラブの兵士だったのかもしれない。誰であれ，この世で善人であることは至難の業なのだ。

3-4　アニメーション——動画あるいは生命の付与

実は，その米国同時多発テロの前日の夕刊に掲載された黒崎政男による「デジタルに埋没する写真」[11]という記事のことがその日はずっと気になっていた。近年，〈写真〉が動く映像である動画の単なる部分，単なる一コマである〈静止画〉として扱われ始め，その結果として「ある出来事を動画であらかじめすべて撮影しておけば，あらゆる瞬間は，そこからのちにいつでも取り出せる静止画という形に退落してしまう可能性がある」，という指摘である。では，H・カルチエ＝ブレッソンの言うところの『決定的瞬間』(1952年）は今やただ消え去るだけの運命なのか。黒崎はその点に答えて，〈写真〉撮影が〈時間という流れ〉に抗い，有限的時間性の内にありながらなおそれを超越しようと意志する人間的〈行為〉である限り，それこそが決定的瞬間なのだ，と強調していた。皮肉なことに，早くもその翌日にその主張の正当性が立証されてしまったわけだ。

私も黒崎同様，すべての時間の断片を均質にデジタル化して蓄積することによって出来上がる動画映像というようなものは，決定的瞬間を呑み込んだただの退屈な連続性に過ぎず，その一連の運動の意味を把握することすら叶わぬ木偶《でく》の坊だと思っている。

誤解されては困るのだが，動画というものを貶める気などもちろん私にはない。むしろ，アニメーションの作画行程に触れてみるなら，静止画の無限集合としての動画映像，という発想とは対極に立つ映像論を見出すことだろう。たとえば，米国同時多発テロのおよそ二か月前に封切られた宮崎駿の「千と千尋の神隠し」を例にして語られた生態心理

11）「朝日新聞」2001年9月11日付夕刊に掲載。

学者・佐分利敏晴の説明は極めて示唆的である[12]。彼によれば，宮崎駿作品のように綿密周到な作画行程を経るアニメーションでは，「原画を二枚作り，原画と原画の間に二枚の動画を挟み，全体では六コマで『走り』一つのシークエンスを作る」(つまり〈右足が着地した原画〉〈中間姿勢の動画①〉〈中間姿勢の動画②〉〈左足が着地した原画〉〈中間姿勢の動画③〉〈中間姿勢の動画④〉の計六コマを一シークエンスとして，再び〈右足が着地した原画〉のコマに戻る）そうだ。言い換えれば，一連の動きの連続を「走っている」と把握させるための最低限の運動単位には六コマ分の「特異点」，つまり変化の関数やその一次導関数の極限値にあたる「変化の変わり目」ともいえる「瞬間」がある，ということである。たとえもっと多くのコマ数を挟み込んでも，この特異点をはずしてしまっては，その一連の動きは「走り」にならないのだ。だとすると，私たちは現実の運動を見る時にも，実は均質に流れる連続ではなく，むしろアニメーターのようにその運動の特異点を現実の中に描き込むことによってかえってその流れ全体の意味を把握できるようになっているのではないだろうか。しかし，写真家はもっと凄い。六コマどころか一コマで「走り」を見る者に把握させてしまうのだから。それは特異点というより，もはや「走り」の象徴と言ってよいだろう。

では，「走る」ことをどんどん拡張していって「生きる」ことと類比するなら，どうだろうか。やはりそこにも，生まれてから死ぬまでの間の一連の動きの連続を「生きている」と把握させる最低限の運動単位があるはずであり，さらにそれにはいくつかの「特異点」が含まれるはずである。確かに客観的には生きているのだが，それはただ概念的にそう言われるだけで，それをはずしては直接「生きている」と誰にも知覚できない，そういう特異点があるに違いない。とりわけ，当の自分自身が自らの生を「生」として把握できないならば，その生は生きている実感のないまま，ただ惰性で引き延ばされているだけの動画映像のようなものとなるだろう。

12）佐分利敏晴「千尋の愛が生まれる作画」(『ユリイカ』2001年8月臨時増刊号所収)，161-171頁。

3-5　わたしの生はあなたの生，あなたの生はわたしの生

では，「生きている」と把握させる特異点とは何だろうか。いささか強引に結論づけていくなら，それこそ私たちの内に潜むシェン・テが現れる時ではないだろうか。私たちはこの過酷な生を生き延びるために，自らシュイ・タに成り代わって一瞬も休むことなく合理的・功利的に生き続けていく。しかし，そんなシュイ・タ的生を私たちは決して「生きている」と実感的に把握できない。たとえどんなに合理的・功利的であろうと，生の実感なき生は虚しい。たとえどれほどシュイ・タ的生を微分しても，そこにシェン・テの姿はない。だからこそ，僕たちはアニメーターのようにシェン・テ的特異点を自らの生の内に描き込まなくてはならないのだ。それは決して難しいことではない。シェン・テのように隣人を喜んでもてなせばいいのだ。決して高価なものでなくていい。寒く凍えそうな吹雪の晩は，一杯の白湯さえ旅人にはご馳走なのだから。遠来の異邦人も喜んでもてなそう。知らない土地の話を聞きながら，暖かいスープを分かち合えば，それはシュイ・タ的日常の中にたまさか輝き出る祝祭的瞬間となるだろう。ただ単に生きて，しかも善人であれ，というブレヒトの難問は，こうして生まれてから死ぬまでの連続を微分した無数の静止画の内に，生の特異点を挟み込むことによって辛うじて解き得るのではないだろうか。

そういえば，スピロスの妻カタリーナも，食卓でパンを切り分ける時，祈るようにこう呟いていた。これは家の分，これは家族の分，そしてこれは扉をたたく遠来の旅人の分，と。いつ訪れるかも知れない旅人，ひょっとすると永遠に訪れないかもしれない客人のために彼女は32年間，パンを切り分けてきたのだ。「わたしのパンはあなたのパン」。これはまさにイエス・キリストならぬカタリーナの聖体拝領といえよう。「わたしの生はあなたの生」。このささやかな祝祭の準備とも言える特異点を日々の暮らしの中に描き込むことで，カタリーナは32年間，もはや遠来の旅人のごとく遠く離れてしまった夫でさえ待ち続けることができたのではないか。だから僕たちも，せいぜい「わたしの生はあなたの生，あなたの生はわたしの生」，そう言い得るような人生の祝祭的特異点として，時には隣人を，異邦人を，旅人をもてなそうではな

いか。彼らにほんのひとときでも楽しんでもらおうではないか。ブレヒトもエピローグで言っていたはずだ。

それでも，やっぱり，こう申し上げなくちゃいけないな。
わたしたちのお芝居においでいただいて，お楽しみ下さいってね。

附論 6
書　評

Kevin Corrigan
Evagrius and Gregory: Mind, Soul and Body in the Fourth Century
(Ashgate Studies in Philosophy and Theology in Late Antiquity)
Farnham, UK: Ashgate, 2009, pp. x+245

本書は，4 世紀東方キリスト教圏に屹立する個性の異なる二人の教父，ポントスのエヴァグリオスとニュッサのグレゴリオスの神学および人間学を，両者が共有するプラトン（ないし新プラトン主義）という哲学的な源泉から比較考察することを目指す斬新で意欲的な試みである。著者コリガン（米国・エモリー大学教授）は，その主要業績（プラトン対話篇『饗宴』『パルメニデス』やプロティノス，さらにはプラトニズム一般に関する多くの編著[1)]）からも明らかなように，プラトン哲学とその系譜研究を専門としており，本書が従来の禁欲主義的修道思想やカッパドキア教父学の専門研究書にはあまり見られなかったような哲学的創見に満ちているのも（その当否は別にしてだが），ある意味では当然と言えよう。

1） *Plato's Parmenides and It's Heritage*, vol.1 & 2, ed. with J. D. Turner, Atlanta, 2009; *Platonisms: Ancient, Modern, and Postmodern*, ed. with J. D. Turner, Leiden, 2007; *Reading Ancient Texts. Essays in Horour of Denis O'Brien: vol. 1: The Presocratics and Plato, vol. 2: Aristotle to Augustine*, ed. with S. Stern-Gillet, Leiden, 2007; *Plato's Dialectic at Play: Structure, Argument, Myth in the* Symposium, with E. G. Corrigan, Pennsylvania, 2004; *Reading Plotinus: A Practical Introduction to Neoplatonism*, Indiana, 2004.

歴史的に見れば，エヴァグリオスと関係の深い「グレゴリオス」とは，コンスタンティノポリスで彼が輔祭として仕え，師事していたナジアンゾスのグレゴリオスの方であって，ニュッサのグレゴリオスとの思想的類似性については，1930年代にIrénée Hausherrがその点に注目したものの，管見による限り，本書が最初の本格的モノグラフと言ってよいだろう。ただし，本書が証示しようとする両者の関係性・類縁性とは，必ずしも相互への直接の影響関係を跡づけることができるような具体的なものではない。一見すると対照的な二人の活動が，実は深いところで密接に関係し合っているというのが著者の見立てである。それがどのようなものかを知るためにも，まず，本書の構成から見ていくことにしよう。

全10章中，最初の2章は，エヴァグリオスとグレゴリオスの伝記的紹介（第1章），および両者が関係した4世紀東方の教会史ないし教義論争史的背景の概説（第2章）である。この箇所は，当該領域を専門としない読者に本書を理解するための基礎知識を提供する序論的部分とはいえ，語られるべき事柄が漏らさず簡潔に纏められていて有益である。とりわけ，近年の研究動向を踏まえ，グレゴリオスと擬マカリオスの相互影響関係にまで十分かつ穏当な目配りがなされている点（pp.18-20）は特筆に値する。いずれにせよ，コンスタンティノポリス公会議（381年）において共に正統派の論客として頭角を現した二人ではあったが，その後，道は分かれ，一方は高貴な既婚女性との恋愛沙汰から突然の出奔を経て，イェルサレム，ニトリア，さらに過酷な砂漠の地ケリアでの修道生活に沈潜し（エヴァグリオス），他方は意に染まぬ小都市の司教職を務めながら，さしたる波乱もないままひたすら著述活動に専念（グレゴリオス）していくこととなる。奇しくも両者は，それぞれメラニアとマクリナという霊的感化力に秀でた女性から多大な影響を受けたが，当時の女性修道者の貴重な記録であるグレゴリオス著『聖マクリナ伝』の翻訳者らしく，著者コリガンはその点にも周到な考察を忘れてはいない[2)]。

続く第3章では，知性（ヌース）・魂（プシューケー）・身体（ソーマ）

2）　*The Life of Macrina by Gregory of Nyssa*, trans., introd. and notes, Toronto, 1987

の関係という本書の副題にも掲げられた中心課題について，二人の見解が概観される。両者によるこれら三概念の統合的理解は，著者によれば，これまで近代的な心身理解によってややもすれば曇らされ，誤解されてきたという。エヴァグリオスを極端な禁欲主義的知性主義者と決め込む従来の解釈傾向は，その典型と言えよう。これに対して，両者が求める知性・魂・身体の統合的理解によれば，知性はその固有な機能に必須の基盤として経験と感情を含み，身体は人格の一契機として既に知解可能なものである。こうした多様な心身機能の統合的理解は，三一神の似像というキリスト教的人間理解とギリシア伝来の医術的および哲学的人間理解をその源泉とするものであった。言い換えれば，非物質的な実体であると同時に，身体（物体）に生命を付与する形相でもあるという彼らの知性・魂理解は，プラトン的魂論とアリストテレス的魂論の単なる折衷的混合ではなく，むしろ，それら二つの魂論が聖書的伝統とストア派やプロティノスらのヘレニズム期思想を経ることによって深化・洗練された結果とみなされるのである。

4章では，両者によって提唱されたアパテイアの教説が考察される。魂から諸情念《パトス》を除去するというのがストア派由来のアパテイア概念であるが，著者は，それが否定的，欠如的な意味としてではなく，むしろ霊的実在と神の愛を認識するために必要な魂の解放であることを強調する。その点で，両者のアパテイア解釈は，ストア派からの影響というよりも，むしろ，プロティノスや（新プラトン主義を介しての）アリストテレスからの影響が大きく働いている点で類似性が見出されると結論づけられる。

続く5章から10章までは，一章ずつ交互にエヴァグリオスとグレゴリオスが論じられていく構成となる。まず第5章では，エヴァグリオスのいわゆる「八つの悪しき想念《ロギスモイ》」が吟味される。この教説は，後代の「七つの大罪」の源泉の一つとして大きな意味をもつが，著者は，この「八つの想念」の構想をエヴァグリオスがプラトン『国家』篇第8-9巻における国制の堕落形態論から読み取ったという大胆な仮説を展開していく。すなわち，まず『スケンマタ』において，想念に含まれる質料が皆無か，少しか，多いかという規準によって四対に分類された八つの悪しき想念を，著者は，『国家』第8-9巻の優秀者支配制から僭主独裁制に至るまでの国制の堕落過程の記述に基づいて，「傲慢《ヒュペレファニア》」と「虚栄心《ケノドクシア》」を名誉支配制に，「嫌気《アケーディア》」と「怒り《テュモス》」を寡頭制に，「悲嘆《リュペー》」と「金銭欲《フィラルギュリア》」を民主制に，「淫蕩《ポルネイア》」と「貪食《ガストリマルギア》」を僭主独裁制に，というようにそれぞれの国制およびそれに相応する人間の生に割り当てていく。八想念の各ペアの前者が質料性の否定，後者が質料性の過剰を表しており，たとえば，民主制における生は，「悲嘆」すなわち失われた過去へのノスタルジーと「金銭欲」すなわち際限のない物欲の二重の圧力に屈して分裂し堕落するとみなされる。著者によれば，エヴァグリオスは，悪しき想念の各ペアがかかる質料性の相互不均衡によって，魂の分裂，堕落をもたらすと考え，神的な忍耐によってそこに均衡を回復することで，愛が生じ真のアパテイアに至ると説いたとされる。

第6章では，グレゴリオスにおける知性の堕落が考察される。プロティノスによって示されたように，悪は知性の質料性への堕落であり「美」そのものからの逸脱であって，秘跡によってしか再生はあり得ないとされる。この文脈においてグレゴリオスは「想念《ロギスモス》」という語を「罪」の意味で用いるが，著者によれば，それは擬マカリオスを介して砂漠の修道霊性の伝統に繋がるものであり，この点でもエヴァグリオスとの共通性が見出される。第7章では，エヴァグリオスにとっての知性－魂－身体関係の諸相，たとえば可知的身体，身体概念と自己知，霊的感覚，さらに彼の形而上学等々が矢継ぎ早に（その分だけやや消化不良のまま）取り上げられる。第8章では再びグレゴリオスに戻り，三位一体論によって基礎づけられた彼の人間学が詳細に吟味される。グレゴリオスにとって，身体性の問題は，一方で三一神の似像として創造された人間存在の本質構成に関わり，他方で神の子の受肉に関わる最重要問題の一つであるが，著者は，そうした問題の解決のためにグレゴリオスが直接プラトン対話篇に取り組むことによって，逆にプラトン哲学のある種の完成にまで至ったことを示そうとする。著者によれば，グレゴリオスのプラトン理解が折衷主義的で不整合だとしばしば評されるのも，彼がそれぞれの対話篇ごとに異なる具体的な洞察をそのまま自らの思想に取り込んだからだとされる。いずれにせよ，両者の禁欲主義的修徳修業の神秘的道行きの最終段階が吟味される第9，10章に至ってもなお，両者が知性，魂，身体の統一の重要性を強調して止まないことが示される。

最終章（11章）では，本書全体の議論が概観され，今後の研究の行方が展望される。

本書の最大の長所は，上述のように多岐にわたる両者の煩雑な議論を，アリストテレスに発し，プロティノス，ポルフュリオス，イァンブリコスを経て教父たちに至る「聖書およびプラトン対話篇解釈の隠れた思想伝統」から読み直す一貫した解釈戦略にあると言ってよい（グレゴリオスが定型的に「我々」と呼ぶ時，こうした伝統の継承者としてカッパドキア教父のみならずエヴァグリオスをも含意しているというのが著者の揺るがぬ確信である）。4世紀東方教父にあって極めて興味深い特異な二人の思想家について，まるで合わせ鏡を覗き込むようにして構成された本書が，散漫な印象をさほど与えず，読者に良質な知的刺激を与えることができた要因もそこにある。しかし，同時に本書の難点は，まさにそうした構想の裏面にあるとも言える。実際，両者の類縁性は，著者が繰り返し指摘するほど実質的なものなのだろうか。むしろ，各々に均等な目配りを気遣うあまり，両者の比較総合に力が割《さ》かれ，せっかくの生産的な議論の多くが，深められぬままに終わってしまった印象が強く残る。また，本書のもう一つの大きなモチーフである従来の固定化された解釈図式からの脱却という点についても，大胆なオルタナティブの提示は議論を喚起する力に溢れており，本書が単なる解説書に終わらぬ所以であるが，同時に，そこに逆に著者の過剰解釈の弊が見出される傾向があるのも本書の小さからぬ瑕疵と言える。一例だけ挙げるならば，エヴァグリオスを知性主義から解放しようとするあまり，「アパテイアは愛を生む」（p. 159）と断定するのは，彼における修行論と観想論の関係に誤解をもたらしかねない。いずれにせよ，本書は未決の問いに駆動され続ける書として，我々読者がその問いを著者から引き受け，さらにオリゲネスとプロティノスとの関わりを引き込んだより大きな問いとして今後も問い続けるよう挑発し続けるに違いない。その意味で本書は，専門家にはもちろんのこと，専門外の方々にも是非とも読んでいただきたい（いささか大風呂敷な）啓発の書と言ってよいだろう。

第Ⅲ部

マカリオス文書研究

第Ⅰ部では，三一神の教義確立過程においてアレイオス派やその後継のエウノミオスのようないわゆる異端派の思想が，正統派に劣らぬほど重要な役割を果たしていたことが考察された。数々の教会会議において異端派の追放が繰り返されたが，そのたびごとに単純に黒白がつけ難い複雑な問題位相がかえって浮き彫りにされたとも言えるだろう。いずれにせよ，そこでの議論が極めて神学的かつ哲学的なものであったことは少なくとも読み取っていただけたものと思う。しかし，そうした神学論争喧しいその同じ時代に，もう一つの非常に粗野な，しかしそれだけに熱狂的な信仰エネルギーに突き動かされた異端的な信仰運動が4世紀のシリア，メソポタミアから瞬く間に小アジアに拡がり始めていた。「メッサリアノイ（祈る人々）」と呼ばれた彼らは，431年のエフェソス公会議において異端として断罪されたが，彼らの信仰生活を導いたとされる修道の手引きとしての講話や書簡が「マカリオス文書」として残されている。第Ⅲ部は，このエジプトの大マカリオスの名を冠した霊的著作群の真の著者「擬マカリオス」（以下では単に「マカリオス」と呼ぶ）をめぐって議論が展開される。

第12章では，魂の浄化に関する異端派メッサリアノイとマカリオスの思想比較によって，両者の霊性の特徴を明らかにすると同時に，マカリオスの必ずしも体系的に編纂されたとは言い難いテクスト群から彼の根本思想とでも言うべきものを描出する。続く第13章では，第Ⅰ部，第Ⅱ部の中心人物の一人であったニュッサのグレゴリオスの著作と，異端の嫌疑さえかけられていたマカリオスの著作が，近代的な著作概念から見れば，どれほど怪しげで不確かなテクスト成立経緯を辿ったか，また，ニュッサのグレゴリオスとマカリオス，そしてメッサリアノイ派という三者があたかもボロメオの結び目をなす三つの輪の如くいかに奇怪に謎めいて絡み合っていたかが考察される。

第14章では，一旦は通俗語から聖書における神聖な霊的術語へと格上げされた「プレーロフォリアー」というギリシア語が，その後，異端として弾劾されたメッサリアノイ思想を象徴するキーワードとなった経緯を探るべく，新約聖書からバシレイオス，マカリオス，さらにニュッサのグレゴリオスに至るまでのそれぞれの用法を比較検討し，メッサリアノイ派という異端が生じざるを得なかった信仰をめぐるある種のメカニズムのようなものを試案的に提示する。

第 15 章では，18 世紀に編纂された『フィロカリア』（「善美なる神への愛」という意味のギリシア語書名を冠した，数多の霊的著作群から編まれた一種の詞華集）に収められたマカリオスの霊的講話集が，実は 11 世紀にシメオンという人物によって抄録されたバージョンである点に着目し，抄録者シメオンの観点から改めてマカリオス文書の秘密を探ってみたい。続く第 16 章では，その『フィロカリア』に収められた修徳行者マルコスの諸著作にマカリオスとの共通点が見出されるという最近の研究に基づき，擬マカリオスとメッサリアノイ，そしてマルコス，これら三者の関係が一体どのようなものであったのか，彼らは何を共有し，どこでどのように意見を異にしていったのかを，特に洗礼という秘蹟をめぐる彼らの主張を比較考察することによって解き明かしていく。彼ら三者三様の洗礼論の切り結びは，「マカリオス遺産」（Macarian Legacy）の一つとして，フォーティケーのディアドコスを経て証聖者マクシモスにまで至るとされる。その解釈の是非はどうあれ，少なくとも『フィロカリア』の深層に流れる水脈の一端に，しかも本邦ではこれまであまり触れられる機会のなかった修徳行者マルコスの教説を介して触れることができれば幸いである。

第 12 章

擬マカリオスにおける魂浄化の三段階

荒れ野よ，荒れ地よ，喜び踊れ
砂漠よ，喜び，花を咲かせよ
（イザヤ書 35 章 1 節）

本章は，エジプトの大マカリオス[1)]の名を冠した霊的著作群（いわゆるマカリオス文書）に即して，その真の著者である「擬マカリオス」[2)]（以下では単に「マカリオス」と呼ぶ）による魂浄化の教説を，従来なされていた図式的な解説[3)] ——（1）悪が内在し支配する魂，（2）聖霊と悪とが共に内在する魂，（3）悪が追放され，ただ聖霊のみが内在する魂，というわゆる三段階説 —— にテクストに即した新たな角度からの哲学的解釈を加えることによってより一層明確化し，そうした魂浄化の道行きが人間の生においていかなる意義をもち得るかを解明していこうとするものである。

そもそも説教や書簡などから成る自らの霊的文書においてマカリオスが一貫して論じ，またキリスト教信仰の究極目標として求めているのは，魂の浄化，すなわち様々な悪しき情念からの解放（ἀπάθεια）[4)]で

1）Makarios（300 年頃–390 年頃）。ナイル河口のスケティス砂漠に修道院を設立し，エジプト修道院運動の中心的存在となった霊的指導者。

2）擬マカリオスおよびマカリオス文書の原典編纂に関する紆余曲折に富む研究史の詳細，また彼とメッサリアノイとの関係については，土橋 [1994], pp. 232-238, 276-279 の「解説」および本書第 13 章を参照のこと。なお，使用した原典については，本書巻末の文献一覧を参照願いたい。

3）たとえば Maloney [1992], p. xiii（K. T. Ware による Preface）; Stewart [1991], p. 74.

4）元来はストア派の用語。しかし，他の教父同様にメッサリアノイもマカリオスもアパテイアを「〔アダムの背きにより導入された〕罪からの完全な解放」というキリスト教化し

あり，心身一如となった一人の人間全体としての成熟完成である。しかし，そうした目標に到達するまでの魂の道行きに関する体系的な叙述は，彼の書物には見当たらない。したがって，マカリオスに固有な人間の内的な成長過程を見渡す見取り図とでもいうべきものを検討するためには，まずもって彼自身の数々の説教集や書簡の中からそれらを再構成することが必要となるが，そうした再構成の試みが最初に行なわれたのは，皮肉なことに，マカリオス文書を異端派メッサリアノイのものだと断ずる証拠となった反メッサリアノイ派の異端論駁の書においてであった。

第1節　魂の浄化に至る三段階——そのメッサリアノイ的図式

メッサリアノイ（Μεσσαλιανοί）とは，「祈る人々」という意味のシリア語の音をそのままギリシア語綴りに置き換えたもので，その名が初めて文献上に現れた370年代にはシリア，メソポタミアが活動圏であったが，またたくまに小アジアに伝播し，その後431年のエフェソス公会議で彼らとしては最初の断罪が宣告された異端的宗教運動体である。彼らの教説や生活様式については，5世紀から8世紀にかけての反メッサリアノイ文書として，キュロスのテオドレトスのもの（453年）[5]，コンスタンティノポリスのティモテウスのもの（600年頃）[6]，ダマスコスのヨアンネス（749年以前）[7]のものを取り上げる。これらが概観的に伝えるメッサリアノイの教説の内で，魂が完全浄化に至る過程に関する記述を魂の様相の変化という観点から析出してみると，以下のような三段階

た意味で用いている。マカリオス文書中ではその語は全部で17回現れる。その中にはストア派的にアパテイアを健康と類比する箇所（Ⅱ 4.25）もあるが，魂浄化の最終目標として自由や完全性（τελειότης）と併記され（e. g. Ⅱ 17.11-12, EM 3.14, 13.3, 13.8, etc.），エフェ 4: 13へと結ぶ用例が中心である。

5） *Haereticarum fabularum compendium* 4.11 in: Migne, PG 83, cols. 429-432. 以下 *Th.* と略記し，欄数・行数を付す。

6） *De iis qui ad ecclesiam ab haereticis accedunt*, in: Migne, PG 86, cols. 45-52. 以下 *Ti.* と略記し，原典中の整理番号を付す。

7） *De Haeresibus* 80. 2-3, in: Migne, PG 94, cols. 728-736. 以下 *J.* と略記し，原典中の整理番号を付す。

となる。

〔ｉ〕「悪霊は生まれてきた人間一人一人に直ちに結び付き，その者を愚かな行為へと駆り立てる」（*Th.* 429C3-5）／「〔魂の〕内に住まう（ἔνοικος）悪霊」（*Th.* 429C8）：「アダムの堕罪以降，悪霊は実体として《ウーシオドース》，生まれてきた人間一人一人に直ちに結び付く」（*Ti.* 1）／「人間と共にある罪の根」（*Ti.* 2）：「悪魔は実体として《エニュポスタトース》人間と共に住まい（συνοικέω），あらゆる点で人間を支配する」（*J.* 1）／「悪魔や悪霊どもは人間の精神をわがものにし，人間の本性は悪の諸霊と交わりをもつ」（*J.* 2）

〔ⅱａ〕「悪魔と聖霊が人間の内に共に住まう」（*J.* 3）／「霊的な人々は，自らの内でも外でも，罪と恩恵とが働きを受けたり与えたりするのを見る」（*J.* 9）

〔ⅱｂ〕「持続的な祈りは，罪の根を根こそぎ引き抜き，しかも始めから〔魂と〕一つに結び付いていた悪霊を魂から追い出す」（*Th.* 429B16-C3）／「洗礼であれその他の何であれ，魂を解放することはできない。それができるのは，ただ祈りの力だけである」（*Th.* 429C5-7）：「洗礼は悪霊の追放になんら寄与するところがない」（*Ti.* 2）／「熱心な祈りだけがこの悪霊を追放することができる。……〔悪霊が追放された〕後に，聖霊の臨在《パルーシア》が祈っている者に生じる」（*Ti.* 3）：「洗礼は人間を完成させず，神的な秘蹟への参与も魂を浄化せず，ただ彼らの熱心な祈りだけがそうするのである」（*J.* 4）

〔ⅲ〕「彼ら〔メッサリアノイ〕は，聖霊の到来《エピフォイテーシス》を感覚すると言う」（*Th.* 429D4-432A1）：「聖霊の臨在が祈っている者に生じる。すなわち，聖霊が到来し，それが感覚的に知覚されるのである」（*Ti.* 3）／「魂は自らに生じる天上の花婿との交わり《コイノーニア》を感覚する」（*Ti.* 4）：「〔魂は〕あらゆる感覚と確信とによって聖霊に与らねばならない」（*J.* 7）／「魂は天上の花婿との交わりを感覚せねばならない」（*J.* 8）

以上の内，魂における〈〔ｉ〕悪霊の内住〉と〈〔ⅲ〕聖霊の臨在〉は三書に共通に見出されるが，〈〔ⅱ a〕悪霊と聖霊の共住〉は *J.* にしか現れない。*Th.* と *Ti.* ではむしろ〈〔ⅱ b〕祈りによる悪霊の追放〉が強調されている。要するに，〔ⅰ〕から〔ⅱ〕に至る手段，すなわち悪霊の追放に関する祈りの有効性と洗礼その他の秘蹟の無効性を強調したのが〔ⅱ b〕であり，それに対して悪霊の完全追放に至るまでの過渡的な魂の様相を強調したのが〔ⅱ a〕である。ただし，聖霊の到来が悪霊の完全追放の後なのか，あるいはそれ以前に両者が混在する時期があるのか，という点に関しては，*Th.* は不明，*J.* は後者を採るのに対し，*Ti.* は先に引用したように悪霊が追放された後に聖霊が到来する，すなわち「彼ら〔メッサリアノイ〕によって〈情念からの解放《アパテイア》〉と呼ばれている事態の後で，魂は自らに生じる天上の花婿との交わりを感覚する」（*Ti.* 4）と証言している。では，悪霊を追放する唯一の手段と言われている祈りについて，果たしてそれは神からの恩恵なしに可能なものなのだろうか。そもそも祈りとはいかなる営みなのか。こうした問いに対して，*Th.* と *Ti.* の伝える答えは極めて即物的なものである。すなわち「〔魂の〕内に住まう悪霊は，〔祈っている者の〕鼻水や多すぎる唾液によって〔魂から〕出ていく」（*Th.* 429C7-9）／「祈っている者が咳払いをしたり唾を飛ばすことによって，この悪霊は追放され，しかも煙やヘビの姿で〔人間から〕立ち去るところが見られるという」（*Ti.* 3）。この点に関するこれ以上の証言は，反メッサリアノイ文書には見出されない。

以上より，メッサリアノイに固有な魂浄化の三段階とはさしあたり，魂における〔ⅰ〕悪霊の内住，〔ⅱ a〕悪霊と聖霊の共住／〔ⅱ b〕祈りによる悪霊の追放，〔ⅲ〕聖霊の到来，と要約できる。その際，極めてメッサリアノイ的な教説上の特徴としては，悪霊の実体化，善悪二元論，粗野な物質主義，祈りの重視，洗礼その他の秘蹟および断食その他の禁欲的修行の否定（*Th.* 429B13-16 / *Ti.* 2, 9 / *J.* 4, 5），極めて強い感覚・経験主義が挙げられる。いずれにせよ，今まで見てきたように時代を違えた三つの反メッサリアノイ文書が，同一の，ないしは極めて類似した語彙や章句によってメッサリアノイを記述している以上，これら三書には共通の資料的背景があったものと思われる。それこそがマカリオス文書であった。

第2節　マカリオス自身の三段階説――その図式的再構成

マカリオス文書は以下に見るように明らかにメッサリアノイ的である。しかしそれは前節で見たような特徴をすべて備えているという意味でそうなのではない。前述の反メッサリアノイ文書がマカリオス文書からの単なる恣意的抜粋に過ぎない以上，断片的な照合が可能なのは当然であるとしても，その真意をどれほど伝え得ているかは甚だ疑問である。したがって，我々としてはマカリオス文書中に果たして前節で見たような魂浄化の三段階が実際に説かれているのかどうかをまず調べてみる必要がある。

まずマカリオス文書に頻出する，魂における霊の内住を表す語彙群（内住語彙群と呼ぶ）に着目してみよう。内住語彙群とは，霊的存在の魂における内在を表示する「(内に／共に）住まう」という動詞（οἰκέω, ἐνοικέω, κατοικέω, συνοικέω）や，それから派生した名詞（ἐνοίκησις），形容詞（σύνοικος）のことを指し，主語として悪霊を取るか聖霊を取るかによって以下のように大きく二分される。

〔1〕心・魂の内に悪（Ⅱ 16.6）／罪（Ⅱ 2.3, 2.4, 14.1, 15.24, 19.2, 19.6, 43.5, 45.2, Ⅲ 26.3.1）／闇の霊（Ⅱ 42.3）／ヘビ（Ⅱ 45.2）／悪しき風（Ⅱ 2.3）が住まう。

〔3〕心・魂の内に王たるキリスト（Ⅱ 15.33）／主（Ⅱ 14.2, Ⅲ 25.2.4, 25.6.3）／主キリスト（Ⅱ 28.2）／神（Ⅱ 49.4）／聖霊（Ⅱ 5.7, EM9, 11, 15, 17）／天の力（Ⅱ 50.1）／神の恩恵（Ⅱ 50.3）が住まう。

以上の内〔1〕は，内住語彙群が多用されることも含めて先に見た前節の〔ⅰ〕と完全に対応している。それに対して〔3〕の場合，前節の〔ⅲ〕では聖霊の「到来」「臨在」「交わり」という表現のみで内住語彙群が一切用いられていない。しかしその点を除けば，聖霊が魂に内在するという段階の表示としてこれら両者は対応していると言える。ここでも問題となるのは〔1〕と〔3〕の中間段階である。〔ⅱa〕におけるように内住語彙群によって悪霊と聖霊の混在が表示される箇所はマカリオス文書にはない。しかし，〔ⅱa〕に対応する段階として，次のような例を挙げることができる。

〔2〕「〔心には〕正と不正の働く場が見出される。そこには死があり，生がある」（Ⅱ 15.32）／「恩恵の働きの宿る人がいる。しかし，その内に密かに悪が存する。すなわち，光と闇の原理に従って，二つの存在仕方がある。それらは同一の心の中で覇権を争っている」（Ⅱ 17.4）／「心がまだ浄められていないのに，その人に恩恵が臨在することがある」（Ⅱ 26.25）／「魂の大部分はいまだに罪に支配され，ただその一部分だけが恩恵の下にある」（Ⅱ 50.4）

ここでは，恩恵と罪とが同時に経験される段階にある魂が示されている。これに対して〔ⅱb〕に関係するテーマ，すなわちもっともメッサリアノイ的な「祈りの重視」という特徴は，マカリオス文書においても枚挙のいとまがないほど頻出する。しかし，〔ⅱb〕のように，祈りが悪霊を排出するための身体的動作とのみ解されるようなことはマカリオス文書においては一切ない。マカリオスにあって祈りは，人間が本性的に行ない得る「自然本性的な祈り」と，神の賜物としての「霊と真理をもった純粋な祈り」の2種に分けられているが（Ⅱ 26.21），その両者いずれにあっても心の働きの面が強調されている。ただし，前者は「心の迷いと乱れを伴っている」ため〔2〕に対応し，後者は〔3〕に対応するものと思われる。

以上を見る限り，反メッサリアノイ文書から再構成された魂浄化の三段階とマカリオス文書から再構成された三段階は，その図式的構成における限りではほぼ精確に対応していると言えるだろう。すなわち，魂における（1）悪の内在→（2）悪と聖霊の共在→（3）聖霊の内在，という三段階である。しかし，反メッサリアノイ文書に完全に欠落している要素がマカリオス文書にはある。それは意志[8)]に代表される主体の自発的働きである。悪霊と悪しき行為の因果連関に着目する立場と，そこに意志という主体の自発性を介在させる立場とでは，大きな隔たりがある。こうした意志の働きとその実相については，次節において詳細に検討せねばならないが，この点に限らずマカリオスとメッサリアノイとの相違点は決して少なくはないので，ここで若干触れておきたい。まず，悪霊の実体化に関してマカリオスは，「神にとって，悪は実体として存在はしていない。なぜなら，神は悪からは決して影響を受けないから。しかし，我々にとっては，悪は実在する。なぜなら，悪は我々の心に住んでいる〔から〕」（II 16.5-6）というように神／人間の二つの観点をとることによって明確化を図っている。そのことによって彼は，マニ教的な善悪二元論を実質的に回避しながら，同時に〔1〕の段階での人間にとっての悪のリアリティーをも保持しようとしたものと思われる。また，前述の祈りの例でもわかるように，彼にはメッサリアノイ的な物質主義の影はない。さらに，教会の権威，洗礼その他の秘蹟，断食などの禁欲的修行をすべて否定するという点については，むしろ逆にそれらを積極的に肯定する文言が数多くマカリオス文書に見出される（e.g. EM2.3, 6.2）。いずれにせよこうした累積する反メッサリアノイ的証拠から，マカリオスのメッサリアノイへの帰属問題が争点となってきたが[9)]，少なくとも魂浄化の三段階説，その第 1 段階での内住語彙群，第 2 段階での祈りの重視，第 3 段階での「あらゆる感覚と確信によって」という句に象徴される感覚主義，以上の共通点を見る限りマカリオスはある面では確かにメッサリアノイ的である，否むしろメッサリアノイはその根幹では極めてマカリオス的であると言った方が適切であろう。

---

8)　θέλημα / προαίρεσις. 後者は「選択意志（liberum arbitrium）」とも訳す。両語はほぼ同義的に用いられており，自発性の強調のため両語に「自由な（αὐτεξούσιος）」という形容詞を付す用例も頻出するが，本章ではこうした語句を「自らの生の，その全体性における自己決定」という意味で用いている。

9)　土橋 [1994], p. 236 参照。

第3節　三段階説の真相と意義——その哲学的解明

マカリオスの魂浄化の道行きに関するここまでの考察は，どちらかと言えば図式的なものであった。この点に関する従来の解説も，さしあたりはそうした図式的三段階説を採るのが通例である。しかし，そのような三段階説の真意を哲学的に深く取り沙汰するという試みへは，今まであまり目が向けられてこなかったように思われる[10)]。我々が以下に試みるのは，マカリオスの三段階説へのまさにそうした哲学的解明である。

3-1　魂における悪の内在——人間としての〈生のかたち〉

マカリオスにとって悪の実在とは，メッサリアノイのような物的実在性に関わることではなく，あくまで人間にとっての心理的リアリティーに関わることである。しかも，それは個々の行為の道徳的な悪という面にとどまらない，もっと普遍的な相での問題である。その点を次のテクストにおいてまず見ていきたい。

> ひとたび悪の種子が人間の心の中に秘密裡にそっと埋め込まれたならば，後は誰であろうと皆，自らの自由な意志に従ってその悪を実行に移すばかりである。しかも，ほとんどの人はそのような悪がどこから忍び込んでくるのかを知ることもなく，むしろ自然に反する悪しき思いが次々に心から繰り出されては習慣化されていくために，それを何か自然な動きであると思って受け容れるのである。しかし，魂のもつ思いや考えは，実はそのような仕方とは異なった仕方で創造主によって人間性の内にもたらされたのである。（Ⅲ 25.1.2）

10）たとえば，Bouyer [1960] 特に pp. 443-446 が，Jaeger [1954] に依拠して，マカリオス文書をニュッサのグレゴリオスの「通俗化」とみなしたことは，写本校訂が整いつつあり，とりわけ Staats [1984] 以降むしろ両者の相互影響関係の研究こそが急務となっている現時点から振り返れば，マカリオスを哲学面で軽視した明白な例と言えよう。

この箇所に先立って，いかなる人も教えも法も，悪しき行為を罰し善き行為を称賛しているにもかかわらず，実際は悪が世界を支配しているという「我々が現に目にしている」経験的事実を一般的見解として提示した（Ⅲ 25.1.1）マカリオスは，そこから一握りの思慮ある者によってのみ把握され得る洞察としてこのテクストを導入する。ここでの論点は，人は誰もが善を望み悪を望まないのに，その望まぬ悪を自らの意志で行なうという点にあるが，主題化されているのは個々の行為の悪ではなく，むしろ魂の抱く「思い（λογισμός）」の悪である。そもそもマカリオスにおいて「思い」とは，意志（θέλημα），良心（συνείδησις），知性（νοῦς），愛する力（ἀγαπητικὴ δύναμις）を含む包括的な概念であり（Ⅱ 1.3, cf. Ⅱ 7.8），「自然本性的な思い」（λογισμοὶ φυσικοί）ないし「純粋な思い」（λ. καθαροί）と「悪しき思い」（λ. πονηροί）という二種の思いが区別されている。最初に創造主によって造られた（Ⅱ 15.26）純粋で自然本性的な思いは，絶えず聖霊と共にあり（Ⅱ 12.8），神認識の能力を授けられ（Ⅱ 12.9），知性と良心によって導かれていた（Ⅱ 15.34）が，アダムの堕罪以降，世に追放された「魂の思い」は，地上的な思いと混ざり合った（Ⅱ 24.2）「世の思い」（λ. τοῦ κόσμου）（Ⅱ 15.14）となり，その結果この生活世界に棲みついた人々は日常的な習慣によって「世の思い」があたかも「自然本性的な思い」であるかのように思い込んでしまう。しかし，そうした世の思いは，我々の自然に反する思い，悪しき思い，すなわち情念《パトス》に他ならない。要するに，このような「思い」の次元での錯誤が，アダムの堕罪以降，その末裔にいわば悪の種子として相続され，強制によるのではない自らの意志による悪を人類にもたらしたのである。実際，悪の種子すなわち悪しき思いは，〈思いの錯誤〉という形で人目につくことなく隠蔽されてはいるが，人間の悪への意志を絶えず触発し続けて止まない。しかも，いかなる賢者といえども「自らの内に住まう罪」については無知であり盲目《トュフロス》であり（Ⅱ 45.1），〈思いの錯誤〉を免れることはできない。以上より，悪の隠蔽性および自己に内在する罪に対する無知・盲目性が，アダムの末裔たる全人類に普遍的に妥当する悪の特徴とみなされ得るであろう[11)]。

さて，ここで再び「望まぬ悪を意志する」という論点へ戻ることにしよう。この点に触れる時，おそらくマカリオスの念頭には『ロマ書』第7章があったものと思われる。それは，第二講話において「ちょうどある人が鳥の飛ぶのを見て，自分も飛びたいと望むのだけれど，翼がないので飛ぶことができないように，人間にも，……自らの内に悪をもたず，常に神と共にありたい，と願う〈意志がある〉。しかし，人間にはそうすることが〈できない〉のである」（Ⅱ 2.3）と語る際の，「意志がある」（τὸ μὲν θέλειν παϱάκειται）（ロマ 7:18）という句の引用からも窺えるところである。いずれにせよ，パウロにおける無抑制（ἀκϱασία）の問題は，マカリオスにおいては今引いた箇所からも明らかなように，「意志するができない」[12)]という形で継承されている。先にも見たように，人は誰でもが規範（律法）に則した善行をなそうと意志するが，その規範（律法）が，たとえば「淫らな思いで他人の妻を見る者は誰でも，既に心の中で姦淫を犯したのである」（マタ 5:27f.）あるいは「誰かがあなたの右の頬を打つなら，左の頬をも向けよ」（マタ 5:24），さらには「あなたがたの敵を愛せ」（マタ 5:39）などというイエスの言葉に見られるように，人間本性を超絶した遂行不能なものであるとしたなら，人はそれを完全に拒否する場合を除けば，むしろ逆にその規範（律法）を自分が実行できる程度に緩和していきがちである。つまり，「意志するができない」から「できることを意志する」への転換がそこに生じるのである。ところが，マカリオスにとっては，この意味での「自らの権能の内にある（自らが左右できる）」（ἐφ᾽ἡμῖν）＝意志[13)]こそが罪・悪の温床である。なぜなら，この世界に生きる人間の「思い」はそれだけで既に地上的な生の規則に服する「世の思い」であり，天上的な善の規範すなわち律法と対立するものなのだが，「できることを意志する」とはまさにこうした神の律法を世の思いへと頽落させることに他

11）　Dörries [1978], S. 24.

12）　イエスの教えに対する *I-will-and-I-cannot* という内的経験の描写として『ロマ書』を読み解いていく Arendt [1978], pp. 63-73 に本章は多くを負っている。

13）　たとえばエピクテトスの語る賢者にとっては，生における「平静さ」（ἀταϱαξία, ἀπάθεια）は「外的な領域」にではなく「自らの権能の内にある」領域に求められるが，彼にとってこれこそが思いの領域であり意志の場である。

ならないからである。思いにおけるこうしたすり替えこそが，マカリオスにおいて問題となっている罪なのである。たとえファリサイ人のように旧約的な「汝なすべし」という律法を万事遺漏なく遵守していると自負自足していようとも（むしろそうだからこそ），この意味では罪に対して無知・盲目なのである。

自然に反する悪を悪として意志するのではなく，むしろそれを自然に則し，律法に則したものとして意志するところに，人間に普遍的に妥当する〈思いの錯誤〉としての罪がある。然るに罪が思いの錯誤である以上，人が自らの思いによってその罪から脱却することは，その当の思いが再び錯誤に陥り得るがゆえに原理的に不可能である。では，このような〈思いの錯誤〉からの脱却不可能性それ自体は一体何に由来するのであろうか。そもそも人間には，ちょうどある国に生まれた者がその国の法に従わねばならないように，この世界に生きる限りは従わねばならない規則・規範があるはずである。しかし，それは国法のように明文化することも対象化することもできない。なぜならそれは，ただそれに従うことなしには人間がこの世界で人間として生きていけないという仕方でしか捉えられない規則であり，「なすべし」という規範性の明るみ（意識）が自然本性の暗がり（無意識）へと溶解し去る，まさにその消失点においてしか存在し得ないいわば人間の人間としての〈生のかたち〉だからである。したがって，こうした〈生のかたち〉は，一方であたかも自然本性の如きものとしてことさらに問いただすまでもない，文字通り自然で自明なものでありながら，他方で一旦それを生のただ中で把握しようと思うと，まったく把握不能な，我々を盲目性の内に佇ませる他ないものなのである[14)]。然るに，こうしたいわば地上の律法に服し，〈生のかたち〉に編み込まれているものこそ，「世の思い」である。つまり，世の思いは自らの基盤である〈生のかたち〉自身に関してはまったく把握不能な盲目状態にあり，しかもそれは常に生のただ中での思いであって，自らの生を全体として眺め得る外部からの視点をもち得ないのである。このような世の思いに，自身の生の外部から神の律法が課せられる時，世の思いは自らが生の外部へと超出できない以上，律法の方を〈生

14)　この点で「規則に従うとき，私は選択しない。私は規則に盲目的に従う。」（L. ウィトゲンシュタイン『哲学探求』219節）は実に適確である。

のかたち〉の勢力圏へと引き入れざるを得ない。しかしその時，世の思いは，自らが「自然本性的な思い」として，しかも神の律法を意志しているのだ，という二重の錯誤を犯す。そこに罪の始まりがある。それ自体，善悪無記の〈生のかたち〉が，神の律法と対立する罪の地平として立ち現れるのはまさにその時なのである。この限りで，思いの錯誤に由来する罪からの脱却は，人が人として生きる限りは不可能である。なぜなら，神の律法に向けて自らの〈生のかたち〉から離脱することは，すなわち生活世界における死を意味するからである。したがって，〈生のかたち〉に基礎づけられた世界内での〈生〉からこの意味での〈死〉への離脱を可能とするのは，その離脱の意味を「死に支配されたこの身体」（ロマ 7:24）から真の生命の与りへの飛躍という形で一挙に逆転し得るこの生活世界にとって外在的な視点すなわち神からの恩恵ただそれのみとなる。では，人間はただひたすら神からの救いを求めるしかないのであろうか。それが次の第 2 段階の課題である。

3-2　魂における悪と聖霊の混在――〈信〉に基づく霊的戦い

罪悪に支配された第 1 段階には，実はそれに先立つ段階，すなわち堕罪以前の最初の人間アダムの段階がある。そのゼロ段階において，神は自らの似像に従って人間を「よきもの」として創った（創 1:25f.）のだが，悪がその魂を自らの衣として纏ってしまったため，神は自らの住まいであり神殿である人間を悪から奪還すべくこの世界へと降り来たることとなる（Ⅱ 1.7, Ⅲ 24.4）。場面は既に第 2 段階である。この段階では図式的理解に基づく次の二つの誤解を避けねばならない。すなわち（イ）善の原理（聖霊）と悪の原理（悪霊）とが戦い，勝利を収めた方が魂を支配する，という善悪二元論による合理的解釈，（ロ）善の原理（聖霊）と悪の原理（悪霊）を横並びの選択肢とし，そのどちらかを選択意志が選び取るという解釈，この二つである。（イ）は明らかにメッサリアノイのものであり，その主体性の欠如という側面が心の霊性を事とするマカリオスと対立する。他方（ロ）では，マカリオスにとっての選択があれかこれかの選択ではなく，まさに自らの生を賭けた〈生の選択〉[15]

15）「生の全体を包みつくす種類の選択」については，加藤 [1994], pp. 7-33 から多くのことを教えられた。

であるという認識が欠落している。そこでこうした誤解を避けるためにも，まず「神／我々にとって」という二つの観点から第2段階に該当するテクストを組み直してみる必要がある。

まず神にとってこの段階は，自らの似像に従って創られた人間が，たとえ自身の自由意志によってであれ，然るべき（すなわち自然本性的な）思いから逸脱し（Ⅱ 16.1）罪に堕ちたがゆえに被った魂の傷と心の堕落を癒し更生するために（Ⅲ 25.3.3），また悪の手から魂を取り戻すために展開された悪との戦い（Ⅲ 25.4.2）の段階である。確かにこの観点から見る限り，戦いの主体は神であるように見える。しかし，そもそもあらゆる力と権威をもった神に敵対し得る者など存在せず（Ⅱ 1.9），むしろ魂の〈思い〉・意志がそこに介在することによって，神にとってはそれまで存在し得なかった悪という敵が，魂の争奪を賭けた悪との戦いという構図と共に初めて立ち現れてくるのである。実際，魂を意志的存在者として創造した以上，神は魂に悪からの離脱を強制するわけにはいかず，しかもここでの魂の罪が理性と非理性的欲望との分裂葛藤にではなく魂のもつ思いの錯誤に起因する以上，理性への説得という形を取ることもできないのだから，神にとってはただ魂と共同戦線を張ることによってしかこの戦いに加わる方途はない。すなわち「人間の側からの協働と努力なしに，神の力と恩恵によるだけで人が成長し続けていくことはできないし，逆に聖霊からの協力と救いなしに，人間自身の力と努力と強さによるだけで，完全に神の意志するところ，つまり自由と浄化にまで至ることはできない」(EM3.1)。

他方，魂にとってこの段階は，「聖霊からの協力と救い」(ibid.) に援けられながら，悪しき思い，悪しき情念から自らが解放されるために繰り返され，しかもその勝敗が魂自らの意志によって決する戦いの段階である（Ⅲ 25.2.2)。この観点からする限り，戦いの主体は魂，とりわけ意志である。では，マカリオスによって競技・競走とも禁欲的修行の労苦や苦労とも言い換えられるこの戦いの実相とは，一体いかなるものであろうか。確かに，「魂はこの世の霊と神の霊という二つの霊と交わって一つになるべきではなく」(EM3.9)，どちらか一方と合一すべきだと言われる限りでは，世の霊か神の霊かの二者択一が求められているようにみえる。しかし，第1段階での解釈によれば，この世の霊とは，隠れた地上の律法すなわち我々が現にそのただ中に居ながらあくまで把握不可能な〈生のかたち〉に帰属するものであり，他方神の霊とは，我々の生を超絶したものでありながら，〈生のかたち〉に基礎づけられた「世の思い」によってしか，つまり〈思いの錯誤〉のただ中からしか我々には把握され得ないものであった。言い換えれば，悪霊と聖霊という選択肢は，そのいずれもが我々には指示不可能なものであり，そもそもその選択自体が成立し得ないのである。では，我々の意志はいかなる選択に関わるのであろうか。

その問いを解く鍵は，旧約の律法の真の成就を説くイエスの教えが人間の力を超えたものであるという点にある。第1段階では，そうしたイエスの遂行不可能な命令に対する「意志するができない」→「できることを意志する」という〈思い〉の変換に罪の萌芽を見たが，そもそも何故そのように人間性を超絶した律法をイエスが課したかと言えば，そうすることによって「できない」と「信じる」[16]という二つの態度決定を人間にもたらし，そこに選択意志の発動を促そうとしたからだと思われる。その点を『大書簡』第13章では，イエスの言葉に懐疑を抱く者と文字通りに信じる者との対比として詳述している。前者は，イエスの言葉を「信じてもいなければ努力もしていない，ただ自分自身の意志や判断だけを確信し，あてにしている人々」（EM13.8）であるが，後者は「人間においては不可能なことも，約束の神においてはすべて可能である」（EM13.10）のだから，イエスの言葉を信じて行なえば，人間自身には不可能な罪からの脱却も必ずやなし遂げられると信じている人々である。たとえば「〔心の中でさえ〕姦淫するな」という同一のイエスの言葉が，一方では「世の思い」によって「意志するができない」ゆえに「できることを意志する」という仕方で（たとえば「〔実際には〕姦淫するな」「〔人目につく仕方で〕姦淫するな」というように）なし崩し的に頽落していくのに対し，他方では「意志しかつ信じる」という仕方であくまで

16）当然マカリオスにおいても〈信〉（πίστις）は極めて頻出し，たとえばEMだけでも全部で45回用いられる。その内，「〈信〉と希望／愛によって（努力し／戦う）」という語の組み合わせを部分的にでも用いた箇所が13例あり，さらに〈信〉と意志とを結ぶ用例は，意志（の弱さ）を何らかの形で〈信〉が支えていくという構図のものが3例（3.1, 13.13, 13.15）ある。

神の律法として，決して頽落した形でなく顕在化される。ただし世の思いは習慣の力によって極めて強固に人間を拘束しており，信の力が弱まればたちまち世の思いに取り込まれ，神の律法は頽落する。信がなければ，神の律法はその真正な姿を顕示し得ないのである。この二つの態度によって，我々にはその背後に控える二つの律法――隠れた地上の律法（〈生のかたち〉）と神の律法，さらに二つの世界，二つの生が予示される。つまり，人間の自然本性にとって実現不可能な律法に対する「できない」／「信じる」という二通りの態度決定が，自らの生の選択に連動してくるのである。我々の選択意志が働くのは，まさにここにおいてである。

しかし，あくまでこの生のただ中での信である以上，絶えず世の思いという逆風に晒され続ける信を堅持していくのは至難の技である。だからこそ，マカリオスはそうした信に根差した忍耐と努力を，修道上の労苦として強調するのである。と同時にそうした労苦は，信をなし崩し的に取り込んでいこうとする自らの世の思いとの戦いをも意味している。信の無力化を目論む自らの思いと徹底して戦うために，「自らの心の内に留まって悪魔との戦いを指揮し，自己自身を憎み，自己を否認して制し，自己に憤り，自己を責め，内面の貪欲さに打ち勝ち，〔自らの世の〕思いに抵抗する，要するに自己自身との戦いに耐える」（II 26.12）のである。砂漠での禁欲行の第一の目的は，すべての欲望の対象を身辺から遠ざけることにではなく，むしろこの自己の思いとの戦いに沈潜することにある。世の思いに具現された〈生のかたち〉を信の力によって拒絶していく戦い，その最深部には〈生のかたち〉をもっとも象徴的に具現している「世の言葉」（II 46.1）を解体していこうとする祈りというそれ自体言葉による行為があるが[17]，いずれにせよそうした戦いそれ自体が思いの働きである以上，世の思いを根絶することは我々には不可能である。だからこそ，人は神の許に進み出て「これまでの生において，

17）祈りを含む宗教言語の問題については稿を新たにせねばならないが，少なくともここで押さえておきたい点は，魂の浄化という脈絡における限りマカリオスは，祈りという言語行為をたとえばPhillips [1986], p. 79の主張するような「ある一つの生活形式の内に」位置づけられた宗教言語ゲームとは決してみなすまいという点である。彼にとって魂浄化の戦いにおける祈りとは，日常生活における諸言語ゲームと宗教言語の通透性の有無が問われ得るような，いわば一元化された地平そのものをむしろ無化していく行為である。

屠られ，殺されることによって，神と共に暮らす別の生へと移っていかねばならない」（Ⅱ 1.8）のである。

3-3　魂における聖霊の内在 —— 神の意志と人の意志

第 3 段階に至って，悪が根絶された魂はようやく完全浄化を達成する。マカリオスはこの段階の魂の状態を，内住語彙群を用いた表現の他に「情念からの解放」,「心の静けさ」（ἀνάπαυσις),「静寂」（ἡσυχία),〔聖霊／キリスト／天上の花婿などとの〕交わり《コイノーニア》などと叙述しており，さらにこの他に極めてマカリオス的な語彙群，すなわち感覚語彙群[18]，混合語彙群[19]，充満語彙群[20]がこの段階に多様な彩りを添えている。これほど多彩な表現を尽くして彼が賛美し語ろうとしたことは，人間性の完成であり，新しい創造（Ⅲ 18.2.4, 20.2.2f.）であるが，ここではまず神の意志と人の意志との関係に的を絞ってこの最終段階を考察していきたい。

『50 の霊的講話集』の冒頭においてマカリオスは，神の顕現に接したエゼキエルが神の玉座となり霊の栄光に与った魂，つまり第 3 段階の魂をケルビムとして語るくだりを極めて象徴的に解釈している。四頭の霊的生き物であると同時に乗り物でもあるというこのケルビムは，乗り手であるキリストに御され，彼の行きたいと思うところへ進んでいくのだが，ケルビムに象徴される人間の魂も同様に，その乗り手であるキリストが「魂の意志に従ってではなく」，キリスト「自らの霊によって」すなわち「自らの思慮《フロネーマ》によって手綱をとり」その意志するところへと魂を導く（Ⅱ 1.3, 9)。この時，テクストの対応箇所Ⅱ 1.3 と 9 を比較して見

---

18)　αἴσθησις を中心に，前置詞 ἐν と共に，あるいは単独に用いられ，その各々がさらに他の語，たとえば経験（πεῖρα）／確信（πληροφορία）／静けさ（ἀναπαύσις）／力（δύναμις）／働き（ἐνέργεια）／真理（ἀλήθεια）などと組み合わされる語彙群。この内,「感覚と確信（さらに他の 1 語ないし 2 語）によって」という組み合わせが全部で 13 箇所あり最多である。Stewart [1991], pp. 282-284 に完全なリストがある。

19)　（接頭辞 ἀνα / συγ）＋ κεράννυμι や μίγνυμι によって，主／聖霊／恩恵などの神的力，あるいは罪／悪／情念などと信徒との混合を表す語彙群。名詞形 κρᾶσις と μῖξις も用いられる。この語彙群の全 103 箇所の使用例の内，罪との混合は 15 例，主／花婿／神性および聖霊との混合が 58 例。完全リストは Stewart [1991], pp. 286f.

20)　πληρόω（「満たす」）および名詞形 πλήρωμα を中心に（全 64 例中 44 例),「恩恵／聖霊／主／キリスト／神など（あるいは罪／情念）が魂を満たす」という意味を表示するための語彙群。完全リストは Stewart [1991], pp. 302f.

ると，キリストが天上に向かうことを欲する場合，「自らの思慮によって〔魂を天上へと導く〕」は「天上の思いによって〔導く〕」に言い換えられているのだが，キリストの霊が身体の内に入ることを欲する場合には，「〈思い〉によって魂を御す」が単に「身体によって〔魂を導く〕」とだけ言い換えられている。この後半部が我々には重要である。「身体によって」は「天上の思いによって」との対比から「身体内の思いによって」したがって「魂内の思いによって」と解することが許されよう。すると，単に「思いによって」とだけ語られているのは一体誰の思いなのか。魂の思いなのか，それとも身体・魂に入った聖霊の思いなのか。ここでケルビムの譬えに戻るなら，ケルビムは御者を乗せて運び，御者はケルビムを導くという仕方で，両者は完全に一体となって進み行く。同様に，魂は自らの思いによって行為し，他方聖霊は魂の内にあって自らの思いによって魂を導くという仕方で，その現に発現した思いに関する限り両者の思いは完全に一致し渾然一体となっている。つまり魂は，その完成態においては，キリストの思い・意志を自らの思い・意志とし得るのである（Ⅲ 21.3.3, EN2.4）。第 1 段階では，このキリストの思いを自らの思いとすることができず，世の思いを自らの思いとせざるを得なかった。第 2 段階では，このキリストの思いをひたすら信じることによって世の思いから離脱する戦い，労苦に明け暮れた。そしてついに第 3 段階において，魂はキリストの思いで満たされたのである。

しかしこのような完成態の認識は神の観点からのものであり，魂の観点からは，世の思いもキリストの思いも共に自分自身の思いとしてしか立ち現れない以上，そもそもこうした各段階での思いを識別することは不可能なことである[21)]。救済という面で見てもそうである。魂は救済を求めるが，救済されたと思うのも思いである以上，思いの錯誤の可能性

21）　第 3 段階に至れば，「自らに強いて（μετὰ βίας）」（Ⅱ 18.3）なされた律法遵守が「何の妨げもなしに（ἄνευ βίας）」（Ⅱ 19.2）なされ，「真に永遠の生を生きる」（Ⅱ 1.12）「完全な人になる」（Ⅱ 32.6）と言われながら，その一方で「私は完全なキリスト者も完全な自由も見たことがない」（Ⅱ 8.5）と言われるのは，一見矛盾しているようだが，それは第 2 段階すなわち聖霊が到来したものの魂のわずかな部分しか占めていない時に，そうした経験のない者が「恩恵の到来によって罪が根絶やしされた」と思い込んでしまう（Ⅱ 50.4）ことに起因する。つまり，魂は自らの完成を識別観想することはできず，ただ自らの思いに従って，「意志を〈信〉へと燃え上がらせ」（EM13.15）「その〈信〉が確信に満たされ」（ibid.）るよう努めるしかないのである。

を払拭し得ない。もし，マカリオスにおいて意図されているのが救済の探求であるなら，救済の成就がそこでの関心事となるはずなのに，我々は決してそれを認識できないという背理が生じることになろう。しかし彼にとって救済を求めるということは，決して救済の探求ではなく，むしろ救済の成就を願う個我的思いそれ自体から魂自身が解放されることである[22)]。換言すれば，魂の救済にとっての終極は，その成就ではなくむしろそこへと限りなく近づきつつある魂の内に引き起こされる変容そのものなのである。こうした魂の変容は，ただ自らによって経験され確信されるしかない。マカリオスに頻出する「感覚／確信／経験によって」[23)]という句が第3段階のメルクマールとなるのも，こうした事情による。マカリオスが理性的超越ではなく，むしろ経験や感覚を重視する態度は，決してメッサリアノイ的経験主義によって解されるべきではなく，魂が自らの思いの成熟変容を自らの思いによって自覚するという，彼のいわば〈思いの哲学〉に由来するものと言えよう。もちろん，そうした思い・確信自体も神からの恩恵によるものであるが，この段階ではもはや魂の思いは神の思いと一つになっている。このこと自体が，魂による生の選択の成就であり，新しい人間の誕生と言えよう。世界という砂漠に赴き，自らの悪しき思いとの過酷な戦いに耐えた魂は，やがて砂漠が緑の沃野に変容するが如く，光り輝く霊へと変容する日を迎えるのである。

22）Buber [1953], pp. 47f.
23）註18参照。

第13章

ニュッサのグレゴリオスと擬マカリオス

——*De instituto christiano* と *Epistola magna* をめぐる序説的概説——

第1節　エジプトのマカリオスと擬マカリオス

ニュッサのグレゴリオスの手になる修道書の一つ『キリスト者の生のかたち（キリスト教綱要）』[1]（*De instituto christiano*）と擬マカリオスの『大書簡』[2]（*Epistola magna*）とをめぐっては，他に類のないほど波乱に富んだ研究史の展開が過去にはあった。本章は，両書の関係をめぐるそうした従来の研究の紆余曲折を振り返ることによって，ほぼ同時代（紀元4世紀）に活動した二人の教父の間に成立していたであろう（必ずしも双方向的とは限らない）影響関係の実相解明の手がかりを何とか摑もうとするものであり，その限りでは文字通りの序説に過ぎない。したがって本章では，テクストの内容に踏み込んだ実質的考察よりも，むしろ文献学的な詮索がもっぱらとなり，その点で極めて表層的で退屈な叙述となりかねないが，来るべき本格的論述への不可避の迂路と思い定めて，予め御寛恕願うしかない。

なお，念のため「擬マカリオス」という名の由来についておさらいをしておきたい。そもそも，紀元4世紀から5世紀にかけて，エジプト

1）同書の翻訳に関しては，Gregorius Nyssenus, *De instituto christiano*, in: *Ascetica*, ed. W. Jaeger, GNO vol. Ⅷ, Pars I, Leiden, 1952（本章では「イェーガー（校訂）版『綱要』」ないし「ライデン版」と略記）を底本とした谷隆一郎・藤島理恵訳『キリスト者の生のかたち』（『エイコーン』第24-25号，2001-2002年）に原則として従う。

2）同書の翻訳に関しては，Staats [1984] を底本とした拙訳（土橋 [1994]）を用いるが，必要に応じて改訳を試みた。

のマカリオス（300年頃-390年頃）の手になるものと信じられていた一連の説教集が東方の修道者たちの間に流布していたことが事の始まりである（したがって，こうした文書は「マカリオス文書」と呼び慣わされていた）。彼マカリオスは，最初の砂漠の師父アントニオス（251年頃-356年）を信奉する隠修者であり，自らもナイル河口北西部の砂漠スケティス（現在のワーディー・ナトルーン）に修道院を設立，以後エジプト修道院運動の中心的存在となる偉大な霊的指導者であった。こうした事情から，おそらくは10世紀頃から東方教会において，マカリオス文書は古代修道制の貴重な記録文書として評価され，また16世紀以降，西欧においてもキリスト教の古典的著作として大きな影響を与えてきた。

西欧における展開をやや詳述するなら，マカリオス文書が西欧において一般に広く知られるようになった端緒は，1559年，当時散在していた写本を選別集成し，ラテン語訳を付したＪ・ピコ（Jean Pico ; Johannes Picus）編纂によるいわゆる『50の霊的講話集』（*B. Macarii Aegyptii Homiliae quinquaginta,* Paris）であった[3)]。同書公刊に向けての彼の尽力は，その文書のもつ豊かな内容が古代修道制の史的資料としてのみならず，それ以上の価値をもつとの判断によるものであったが，以後，彼の版に基づくＺ・パルテニウスによるフランクフルト版（1594年），パリ版（1622年），Ｐ・ポッシヌスによるパリ版（1684年），さらに翻訳と序文に力点を置いたＪ・Ｇ・プリティウスによるライプツィヒ版（1698年，1714年）が続き，英語訳もＴ・ヘイウッド訳（1721年）やメソジスト運動の創始者Ｊ・ウェスレーによる翻訳（1819年）などが公刊され，最終的にはＨ・Ｊ・フロスがベルリン写本に依拠してピコ版を改善し[4)]，いくつかの書簡（『大書簡』も含む）と説教の部分的な増補を加えたミーニュ版（PG34, 1860）によって，同文書は西欧全域に知られるようになったのである。

もちろん，そうした動向に批判がなかったわけではない。とりわけ写本伝承の裏づけを欠いた「（エジプトの）マカリオス」の真筆性に対す

3） 同書が依拠した写本は，おそらく現在の Paris. gr. 587, saec. XVI および 1157, saec. XIII の二つであろうと Dörries [1941], p. 1 は推定している。

4） この際フロスが依拠した写本は，Cod. Berol. gr. 16, saec.XII/XIII であるが，残念ながら第二次世界大戦によって失われた。

る疑念は，ミーニュ版にも再録されているほどであるが[5]，より踏み込んだ異議申し立てはJ・シュティグルマイア（1912 年）[6]によるもので，そこではエジプトのマカリオスの真筆性がはっきりと否定され，おそらく真の著者は 4 世紀より後の人物だと推定された。では，「マカリオス文書」の真の著者は一体誰なのか。その問いへの確答は未だになされていない。しかし，この問い自体の決定的な方向づけは，1920 年，ベルギーのベネディクト会士L・ヴィルクールによってなされた[7]。彼は，まずダマスコスのヨアンネスによって伝えられたリスト[8]の中に，431 年のエフェソス公会議において異端として断罪されたメッサリアノイ派[9]に固有の文書の抜粋が残されていることを確かめ，その上で，それらと同一の文書が「マカリオス文書」中にも多数見出されることを明らかにした[10]。おそらく「マカリオス」の名は,「マカリオス文書」を異端告発から守ろうとした修道者たちの手によって一種の隠れ蓑として冠せられたものと思われる。エジプトのマカリオスはもはやマカリオス文書の著者ではあり得ない。ここにおいて，マカリオス文書の真の著者（すなわち「擬マカリオス」）は誰かという問いは，メッサリアノイ派との関

5）　PG34, col. 377/8 seqq. に C. Oudin（1722）の批判が，col. 263/4 seqq. に J. S. Semler（1745/6）の批判が再録されている。

6）　Stiglmayr [1912]. なお，本章註 18 も参照。

7）　Villecourt [1920a].

8）　*De haeresibus liber* 80, PG94, I, 728-737.

9）　メッサリアノイ（Μεσσαλιανοί）とは,「祈る人々」というシリア語（ギリシア語では εὐχόμενοι あるいは εὐχῖται）にその名が由来することからもわかる通り，人間の自然本性に巣食う悪魔・悪霊（すなわち実体的悪）を撃退し得るのは，洗礼でも禁欲的修行でも教会共同体でもなく，ただひたすら祈ることのみであるという主張を掲げ，聖霊の魂への到来，情念からの完全な解放（いわゆる不受動心《アパテイア》），とりわけ現世における神との感覚的な対面体験・合一体験を強調する異端的宗教運動体の総称である。彼らに対する言及は，370 年代にサラミスのエピファニオス（315 年頃 -403 年）の異端論駁の書に初めて現れた。その後，彼らをめぐる論争は 420 年代から 30 年代に徐々に大きなものとなりながら小アジアへと移行していった。しかし，431 年のエフェソス公会議での最初の断罪の後，時を経るにつれてメッサリアノイ派という名称は異端派に対する広く一般的な蔑称となっていった。

10）　マカリオス文書の著者問題をまったく新たな観点から方向づけたヴィルクールのこの発見は，A. Wilmart, A. Jülicher, G. L. Marriott らによっても追認された。しかし，イェーガーのようにメッサリアノイ派を実は実体なきものとみなす強力な立場も後に現れ，擬マカリオス - メッサリアノイ派関係およびメッサリアノイ派の実体をめぐる論点は未だ決して解決済みの問題とは言い得ない。

わり抜きには問われ得ぬものとなったのである[11]。

第２節　両書の関係をめぐる研究史

2-1　写本伝承からの考察

『キリスト者の生のかたち（キリスト教綱要）』（以下，『綱要』と略記）と『大書簡』との密接な類似・親近性が気づかれ出したのは，実は極めて早く，おそらくはグレゴリオスによる『綱要』公表後[12]さほどの間もなく，それは『大書簡』と混同され始めたものと思われる。実際，両者の混同や融合の痕跡を伝承するいくつかの写本が残されている[13]。

たとえば，後に詳しく見るようにミーニュ版『大書簡』後半部（PG34, 420C-441A）はミーニュ版『綱要』後半部（PG46, 297A-306C）とほぼ逐字的に一致しているのだが，そうした両書混同の実態は，実はフロスがミーニュ版『大書簡』を編纂する際に依拠した写本（Berolinensis Graecus 16）にまで遡ることができる。なぜなら，その写本自体が，既にしてグレゴリオスの『綱要』にマカリオスの集成Ⅰ[14]の説教 40 を前

11）メッサリアノイ派の中では，デリース（H. Dörries）以降，メソポタミアのシメオンがマカリオス文書の真の著者（すなわち擬マカリオス）として最有力視されている。メソポタミアのシメオンとは，反メッサリアノイ派文書が挙げるメッサリアノイ派リスト（テオドレトス〔Hist. eccl. 4, 11,2〕）の中に見出される名であり，さらに『50 の霊的講話集』のいくつかの写本がその著者として掲げる名でもある。シメオンの生涯については多くの部分が不明であるが，おそらく 380 年から 430 年の間に小アジアあるいはシリア，メソポタミアで活動していたと思われる。エジプトの誉れ高き霊的指導者マカリオスの名を冠し，彼の福音的霊性に満たされながらも，シリア起源の「心《カルディア》の霊性」によってそれを一層深め，何らかのかたちでメッサリアノイ派とも繋がるメソポタミアのシメオン，このいわば霊的複合体，デリースの表現を借りれば「マカリオス／シメオン」こそが，擬マカリオスの正体と言い得るのかもしれない。

12）『綱要』はグレゴリオス晩年の書とされる。たとえばイェーガーによれば，『綱要』は「真の修道生活の問題点に関する，さらには修道生活がキリスト教信仰の究極目的実現のために重要であるという点に関するグレゴリオスの最後の言葉なのである」。したがって，彼の没年 394 年から推して，ほぼ 4 世紀末近くに『綱要』は書かれたものと思われる。

13）写本伝承に関する以下の記述については，Staats [1984], pp. 28-29 参照。

14）擬マカリオスに帰せられる説教の数々は，現在，散在していた写本の四つの集成《コレクション》として編纂されている。それらは，相互に重複を許し，とりわけ第 4 集成は第 1 集成に完全に包含されている。また，後世にもっともその名の知られた，いわゆる『50 の霊的講話集』は第 2 集成に収められている。残る第 3 集成はテクスト上の問題がもっとも少ないと言われて

書きとして付加した上で「聖マカリオスの偉大で極めて有益な書簡」という題目をつけた羊頭狗肉の合成体だったからである。またマカリオスの集成Ⅲに収められた写本も，同様に集成Ⅰの説教40にグレゴリオスの『綱要』を（ただし，先の例よりは小規模に）合成したものである。

別のおそらく13世紀頃の写本（Codex Vaticanus Graecus 1433）には，「聖マカリオスの最初の書簡から書き換えられた書」（傍点筆者）という欄外書き込みが見出される。おそらくその写字生は，その本文がグレゴリオスの『綱要』であることを明らかに示している題目の欄外にそう註記することによって両書の混交を示唆したかったのであろう。

さらにマカリオスの集成Ⅲに収められた別の写本（Codex Atheniensis Bibl. nat.272）にあっては，「我らが師父，エジプトの至聖マカリオスによる序」と記された序に続けて，グレゴリオス『綱要』の元々の副題である「真理に即した修道の神的な目的について[15]」を掲げ，この後にグレゴリオスの『綱要』本文が期待されるところを，実際にはその副題に続けてマカリオス集成Ⅱの説教12が現れる，という複雑な混交の痕跡が示されている。おそらくこの写本には欠落があり，『綱要』の副題の後に実際に『綱要』本文が置かれていたものと思われる。

こうした諸例からもわかるように，そもそも写本伝承過程において既に両書は混同され，癒合・混交が進んでいたのであり，そうした事実からも両書の類似性がいかに際立っていたかが類推できよう。

2-2　イェーガー校訂版『綱要』に至るまで

ミーニュ版による両書の比較に先立ち，『綱要』テクストが，現在もっとも信頼に足るW・イェーガー批判校訂版に至るまでの経緯をまず概観しておこう。ミーニュ版が依拠する写本群の源泉としては，現在ウィーン国立図書館所蔵の13世紀の写本（Vindobonesis theol. gr. 35）がビザンティンの写本伝承に遡行可能な限界とされる[16]。この写本に

いる。

15）ミーニュ版もイェーガー版も『綱要』の標題には「神的な目的と（καί）真理に即した修道について」というように並列の接続詞καίが用いられるが，この写本ではκαίではなく前置詞ἐκが入り「真理に則した修道の（ἐκ）神的な目的について」となっている。

16）『綱要』を含む16，17世紀の写本（Codex Brit. Mus. Old Royal 16. D.XI, saec. XIV; Codex Urbinas gr. 9, saec. XVIIなど）もこの写本をコピーしたものと思われる。なぜなら，

は，グレゴリオスの他の著作と共に『綱要』も含まれるが，ただしそれは『綱要』の完全なテクストではなく，おそらく自分の研究用にビザンティンの学者によって原本より抜粋されたのであろう簡約版であった。それが簡約版とみなされた理由はこうである。イェーガーの用いたもっと古い完全な写本においても，『綱要』の標題としては「神的目的と真理に則した修道について」という文言が掲げられているが，ある写本（Codex Vaticanus gr. 1907）では代わりに「敬虔の目的および修道者同士いかにして互いに交わり，共に戦っていかねばならぬかということ〔に関する言葉〕を求めた修道者たちに宛てて」という文言が標題として見出される。ところがもし，修道者たちからなされたこのような修道上の指針要求への言及が，『綱要』の内容をなんらか示唆するものであるとするならば，その標題は実は簡約版では意味をなさないことになってしまう。なぜなら，『綱要』が修道者たちの求めに応じたものであることを示すはずの序文部分を簡約版は一切省略していたからである。実際，簡約版が序文のみならず全体に極めて意図的かつ的確に抜粋された抄録であることは，（後で具体例を挙げるように）完全版であるイェーガーの版と較べれば一目瞭然である。

このように不完全な抜粋の形で伝承された『綱要』テクストは，1606 年，モレルス兄弟によってそのラテン語訳のみがパリで刊行され，さらにギリシア語原典を加えた版が 1615 年に同じくパリでモレルスによって公刊されたグレゴリオス著作集に収められた。新たに発見された他のいくつかのグレゴリオスの著作をさらに加えた増補版が 1638 年に公刊され，最終的にミーニュ（PG46）がその版（つまりモレルス版）のテクストを採り入れたわけである。要するにミーニュ版『綱要』は不完全な抜粋に過ぎなかったのである。

こうしてもっぱら不完全なモレルス＝ミーニュ版『綱要』テクストに依拠した研究が 3 世紀以上続くことになる。もちろん，ミーニュ版が公刊された 19 世紀半ば以降，テクストの完全化の試みがなされなかったわけではないが，いずれも成果を得るまでには至らなかった。しかしその後，ベルリン大学古典学の重鎮ヴィラモヴィッツ＝メレンドルフの指

これら後代の写本がすべて共通にもつ空白部分が，Vindobonensis の欠損部分に由来するからである。cf. Jaeger [1954], pp.3f.

揮のもと，グレゴリオスの諸テクスト批判校訂プロジェクトが1908年に開始され，やがて若きイェーガーが参入するに至って状況は一気に好転した。1939年，アメリカに渡ったイェーガーはハーバード大学に古典学研究所を設立し，その後着々と批判校訂版の刊行に向けて研究を進めたが，その過程でついに従来の抜粋版『綱要』の原本に当たるであろう写本を発見したのである。この写本に基づき，1952年，長い間待ち望まれたイェーガー校訂による『綱要』の完全版が公刊された[17]。

2-3　ミーニュ版での比較

しかし，イェーガー校訂版『綱要』が登場するまでの20世紀初頭から半ばまでは，『綱要』と『大書簡』をめぐる論争の舞台はもっぱら両書のミーニュ版であった。たとえば1910年，シュティグルマイアは，ミーニュ版『大書簡』後半部（PG34, 420C-441A）がミーニュ版『綱要』後半部（PG46, 297A-306C）とほぼ逐字的に一致していることに着目し，自らの所説を展開した[18]。当時，マカリオス文書の研究が未成熟であったことも手伝い，まずシュティグルマイアはごく自然に『大書簡』が『綱要』を模倣したのだと前提した。そう前提する限り，グレゴリオスよりおよそ30歳年長のエジプトの師父マカリオスが親子ほど歳の若いグレゴリオスの著作を模倣したことになる。しかし，それは逆の場合に比して極めて不自然ではないか。『大書簡』はむしろグレゴリオスより後の時代の著者によって書かれたと考えられるべきであろう。かくしてシュティグルマイアによれば，『大書簡』の著者は「エジプトのマカリオス」ではあり得ず，また両書の共通部分でありながら一致の見られない箇所は擬マカリオスによる改竄部分であると主張された。

しかしこの主張は，実際にミーニュ版の両書を較べて見るなら，極めて説得力に欠けるものと言わざるを得ない。まず，両書がほぼ逐字的に一致しているとされる後半部の出だし部分を実際に読み比べてみよう。

擬マカリオス，ミーニュ版『大書簡』（PG34, 420C-D）

正しく<u>哲学せんと心に決め</u>，魂を悪徳の汚れから解き放つ<u>者は</u>，

17）本章註1参照。

18）Stiglmayr [1910].

哲学の目的を精確に知らねばならない。それはその競走の道行きの労苦とゴールを弁え，すべての人が自惚れや自らの成功への奢りを投げ棄てるようになるため，また，そうした生のただ中にある自らの魂を聖書の教えに従って否定し，一つの財宝を見やるようになるためである。その財宝とは，神がキリストへの愛の報酬として，彼を愛した人々へ与えたものである。神は，獲得するための労苦を精一杯耐える人たちすべてを，キリストのもとへと呼んでいる。そして，キリストの十字架こそは，彼らのためにそうした生の旅路の備えとなっているのである。

十字架を担ってゆく人は，喜びと善き望みを携えて救い主なる神に聴従してゆくべきであり，また神の摂理をこそ，おのれの生の法，生の道となしてゆくべきである。使徒自身もまた，そのことについて，「わたしがキリストに倣うように，あなたたちもわたしに倣うがよい」（Ⅰコリ 11:1）と言っている。そしてまた，「我々は，忍耐をもって自分たちの前に置かれた競争を走る。信仰の始め（根拠）であり，目的（完成）であるイエスから目を離さないようにして（ヘブ 12:1-2）」と。（下線部はミーニュ版『綱要』と逐字的に一致する箇所）

グレゴリオス，ミーニュ版『綱要』（PG46, 297A）
〈それゆえ確かに，敬虔の目的とは（ὁ σκοπὸς τῆς εὐσεβείας），そのようなものである。〉しかるに，哲学せんと心に決めた者は，そのことを精確に知らねばならない。それはすべての人が自惚れや自らの成功への奢りを投げ棄てるようになるため，また，そうした生のただ中にある自らの魂を否定し，一つの財宝を見やるようになるためである。その財宝とは，神がキリストへの愛の報酬として，彼を愛した人々へ与えたものである。使徒自身もまた，そのことについて，「我々は，忍耐をもって自分たちの前に置かれた競争を走る。信仰の始め（根拠）であり，目的（完成）であるイエスから目を離さないようにして（ヘブ 12:1-2）」と言っている。

両書の一致がいかに正確に逐字的なものであるか，よくおわかりいただけたことと思う。しかし，シュティグルマイアの所説に従うなら，『大書簡』が『綱要』を模倣したことになっていたが，模倣する側の（つまり『大書簡』の）叙述の方がより詳細で文意も豊かであるのはなぜだろうか。むしろ，『綱要』の方が要約的であり，あたかも『大書簡』の主要部分を抜粋したように見えないだろうか。しかも，このことはなにもここに引用した箇所にだけ見られる傾向ではなく，両書の並行箇所全般に関して言い得ることなのである。

ミーニュ版『綱要』が何らかの抄録であることは，イェーガー版『綱要』と比較することによっても明らかである。実は先に引用したミーニュ版『大書簡』の箇所（いわばそこから『大書簡』の後半部に入る箇所）に関しては，イェーガー版『綱要』とそれは全文完全に一致する。つまり，引用されたミーニュ版『綱要』の箇所は，並行するイェーガー版『綱要』の抜粋でもあるわけである。ただし，先の『大書簡』引用箇所以前の箇所はイェーガー版『綱要』とはまったく異なり，したがって引用されたミーニュ版『綱要』の〈　〉内の部分はむしろイェーガー版『綱要』の抜粋となる。具体的にはこうである。

グレゴリオス，ミーニュ版『綱要』

それゆえ確かに，敬虔の目的とは，そのようなものである。しかるに，哲学せんと心に決めた者は，そのことを精確に知らねばならない。

グレゴリオス，イェーガー版『綱要』（ライデン版原典 63-64 頁）

それゆえ確かに，敬虔の目的とは，主自身や，主から知を受けた使徒が我々に伝えてくれたものである。しかし，我々がより偉大な先人から教えを受けて，彼らの語ったことの枝葉を落とすよりも，むしろその説明を長くし真理を露わにしようとするとしても，我々を責めてはならない。なぜなら，正しく哲学せんと心に決め，魂を悪徳の汚れから解き放つ者は，哲学の目的を精確に知らねばならないからである。（下線部はミーニュ版『綱要』と逐字的に一致する箇所）

以上の例からも，ミーニュ版『綱要』後半部がミーニュ版『大書簡』

後半部の（さらにはイェーガー版『綱要』の）抜粋であることは明らかであるが，その点を詳細に考証しシュティグルマイア批判を展開したのが次に見るL・ヴィルクールである。

2-4 ヴィルクール説

1920年にヴィルクールはミーニュ版の両書を精密に読み比べ，その10年前に公刊されていたシュティグルマイアの主張を批判した上で，ほぼ正反対の立場，すなわち『綱要』の著者（この場合，グレゴリオスとは異なる人物と推定されている）が擬マカリオスの『大書簡』を模倣したのだと主張した[19]。もっと具体的に言えば，ミーニュ版『大書簡』後半部がオリジナル・テクストで，ミーニュ版『綱要』後半部はそれに依拠した抜粋である，というのが彼の立場である。既に両書の並行箇所の一部を読み比べてみてわかったように，両書の逐字的な共通部分の他にさらに一方のみに固有の文言が付加されているのは『大書簡』の方である。要は，その付加を擬マカリオスによる『綱要』原本の改竄と解するか（シュティグルマイアの主張），あるいは逆に『大書簡』こそが原本であり，そこから（偽）グレゴリオスによってなされた抜粋こそがミーニュ版『綱要』であると解するか（ヴィルクールの主張），そのいずれを採るかという問題である。

もしシュティグルマイアの言うようにミーニュ版『綱要』がオリジナルだとするなら，擬マカリオスは自らの文体とは異なるグレゴリオスのテクストを，その都度コメントを付け加えながらそっくり自分の『大書簡』後半部の中に組み入れたことになる。しかし，ミーニュ版『大書簡』後半部を読む限り，文体は全体を通して説教集などの他のマカリオス文書とさしたる違いもなく，極めて自然な叙述構成となっている。他方，ミーニュ版『綱要』には，具体的な指示内容を欠いた不自然な代名詞がしばしば見出されるなど，他の原本からの抜粋とみなされてもおかしくない点が散見される。こうした点を勘案する限り，ヴィルクール説の方がより妥当とみなさざるを得ない（ただし，シュティグルマイアは依然として承服せず，後に再反論を公にした[20]。イェーガー校訂版の登場によっ

19） Villecourt [1920b], pp. 29-56.

20） Stiglmayr [1925], pp. 244-260.

て形勢が一気にヴィルクール不利に逆転するのは，さらに30年近く後の話である）。

ところで，ミーニュ版『大書簡』の前半部（409C-420B）と後半部（420C-441A）の間には，前者が真のキリスト者の不受動心《アパテイア》をめぐって，いかにして人間が魂を浄化し神の住居となるかを講じるのに対して，後者が修道共同体における生活および上長や修道者同士の相互関係を扱う，というようにまったく性格の異なる論旨の不自然な合成の跡が見られる。そこからヴィルクールは，ミーニュ版『大書簡』前半部はオリジナル・テクストを提示していないと推定し，その上で，失われた前半部を含めたオリジナル・テクストの輪郭を（たとえ抜粋・短縮版とはいえ）全体として保持しているのはむしろミーニュ版『綱要』であり，その内の後半部の完全オリジナル・テクストが『大書簡』後半部である，という仮説を立てた。

この仮説の当否は別として，少なくとも『綱要』が『大書簡』の単なる抜粋だとなると，『綱要』の著者はグレゴリオスではあり得ないとヴィルクールは主張した。『大書簡』の著者が「エジプトのマカリオス」ではあり得ないという点に関してはシュティグルマイアと意見を同じくするヴィルクールは，そのいわゆる「擬マカリオス」の執筆年代をメッサリアノイ派との関係から推してグレゴリオスより後の時代，しかし（彼の発見した534年頃のものとされるシリア語写本[21]に『大書簡』の再録ないし要約が見出されたので）遅くとも534年頃よりは前，したがっておそらく5世紀と推定した。となると，5世紀に書かれた『大書簡』から，既に394年に没していたグレゴリオスが抜粋を行なえるはずがない。ゆえに，ミーニュ版『綱要』はグレゴリオスの真作ではない，と彼は結論づけたわけである。

以上，少なくともミーニュ版の『綱要』と『大書簡』に関する限り，本章冒頭で触れた擬マカリオスとメッサリアノイ派の関係も含め，ヴィルクールの仮説は揺るぎないものに思われた[22]。しかしイェーガーによって，1952年に『綱要』の，1954年に『大書簡』のそれぞれ完全な写本に基づいた批判校訂版が公刊されることによって，『綱要』–『大

21）　英国博物館所蔵のシリア語写本 Ms. add. 12175.

22）　Cf. Wilmart [1920], pp.361-377.

書簡』論争はまったく新しい段階に踏み込むことになるのである。

2-5　イェーガー説

シュティグルマイアとヴィルクールの争点となっていたのは，ミーニュ版の『綱要』と『大書簡』のどちらがどちらに依拠していたか，どちらがオリジナルかという点であった。しかし，イェーガーは発想をまったく異にしていた。ミーニュ版『綱要』と『大書簡』の両方に共通する未だ発見されざる原本が第三の要因として存在する，彼はそう考えたのである。すなわちミーニュ版『綱要』はその失われた共通原本の文字通りの抜粋であり，ミーニュ版『大書簡』後半部はその原本後半部だけの逐字的な写しである，というわけである（ちなみに，ミーニュ版『大書簡』の前半部は，H・デリースが指摘していたように，擬マカリオスの説教40をそのまま逐字再録したものである）。そして実際にイェーガーは，今までのいかなる版よりも完全な『綱要』のオリジナル・テクストを見事に発見したのである。かくして，1952年に『綱要』完全版は公刊された。

その一方でほぼ時を同じくして，長年にわたりマカリオス文書の完全校訂版の準備のために尽力していたゲッティンゲン大学のH・デリースが『大書簡』の最善のテクストを発見していた。それはヴァティカン所蔵の二つの写本[23]に含まれていたものだが，より厳密な校訂のために公刊に慎重であったデリースに代わって，彼からその写本の利用許諾を得たイェーガーが，さらにシリア人エフレムに帰される写本Eやエルサレム写本[24]，さらにはアラビア語写本[25]をも用いて，一足先に『大書簡』の（暫定的）完全版として，『綱要』完全版公刊の二年後に出版したのである[26]（暫定版に代わる『大書簡』決定版の公刊は，結局，自身による校訂作業を老齢のため断念したデリースによってR・シュターツに校訂が依頼された1964年から，さらになんと20年を経た1984年であった[27]。その間デ

23） Codex Vaticanus graecus 694(saec.XII-XIII) と Codex Vaticanus graecus 710(saec. XII-XIII).

24） Codex Hierosolymitanus graecus S.Saba 157 (saec. XI).

25） Codex Vaticanus Arab. 70 と Codex Vaticanus Arab. 80.

26） Jaeger [1954], pp.233-301 にいわば附録の形で所収。

27） Cf. Staats [1984], p. 7.

リースはマカリオス／シメオンに関する自らのモノグラフ[28]（1978 年）の執筆すら，皮肉なことにイェーガー版に依拠せねばならなかった）。

こうして『綱要』,『大書簡』共にオリジナルと目される校訂版が出揃い，ミーニュ版にもっぱら依拠していた時代は終わりを告げたのである[29]。しかし，イェーガー自身驚きを隠さぬように，この新たな校訂版においてすら，この両書は際立った類似性を有していたのである。もちろん，それはミーニュ版に見出されるような逐字的一致ではないものの，両書の思想内容面での際立った類似は，再びグレゴリオス—擬マカリオス間の影響関係の問題を引き起こさずにはおかなかった。

イェーガーの結論は極めて明快である。彼によれば，『綱要』は完全にグレゴリオスの真作であり，擬マカリオスによる『大書簡』や『霊的講話集』（*Homiliae spiritales*）はそれに全面的に依拠した通俗版に過ぎない。したがって，メッサリアノイ派というものも，実はグレゴリオスの直接の影響を受けたシリアあるいはメソポタミアの修道者たちが，バシレイオス的な修道制に由来するもろもろの問題点を誇張し，通俗化したものに過ぎない，というわけである。

ヴィルクール説とは正反対の《擬マカリオスの諸文書がグレゴリオスの『綱要』完全版に全面的に依拠する》という確信をイェーガーにもたらしたのは，やはり抜粋版にはまったく見られなかった『綱要』完全版のもつ際立った完成度の高さであったのだろう。実際『綱要』は，『純潔について』から『モーセの生涯』に至るまでの彼の生涯の霊的思索を余すところなく糧としつつ，「我々を導く聖霊の恵みに従って」（『綱要』ライデン版原典 42 頁）その真髄を表現し得たグレゴリオスにとってもっとも重要な著作の一つであり，修道生活の本来のあり方について語られた彼の最後の言葉である。かくなるゆえにイェーガーは，『綱要』の執

28） Dörries [1978].

29） しかし，無論，イェーガー版の登場でミーニュ版『大書簡』の価値がなくなってしまうわけではない。16 世紀以降，西欧の霊性にもっとも影響を与え，敬虔な一般読者にも広く迎えられてきたのは，やはりミーニュ版『大書簡』だったからである。その点を重視した G・マローニーなどは，イェーガー版もシュターツ版も利用できたにもかかわらず，ミーニュ版を底本にした『大書簡』の英訳を上梓したほどである（Maloney [1992]）。なお，フロス編纂によるミーニュ版『大書簡』とイェーガー校訂版『大書簡』を読み較べてみると，ミーニュ版の後半部とイェーガー版 254 頁 18 行 -281 頁 14 行とがほぼ精確に一致することがわかる。

筆年代をグレゴリオスの最晩年，おそらく390年以降の数年間と画定した[30]。しかしそうなると,『綱要』に依拠したとされる『大書簡』の執筆年代はどうなるのだろうか。

デリースに従い，『大書簡』とメッサリアノイ派との関係を手がかりにしてみよう。まずメッサリアノイ派が最初に非難されたのは380年のアンティオケイアの教会会議であり（この席上，激しくメッサリアノイ派を攻撃したのはイコニオンのアンフィロキオスだったが，なんと彼はバシレイオスやニュッサのグレゴリオスとは極めて近しい友人であった)，次いで390年のシデの教会会議であった[31]。この380年から390年の間には，先に示したように『綱要』はまだ執筆されていない。イェーガー説に従う限り，まだ執筆されていない著作（『綱要』）を模倣することなど当然不可能である以上，『綱要』に依拠したとされる『大書簡』の執筆年代が390年以前であることはあり得ない。

ところで，アンティオケイアおよびシデの教会会議でのメッサリアノイ派非難は，何であれ書き物に対してなされたものではなかった。それに対し，異端と断罪されたエフェソス公会議（431年）においては，メッサリアノイ派の修道者たちが携えていた書物自体に非難が向けられていた（だからこそ，そうしたメッサリアノイ派的な文言の数々が記録されることになったのである)。もし，380年から390年当時はまだ全体として無学であったメッサリアノイ派の中に，何らかの形で霊的指導書や修道手引書のようなものが入り込み，それが431年の断罪に繋がったと仮定できるなら，そうした書物こそ擬マカリオスの説教集であり『大書簡』だったのではあるまいか。そうした仮定に立ち，しかもイェーガー説に従う限り，『大書簡』の執筆年代は，ほぼ5世紀前半ということになるだろう。しかし，そうなるとメッサリアノイ派と擬マカリオスとの関係というものも極めて曖昧なものとなる。確かに，イェーガーのようにメッサリアノイ派の実体をグレゴリオス修道思想の亜流へと解消することも，擬マカリオスをメッサリアノイ派とは一切無関係とみなすことも，多くの資料が整った現在においては極めて困難ではある。しかし，だからと言って擬マカリオスを「改革的メッサリアノイ派」（H・デリー

30） Jaeger [1954], pp.118f.
31） Jaeger [1954], p.226.

ス）とか「萌芽的メッサリアノイ主義」（D・グリボモン）などと呼んで異端色の希薄化を図っても，実質的な解決には決して至らないだろう。

このようにメッサリアノイ派問題では必ずしも説得的ではなかったものの，イェーガー説は，『綱要』『大書簡』両書のまったく新しい校訂版の威力を存分に発揮することによってこの両書に関する研究史を一挙に書き換え，いわゆる「マカリオス問題」もほぼ解決されたかのような印象を強く与えるものであった[32]。しかし，1960年代の後半以降になると，イェーガー説を真っ向から否定する研究が次々に登場し始め，現在においてもそうした動向に対する有力な論駁は一つもなされていない。それは一体どのようなことを意味しているのだろうか。もっとも精力的な活動で擬マカリオス研究をリードするR・シュターツに即して考察してみたい。

2-5　シュターツ説

イェーガーの『大書簡』暫定的校訂版が刊行されてからちょうど10年後の1964年，H・デリースからの委託を受け『大書簡』の批判校訂という労多き仕事を引き継いだR・シュターツは，同年，ゲッティンゲン大学神学部に提出した学位論文に基づいた『ニュッサのグレゴリオスとメッサリアノイ派』と題する著書をさらにその4年後に上梓した[33]。「本質から逸れた押し付けがましい仮説の一切を振り捨て，グレゴリオスの『綱要』と擬マカリオスの『大書簡』の間で常々議論の絶えることのなかった，どちらが他に先行しその原本となるかという問題を，能う限り厳密に文献学的原理に則って解くこと」[34]を主眼とした同書において，ほぼ時を同じくしてイェーガー説への疑念を表明したJ・グリボモン[35]やM・カネヴェ[36]らの主張を纏める形でシュターツは以下のような明瞭な解釈を展開した。

32）　Cf. Quasten [1992], p. 274. また，イェーガー説が威光を放っていた時代の雰囲気を如実に伝える記述は，イェーガーの革新的業績の興奮覚めやらぬ，ちょうど時代が反イェーガー説へと反転する数年前に刊行されたBouyer [1960] の諸所に確認できる。

33）　Staats [1968].

34）　Staats [1968], p. v.

35）　Gribomont [1962].

36）　Canévet [1969], pp.402-23.

まず，擬マカリオスの『大書簡』の方がより先にオリジナルとしてあった。したがって，通常グレゴリオスに帰される『綱要』の方は，『大書簡』において擬マカリオス（ないしメソポタミアのシメオン）の説く修道生活に関わる様々な教説を，その表現方式に至るまで文字通り手本としつつ，哲学的語彙を用いたより洗練された形に書きかえようとした試みに他ならない。そのような『綱要』の企ての目的は，『大書簡』に含まれるメッサリアノイ派的な表現を和らげ，当時のギリシア語を解する知識人層により受容可能なように，彼らに馴染みのある哲学的概念を『大書簡』の表現に溶け込ませるためであった。おおよそ以上のような解釈がシュターツら反イェーガー陣営の主張すなわち『大書簡』オリジナル説である。この立場はその後，擬マカリオスのテクスト集成としては現在もっともテクスト上の問題が少なく信頼できると見られる第3集成の最新校訂版[37]編者V・デプレの参入を得てますます勢いを増し，さらにはシュターツ自身のほぼライフワークとさえ言い得る『大書簡』の批判校訂版[38]（彼自身による『綱要』の最新校訂版も見開きで並置）が1984年についに完成するに至って，解釈上の大勢をほぼ決した観がある。

次に『綱要』の著者問題に関してだが，もしシュターツらの考えに従うなら，それは『大書簡』の執筆年代と密接に連動することになる。なぜなら，もし従来のように『大書簡』の執筆が5世紀に入ってからだとすると，グレゴリオスが生前にその書を範として『綱要』を書くことなど不可能となるからである。その上しかも『綱要』の語彙，聖書解釈，神学を他のグレゴリオスの著作と較べることによって，『綱要』のグレゴリオス真筆性への疑念を払拭することは必ずしも容易ではない。

しかし，この点でもシュターツの解釈は揺るぎがない。彼は『大書簡』の執筆年代を381年の近くに画定する。なぜなら，『大書簡』第1章（章・節分けはStaats[1984]に従う）には，聖霊の神性に関する381年のコンスタンティノポリス公会議の信条を明瞭に反映した箇所が見出され，その限りで同書が381年前後に書かれた可能性が高いと思われるからである。教理史的な意義も秘めたこの推定が正しいとすれば，『大

37）　Desprez [1980].
38）　Staats [1984].

書簡』を手本としてグレゴリオス本人が晩年に『綱要』を書くことも十分可能となる。また，仮に『綱要』が他のグレゴリオスの書とはどこか異なる要素をもっていたとしても，それは同書が擬マカリオスの霊的思索をメッサリアノイ派から解き放ち，より多くの人々に広く伝えていくために，『大書簡』そのものを範としてなぞるように書き直されたものであるとみなすことによって説明がつくであろう。

その点で興味深いのは，『綱要』の標題として「敬虔の目的および修道者同士いかにして互いに交わり，共に戦っていかねばならぬかということ〔に関する言葉〕を求めた修道者たちに宛てて」を掲げた三つの写本（S, Z, Par）の内，一つの写本（Par = Parisinus Suppl. Gr. 399, saec.16）に見出される異文に関してである。ここに訳出した標題中，〔　〕内はイェーガーによって挿入された部分（λόγον περί）であるが，この挿入は「敬虔の目的」と「修道者同士いかにして互いに交わり，共に戦っていかねばならぬかということ」のいずれもが属格の形でどこにも繋がらず宙に浮いた形になっているのを，属格支配の前置詞 περί に繋げて意味を通そうとしたものである。ところが異文では，「求めた」に当たる ἀπαιτήσαντας を，その内の僅か二文字（αι → οσ）だけが異なる ἀποστήσαντας と読み替えることによって，イェーガーのような強引な挿入をまったく必要とせずに，「敬虔の目的および修道者同士いかにして互いに交わり，共に戦っていかねばならぬかということから離反した修道者たちに宛てて」というように読めるのである。イェーガーはこの異文を「愚かな推測」として見くびってしまったが，ここには重要な示唆が隠されているのではないだろうか。それはつまり，もしシュターツらの主張する通りグレゴリオスが『大書簡』を何らかの意図で模倣したとするならば，その意図の一つには，擬マカリオスに修道上の問題への指針を求めたメッサリアノイ派の修道者たちを念頭に置きながら，その修道者たちをある意味でバシレイオス的な真の修道生活から離反した者として密かに規定し直し，その上で彼らを真の修道生活へと導こうとする，その限りでプラトンに起因するプロトレプティコス・ロゴス（勧告の書）として『大書簡』をいわば脱構築していこうという戦略があったのではないだろうか。

いずれにせよ，グレゴリオスをして『大書簡』の模倣的書き直しという作業に向かわせたものは一体何か，という問いに答えることは決して一筋縄でいく仕事ではない。ここに至っては，もはや『綱要』と『大書簡』にのみ関わる局地戦ではなく，グレゴリオスと擬マカリオス各々の諸著を全面的に，しかもある意味で内面的に対峙させることこそが求められているのかもしれない。おそらくはメッサリアノイ派の真相に至る途も，そこにしかあるまい。

小　括

以上，研究史的な文献サーベイに終始してしまったが，少なくとも私たちの手元にある『綱要』と『大書簡』という二巻の書が，近代的な著作概念からいかにかけ離れた怪しげで不確かなテクスト成立経緯を辿ったか，また，ニュッサのグレゴリオスと擬マカリオス，そしてメッサリアノイ派という三者があたかもボロメオの結び目をなす三つの輪の如くいかに奇怪に謎めいて絡み合っているか，その二点に関してだけは，ある程度了解していただけたものと思う。

今後の展望として，以下を申し添えておく。修道的共同体における修徳修業の生において，人間の徳の完成とはいかなるものであり，またそれはいかにして実現せられるのか，という根本問題（それはギリシア哲学の根本問題が，真の修道生活におけるキリスト教信仰の究極目的の実現という場面で問われたものともいえよう）を問い抜く場として，擬マカリオス―メッサリアノイ派修道者―バシレイオス―ニュッサのグレゴリオスの思索と実践と言葉が錯綜するこの『綱要』-『大書簡』問題を，新たな地平で（擬マカリオス，グレゴリオスの両サイドから）さらに深く問い直すことが喫緊の課題であるように思われる。それは言い換えれば，他との差異の産出をもってオリジナルな知的創造とみなす近代的思索に対し，一なる霊的増殖の場に全人格的に参与することによって各自固有の多様な思索の産出を結果的に可能にする，そのような思索の途を自ら歩むことでもある。前者には知識の交換原則のみが機能しているのに対し，後者では根源的な聖霊の贈与原理が場を統べている。グレゴリオスが擬マカリオスの言葉に依拠する，あるいはそのとき擬マカリオスの思索の言葉はオリジナルである，と言われるとき，擬マカリオスの思索が他のすべての思索に対して固有の差異を生産するがゆえにオリジナルな価値があるのだと思ってはならない。また，グレゴリオスの擬マカリオスへの依拠を，オリジナルな価値への従順な服従としての模倣によってその価値との交換を図ろうとする行為として理解してはならない。それらはいずれも，グレゴリオスがいみじくも「我々を導く聖霊の恵みに従って語る」と述べているように，あくまで聖霊の贈与原理に与り，自らの思索と実践と言葉を霊的増殖の場となす道行きに他ならない。いわば「テクスト共同体《コイノーニア》」とでも呼び得るような聖霊の恵みへの両者の与りが，相互に重なりつつも『大書簡』と『綱要』という各々の場として披かれたのである。では，このような形で現れることのないもう一つの輪，メッサリアノイ派は一体，どのような場として披かれるのであろうか。

第14章

マカリオス文書における πληροφορία 概念の意義

――信仰の真理性に関して4世紀東方教父は何を語り得たのか――

本章が焦点を合わせようとしているギリシア語固有の語彙 πληροφορία[1] は，その動詞形 πληροφορέω（πλήρης：「充満した」「いっぱいの」＋ φορέω：「繰り返し運び・もつ」[2]）と共に，元来，商取引など一般市民の生活場面において量的な規定を与える世俗的な言葉であった。ところが，そのように文学的でも哲学的でも，まして神学的でもなかった πληροφορία という語が，やがて新約聖書においては，ルカやパウロなどの働きによって，霊的実在がもたらす「充溢，完全性，確実性」，また主観的な「確信」を表現するためのキリスト教固有の霊的術語として用いられるようになったのである[3]。その後，教父たちがこの術語を用いた例は極めて少ないが[4]，その中でこの語を例外的に多

1） πληροφορία 概念一般に関して，V. Desprez,'Plèrophoria'du *Dictionnaire de Spiritualité* 12, cols.1813-21. さらに Desprez [1984], pp.89-111 参照。

2） 動詞 φέρω「運ぶ」の反復形である動詞 φορέω が，形容詞 πλήρης によってさらに「充足・充満」という意味内実を伴いつつ強調されている。

3） たとえば G. W. H. Lampe, *A Patristic Greek Lexicon* によれば，動詞 πληροφορέω の語義として，成し遂げる（fulfil），満たす・十分に満足を与える（satisfy），確信を与える（give assurance to）などが挙げられ，その名詞 πληροφορία には fullness, full reality; satisfaction; assurance, conviction という語義が挙げられている。Liddel & Scott, *Greek-English Lexicon* においてもこれ以上の語義は挙げられておらず，また用例もギリシア古典期とりわけ哲学関係のものは一切挙げられていない。

4） πληροφορία に関して言えば，使徒教父たちも護教論者たちもこの語を用いはしなかったし，アレクサンドレイアのクレメンスにもこの語を用いた「ヘブライ人への手紙」6:11 と 10:22 を引用するとき以外はその用例がない（*Str*. 2.22, 4.20）。オリゲネスはイエスの復活の確信を語るためにこの語を一度だけ用いている（*Schol. in Cant*. 5.2, PG17, col. 273B）。他

用した教父は，4世紀カッパドキアの三巨星の一人バシレイオスであり，さらに極めつけは擬マカリオスであった[5)]。

いずれにせよ，パウロによって強い霊的な意味を負わされ，正統キリスト教的術語としての輝かしい道を歩み始めたπληροφορία概念ではあったが，時を隔てた8世紀，ダマスコスのヨアンネスの手になる反メッサリアノイ派文書（431年のエフェソス公会議において最初の断罪を下された異端的宗教運動体メッサリアノイ派〔μεσσαλιανοί〕[6)]を批判する文書で，749年以前の作と推定される）において，異端として弾劾された彼らの思想を象徴するまさにキーワードとしてそれは槍玉に挙げられることとなる[7)]。πληροφορία概念をめぐって，果たしてその間に何が起こったのであろうか。一旦は通俗語から神聖な霊的術語へと格上げされながら，一体どうして，異端の汚名を着せられることとなったのであろうか。その謎を解くために，本章では，まず新約聖書の用例から考察しはじめ（第1節），さらにバシレイオス（第2節），擬マカリオス，そしてこの語を極めて冷淡に，むしろ排除する方向で用いたニュッサのグレゴリオスの用法をそれぞれ比較検討した上で（第3節），メッサリアノイ

に偽クレメンス文書，アタナシオスの書物，『使徒憲章』，さらに『砂漠の師父の言葉』において用例が見出されるが，その数はわずかである。

5）πληροφορίαという語が，もっぱら5世紀に活躍したフォティケーのディアドコスに特徴的な用語だとみなされたこともあった。しかし実際には，ディアドコスの用例が名詞11例，動詞3例，副詞1例に留まるのに対し，バシレイオスの用例は名詞23例，動詞25例，さらに擬マカリオスに至っては，少なくとも名詞57例，動詞22例（複合動詞も含めれば26例）にものぼっている。さらに後に触れるように，実はこの語とメッサリアノイ派とは深い繋がりをもっており，そのことが三者三様に大きな影響を与えたものと思われる。

6）この呼び名は，370年代にサラミスのエピファニオスの異端論駁の書に初めて現れた。彼はシリア語とギリシア語の両方に堪能であったので，まずシリア語の発音をそのままギリシア語綴りに置き換えてμασσαλιανοίと綴り（綴りの下線部に注意願いたい），ギリシア語を話す聴衆にはその意味「祈る人々」のギリシア語εὐχόμενοιを用いて説明した（後にはεὐχῖταιとも呼ばれた）。なお，シリア語発音からの聞き写しであるためであろうが，エピファニオス以外は一般にμεσσαλιανοίあるいはμεσαλιανοίと綴るのが慣例だったようである。したがって，本書も慣例に従いμεσσαλιανοί「メッサリアノイ（派）」という表記を採る。

7）たとえばメッサリアノイ派の異端的諸特徴を列挙したリスト中に，「7. さらに身につけねばならないのは，不受動心であり，まったき感覚と確信（πληροφορία）において聖霊に与ることである。」（ダマスコスのヨアンネス『異端論』729b），「17. 彼ら〔メッサリアノイ派〕が言うには，人間は聖霊のペルソナを感覚的な仕方で，まったき確信（πληροφορία）とまったき働きによって受容することができる。」（同書732b）などという表現が見出だされる。

派という異端が生じざるを得なかった信仰をめぐるある種のメカニズムのようなものを試案的に提示してみたい（第4節）。その際，人間の知性把握を超絶した「語り得ぬ神」を，こともあろうに直接「感覚する」と主張したメッサリアノイ派の逆説（およびその逆説の文脈）の哲学的解明がポイントとなるはずである。

第1節　新約聖書の用例

まず動詞 πληροφορέω の用例から見ていくことにする。「十分満ち足りた量を与える」という原義から，キッテル[8]やステュワート[9]に従って，二つの語義系が派生すると考えられる。

（i）たとえば，事柄を「実現する[10]」（ルカ 1:1），自らの使命を「まっとうする・完成する」（Ⅱテモ 4:5），福音の宣べ伝えを「確実なものにする」（Ⅱテモ 4:17）といったような事例に第一の語義系が見出される。これは，ルカ福音書冒頭の用例からも明らかなように，人々に目撃された（ルカ 1:2）限りでの事柄の実現・完成，つまりは客観的な充実・完成を表現することを主眼とするものである。

（ii）それに対して，「十分な満足を与える」という意味を介して「十分な納得を与える＝説得する」，さらにその受動形によって「確信する」という主観的な色彩の濃い語義系がもう一方に派生すると思われる。既にこの語義系の萌芽は，セプトゥアギンタ（七十人訳旧約聖書）で唯一の動詞の用例「悪事をなす者を直ちに論難しないがために，人の心は悪事をなすことで一杯になった[11]。」（コヘ 8:11）においても見出されるが，より明確な用例はパウロによって，たとえば「信仰によって強められ…

8） Kittel, et al. [1959], pp.307-308.

9） Stewart [1991], pp.98-99.

10） 本節において訳文中に付された下線は，πληροφορέω ないし πληροφορία（あるいはそれらを含む句）を訳出した部分を示している。なお，論考がもっぱら πληροφορία 等の語義をめぐってなされる関係上，本章で取り上げる訳文はすべて，優れた邦訳書のある場合でも敢えて生硬な直訳調に統一した拙訳を用いている。もちろん各邦訳書からは多くのことを学ばせていただいた。改めて訳者の方々に感謝申し上げたい。

11） ここでは元来ヘブライ語形容詞「満ちた（mālē）」が用いられていたのだが，七十人訳ではギリシア語動詞 πληροφορέω の受動形で翻訳されている。

（略）…神には約束を実行する力もあるということをアブラハムは確信した」（ロマ 4:20-21）においてもたらされた（他にロマ 14:5，さらにはこれらの影響下にあるコロ 4:12）。

このように新約聖書における動詞 πληροφορέω の用例は決して多くはないが，名詞形 πληροφορία の用例に至ってはさらに少なく，以下の 4 例のみである。

Ｐ 1：彼らの心が励まされ，愛によって結び合わされ，理解力の確実性という富すべてと，神の神秘すなわちキリストの知をもつように。（コロ 2:2）

Ｐ 2：我々の福音は，あなたがたのところに単に言葉によってばかりでなく，力と聖霊と強い確信／大いなる完全性によってもたらされた。我々があなたがたのところで，あなたがたのためにどのような者であったか，あなたがたがご存知なように。（Ⅰテサ 1:5）

Ｐ 3：我々は，あなたがたの各々が，最後まで希望の実現／成就[12]のために同じ熱意を示すことを願う。（ヘブ 6:11）

Ｐ 4：信仰の満ち溢れる確信の内に，真の心をもって神に近づこう。心を良心の穢れから洗い清め，身体を清い水で洗って。（ヘブ 10:22）

キリスト者（とりわけ修道者）の究極目標である霊的完成，神との一致（人間神化）を終極のゴールと考えれば，この 4 例中の πληροφορία 概念は，基本的にはＰ 1-4 いずれも①信仰の終極的完成を主観的に確信しつつも，そこには未だ至っていない途上の位相を表すものと解される。言い換えれば，そこでは終極目的に対する主観的な信念の強度（Ｐ 4），理解力の強度・知の充満度（Ｐ 1）に意味の重心が置かれているのである。

しかし他方で，②聖霊によって十全に満たされた霊的完成・完全性（Ｐ 2）[13]，そうした希望の成就（Ｐ 3），つまりは信仰の終極的成就に既

12）新共同訳では,「最後まで希望を持ち続けるために」と巧みに意訳されている（2018 年刊の聖書協会共同訳においてもこの点は変わっていない）。

13）ただし，Ｐ 2 は極めて両義的で，新共同訳のように「強い確信」と訳すほうが一般

に到達した位相を表すものと解し得る萌芽的側面があるように思われる。言い換えれば，そこでは聖霊の充満度，つまりは存在の十全な実現態（エネルゲイア）に意味の重心が置かれているのである。こうした解釈は，たとえば以下のような動詞の用例からも支持される。

私は次のように祈る。あなたがたの愛がますます豊かになり，認識とまったき感覚〔判別力〕によって，重要なものをあなたがたが認められるように。また，来るキリストの日のために，あなたがたが純粋で躓きのない者となり，イエス・キリストによってもたらされた正義の果実に満ち溢れ，神の栄光と賞賛をいただくように。（フィリ 1:9-11）

ただし，こうした解釈が可能となるためには，聖霊の神性とその働きの強調が必須のものとなるであろう。だが，その点も含め，新約聖書において πληροφορία 概念のもつ②の位相はあくまで萌芽的に示唆されるのみであり，その位相を十全に展開し得るためには，擬マカリオスを待たねばならない。後に見るように，彼によって P 1-4 の 4 例中（P 1 を除く）3 例は，②の位相から鮮やかに解釈し直され，πληροφορία 概念は彼の霊性理解の中心となる。

いずれにせよ，新約聖書における πληροφορία 語群の意味区分には，動詞 πληροφορέω の用例（ⅰ）すなわち多くの人々によって目撃可能な信仰に関わる事柄の客観的実現・成就を表す位相，次いで動詞形の用例（ⅱ）と名詞 πληροφορία の用例①すなわち信仰上の主観的な確信を表す位相，さらにはあくまで萌芽的に見出された限りでの名詞形の用例②すなわち聖霊の充満による人間の霊的完成を表す位相，以上の三相が見出されるように思われる。もちろん，それら諸相は相互貫入的に混在しており，とりわけ後二者の関係はいまだ両義的で不分明である。そうした πληροφορία 理解の不分明さを独自の教義観によって払拭しよ

的である（後に見るようにニュッサのグレゴリオスの読みもそうである）。ここでの解釈上のポイントは，並置されている「力と聖霊」と πληροφορία との繋がりをどれだけ強く解するか，言い換えれば聖霊の働きによって注入された神的な力の過剰・充溢つまりは聖霊の充満として πληροφορία をどこまで解釈し得るか，という点にある。

うとしたのが次に見るバシレイオスである。

第2節 バシレイオスの用例

バシレイオスは，少なくとも書簡22とアスケティカにおいて名詞で23回，動詞で25回当該語彙を用いており，その意味では πληροφορία は彼の霊性理解のキーワードと言ってもよい[14)]。しかしそれにもかかわらず，バシレイオスの πληροφορία 理解は，あくまで前述の①すなわち信仰における主観的「確信」という範囲に留まるむしろ「控えめな」[15)] ものであった。以下の諸例では，そうした彼の πληροφορία 理解の方向性がよく現れている。

> 主によって語られた言葉にためらい，それを疑ってはならない。そうではなく，神の言葉が真であり，力あるものなのだと納得・確信しなければならない，たとえ自然がそれに抗っても。なぜなら，それはまた信仰のための戦いでもあるからだ。（『モラリア』8.1）

> 主によって語られた言葉を捨てようとして，自分の思念に依拠してはならない。代わりに，自分の確信よりも，主の御言葉の方が信じるに値すると知らねばならない。（同書 8.2）

> とりわけ，高名な者がその暮らしぶりから一転して，我らが主イエス・キリストに倣った謙遜をひたすらに目指すような場合，彼を部外者から見ると何か恥ずべき者と思いなされるように定め，その上で，彼がまったき確信をもって自らを恥じることのない働き手として神に差し出しているかどうか，注意して見定めねばならない。（『修道士大規定』第10問）

14） ただし，他の著作において πληροφορία 語群を用いることは稀であり，とりわけ『聖霊論』と『エウノミオス駁論』においては当該語彙の使用は皆無である。

15） Desprez [1977], p. 218.

これらに対してバシレイオスが πληροφορία を霊的完成の意味で用いるのは，以下の一例のみである。

なぜなら，効用のために聖書から個々人が学び知ることこそ，敬神の完成に至り，人の言うことに慣れ切ってしまわぬためには，必要で似つかわしいことなのだから。（『修道士小規定』第95問）

さて，彼がこのように軸足のしっかりした πληροφορία 理解を示すことができた背景には，一体何があったのだろうか。少なくとも，彼の教義観とそれを支える共住修道院での修徳修行が，その πληροφορία 理解を背後で支えていたことは確かである。とりわけ，バシレイオスが立ち向かわねばならなかった時代とは，ニカイア公会議（325年）において父と子のホモウーシオス関係が定立され，さらにコンスタンティノポリス公会議（381年）において聖霊の神性が公式に画定され（ニカイア・コンスタンティノポリス信条：聖霊は「主であり，生命を与える方，父から出て，父と子と共に礼拝され，崇められ，預言者を通して語られた」），三位一体論の根幹が出来上がるまでのほぼ半世紀にわたるキリスト教教会にとっての危機の時代，すなわち彼自身が嵐の中の海戦に譬えるような[16]三位一体論形成に至るまでの宗教思想史上の大混乱期であった。確かにバシレイオス自身はコンスタンティノポリス公会議の直前（379年）に没してはいたが，そこで作成された信条はあくまで彼の敷いた路線上にあり，教会を混迷から救い出すことに大いに貢献したものと思われる。

しかし，彼の教義に対する考えは以下に典型的に見出されるように，ある種のエソテリズムの相を呈している。

教義（δόγμα）[17]と宣教（κήρυγμα）とはまったく別のことである。

16）　Basileios, *Liver de Spiritu Sancto* (PG32), ch.30.

17）　山村敬（『聖大バシレイオスの『聖霊論』』，南窓社，1996年，192頁）は，δόγμα を「教説」と訳し，以下のような明瞭的確な註を付している。すなわち「教説 δόγμα は δοκεῖν という動詞の「心に思う」という意味に深く立ち返って言われている。（略）δόγμα と κήρυγμα との関係は難しいけれども，一般には「書かれた教え」を意味する δόγμα が，κήρυγμα と合わせて，深い沈黙の場に置かれ，内的に生きて働く対話の言葉として提起されなぜなら，教義について人は沈黙するが，宣教は公言されるからである。聖書が不分明さを用いるのも，そうした沈黙の一種なのであって，教義の内容を理解しづらいものにして，かえって読者に益をもたらすのである。（『聖霊論』27.66）

つまり，教義とりわけ聖霊のホモウーシオス性，聖霊と神との一致に関する言明は，あくまで公的には隠蔽されるべきものとみなされていたのである。言い換えれば，教義とは，文書として固定化されることを避け，もっぱら口頭で，あるいは「マタイ福音書」第28章19節に基づき，洗礼のような霊的行為を通じて伝承されるべきだと言うのである。コンスタンティノポリス信条において見出される「聖霊は……礼拝され」という礼拝重視の言葉もまた，そのような方位づけの延長線上にある。わけても，バシレイオスにとって，そうした教義を沈黙の内に，しかも絶えず営々と担っていくのは，言うまでもなく共住修道院における修道士たちの真摯な修徳修業活動であった[18)]。

こうした教義観は，バシレイオスの πληροφορία 理解にも何らかの影響を与えずにはおかなかっただろう。つまり彼は，聖霊の神性を認め，その働きによって信仰の霊的完成が現実にもたらされる，というような過度に聖霊主義的な考えを公に言表することに強い躊躇を覚えていたものと思われる。しかしその一方で，聖霊が内に充溢し信仰の霊的完成が実際に現成し得るという考えが，修道士たちの間で，決して公言されることなく，ひたすら内的に共有されていたという可能性もまた十分に首肯できよう。だとすれば，πληροφορία の語義を「主観的確信」に留め，聖霊の神性によって信仰にもたらされた完成態それ自身をも πληροφορία は意味し得ると公言することを彼が一貫して控えるに至ったのも，まさにそうした教義観からの影響があったからであろう。少なくともそう解釈することによって，以下に考察する擬マカリオスとニュッサのグレゴリオス（以下「グレゴリオス」と呼ぶ）の関係が πληροφορία の語義をめぐる（暗にバシレイオスを介した）対立に根差

ていることは明らかである。現代の一般的な神学概念としての「教理」とは概念化を拒む点では，むしろ逆の意味になる。」

18）　この点に関しては，Staats [1979], pp. 232-253 参照。

すものとして浮かび上がってくるように思われる。

第3節　擬マカリオスとニュッサのグレゴリオスの用例比較

ここで擬マカリオスとグレゴリオスの関係と言うのは，擬マカリオス『大書簡』とグレゴリオス『キリスト教綱要』（以下『綱要』と呼ぶ）の際立った並行関係のことである。両書のいずれが他方を模倣した書であるのか，両書における先行性をめぐる錯綜した解釈史に関しては本書第13章において既に詳述したが，そこでの暫定的な結論は，〈グレゴリオスがある意図のもとに擬マカリオス『大書簡』をモデルとしてその大半を模倣しつつ，ある点で何らかの書き換えを図ろうとした書物こそ『綱要』に他ならない〉というものであった[19]。

以下では，その「ある意図」を，擬マカリオスが提唱するような聖霊の充満（つまり霊的完成態）の経験重視によってもたらされたメッサリアノイ派的な度を越した聖霊主義のリスクをなんとか水際で阻止しようという意図，として解していきたい。それがバシレイオスの意図を継承するものであることは言うまでもないだろう。言い換えれば，πληροφορία 概念の意味の重心を「霊的完成」へと移行させようとする擬マカリオスに対して，バシレイオスの意図を継承しようとするグレゴリオスが πληροφορία という語に関してどのような対応を採ったか，その点をテクストに則して検討するのが以下の用例比較の狙いであ

19）ここで著作のオリジナリティという近代的な尺度を持ち出し，グレゴリオスが擬マカリオスを盗作したと考えてはならない。『大書簡』が修道者たちからの修道上の指針教示の求めに応じて擬マカリオスによって記された書（簡）である以上，当時そうした修道手引き書の類に対するニーズも大きく，それに応じて擬マカリオスの思想的影響力も大きくなっていったものと考えられる。そうした状況を憂慮したグレゴリオスにとって，『大書簡』が回覧閲読されていた読者層すなわち修道者たちに向けて，擬マカリオスの影響を無効化しつつ再度バシレイオス的な修道指針へと軌道修正を図るための最善の手段は，当時既に修道者間に流通していた当の『大書簡』それ自身に自らの新たなメッセージをいわば上書きしていくことだったのではないだろうか。もちろん，そのためにはグレゴリオス自身，『大書簡』を精読せねばならず，その結果，意図せざるかたちで擬マカリオスから影響を受けた可能性すらある。逆に言えば，そうした形での競合的思想交流がこの両者にとどまらず，当時，広く教父や修道者たちの間に一般化していたからこそ，この両書のようにほとんど逐語的とさえ言える並行関係も生じ得たのであろう。

る[20]。

(1)　まず最初に，グレゴリオスのもっとも顕著な対応は，擬マカリオスが『大書簡』において πληροφορία という語を用いる箇所で，それらの表現を完全に消去してしまう場合である。具体的には，『大書簡』第1章4節，第3章2節と12節，第9章12節と17節の計5箇所に対応する『綱要』の並行箇所で，πληροφορία という語を含み込んだ文章は，省略されるなり別の表現へと変えられるなりして，その痕跡を完全に消されている。それが実際にどのように行なわれているか，一例だけ詳しくに見るならば，『大書簡』第3章2節で神の意志にかなった人間の終極目的について語られる箇所では，まず「マタイ福音書」第5章8節，48節が引用されるが，『綱要』においてもそこまではまったく重複している。ところがその直後，『大書簡』では「主は様々な罪の完全な浄化すなわち恥ずべき情念からの完全な解放，および最高の徳の完全な受容を命じられる。ここで最高の徳とは，神の全き霊に完全に与ることによって，自らの身を信仰と愛をもって全面的に神に委ねる魂に生じる，心の浄化と聖化のことである」と述べられるところを，『綱要』では「完全性」を語るために「コロサイの信徒への手紙」第1章28節を引用することによって πληροφορία を持ち出さずに済ませている。実はコロサイ書のこの箇所は，『大書簡』ではもう少し後，第3章11節で引用されるのだが，『綱要』はそこでも忠実にそれを引き写している。つまり，グレゴリオスは πληροφορία の影を消すために，まったく別の箇所で擬マカリオスが引用していた聖句を再度利用していわば恣意的に上書きをしたものと推測される。

(2)　グレゴリオスの対応策の二つ目は，πληροφορία という語を文意の上で「信仰」と結びつけることによって，擬マカリオスがその語にもたらす「霊的完成」という意味への強い傾斜を，再び「信仰における確信」という穏やかな語義へと引き戻すケースである。この種の対応策が迫られるのは，πληροφορία 句が聖書からの引用中に含まれる場合で，いかにグレゴリオスといえども，聖句の一部を削除することまではできなかったからであろう。このケースの具体例としては，両書が「テ

20)　テクストとしては，両書の最新版を見開き対照した Staats [1984] を使用。

サロニケの信徒への手紙1」第1章5節を引用するくだりが挙げられる。まずはその二つを比較してみよう。引用文中，下線部は両書でほぼ同一の語彙が使用されている部分である（ただし，たとえば動詞の不定形とその名詞形というように緩やかに一致する場合も含む）。《　》内は聖書からの引用である。

擬マカリオス『大書簡』第2章1節（J. 235, 14-21）

完全に何一つ欠けることない仕方で聖霊の養子となるなら，まったき完全性において＊魂と身体は聖化に至る，そう信じるべきである。それは使徒が次のように述べた通りである。すなわち《我々の福音が我々のところに生じ来たったのは〔あなたがたが〕ご承知のように，ただ言葉だけによるのではなく，業と言葉，力と，聖霊と大いなる完全性によってである》（1テサ1:5）。さらにはまた《あなたがたの霊も魂も身体も，来るべき我らの主イエス・キリストの日[21]には，何一つ欠けたところのないものとして，非の打ちどころのなきまでに守られますように》（1テサ5:23）[22]。

ニュッサのグレゴリオス『キリスト教綱要』（J. 44, 3-11）

偽りのない意志によって聖霊のために前進し，まったき確信の内に＊信仰をもつ人は，その良心においていかなる穢れもなく，使徒が次のように述べた通り，聖霊の力が浄めてくれるのである。《我々の福音があなたがたのところに生じ来たったのは〔あなたがたが〕ご承知のように，ただ言葉だけによるのではなく，力と，聖霊と，大いなる確信によってである》（1テサ1:5）。さらにはまた《あなたがたの霊も魂も身体も，我らの主イエス・キリストの御名におい

21）聖書の標準テクストでは，ここは「我らの主イエス・キリストの臨在（παρουσία）において」となるが，擬マカリオスはそれを「我らの主イエス・キリストの日」と，グレゴリオスは「我らの主イエス・キリストの名において」と，各々微妙に読み替えている。

22）この直後に，『大書簡』の方も『綱要』の方も共に，洗礼の話が続く。この箇所での最大のポイントは，πληροφορία と洗礼とがはっきりと対比されている点である。その際，しっかり銘記してほしいのは，擬マカリオスはメッサリアノイ派が無視した洗礼をここで否定してはいないという点である。

て，何一つ欠けたところのないものとして，非の打ちどころのなきまでに守られますように》(1 テサ 5:23)。

ここで両書において＊のついた句は，ἐν πάσῃ πληροφορίᾳ というまったく同一の句であるが，「まったき完全性において」と「まったき確信の内に」とに訳し分けられる。なぜそのように訳し分けられるのかと言えば，まず第一に文法的に見て，『大書簡』で ἐν πάσῃ πληροφορίᾳ が「聖化」(ἁγιασμόν) に直接かかるのに対して，『綱要』ではその句は「信仰」(πίστιν) にかかっているからである。そもそも上記訳文が底本としているシュターツ版『大書簡』で挿入されている「信じる」(πιστεύειν) は，シュターツ版以前のイェーガー版テクスト[23]では削除されていた。つまりイェーガー版で読むなら，ἐν πάσῃ πληροφορίᾳ は「信じる」にかかることさえあり得なかったわけなので，『綱要』のように「信仰」にかかる用法とは明らかに異なっていたと言わざるを得ない。

次いで第二に，テサロニケ書からの引用文中でなされた擬マカリオスの書き換えがその読みを強調していると解される。すなわち，『綱要』の傍点箇所のように「あなたがたのところに」と読むのが正しい引用だが，それを『大書簡』では「我々のところに」と読み替えている[24]。擬マカリオスのこの読み替えによって，既に達成された福音宣教の成功を賞賛するパウロ本来の文脈が，罪からの完全浄化・完全聖化というゴールへ実際に至ることを勧奨する文脈へと一挙に様変わりさせられている。つまり，『大書簡』でのテサロニケ書の 2 箇所の引用は，微妙な書き換えによる意味の変容を蒙りつつ，「我々は神的な力を実際に経験した。あなたがたは我々の内にその力を目撃した (1 テサ 1:5)。あなた方にもその力が来たらんことを (1 テサ 5:23)」[25]と要約されるような文脈中へと効果的に配置されているのである。このようにして『大書簡』上記引用中に現れる 2 つの πληροφορία には，神的力による「霊的完成・完全性」という意味が強く響き合わさっていると言えよう。

23) Jaeger [1954].
24) イェーガー版もシュターツ版も共にこの読みを採る有力写本に依拠している。
25) Stewart [1991], p.112.

『大書簡』の方をそう解釈することができれば，対するグレゴリオスが，πληροφορία を「信仰」という語と繋ぐ一方で，擬マカリオスの上記のような読み替えをテサロニケ書本来の文脈へと引き戻すことによって，2 箇所の πληροφορία と相伴って「主観的確信」という意味へと引き寄せようとしていたことはほぼ間違いあるまい。

（3）以上のように，グレゴリオスは，『大書簡』中に頻出する πληροφορία（句）に対して，それが「霊的完成」「完全性」を意味している場合，その語（句）自体を故意に省略，削除するか，あるいはそれを「信仰」という語と繋げて「信仰における確信」という意味へと変容させてしまうか，どちらかの方策を採って，「霊的完成」という意味で πληροφορία が用いられることを極力回避していったのである。しかし，1 箇所だけそうした方策からはずれる用法がある。それが以下の【　】内である。

擬マカリオス『大書簡』第 3 章 12 節（J. 249, 1-6）

完全性において生じる霊の分有・共有の仕方を，彼〔パウロ〕は精確に書き留め，語る。すなわち《〔神は〕キリストにおいて働かせた霊の力の働きによって，死者の内からキリストを復活させた》（エフェ 1:19f）と。彼が《霊の働きによって》と語るのは，あなたがたもその完全な満ち溢れを受け取らんがためにである。

ニュッサのグレゴリオス『キリスト教綱要』（J. 58, 24 - 59, 4）

次に彼〔パウロ〕は霊の共有の仕方について語る。すなわち《〔神は〕キリストにおいて働かせた霊の力の働きによって，死者の内からキリストを復活させた》（エフェ 1:19f）と。彼は，霊の分有と霊に与る人々に対する霊の働きについて語るが，それは，彼いわく，【あなたがたも同じようにして霊の満ち溢れを受け取るように】，ということである。

まず最初の ἐν πληροφορίᾳ に対しては，第一の対応策通りグレゴリオスは『綱要』並行箇所においてそれを削除している。しかし，『大書簡』の二つ目の πληροφορία「完全な満ち溢れ」に対する並行箇所では，削除も「信仰における確信」への意味変更もなされてはいない。この箇所でのグレゴリオスの例外的な対応は研究者たちをしばしば悩ましてきた。しかし，少なくとも『大書簡』上記引用箇所で2度目に用いられる「語る」（φησί）が，聖書からの引用文中の語句を注釈するために述べられており，決してその直後にパウロの言葉を引用するためのものではないのに対して，『綱要』引用文中の3番目の「彼いわく（φησίν）」が文字通りパウロの言葉を引用するために述べられていること，つまりグレゴリオスが『大書簡』の記述につられて，誤って【　】内をパウロの引用と考えていたという推測は成り立つのではないだろうか。そうであるならば，この箇所はグレゴリオスの πληροφορία 対応策としてはまったく例外的なものとなるであろう。

(4)　さて，以上のような用例比較を参考にしつつ擬マカリオスの πληροφορία 理解とその用語法を纏めてみるならば，既に新約聖書における πληροφορία 用例分析によって析出された二つの位相とほぼ重なる二通りの用法がここでも見出されるだろう。それはすなわち，①「信仰の確信」という意味での用法と②「霊的な完成態」という意味での用法である。以下にその各々の特徴を列挙し，若干の考察を試みてみたい。

(1)　擬マカリオスは πληροφορία の他に，「感覚」（αἴσθησις），「力」（δύναμις），「働き」（ἐνέργεια），「経験」（πεῖρα）というような語を様々に組み合わせた重層的な複合表現を好むが，それらの語の内，「信仰」（πίστις）と組み合わされるのは πληροφορία のみである。たとえば，『大書簡』第1章4節では，聖書からの頻繁な引用に基づいて修道者たちに「一点の疑いもない信仰の確信」をもたらす，と述べられている。この場合の πληροφορία は，信仰の程度の主観的確実性を意味しており，その限りではバシレイオスやグレゴリオスの用法と極めて近似している。それにもかかわらず，グレゴリオスは上述の（1）で見たように『綱要』の並行箇所において πληροφορία を削除した。それほどまでに πληροφορία という語そのものに彼が強い警戒の念をもっていたとも取れるが，ダニエルーに拠るなら[26)]，むしろ腹蔵なく物事を語り得る「自由率直さ」「信頼」（παρρησία）というグレゴリオスにとって極めて重要な語の存在が，πληροφορία の忌避を動機づけていたとも解すことができる。

いずれにせよ，「信仰の確信」という語義には，「ヘブライ人への手紙」第10章22節（本章第1節で挙げられた πληροφορία 4用例中のP 4）における〈信仰の途上にある人たちへの勧告〉としての用法が共鳴していることは明らかである。しかし，同じヘブライ書でも第6章11節（第1節のP 3）となると少し事情が異なってくる。そこでは πληροφορία が「信仰」とではなく「希望」と結び付き，「希望の（ἐλπίδος）[27)]実現成就」が語られるのである。つまり，ここに至って，信仰・希望している〈今〉と，その信仰・希望がまさに実現成就した〈来るべき時〉との緊張関係がのっぴきならない形で浮かび上がってくる。自らの信仰に確信をもつということは，信仰の最終的な完成態が何らかのリアリティをもって立ち現れることとどこかで相即しつつ，しかし決してそのことだけに依拠するものではないようにも思われてくるのである。

こうした信仰をめぐる分裂と緊張は，πληροφορία の用法①と②とが決然と分かれるのではなく，むしろ相互貫入的な閾的領域が存在することを強く示唆する。しかし，来るべき終末ではなく，今ここでの霊的完成を強く志向する擬マカリオスにあっては，そうした閾的領域はもっぱら②の方向へと収束させられる傾向にある。その典型的な例が以下である。

『説教集』説教28-2-2

……もしあなたが神の神殿となり，神の霊があなたの内に住まったならば，もしあなたが信仰の完全性において（ἐν πάσῃ πληροφορίᾳ πίστεως）悪しき良心から浄化された心をもつなら

26） Daniélou [1944], pp.110-23.

27） πίστεως（信仰の）と読む異本がないわけではないが，ごく少数である。しかし，ἐλπίδος の採用がどれほど正当化されたところで，それと繋がる πληροφορία を「確信」と「実現成就」のいずれに訳すかという問題は，なお多くの翻訳者や註釈者を悩ませ続けてきた。

ば〔ヘブ 10:22 参照〕，もし《平和の神》があなたを完全に聖化し，《あなたの霊と魂と身体を非の打ちどころのない仕方で何一つ欠けるところのないものにしたならば》（1 テサ 5:23）……。

ここでは，πληροφορία が「信仰」によって限定されているにもかかわらず，文脈から読み取られる限り「信仰の確信」という意味にはなり得ず，聖霊が内住し，完全に浄化・聖化された，つまり信仰の完成態に至ったという意味で，それを「信仰の完全性」と訳すことさえできる。このように，ヘブライ書 10:22 の「信仰の πληροφορία」と同書 6:11 の「希望の πληροφορία」とは，少なくとも擬マカリオスにおける限り，互いが次の②の用法へと漸近すればするほど，相互の語義上の隔たりは小さくなっていくように思われる。

(2)　キリスト者の最終的な完成態を特徴づける用法。来るべきいつか（不特定の未来）ではなく，霊的な完成へのあくなき修道的追求のさなか，今まさにこの生において πληροφορία すなわちその当の完成態に至ることができるということを，つまり今ここでまさに経験された完全性を，擬マカリオスは躊躇なく認めようとする。「完全な恩恵という天上の宝物が我々の身体という土でできた器の中へと，まったき完全性の内に彼方から納め容れられ，我々は清らかな神の住まいとなるのである」（『大書簡』第 13 章 16 節）。「したがって我々もまた諸徳のすべてによって，こうした希望の成就（ヘブ 6:11）を自らの内に努めて受け容れるようにしようではないか。それというのも，我々が望んでいるもろもろの善きことに自ら与らんがため，つまりは主の住まいとならんがためである。もし我々が自分の心の内で霊の聖化を受け，天上の財宝を自分の器の中にしまっておくなら，つまり恩恵があらゆる掟によって我々を完全な者にしていくならば，我々は永遠の善をキリストと共に享受するにふさわしい者とみなされることであろう」（『説教集』説教 25-6-3）。このようにして，聖霊の到来・充溢を自らの内に恩恵の成就・完成（πληροφορία）として感受する経験こそが，擬マカリオスの修道思想一切の起点と言えるであろう。

第 4 節　メッサリアノイ派という異端の正体は？

おそらく擬マカリオスの周囲には，ちょうどバシレイオスの周囲に彼を師父と仰ぐ修道者たちがいたように，数多くの修道者たちが彼を慕って集まっていたことだろう。もちろん，擬マカリオスを取り巻く修道者たちも，バシレイオスを取り巻く修道者たちも，元来は何一つ異なることのない熱心な修道者たちであったに違いない。しかし擬マカリオスは，本来，不可知不可捉の神＝聖霊を，自らの内に到来するその充溢する内住・内在（つまり πληροφορία）としてまさに「感覚する」という逆説を自ら現前化することに努めていた。バシレイオスがあくまでもエソテリックに修道院に閉じ込めたこの逆説を，やがて擬マカリオスは修道者たちの求めに応じて言説化し開示し始めた。この事態を憂慮したニュッサのグレゴリオスは，マカリオスの πληροφορία 言説を無効化すべく，彼の『大書簡』をほぼ踏襲しつつバシレイオス的な修道方針へと軌道修正を図った。そのような『大書簡』のいわばある種の本歌取りとも言い得る書物が『キリスト教綱要』である。それは極めて巧妙に『大書簡』をなぞりつつ，過剰に聖霊主義的な擬マカリオスの πληροφορία 解釈を時に排除し，時に穏当な用法へと毒消しすることによって，擬マカリオス的な修道思想の異端化を推し進める役割を果たしたものと思われる。

しかし，実はこのようなグレゴリオスによる擬マカリオス的異端思想の教会秩序圏からの排除を可能にしたのは，予め定立されていた教会秩序の規範一般の正統としての効力ではない。そうではなく，擬マカリオスがもたらした逆説の現前化＝特殊・単独の例外状況を明確に実現するためには，教会的規範の効力を一切無効化し，宙吊りにすることのできる唯一の力の主体，すなわち神の主権の発動こそが不可欠であり，また，そのような特殊例外状況の画定によってこそ，逆に教会秩序の正統性一般は実効性をもつものとなったのではないか。

その点に関して，G・アガンベンはC・シュミット[28]を引いて次のように説いている。「規範は，例外に対して自らの適用を外し，例外から身を退くことによって自らを適用する。したがって，例外状態とは秩序に先行する混沌のことではなく，秩序の宙吊りから結果する状況のことである。」「規則はこのように，例外との関係を保つことによってはじめて，規則として自らを構成する。」[29] つまり秩序とは，力の主体（主権者すなわち神）がその秩序・規範の効力を無効化し宙吊りにし，そこから帰結する例外状況をまずもって画定することによってはじめて，その適用領域が確定され実効可能なものとなるのであって，決してその逆ではない。

もし以上のようであるなら，擬マカリオス的な霊的感覚経験は，正統な教会秩序の外部に排除されることによって，逆に教会秩序一般の正統性・真理性を基礎づけることになる。つまり信仰の正統性・真理性の保証が，正統性の外部へと排除された特殊例外状況としての「異端的」霊的体験によって与えられるという逆説がそこにはあるのではないか。

しかし，そのような特殊例外状況を外部へではなく，教会秩序圏の内部に置き入れてみるならば，それは明らかに異端として断罪される。つまり，擬マカリオス的な例外状況によってその妥当性が保証された教会的な規範によって，他ならぬその当の擬マカリオス的な例外状況は異端として断罪されるのである。とすれば，そのようにして生じた異端こそがメッサリアノイ派なのではないだろうか。

このようにして，擬マカリオス，バシレイオスとグレゴリオスの兄弟，さらにメッサリアノイ派の三者が，あたかもボロメオの結び目をなす三つの輪のごとく絡み合うそのただ中においてこそ，ひょっとすると信仰の真理性を解く鍵が見つかるかもしれない。しかし，そのような三つの輪を貫き動く力の主体自体が何ものであるか，それは我々人間には決して知り得ず，語り得ない。

28）　シュミット [1971], pp. 20-24.
29）　アガンベン [2003], pp. 29-30.

第15章

抄録者シメオンはマカリオス文書の何を切り捨て，何を残したのか

――『フィロカリア』所収の抄録版『50の霊的講話集』をめぐって――

18世紀に編纂された『フィロカリア』(「善美なる神への愛」という意味のギリシア語書名を冠した一種の詞華集）全5巻には，3世紀頃から15世紀に至るまでの霊的師父たちの著作群が，ほぼ時代順に収められている。本章がこれから考察していく（いわゆる）マカリオスも，それをエジプトの大マカリオスのことと理解するならば，本来は，『フィロカリア』の編集方針に従って，第1巻の初めの方，つまり，第一の収録師父であるアントニオスの直後，かつ第二の収録師父・隠修士イザヤ[1]と次のエヴァグリオスの直前あるいは少なくとも後二者と同時代に置かれるべきである。ところが，実際には，第3巻の後半，すなわち，11世紀に活躍したダマスコスのペトロスと新神学者シメオンの間に彼は置かれている[2]。その理由は，『フィロカリア』収録の他の著作群の場合と異なり，10ないし11世紀当時にエジプトのマカリオスのものとして流布していた写本群から抄録者シメオンによって抄録されたものが，その後，同書に収録されたからである。したがって，本来ならば，膨大な『フィロカリア』収録著作群のもっとも初期の段階である4世紀頃の著作とし

1）古写本の中には，エジプトのマカリオスが自らの講話を，傍らにいた「イザヤ」に書き留めるよう命じたという記述が見出される。果たして，この「イザヤ」が，ここでの隠修士イザヤを指すのか否かも含め，写本研究の成果が俟たれるところである。

2）『フィロカリア』第3（Γ）巻の和訳は，土橋［2013］を参照せよ。なお，そこでのタイトルは「50の講話」であったが，本書では「50の霊的講話集」で統一した。

て読まれるべきマカリオス文書が，ほぼ7世紀の時を隔てた11世紀の著作群の中に置かれていたということになる。このような編纂事情を考慮するならば，抄録者シメオンがマカリオス文書の何を選び出し，何を切り捨てていったのか，また，そのさらに7世紀後に編纂された『フィロカリア』において，なぜ，その抄録が採用されたのか，そう問うことには，少なからぬ意義が見出されるに違いない。

本章では，そのような動機に基づき，「そもそも抄録者シメオンの前に置かれていたマカリオス文書の著者《マカリオス》とは，一体誰のことだったのか」，また，「シメオンは『フィロカリア』所収の抄録編纂にあたって，マカリオス文書の何をそこから切り捨てていったのか」，さらに，「7世紀の時を隔てた抄録の編纂において，なお後世に伝えられるべきものとシメオンがみなしたマカリオス文書の真髄とは一体何だったのか」，主にこれら三つの問いが順に問われていくことになる。もちろん，そのいずれにも十分な答えを得ることはできないかもしれないし，実際，それは極めて難しい作業となるだろう。だがそれにもかかわらず，そのような問いを一つ一つ丹念に考え，問いを深めていく過程そのものが，単にマカリオス問題の文献学的詮索に留まることなく，さらに深く，現代に生きる私たちが『フィロカリア』を読むことの意味を解き明かすところまで，あるいは，せめて少なくともその端緒にまで至るならば，本章の課題はほぼ果たされたと言えるであろう。

第1節 マカリオス文書の真の著者は誰か

マカリオス文書の真の著者は誰かという問題については，既に本書第Ⅲ部の第12・13章において可能な限りの考察が試みられた。したがって本節では，10世紀頃に当時流布していたマカリオス文書を抄録したシメオンという人物，さらに18世紀の『フィロカリア』編纂者の観点からこの問題を改めて見直し，彼らにとってマカリオス文書はどのようなものとして理解されていたかを問い直すことから始めていきたい。

なお，呼称が非常に紛らわしいので，あらかじめ名と人物をしっかりと整理しておくのが得策だろう。まず，本章で「マカリオス」と呼ばれるのは，一人が ① エジプト修道院運動の霊的指導者である「大マカリオス」，もう一人が ② マカリオス文書の真の著者である（研究者によって「マカリオス／シメオン」,「メソポタミアのシメオン」とも呼ばれる）「擬（偽）マカリオス」である。また同様に，本章で「シメオン」と呼ばれるのは，一人が ① マカリオス文書の真の著者であるメソポタミアのシメオン（4-5 世紀）（＝「マカリオス／シメオン」)，もう一人が ② マカリオス文書の 11 世紀の抄録者シメオンである。

さて，『フィロカリア』に記載された抄録者シメオンについての略歴によれば，彼は，「860 年代，マケドニア朝のバシレイオス〔一世〕の治世下に活躍した」とされるが，一般には彼の盛年《アクメ》は 10 世紀とみなされている。いずれにせよ，彼は，帝国の上級官吏を経て，公文書書記官になった後，おそらく最晩年に修道生活に入ったものと思われる。自らが抄録しようとしている文書が，エジプトの大マカリオスの手になる偉大な霊的著作であるという認識をシメオンがもっていたことは，当時の状況からしてほぼ間違いないだろう。しかし，『フィロカリア』収録版の標題が，エジプトの聖マカリオスによる『50 の霊的講話集』（πεντήκοντα λόγοι）となっている点については，おそらく，10 世紀の抄録者シメオンがそう題したのではなく，18 世紀の『フィロカリア』編纂者であるコリントの府主教マカリオスと聖山のニコデーモスが題したものであろう[3)]。なぜなら，少なくとも西欧において，マカリオス文書が『50 の霊的講話集』（*Homiliae quinquaginta*）として広く知られるようになったのは，当時，散在していた写本を選別集成し，ラテン語訳を付して，1559 年に J・ピコが刊行したのが最初であったことから推して，東方世界においても状況は同様であり，10 ないし 11 世紀に散在していた写本群をシメオンが『50 の霊的講話集』と題したとは考え難いからである。実際，『フィロカリア』に収録されているのは，いわゆる『50 の霊的講話集』からの抄録ばかりでなく，『大書簡』（*Epistola magna*）と呼ばれている書簡からの抄録も，全 150 章中，32 章あり，今日の文献学的知見に基づく限り，抄録者シメオンが自らの抄録した文書群を『50 の霊的講話集』として認識していた可能性は極めて低いと

3）『フィロカリア』編纂に至る時代背景については，袴田 [2016] を参照のこと。

思われる。

その後，16 世紀以降，マカリオス文書は西欧においてもキリスト教の古典的著作として，アウグスティヌスの『告白』と並んで，広く読まれ，大きな影響を与えてきたが，19 世紀に入ると，聖山アトスの修道士たちの間でマカリオス文書の真作性が疑われるようになり，さらに 1920 年には，ベルギーのベネディクト会士 L· ヴィルクールの研究により，マカリオス文書の著者がエジプトの大マカリオスではないことが決定的となった。しかし，私たちが『フィロカリア』を通してマカリオス文書に触れるとき，果たして本書第 12-14 章で展開されてきたような学術的な知見が必要であるのかと言えば，それはまた別の問題と言わねばなるまい。実際に抄録者シメオンは，あくまでもエジプトの大マカリオスのものと彼が信じる言葉を通して，読者がエジプトの古代修道制にまで遡る霊的伝統に与ることができるよう心を砕いたに違いない。さらに『フィロカリア』の編纂者もまた，そうしたシメオンの抄録の内に 10 数世紀の時を隔ててなお瑞々しい霊性の息吹を感じ取り，その採録を決めたのではないだろうか。もし，そうであるとすれば，私たちもまた『フィロカリア』読者の一人として，まずは彼らと同じように『フィロカリア』に収録されたマカリオスの言葉そのものに虚心坦懐に向き合うべきであり，前章までに求められてきたマカリオス／シメオンに関する近代以降の厳密なテクスト校訂をそこに求めてはならないだろう。

第 2 節　抄録者シメオンがマカリオス文書から採録しなかったものは何か

とはいえ，たとえエジプトの大マカリオスの手になる文書群だと確信していたとしても，そこから『フィロカリア』収録版を抄録していくためには，何らかの選別基準が抄録者であるシメオンにはあったはずである。幸い，ここ半世紀間のマカリオス文書研究の進展は目覚ましく，『フィロカリア』収録版がどこから抄録されたのかを，いくつかの代表的な校訂版の種類ごとに特定することが可能となった。したがって，抄録者シメオンがマカリオス文書のどの部分から抄録し，どの箇所をどのように取捨選択したのかを，ある程度は推測することができるようになったわけである。もちろん，シメオンの抄録を『フィロカリア』に採録する際に，編纂者ニコデーモスがどの程度手を入れたかによって，シメオンの果たした役割も相対化され得るだろうが，少なくともシメオンの抄録にしばしば見出される一般的傾向は読み取ることができるのではないかと思われる。

抄録者シメオンが抄録を進めるに当たって参照し得た写本群が，現在の私たちの言うところのマカリオス／シメオンのテクストであったと想定した場合（この想定は十分許容されるものであるが），『フィロカリア』抄録版の 150 章の出典を大きく『大書簡』と『50 の霊的講話集』に分けることができる。抄録版の冒頭部第 1 章から第 32 章までが『大書簡』からの抄録である。『大書簡』『50 の霊的講話集』共に，全体の構成を考慮することで抄録の際の採択規準の特徴が読み取りやすくなるので，最初に『大書簡』『50 の霊的講話集』と抄録版との構成上の比較から始めてみたい。

まず，『大書簡』からの抄録に関して，構成上，非常にはっきりとわかることは，修道生活における祈りとその他の修行との関係，あるいは祈りに専心する者と手仕事に携わる者との関係を謙遜と隣人愛によって調和させようと努める『大書簡』での重要な論調が概ねカットされている，という点である。とりわけ，『大書簡』において，同時代のカッパドキア教父バシレイオスから共住修道生活における諸々の修道規則をほぼ全面的に受け継ぐ一方で，マカリオス／シメオン自らも，修道生活における祈りと労働のバランスという重要課題の解決を彼なりに提示し，大いに貢献していたはずである。それにもかかわらず『フィロカリア』抄録版には，その点への言及がまったく見出されない。

そもそも，『大書簡』の執筆に至る事情について言えば，同書第 1 章にも明らかなように，「共住修道生活がいかにあるべきか」，「そこで為される修徳修行の目的は何か」，「神の御心に適うこととはいかなることか，またそのためにどのような努力が為されるべきか」といったことについて，まさにそうした修道生活の現場でその答えを求めている修道者たちがいつでも参照できるようにということで，同書簡がいわば修道の手引書として書き与えられたのである。したがって，修道者の問いかけや求めに応じて自らの答えを提示するという点では，『大書簡』も『50の霊的講話集』もその目的とするところに変わりはない。しかし，両者が大きく異なるのは，マカリオス文書の中で『大書簡』が唯一，おおまかな仕方でではあれ，体系的な構想をもって書かれていたという点である。以下がその構成である。

序（第1章）
神学上の根本問題（第2-5章）
修道院における教養の実現（第6-11章）
小括および結論（第12章）
結び　我々への非難に対する弁明，および第二の結論（第13章）

本章末尾の附録資料に示したように，『フィロカリア』収録版には，この内，3章，6章-11章，13章の要所々々から，「霊的完成」と「祈り」というテーマでテクストの一部が抄録されている。中でも，三位一体論に関するコンスタンティノポリス公会議（381年）での信条が明瞭に反映されている『大書簡』第2章や，第13章冒頭に見出される「自らの無知のせいで，我々のことを非難する者たちがいる」といったような露わな論争的語調など，『大書簡』執筆当時の時代状況を反映するような箇所は，『フィロカリア』抄録版では，すべてシメオンによって排除されている。そうした抄録者シメオンの配慮のおかげなのだろうか，抄録版を読む限り，『大書簡』から無理やり抜粋されたという不自然さは感じられない。

他方，『50の霊的講話集』に関しては，同書で聖像画破壊運動との関わりを示唆する章句が『フィロカリア』抄録版では一切採録されていない。エゼキエルへの神の顕現のテーマを冒頭に掲げる『50の霊的講話集』では，キリストの像は，教会における聖像画によってではなく，敬虔な修道者の魂においてのみ霊的に経験され得るものである，と明言されている。冒頭にこのようなテーマを置く理由を，R·シュターツは，写本編纂者が聖像画問題に対して，マカリオス／シメオンの立場を誤解されぬよう細心の注意を払っている現れである，と解釈している[4)]。この解釈を支持する同様の例は，同書中，キリストの真の像が聖餐のパンのみであるという考えを反映したもの（第 4 講話 12-13，第 8 講話 3）や，キリストを子羊として描き（第 2 講話 3，第 20 講話 5-6），十字架としてのキリスト像（第 10 講話 1，第 11 講話 10，第 15 講話 12，第 17 講話 1）の意義が語られる場面などに散見される（キリストの象徴として子羊の描写を許容するのは，692 年当時は，聖像画反対派であったことを想起されたい）。以上のような，イコノクラスムからマカリオス／シメオンの講話集を守ろうとする編纂者の意図が『50 の霊的講話集』の構成や章句の選択に大きな影響を与えていたと考え得るならば，そのような意図は『フィロカリア』に収められた抄録版テクストには跡形もないと言えるだろう。ここにも，抄録者シメオンの配慮を感じ取ることができる。

以上のように，マカリオス文書に見出される同文書に固有の歴史的背景に関して，そうしたことを意識させる叙述は抄録者シメオンによって適宜削除され，後代の読者にも違和感のないものに仕上げられていたと言ってよいだろう。しかし，さらに使用語彙の選別においても，抄録者シメオンは，マカリオス／シメオンに極めて特徴的な語彙群，すなわち感覚語彙群，混合語彙群，充満語彙群の使用頻度を有意に抑制していたように思われる（これらの語彙群については本書第 12 章註 18-20 を参照せよ）。こうしたマカリオス文書の定型表現とでも言い得る語彙群の使用頻度，およびそれらを重畳する表現が，『フィロカリア』抄録版では確かに控えられており，そこには抄録者シメオンの意図があったものと推測される。現代の文献学的知見を持ち込めば，こうした語彙群がマカリオス文書とメッサリアノイ派との類縁関係を証拠立てるものと言い得るのであるが，抄録者シメオンにとっては，当然，そのようなことを知る由もなかったはずである。したがって，ここでの彼の意図は，あくまで同時代の読者に対して，いかにマカリオス文書の真髄を余計な詮索なしに伝えることができるかというその一点にかかっていたものと思われ

4）　第 16 回国際教父学会（2011 年 8 月 8-12 日，オクスフォード大学）における数多くのワークショップの内，「マカリオス研究の新しい方向性」と題されたセッションで発表された R. Staats, “Macarius-Symeon in the Iconoclastic Struggle? Some Observations” から非常に多くのことを教わった。

る。では，彼が伝えようとしてマカリオス文書の真髄とは，一体どのようなものであったのだろうか。

第3節 『フィロカリア』収録版にも保持されたマカリオス文書の真髄とは何か

オリジナルのマカリオス文書においても，『フィロカリア』に収録された抄録版においても，繰り返し主張される特徴の一つは，努めて絶えず労苦の内に身を置くことの強調である。「労苦」（πόνος）とは，恩恵によって形づくられた知性（νοῦς）および自由意志の支配の下に身体的な力を置こうとして為す大きな身体的努力，あるいは修徳修行的なあらゆる実践のことである。こうした「労苦」は，さらに「闘い」（ἀγών）とも言い換えられ，灼熱の砂漠を霊的牧場とすべく闘い続けたエジプトの大マカリオスの令名と結ぶことによって，マカリオス文書を広く一般に知らしめるところとなった。

しかし，それ以上にマカリオス／シメオンを特徴づけるのは，彼の「思い（ロギスモス）の哲学」とでも言うべきものである[5)]。マカリオス／シメオンにおいて「思い」（λογισμός）は，「自然本性的な思い」あるいは「純粋な思い」（λ. φυσικοί / καθαροί）と「悪しき思い」（λ. πονηροί）とに明確に区別される。そもそも主によって創造された純粋で自然本性的な思いは，絶えず聖霊と共にあり，神認識の能力を授けられ，知性と良心によって導かれるが，世に棲み着いた人々にとっては，悪霊の思いとそれとは区別がつかない。なぜなら，悪しき思いとは，「魂の思い」がアダムの堕罪以降，世に追放され，物質的な思いと混ざり合った，つまりはそれに従うことなしには人間として生きていけない「世の掟」に服した「世の思い」となりながら，自らが「自然本性的な思い」として，しかも「神の掟」を自ら意志していると思う二重の錯誤を犯しているからである。ここに罪の始まりがある。彼にとってこの「悪しき思い」とは，結局のところ，「情念」（πάθος）に他ならない。

5） マカリオス／シメオンの思索をロギスモスの観点から解釈するものとしては，本書第12章を参照のこと。

したがって，神の掟に向けて自らの「世の思い」ないし「情念」から脱却することは，人間の自力に拠る限りおよそあり得ぬことである。「死に支配されたこの身体」[6]から真の生命の与りに至る飛躍を可能にするのは，ただ神からの恩恵あるのみである。

> 霊からの神的な賜物である恩恵によって，我々は皆，救いを得る。しかし，我々が徳の完成に至ることができるのは，信仰と愛によって，さらには自ら進んで択び取った闘いによってである。それは，恩恵によるのと同様に，正義によっても我々が永遠の生命を相続せんがためである。神の力や恩恵に頼るだけで，我々自身が額に汗する労苦を厭うならば，霊的完成へと前進しているとはいえない。しかし他方，自らの努力と力しか頼るものがなく，天上からの神の助力が得られないならば，我々が解放と浄化の完成へと至ることもない。(『フィロカリア』第 1 章)

神からの協働（συνέργεια）として差し出されるのは神秘的な〔聖霊の〕働き（μυστικὴ ἐνέργεια）であり，そのエネルゲイアとの交わりの場こそが祈りなのである。祈りは，『フィロカリア』第 18 章では圧倒的に喜ばしいものと説かれている。第 18 章だけでも「喜び」を表す語 εὐφροσύνη が四回，さらに「歓び」（ἀπόλαυσις）や「楽しみ」（χαρά）も加えると，喜びに関連する語が頻出しており，いかにもマカリオス／シメオンらしく，極めて印象的である。このように喜ばしい神からの「呼びかけ」（παράκλησις）によって我々は聖霊のエネルゲイアに与り，さらに，我々の魂に満ち溢れたその同じ霊のエネルゲイアによって，その呼びかけは苦難にあえぐ他者へとその働きを広め，祈りの喜びをもたらすことになる[7]。ここからも明らかなように，擬マカリオ

6）ここで「身体」とは σῶμα の訳語であり，「肉体」「肉」（σάρξ）と訳し分けた。「霊的身体」という語法に見られるように，「身体」は霊の力による変容を受け，聖化されることによって，人間が全体として霊となり，神化することを可能にするものである。対して，「肉（体）」は罪悪への堕落の傾向性，欲望への傾きを表し，霊と鋭く対立する領域を形成する。したがって，肉は身体のように霊による変容を被らず，肉の領域にあくまでとどまって魂を地上的な領域に引き下げるか，あるいは魂から払拭され無力化されるかのどちらかである。

7）マカリオス／シメオンの祈りに関するこうした理解は，明らかに聖書，とりわけパ

スの祈りの特徴は，それが個人に自閉するものでなく，苦しみ悩む多くの他者へとその喜びに満ちた聖霊の働きを広げていくところにある。

以上のように，他者に対する「腹蔵のなさ」（παρρησία）[8]という形での霊的エネルゲイアの伝播には肯定的なマカリオス／シメオンであるが，自己認識に関してはむしろ否定的とさえ言い得る。確かに神的な光を与えられた観照（ὅρασις）は，感性的感覚よりも遥かに確実である。しかし，魂が自らを観照するためには，さらに神からの啓示が必要であり，しかも，神的光と啓示が共に与えられて魂を観照することができる修道者は極めて稀だと言われる。むしろ，修道者にとっての観想（θεωρία）は以下のように語られる。

> 堕罪後，悪魔によって人間にかぶせられた覆いが，内なる人と知性の浄化を介して，神の恩恵によって完全に取り除かれ，すべての汚れとあらゆる卑劣な思い（ロギスモス）が魂から取り去られるからである。目指されているのは，魂が清浄なものとなり，自らの自然本性を取り戻すことであり，曇りのない澄んだ目で真実の光の栄光をまざまざと見ることなのである。そのような人々は，現世にありながら既にかの永遠の国へと引き上げられ，そこで数々の美しいものや驚嘆すべきものを観想するのだ。それはちょうど，身体的器官としての目が正常かつ健康であれば，恐れることなく太陽の光を直視するようなものである。すなわち，彼らは，一点の曇りもなくすっかり浄化された知性を用いて，肉眼では決して見ることのできない主の光を絶えずまざまざと直視するのである。（『フィロカリア』第74章）

パウロは，啓示における永遠にして不死なる霊の栄光が，今この

ウロに根差すものである。それは，たとえば，パウロからの引用「神はあらゆる苦難に際して我々に呼びかけて下さる。だから，我々も神から呼びかけられたその同じ呼びかけによって，あらゆる苦難の中にいる人々に呼びかけることができるのである」（Ⅱコリ 1: 4）に明らかである。

8)　*παρρησία* とは，もとは「腹蔵なく何でも話せる自由」「腹蔵なく何でも話せるほどの信頼」という政治的な意味合いを原義としたが，教父たちにおいては，新約的な「神の御前でのキリスト者の信頼・安心」（Ⅰテモ 3: 13，ヘブ 10: 9）という宗教的な意味で用いられるようになった。

時においてさえ，その栄光に値する人々の「内なる人」の不死性において，不死不滅の仕方で輝いているということを示している。すなわち，我々は皆，言い換えれば，完全な信仰において霊によって生まれた人々は皆，「顔の覆いを取り除かれて，主の栄光を鏡で見るようにして見ており，栄光から栄光へと，主と同じ姿に変えられていく。あたかも主の霊から生じるかのように」（Ⅱコリ 3:18)。ここで，覆いを取り除かれた顔とは，明らかに魂のことを意味している。また，「主の方に向き直れば，覆いは取り除かれる。主は霊であるから」（Ⅱコリ 3:16-17 参照）とも言われている。これらのことから明らかなのは，闇の覆いが魂にかぶせられ，アダムの堕罪以降，人間性をすっかり覆ってしまったということである。しかし我々は，今こそ霊の輝きによって，真に篤信で立派な魂からこの覆いが取り除かれると信じている。キリストが降りて来られたのも，まさにこのためであった。かくして，神は，真にキリストを信じる人々が聖性の目標に到達することを喜んでお認めになったのである。（『フィロカリア』第 137 章）

ここに至って，マカリオス／シメオンにおける最大の問題が生じる。果たして人間は，徳の完全性，人間の自然本性の完成という聖性の究極目標に到達し得るのであろうか。確かに，マカリオス／シメオンはそのような完全性[9)]の実現を否定はしていない。しかし，同時に，「思いの哲学」に由来するような自己理解の上に立つ人間にとって，自己の自然本性の完成を自らそれと知ることはできないはずである。現にマカリオス／シメオンは，「私は完全なキリスト者も完全な自由も見たことがない」（『50 の霊的講話集』第 8 講話 5）と明言し，恩恵の部分的到来によっ

9）　ここで言う「完全性」とは，「罪のまったき浄化」であり「まったき神の霊に完全に与ること」であるが，ここで「完全に」（ἐν πληροφοίᾳ）という表現は，きわめてマカリオス／シメオン的である。元来，新訳聖書において πληροφορία という語は，霊的実在がもたらす「充溢，完全性，確実性」という意味と，主観的な「確信」を意味するキリスト教固有の霊的術語であった。しかし，4 世紀までの教父たちにあって，この語を用いた例は少なく，例外的に頻繁に用いたのがバシレイオスとマカリオス／シメオンである。特に，マカリオス／シメオンの場合，この語と密接な関連のある異端的宗教運動体メッサリアノイ派との関わりもあり，この概念をめぐる解釈は極めて錯綜している。詳しくは，本書第 14 章を参照のこと。

て罪が根絶やしされたと思い込むことへの警戒を繰り返して倦むことがない。つまり，魂は自らの完成を識別観想することはできず，ただ自らの思いに従って，「意志を信（πίστις）へと燃え上がらせ」「その信が確信（πληροφορία）に充たされる」（『大書簡』第13章15）ように努める，そのような完全性への限りない漸進的接近しかないようにも語っているのである。完全性をめぐるこうした二つの，強いて言えば観想と実践という異なる位相をどう解釈し得るのであろうか。実はこれこそが，マカリオス／シメオンが後世の私たちに残した最大の問いであり，抄録者シメオンの驚くべき慧眼によって当時流布していたマカリオス文書写本群の中から掬い取られ，さらに遥か後の『フィロカリア』においてもその輝きと力を失うことなく人々に問われ続けたマカリオス文書の真髄なのではないだろうか。したがって，現代に生きる私たちにとってもまた，『フィロカリア』を通してマカリオス文書を読むということは，観想と実践の緊張関係を絶えず問い直し，人間本性の完成という究極目標に向かって限りなく漸近せんがために，絶えざる祈りと闘いの生を倦むことなく追い求め続けたマカリオス（／シメオン）に真正面から向き合うことに他ならないであろう。

附録資料

『フィロカリア』の各章とマカリオス文書との対応表

（略記表現，たとえば，「第1章　Staats EM 3,1 ll.5-15；J238, ll.8-20」は，「『フィロカリア』抄録版第1章は，R・シュターツ校訂版『大書簡』第3章1，5-15行，あるいはW・イェーガー版238頁，8-20行に対応する」と読む。あるいは「第52-61章　Ⅳ 4; 50Homilies（Ⅱ）5」は「『フィロカリア』抄録版第52-61章は，第4集成・第4講話，あるいは『50の霊的講話集』（第2集成）・第5講話に対応する」と読む）

第1章　Staats EM 3,1 *ll*.5-15; J238, *ll*.8-20
第2章　Staats EM 3,2 *ll*.23-47; J239, *l*.7-240, *l*.15
第3章　Staats EM 3,6 *ll*.127-140; J244, *l*.17-245, *l*.

第 4 章　Staats EM 3,8 *ll*.148-171; J246, *l*.1-247, *l*.8
第 5 章　Staats EM 3,3 *ll*.62-104; J241, *l*.10-243, *l*.11
第 6 章　Staats EM 3,13 *ll*.232-245; J250, *l*.10-251, *l*.3
第 7 章　Staats EM 3,14 *ll*.249-253; J251, *ll*.10-14
第 8 章　Staats EM 6,3-4 *ll*.17-40; J256, *l*.21-258, *l*.6
第 9 章　Staats EM 6,5-6 *ll*.43-64; J258, *l*.9-259, *l*.10
第 10 章　Staats EM 6,7 *ll*.65-72; J259, *ll*.11-20
第 11 章　Staats EM 7,2-4 *ll*.10-35; J261, *l*.9-263, *l*.4
第 12 章　Staats EM 7,5 *ll*.36-46; J263, *ll*.4-16
第 13 章　Staats EM 7,6-7 *ll*.52-67; J264, *l*.2-J265, *l*.1
第 14 章　Staats EM 7,8-9 *ll*.68-84; J265, *l*.2-J266, *l*.2
第 15 章　Staats EM 7,10-11 *ll*.100-115; J267, *ll*.1-18
第 16 章　Staats EM 8,1-2 *ll*.1-16; J268, *ll*.1-18
第 17 章　Staats EM 7,9-10 *ll*.84-98; J266, *ll*.2-17
第 18 章　Staats EM 8,3-4 *ll*.17-40; J268, *l*.19-J269, *l*.25
第 19 章　Staats EM 9,6-8 *ll*.50-85; J273, *l*.18-J274, *l*.8
第 20 章　Staats EM 9,2 *ll*.10-14, 9,6 *ll*.50-58 ; J270, *l*.13-17, J272, *l*.12-J273, *l*.1
第 21 章　Staats EM 9,7-8 *ll*.59-74; J273, *ll*.1-18
第 22 章　Staats EM 9,9-13 *ll*.85-125; J274, *l*.1-276, *l*.6
第 23 章　Staats EM 9,14 *ll*.129-145; J276, *l*.13-277, *l*.11
第 24 章　Staats EM 10,1 *ll*.1-13; J279, *l*.21-280, *l*.11
第 25 章　Staats EM 10,2-4 *ll*.14-30; J280, *l*.12-281, *l*.6
第 26 章　Staats EM 11,1-4 *ll*.4-39; J283, *l*.3-284, *l*.17
第 27 章　Staats EM 11,5 *ll*.45-50; J285, *ll*.4-9
第 28 章　Staats EM 10,6 *ll*.51-61; J282, *ll*.7-10
第 29 章　Staats EM 13,1-4 *ll*.5-68; J291, *l*.9-293, *l*.20
第 30 章　Staats EM 13,6-7 *ll*.86-105; J294, *l*.15-295, *l*.14
第 31 章　Staats EM 13,12-16 *ll*.166-221; J298, *l*.10-300, *l*.18
第 32 章　Staats EM 11,9-11 *ll*. 94-124; J287, *l*.16-289, *l*.1-5
第 33-46 章　Ⅳ 2
第 47-51 章　Ⅳ 3

第 52-61 章　Ⅳ 4; 50Homilies（Ⅱ）5
第 62-63 章　Ⅳ 4; 50Homilies（Ⅱ）5
第 64-72 章　Ⅳ 5; 50Homilies（Ⅱ）4
第 73 章　Ⅳ 6; 50Homilies（Ⅱ）1
第 74-83 章　Ⅳ 7; 50Homilies（Ⅱ）17
第 84-86 章　Ⅳ 7; 50Homilies（Ⅱ）17
第 87-90 章　Ⅳ 8; 50Homilies（Ⅱ）18
第 91-93 章　Ⅳ 9; 50Homilies（Ⅱ）8
第 94 章　Ⅳ 10
第 95 章　Ⅳ 9 ; 50Homilies（Ⅱ）8
第 96-100 章　Ⅳ 10
第 101-104 章　Ⅳ 11; 50Homilies（Ⅱ）47
第 105 章　Ⅳ 12
第 106-108 章　Ⅳ 13; 50Homilies（Ⅱ）9,7-13
第 109-111 章　Ⅳ 14; 50Homilies（Ⅱ）10
第 112-113 章　Ⅳ 15
第 114-115 章　Ⅳ 16; 50Homilies（Ⅱ）50
第 116-117 章　Ⅳ 17; 50Homilies（Ⅱ）11
第 118 章　Ⅳ 16
第 119-126 章　Ⅳ 18; 50Homilies（Ⅱ）15,1-6
第 127-128 章　Ⅳ 19
第 129-133 章　Ⅳ 20
第 134-135 章　Ⅳ 21; 50Homilies（Ⅱ）19
第 136 章　Ⅳ 22
第 137-142 章　Ⅳ 23
第 143-146 章　Ⅳ 24; 50Homilies（Ⅱ）21
第 147-149 章　Ⅳ 25
第 150 章　Ⅳ 26

第16章

洗礼の意義をめぐって

——擬マカリオス・メッサリアノイ・修徳行者マルコス——

『フィロカリア』第1巻[1]に登場する修徳行者マルコスの名は，残念ながら我が国の教父研究者の間ではあまり馴染みがないかもしれない。しかし，彼が同巻に収められている大アントニオス，隠修士聖イザヤ，修道士エヴァグリオスなどと並ぶキリスト教修道史上のもっとも偉大な師父の一人であることは，『フィロカリア』全巻を通じて彼の言葉が敬意をもって何度も繰り返し引用されていることからもはっきりうかがえる[2]。それどころか宗教改革期においては，彼のまったく与り知らぬ経緯によって，改革派・改革反対派の両陣営から「原プロテスタント」（proto-Protestant）としてまつり上げられもした[3]。マルコスのそのいさ

1）『フィロカリア』原典は，Φιλοκαλία τῶν ἱερῶν νηπτικῶν, συνερανισθεῖσα παρὰ τῶν ἁγίων καὶ θεοφόρων πατερῶν, τόμος A-E, Athen, 1976-1984. 邦訳は『フィロカリア』第1巻〜第9巻，新世社，2007 〜 2013 年（以下では，『フィロカリア』からの参照はすべて邦訳版に拠る）。マルコスの著作については，同書第1巻 217-302 頁に『霊的な法について』（以下，『霊的な法』と略記），『業によって義化されると考える人々について』（以下，『義化』と略記），『修道士ニコラオスに当てた手紙』（以下，『ニコラオス』と略記）の三書（すべて宮本久雄訳）が収められている。

2） バトスのヘーシュキオス断章 79-82（『フィロカリア』第2巻）はマルコス（第1巻『義化』断章 2-8）からの引用。テオドロス断章 28，57（第2巻）は，それぞれマルコス『霊的な法』断章 20，54 からの引用。シナイのフィロテオス断章 34（第4巻）はマルコス『霊的な法』断章 138-141 の要約。ニケフォロス（第7巻，47-48 頁）はマルコス『ニコラオス』12-13 からの引用。グレゴリオス・パラマス（第7巻，226-227）はマルコス『義化』断章 224-225 からの引用。さらに，ダマスコスのヨアンネス（第4巻，92 頁），ダマスコスのペトロス（第5巻，60 頁），シナイのグレゴリオス（第7巻，138, 153 頁），新神学者シメオン（第9巻，159 頁）は，マルコスの名を挙げてその言葉を簡潔に引いている。

3） Cf. Nassif [2012], p, 89. Meyendorff [1982], p. 210 のようにメッサリアノイを東方のペラギウス派とみなすことによって，アウグスティヌス：ペラギウス派＝マルコス：メッサ

さか奇妙な再登場は，『フィロカリア』にも収められた彼の『業《わざ》によって義化されると考える人々』(そのような人々に対する論駁の書）がルターの信仰義認論を先取りしたものか否かという，なんとも時代錯誤的な当時の論争がもたらしたものに過ぎないのだが，少なくとも近代においてすらその名が認知されていたことの証左にはなるだろう。

ところが，では修徳行者マルコスとは一体何者か，という段になると，その正体は杳として摑めない。『フィロカリア』では彼の盛年を430年頃と伝えているが，近年の研究によれば，それから500年頃までを彼の活動した時期とみなすのが妥当なようである[4)]。単独では不確定な要素があまりにも多いマルコスだが，その思想を知る大きな手がかりは，彼が「メッサリアノイ（Μεσσαλιανοί：シリア語で「祈る人々」)」と呼ばれた異端派の主張を論駁した書物の内に見出される。メッサリアノイの異端思想が，同時代の（おそらくシリア起源の）擬マカリオスに帰されるいわゆる「マカリオス文書」から大きな影響を受けていたことは既に研究者の間では周知のことであるが，さらに最近の研究によればマルコスの残した反メッサリアノイ文書の内にもその当の擬マカリオスとの共通点が多々見出されている[5)]。擬マカリオスとメッサリアノイ，そしてマルコス，これら三者の関係は一体どのようなものであったのだろうか。彼らは何を共有し，どこでどのように意見を異にしていったのか。この問いを，特に洗礼という秘蹟をめぐる彼らの主張を比較考察することによって解き明かしていくこと，それが本章の課題である。

第1節　異端派メッサリアノイによる洗礼否定論

1-1　メッサリアノイとは

既に本書第12-14章において繰り返し述べられてきたように，そもそ

リアノイという図式からマルコスを解釈しようとする試みは，明らかにミスリーディングである。

4）　Cf. Plested [2004], pp. 75-76.

5）　Cf. Plested [2004], pp. 75-132; Fitschen [1998], pp. 247-256; Vivian & Casiday [2009], p. 18.

もメッサリアノイとは,「祈る人々」というシリア語にその名が由来することからもわかるように，人間の自然本性に巣食う悪魔・悪霊を撃退し得るのは洗礼などの秘蹟ではなくひたすら祈ることのみであるという主張を掲げ，聖霊の魂への到来，情念からの完全な解放，とりわけ現世における神との感覚的な対面体験・合一体験を強調する異端的宗教運動体の総称である。彼らに対する言及は，370 年代にサラミスのエピファニオスの異端論駁の書に初めて現れたが，さらに彼らをめぐる論争は，420 年代から 30 年代に徐々に大きなものとなりながら小アジアへと移行していき，ついに 431 年のエフェソス公会議での最初の断罪の後，時を経るにつれてメッサリアノイという名称は異端派に対する広く一般的な蔑称となっていった。彼らメッサリアノイを異端告発する 5 世紀から 8 世紀にかけての反メッサリアノイ文書としては，キュロスのテオドレトスのもの（453 年）[6]，コンスタンティノポリスのティモテオスのもの（600 年頃）[7]，ダマスコスのヨアンネスのもの（749 年以前）[8]が代表的であるが，その中に修徳行者マルコスのものも含まれる。

たとえば，ヨアンネスは洗礼に関するメッサリアノイの誤った教説として以下のような命題を掲げている[9]。

> 魂を浄化し人間性を完成に導くのは絶えざる祈りのみであって洗礼ではない。
> たとえ洗礼を受けた後でさえ人は誰でも罪によって汚れている。
> 信者が真にキリストの不滅の衣を授かるのは，洗礼によってではなく祈りによってである。
> 情念から自由になり，十全な感覚とまったき確信をもって（ἐν αἰσθήσει πάσῃ καὶ πληροφορίᾳ）聖霊に与らねばならない。

また，マルコスの『業によって義化されると考える人々について』は

6）*Haereticarum fabularum compendium*, 4. 11, in : *Migne*, PG. 83, cols. 429-432.

7）*De iis qui ad ecclesiam ab haereticis accedunt,* in: *Migne*, PG. 86, cols. 45-52.（以下では Ti と略記）

8）*De haeresibus*, 80, 2-3, in: *Migne*, PG. 94, cols. 728-736.

9）以下の 4 命題は，*ibid.* でメッサリアノイ固有の命題として列挙されたものの内，Stewart [1991], pp. 247-251 のナンバリングに従えば 4-7 の命題にあたるものである。

名前こそ出さないものの明らかに対メッサリアノイ批判であり，彼らを次のように特徴づけている。

> ある人々〔メッサリアノイ〕はこう言う。もし目に見える仕方で聖霊の恵みが与えられないならば，自分たちは善をなすことができない，と。自ら選択して絶えず快楽に関わるような人たちは，外からの援けがないという理由で，できることをやらずに済ませている。
> （『義化』断章 55（邦訳版 59-60））

現に恩恵が臨在していると感じられなければ善行をなすことは不可能だという点では，彼らの主張はある意味で決定論的であり，神からの恩恵と人間のもつ自由な選択意志との協働の可能性に対して極めて否定的である。

1-2　メッサリアノイの洗礼否定論

反メッサリアノイ文書に見出される彼らの教説上の特徴としては，悪霊の実体化，善悪二元論，粗野な物質主義，祈りの重視，洗礼その他の秘蹟の否定，極めて強い感覚・経験主義といったところが挙げられる。こうした一連の特徴を根底で支えているのが，悪霊と悪しき行為，聖霊と罪の駆逐との間に確固とした因果関係を措定し，逆に人間の自由意志による自発的働きの面を軽視する彼らの決定論的な思考方式である。こうした彼らの考え方に従えば，洗礼やその他の秘蹟を受けたにもかからず，その後，罪深い悪行をなす者を数多く目撃することによって，その経験に基づき，洗礼やその他の秘蹟が魂の浄化や人間性の完成になんら貢献し得ないと彼らが結論づけたとしても不思議ではない。なぜなら，そのような者の魂には，洗礼を受けたとしても，依然として罪の根が完全に駆逐されずに残っているからである。

そもそも人間にこうした「罪の根」が見出されるのは，アダムの堕罪以降，悪霊が実体として，生まれてきた人間一人一人に結び付き，あらゆる点で人間を支配しているからである。言い換えれば，洗礼を通して神の恩恵に与ったとしても，そのことによって人類の負った原罪や我々の内なる闇の力が根こそぎにされ，無力化されることはできないと彼らは考えたのである。では，彼らメッサリアノイにとって悪霊を追放する唯一の手段と言われている祈りについて，果たしてそれは神からの恩恵なしに可能なものなのだろうか。反メッサリアノイ文書中には，その疑念に答えてくれるような証言は見当たらない。たとえばティモテオスでは，「〔悪霊が追放された〕後に，聖霊の臨在が祈っている者に生じる」（Ti. 3）と言われており，聖霊の神的賜物である恩恵が祈りの可能根拠として先在する可能性すら否定されているようにみえる。しかし，もしそうだとすれば，悪霊を追放する唯一の手段だとみなされている祈りが，悪霊に支配されている人間によって一体どうすれば可能となるのか。

おそらくここには，キリスト者の生に関わるシリア起源の（具体的には4世紀無名シリア人著者による書 *Liber Graduum* による）異なる二つのグループの考え方が混在していたものと思われる。メイエンドルフによれば，一方はあくまで善き業をなし修徳行に励むことによって神から義と認められると説くのに対して，他方は聖霊の賜物に与ることによって善き業や修徳行では叶わない人間性の完成へと導かれると説いた[10)]。シリア起源とみなされるメッサリアノイ派の中にも当然こうした分派間の対立があったに違いないが，それは祈りという人間の行為が恩恵なしに可能か否かという点で先鋭化していったであろう。その点での明確な決着がつかないままメッサリアノイという宗教運動体に統合され小アジアへと展開・拡大していく中で，人間の実践と神の恩恵との関係が不問に付されたまま洗礼否定という形で恩恵の問題が棚上げされてしまったのではないだろうか。しかし，メッサリアノイ思想には，もう一つシリア起源の大きな源泉があった。それが擬マカリオスである。

第2節　擬マカリオスの洗礼論

2-1　メッサリアノイと擬マカリオス

擬マカリオスとは，4世紀エジプトの大マカリオスの名を冠した霊的

10）　Meyendorff [1982], p. 207. ただし，*Liber Graduum* 自体をメッサリアノイ文書とみなすか否かに関しては研究者間で意見が分かれている。

著作群（いわゆるマカリオス文書）の真の著者を指し，現在までの研究では，380年頃から430年頃までの間にシリア，メソポタミア，あるいは小アジアで活動していたと思われるメソポタミアのシメオンとほぼ同一視されている[11]。『フィロカリア』第3巻（邦訳では第6巻）に収められているエジプトの聖マカリオス「50の霊的講話集」（邦訳では「50の講話」）は，このマカリオス文書から11世紀に抄録者シメオンが抜粋したもので，この当時はまだエジプトのマカリオスの真筆性を誰も疑ってはいなかった[12]。エジプト修道院運動のこの偉大な霊的指導者の名が一転してスキャンダラスな論争に巻き込まれたのは19世紀に入ってからである。それというのも，当時，前述の異端派メッサリアノイ文書に固有の文言がそのままマカリオス文書にも多数見出されたことから，「大マカリオス」の名はマカリオス文書を異端告発から守ろうとした修道士たちが冠した一種の隠れ蓑であって，実際はメッサリアノイ派の教師用手本として使用されていたに違いないとみなされたからである。

では，マカリオス文書の真の著者，擬マカリオス（あるいは「マカリオス／シメオン」とも表記される）もまたメッサリアノイ派の一員であったのだろうか。この点については，現在ではもはや擬マカリオスを厳密な意味でメッサリアノイとみなす専門研究者は一人もいないと言ってよいだろう[13]。もちろん，彼らがある種の革新的な修道環境を共有していたことはほぼ間違いないのだが，残存する資料や証言を照らし合わせる限り，擬マカリオスの文書や口頭での講話を受容しつつその思想をメッサリアノイが極端化・過激化していった，あるいは逆に擬マカリオスがメッサリアノイ思想の急進性を和らげ修正していった，そのいずれかと考えるのが妥当である。擬マカリオスがメッサリアノイ運動に結果的に大きな影響を与えたことは確かだが，彼自身は決してメッサリアノイでもなければ，そのような異端思想の主唱者でもなかったのである。

11）擬マカリオスおよびマカリオス文書の原典編纂に関する紆余曲折に富む研究史の詳細，また彼とメッサリアノイの関係については，拙訳『説教集』『大書簡』の各々の解説（土橋 [1994], pp. 232-238, 276-279）および本書第13章を，さらに彼の思想の詳細に関しては本書第12章をそれぞれ参照せよ。

12）『フィロカリア』所収のマカリオス文書については，本書第15章を参照せよ。

13）たとえば，Meyendorff [1970], pp. 585-590; Plested [2004], pp. 46-49, 57-58, 255-256; Fitschen [1998], pp. 176-238.

両者を分かつ決定的な論点の一つが洗礼の意義についてである。洗礼の意義や効果を否定するメッサリアノイに対して，擬マカリオスにそのような洗礼否定の言説は一切見られない。それどころか，洗礼の意義を深く問い直し，独自の洗礼論を展開する箇所が散見される。注目すべきは，彼がメッサリアノイと同様に洗礼後の罪の存続を認めている点である。だからこそ，洗礼の働きを過信し，洗礼によって罪が完全に駆逐されると言う人々の考えを糾そうとさえしているのである。

> もし，キリストの到来によって罪が追放され，洗礼を受けた後に悪霊はもはや人の心の中で働く力をもたないと主張するなら，あなたがたは主の到来から今日に至るまで洗礼を授かったいかに多くの人々が悪事を考え企んだかを知らぬとでも言うのか。あなたがたは，洗礼後に多くの人々が罪を犯し，誤りの中で生きているとは思わないのか。(『50 の霊的講話集』15: 14)

この点では確かに彼の考えはメッサリアノイと同じである。しかし，『大書簡』の冒頭付近で彼は，洗礼を三位一体の神への信仰告白の場として特に重要視している。

> まずなすべき第一のことは，厳格で敬虔な正統信仰に関する教説，……すなわちひたすら三位一体の神だけを讃美するように定める教説をまったく真理としてあなたがたが受け容れることである。我々が洗礼の聖なる秘蹟に与った際にも，〔三位一体の〕神を讃美し，多くの証人の前で立派に信仰を告白した〔Ｉテモ 6:12〕ように。(『大書簡』第 1 章 (3))

他の講話では，より明確に洗礼のもつ意義が肯定されている。

> 神は，聖霊を聖なる祭壇や聖なる洗礼の水の内に宿らせるために聖教会へと遣わされた。……信仰をもつ者の心が，洗礼によって，……また教会におけるあらゆる神秘的崇敬によって，聖霊から力強く働きかけられるために。(第 1 集成 52. 1. 4)

しかし，洗礼の意義の肯定と，洗礼後の罪の存続とは，擬マカリオスにおいて一体どのようにして両立し得たのであろうか。言い換えれば，洗礼後の恩恵と罪の共存は果たして可能なのだろうか。

2-2　擬マカリオスの洗礼論

この問いに対する彼の答えはこうである。

> 三位一体の至福の生に与る聖なる洗礼によって，我々信仰者は，主のもたらす言葉に尽くせぬ恵みの〔しるしとして，いわば〕内金（ἀρραβών）を受け取ったことになる。つまり我々は信仰をもつ者として，最終的には相続されるはずの財産をたえず殖やし続けていき，託された金額の倍増〔ルカ 19:12-27, マタ 25:14-30 参照〕を図るようにという，偉大で汚れのない奥義を受け容れたのである。（『大書簡』第 2 章(3)）

洗礼によって，洗礼に与った人々には確かに神からの恩恵が賜物として授けられるが，しかしそれは恩恵のいわば内金に過ぎず満額ではない。それを満額まで殖やしていくのは我々の働きだというわけである。言い換えれば，洗礼の際にしるしとして与えられる恩恵こそ，その者の霊的成長の可能根拠なのである。したがって，「水と霊から新たに生まれる者〔ヨハ 3:3-5〕も，霊的・精神的年齢が幼子並みのままにとどまり続けるはずはない」（『大書簡』第 2 章(4)）。洗礼後の霊的な成長を目指した修徳行的努力や闘いを修道生活の主眼とする点で擬マカリオスは確かにメッサリアノイ的であるが，「水と霊による」洗礼によって人間性の完成に至る霊的成長の可能性が恩恵として与えられるところに洗礼の意義を見出し肯定する点では，明らかにメッサリアノイとは立場を異にしているのである。

洗礼とそれに基づく霊的成長の二つの場面で聖霊が働くという考えは，『50 の霊的講話集』（第 2 集成）においてさらに明確に示される。

> 霊の力と霊的再生（πνευματικὴ ἀναγέννησις）によって，人は最初の人アダムの段階に至るばかりでなく，それ以上の段階にも至

り得る。なぜなら，人は神化し得るからである。（『50 の霊的講話集』26:2）

「新たに生まれる」とか「再生」と言われる時，正統信仰によれば，「水と霊から新たに生まれること」である秘蹟としての洗礼が意味されるのがごく普通である。しかし，擬マカリオスにとって「霊によって新たに生まれること」とは，決してその段階に留まることなく，それよりさらに高次な，人間性の完成へと至る究極の神化の道行きこそがむしろ主題化されていると言えよう。その意味でのもう一つの洗礼を，彼は「火と霊による洗礼」「心の内なる割礼」（『50 の霊的講話集』26:23）と呼び，水による洗礼や肉体における割礼と区別している（「彼らにおいて洗礼は肉体の聖化であるが，我々においては聖霊と火の洗礼〔マタ 3:11〕である」（『50 の霊的講話集』47:2））。

擬マカリオスによれば，水による洗礼は，確かに人祖アダムの背反によって生じた自然本性的な人類の罪の許しを恩恵の賜物として万人にもたらすが，それはあくまでも各人の信仰の程度に応じた聖霊の心への働きかけであり，罪が完全に追放されたわけではなく肉体における情念として人を罪へと誘惑する限り，聖霊が完全に心の内に内住し人間性の完成に至るまで，絶えずそうした悪霊と闘い自ら修徳行に励まなければならないと主張される[14]。要するに，洗礼を受けたにもかかわらず，その者の心になお悪霊と聖霊が共在するという彼の主張の意味するところは，このような二種の洗礼・再生によって，神化に至るまでの人間の霊的成長を基礎づけようとするところにあると言えよう。

14）「既に洗礼によってもたらされた恩恵がすべての魂に十分に施され，その神的な力の完全性が速やかに授けられることが望まれる。しかし，恩恵は各人の信仰と敬虔さの程度に応じてしか授けられない。洗礼による恩恵は，確かに万人に等しく罪の許しをもたらしたが，その者の信仰に応じた程度でしか聖霊を受け入れる能力は授けられない。徳と卓越した生による霊的成長によって，初めて人は誰もが情念からの完全な解放と聖霊の完全で活動的な内住を待ち望み，また励まし導かれることができるのである。」（第 1 集成 25. 2.4-5）

第3節　修徳行者マルコスの洗礼論

3-1　マルコスによるメッサリアノイ批判

『フィロカリア』第1巻に収められているマルコスの三作品は，ミーニュ（PG 65, cols. 905-1140）所収のマルコス文書集成の一部である。ミーニュ版のテクスト中には部分的にかなり毀れているものもあり，真作性が疑われているものもないわけではないが，そうした文献上の問題を大きく改善してくれたのがデュランによる批判校訂版（全2巻）である[15)]。そこには，先の三書も含めたマルコスの真作10作品が収められているが，その内，『フィロカリア』所収の『霊的な法について』と『業によって義化されると考える人々』，さらに『洗礼について』を加えた三書が，マルコスの秘蹟神学の基礎づけという観点からは非常に関連性の高いひと纏まりの著作群であると考えられる。すなわち，まず『霊的な法について』では，パウロの言う「霊的な法（πνευματικὸς νόμος）」（マタ 7:14）の解釈を通して，キリスト者の自由が「法への自由な服従」と規定されることによって，人間の生の究極的な完成が恩恵と霊的な法に基づく修徳的実践の観点から説かれる。次いで『業によって義化されると考える人々』において，そうした霊的な法に基づきながらメッサリアノイの「功績」概念，つまり罪からの救済を善き業や修徳行の実践という功績に対する報償と捉える彼らの考えが批判的に退けられる。マルコスにとって，義と認められる生はあくまで洗礼における神の恩恵の賜物としてしか生じ得ない。したがって，そのような考えに基づいた彼の秘蹟神学は，『洗礼について』において初めて十全に展開されることになるのである。

以上の三書の内のいずれにおいても，批判相手としてメッサリアノイ

15）G.-M. de Durand, *Marc le Moine: Traités*, 2 vols. (SC 445 & 455), Paris, 1999-2000. 『フィロカリア』所収テクスト（すなわちミーニュ版）とデュラン校訂版とでは，細かな語句の違いだけでなく，載録された断章そのものが異なっている場合もあり，結果的に後半になると断章番号がズレてしまっている。したがって，本章では，『フィロカリア』所収の宮本訳テクストを参照しつつも，ギリシア語テクストとしてはデュラン版に従い，『洗礼について』（以下『洗礼』と略記）およびミーニュ版と異なるテクスト箇所については私訳を用いる。

の名が明示されているわけではないが，洗礼を否定し異端として断罪された彼らが『洗礼について』の論難の相手であることは論を俟たない。しかし，『業によって義化されると考える人々』の断章 17（『フィロカリア』邦訳版では 18）を見る限り，マルコスが批判している相手を単純に洗礼否定論者としてのメッサリアノイだけに限定してしまうのは早計だろう。

> 一方で，命じられたこと〔すなわち掟〕を何一つ実行せずとも，正しい信仰が保てると思っている者たちがいる。他方，命じられたことを実行することで，そのことへの報償として王国を受け取ることができると思っている者たちがいる。だが，どちらも王国を手に入れることはできない。（『義化』断章 17）

メッサリアノイといえども決して一枚岩の修道運動体ではなく，おそらく先述の *Liber Graduum* に示された二つのグループのような修道思想上の分派対立の芽があったものと想定される。その上で『業によって義化されると考える人々』では，主に後者すなわち善行や修徳行に励むことでその功績によって義化されると主張するタイプのメッサリアノイが論駁され，同書で十分に論難されなかった前者，すなわち掟に従った善行も修徳行も一切放棄してひたすら祈り続けることによってのみ神化に至ると主張するタイプのメッサリアノイに対しては，『洗礼について』において集中的に論駁がなされたと考えるのが一番筋の通った解釈だと思われる。

いずれにせよ，これら二つのグループは一見すると異なった立場のように見えてしまうが，実のところ彼らは，洗礼によって自然本性に根差した罪を根絶することなどできないという経験的信念に基づいた洗礼否定論を共有している。罪の根が残る以上，悪行への傾向性は相変わらず善を望む人々を挫き苛むであろうし，彼らが決定論的な因果説に従う限り彼らの採るべき道は，悪行への傾向性を押さえ込み自らの善行によって救済を勝ち取るか，さもなければ絶えざる祈りによって聖霊のまったき力を招来することで悪霊に打ち勝つか，そのいずれかしかなかったのだろう。その限りで，マルコスによるメッサリアノイ批判は，彼らの反秘蹟主義に対してばかりでなく，その根底にある決定論的な恩恵論・救済論にも向けられていたのである。

3-2　マルコスと擬マカリオス

メッサリアノイとは明確に対立するマルコスにとって，ある意味ではメッサリアノイと修道理念の一部を共有しながらも決定的な場面で意見を異にする擬マカリオスとの関係は，当然のことながら極めて複雑なものとならざるを得ない。この点に関しては，マルコスの立場が擬マカリオスを論駁するものなのか，それとも継承・補完するものなのか，有力な研究者たちの見解もいまだ一致を見ていない[16)]。しかし，両者のテクストを洗礼論に関して比較した限り，洗礼の重要性を強調する点では反メッサリアノイの立場を共有し，またその理由として挙げられる恩恵の考え方やそこで用いられる語彙にも共通性があることは確かである（もちろん，両者の間で決定的に異なる論点があることも確かであるが，その点については後で触れたいと思う）。

まず，メッサリアノイによれば，アダムの犯した罪が実体として全人類に相続され内在するがゆえに，因果的必然によって人類は罪に支配されていると考えられた。しかし，もしそうであるとすれば，人が罪を犯すことは火が周囲の物を熱するのと同様の必然となり，罪を犯した者の意志の働きが等閑視されかねない。そこでマルコスは，アダムの罪そのものではなく，彼の悪しき誘惑への陥りやすさといった罪への傾向性が，人間本性に普遍的に条件づけられたと考えた[17)]。その結果，「人間の誰一人としてその責め（ἔγκλημα）を免れ得なかった。なぜなら，我々の自然本性の根が――それは最初の人〔アダム〕のことを言っているのだが――責めを負っていたからである」（『受肉について』XI, 31）。擬マ

16）マルコスが擬マカリオスを論駁したとみなす E. Peterson や O. Hesse らに対し，K. Ware や M. Plested はあくまでマルコスが擬マカリオスを継承・補完したに過ぎない（あるいは，Fitschen のように，少なくとも反マカリオスではない）と主張する。Cf. Plested [2004], p. 81; Ferguson [2009], p. 738.

17）「『すべての者が罪を犯したのであり，神の栄光を欠いているが，彼らは無償で〔賜物として〕神の恵みによって義とされる』（ロマ 3:23-24）。たとえそのような〔善き〕人々であったとしても，彼らはアダムの子であり，確かにアダムの背反の罪の下に生まれたのである。それがゆえに罰としての死によって咎められたのであり，主がおられなければ救われることはできないのだ。」（『悔い改めについて』10:17-22）

カリオスもまた同様にこう述べている。「アダムが神の命令に背き，悪しき情念のパン種を自らに受け容れたように，彼によって生まれたアダムの種族全体もまた，分有によって（κατὰ μετοχήν）このパン種を共有している」（『50 の霊的講話集』24:2）と。

いずれにせよアダムの堕罪の結果，人類はその自然本性において罪の支配下に置かれたのだとすれば，次に問われるべきは，その原初的な罪から人がいかに解放されるかである。メッサリアノイは，原初の罪は修徳行の努力や闘いによって取り除かれると主張し，洗礼は何ら効果がないとみなしたが，それに対して，擬マカリオスは前述のように洗礼の働きをはっきりと擁護した。マルコスもまた，罪への隷属からの解放が洗礼によってもたらされることを強調すべく，我々の実践における自由の存立に着目した。

> 洗礼を受けても，我々が人祖の罪から解放されなければ，自由な働きをなし得ぬままでいなければならないことは明らかである。逆に，もし自由な働きを現になし得ているならば，我々が罪への隷属から密かに解放されたであろうことは明らかである。（『洗礼』Ⅱ，56-60）

しかし，洗礼を受け原初の罪の枷から解放されたのだとすれば，洗礼後も悪業に手を染め罪にまみれた人が少なからず存在する現実をマルコスはどう説明するのだろうか。ここでもまた，擬マカリオスの教説との密接な関係が見出される。

3-3　マルコスの洗礼論

前述したように，擬マカリオスの洗礼論の大きな特長は，水による洗礼と火と霊による洗礼・再生といういわば二種の洗礼によって，神化に至るまでの人間の霊的成長を基礎づけている点にあった。この霊的成長の過程が恩恵を基軸にして改めて説き直されたものが以下である。

> 我々は，洗礼において聖霊と救済が真に実在すること（ὑπόστασις）の始原（ἀρχή）を受け取る。始めの内は，こ

うした聖霊の与りがしばしば非常に微かな仕方（ἀπὸ πολλῆς λεπτότητος）でもたらされるので，その働き（ἐνέργεια）に気付かないほどである。このような始原は，徳における成長を通してそれが感覚され露わになるまで（ἕως αἰσθήσεως καὶ ἀποκαλύψεως），すなわち闇のヴェールがすべて取り除かれ，聖霊の内住が完全なものとなるまで展開されねばならない。（第1集成 43. 2）

このように，洗礼により授けられた恩恵が，受洗者の霊的成長によって変容し，霊的な自由（ἐλευθερία）と聖霊の内住（ἐνοικήσις）による人間性の完成（τελειότης）＝神化に向けて漸進していくという擬マカリオスの基本テーゼは，同時にマルコスの洗礼論を根底から支える中心思想であり，メッサリアノイ批判の大きな武器でもあった。

キリストにおいて洗礼を受ける人々に，恩恵は密かに（κρυπτῶς）与えられる。その恩恵が働くのは，掟が実践される程度に応じてである。恩恵は密かに我々を援けることを止めはしないが，できる限りの善をなすか，なさぬかは我々次第である。（『義化』断章 56（邦訳版 61））

洗礼において密かに与えられた恩恵が，我々の実践を介した霊的成長によって最終的に露わになる（ἀποκαλύπτεσθαι）時，恩恵によって「我々に与えられている完全性（τελειότης）」（『洗礼』Ⅱ, 20-21）がまさに完全実現状態として完成されるのである。

擬マカリオスにおいても，マルコスにおいても，洗礼によって与えられた恩恵が「密かに」伏在している状態と，それが「露わに」顕在し成就した状態とを対比させる修辞表現は実に多彩である。たとえば，密かに伏在する恩恵は，「始原」と呼ばれ，パウロの「霊の初穂（ἀπαρχή）」[18]や「霊の内金」に喩えられ，さらにマタイ福音書（25:14-

18）「彼〔パウロ〕が霊の初穂（ロマ 8:23）と言ったのは，全体の一部つまり聖霊の一片のことを言おうとしたのではない。なぜなら，そもそも聖霊は部分に割かれたり変化させられたりすることはできないのだから。それはむしろ，聖霊の働きを一度にすべて含み込む

30）の「タラントンの喩え」が用いられる[19)]。いずれの表象にしても，その根底にある霊的成長の理解は，両者いずれにとってもまったく同一である。

では，こうした霊的成長は何によってもたらされるのか。この問いに対する答えは，奇妙なことに一見すると，擬マカリオスもマルコスも，共通の論敵であるメッサリアノイとまったく同じことを言っているように見える。すなわち，罪悪から真に解放されるために人に求められるのは，修徳行の努力であり，悪への傾向性との闘いであり，つまりは個々人の掟に適った善き行ないの実践だという点で彼らの答えは一致しているのである。しかし，メッサリアノイにとって，実践における奮闘努力は洗礼によって与えられる恩恵によって可能になるのではなく，むしろ逆に恩恵のほうが彼らの努力によって得られた功績への報酬程度にしか位置づけられていない。なされた行為が修徳のための禁欲的な苦行であれ，ひたすら祈り続けることであれ，メッサリアノイにとって救済とは，彼らが何をなしたかによってその結果として到来するものであった。対して，擬マカリオスやマルコスにとって修徳行的な努力や霊的な闘いは，恩恵によって与えられた伏在的な恩恵を顕現させ，霊の初穂を実らせ，霊の内金であるタラントンを殖やしていくためのあくまで手だてに過ぎない。もちろん，そのような前提に立てば，霊的な成長が彼らの努力次第にかかっていることは言うまでもない。修徳行における諸々の実践に励むことができるということ自体が，既に洗礼によってもたらされた恩恵によるものだという根本理解がメッサリアノイには欠けているというのが，両者の決定的な相違点なのである。

では，マルコスと擬マカリオスの洗礼論にはまったく違いがないかと言うと，実は両者を決定的に分かち，マルコスの修道思想を彼独自のものとして際立たせる重要な論点がある。それが洗礼後の罪と聖霊の共存の問題である。まず，擬マカリオスの場合，一方で人間性の完成に至る

ことはできない我々の器量に相応しい仕方で言われたのである。」（『洗礼』Ⅸ, 7-10）

19）　マカリオス「洗礼の内金を持っている時，人はその完全性によってタラントン〔貨幣〕をもつ。しかし，それを働かせ損なうと，人は未完成のままであるばかりか，そのタラントンを奪われさえする。」（第3集成28. 3. 3）；マルコス「もし，我々が結果的に自分のものとなるタラントンを隠したりしなければ，主の喜びに与るであろうことは明らかである。」（『義化』56（邦訳版63））

霊的成長の可能性が恩恵として与えられる限りでの洗礼の意義を認めつつ，他方で洗礼によって罪が完全に追放されたわけでなく，聖霊が完全に内住するまでの絶えざる悪霊との闘いや修徳行が強調される。こうした立場をとる限り，洗礼後の罪や悪霊と聖霊の共存は，究極的な救済である神化の道行きにおける霊的成長の漸進的一過程として説明されざるを得ない。もちろん，物質主義的・決定論的なメッサリアノイの場合とは異なり，擬マカリオスでは人間の自由な選択意志の働きが明確に組み込まれており，その限りで聖霊と人の自由意志の協働（συνέργεια）の重要性が確かに指摘されてはいる。しかし，心の中に共在する一方の悪霊からの誘惑を断ち，他方の聖霊の導きに従うという彼の説明の中には，いまだにメッサリアノイに特有の相反する善悪二極の因果的説明方式の残滓（ないしは予兆）が少なからず見出される。心における悪霊と聖霊の共存というテーゼが反メッサリアノイ文書中に見出せるのが，実はダマスコスのヨアンネスの証言しかないという事実と照らし合わせるなら，メッサリアノイから擬マカリオスへのいわば過渡的グレーゾーンに悪霊・聖霊共存問題が位置しているとも言えるだろう。

対してマルコスは，洗礼の恩恵がたとえ密かに，感覚し得ないような仕方で（λεληθότως）授けられるとしても，その恩恵自体は完全であり（『洗礼』Ⅱ, 7），洗礼によって我々は堕罪以前のアダムの状態，すなわち人祖の堕罪に起因する一切の汚れが払拭され，完全に浄化された状態を恢復すると説く[20]。したがって，洗礼後に罪と聖霊とが共存することは，マルコスの場合，当然あり得ない。アダムの堕罪に起因する我々の罪は洗礼によって完全に払拭され，三位一体の神の内住さえもがもたらされるという彼の主張は，洗礼によって悪の連続性が一旦中断されるというニュッサのグレゴリオスなどの一般的な主張と較べると，その独自性の点で際立っていると言えよう。

しかし，洗礼が罪の根を完全に打ち砕き，追放するのであれば，洗礼後になぜ人は罪を犯すのかという，擬マカリオスに課されたのと同じ問いに，しかもより一層厳しい条件の下でマルコスもまた答えねばなら

20）「神の恵みによって，あなたは新たなアダムになる〔Ⅰコリ 15:45, 47〕。主は我々のために来たり，我々のために死した。主は我々を人祖の死から解放した。主は洗礼によって浄め，新たにする。主は我々を教会という楽園に送られる。」（『洗礼』17: 14-20）

ない。「罪が洗礼によって根絶されるのであれば，一体なぜ罪は再び心において働くことができるのか」（『洗礼』Ⅲ, 53-54）。これこそ『洗礼について』の中心問題である。洗礼後も相変わらず罪を犯す人々の姿から，メッサリアノイも擬マカリオスも，洗礼によってすら根絶されず残存する罪の根を見て取った。対してマルコスは，もしそのように残存した罪の根を除き去るのが我々の業によるとするなら，「キリストは空しく死んだ〔ガラ 2:21〕ことになる」（『洗礼』Ⅱ, 23）と断じ，洗礼の後に働いているのは，根絶されたはずの罪ではなく[21)]，あくまでも自らの自由意志に他ならない，と明言する[22)]。こうしたマルコスの考え方は，人間の実践を神の命令へと関係づけることによってより強固なものとなる。

> もし罪に打ち克つことが恩恵によるならば，人間の働きはもはや働きではなく〔ロマ 11:6〕，むしろ我々を自由の身にされた方の命令（ἐντολή）であり，自由と信仰の業である。（『洗礼』Ⅱ, 32-34）

マルコスにとって，信仰とは，キリストにおいて洗礼を受けることばかりでなく，キリストの命令をなすことでもあり，逆に命令をなさぬことは我々の不信仰（ἀθεσία）を示すことである。その限りで，神の命令は我々の自由と矛盾しない。なぜなら，「洗礼の後に授けられるキリストの命令は自由の律法（νόμος ἐλευθερίας）」（『洗礼』Ⅱ, 46-48）だからであり，キリストの命令に従うことは，「我々に授けられた自由の境界（ὅρος）を守ることに他ならない」（『洗礼』Ⅲ, 45-46）からである。

21）「アダムの罪の残余（ἐγκατάλειμμα）が洗礼後に我々を罪に向かわせることはない。」（『洗礼』Ⅲ, 73-74）

22）「もし，洗礼後に我々が罪の支配下にあるならば，それは洗礼が不完全であるからではなく，我々が主の命令を軽視し，自由意志によって択ばれた快楽に溺れているからである。」（『洗礼』Ⅱ, 38-41）

おわりに

『フィロカリア』編纂上の経緯により，遠く隔たった巻に収録された（擬）マカリオスとマルコスではあるが，実際には，メッサリアノイという異端派を挟んで三者が互いに影響し合い，批判し合いながら，後世にも大きな痕跡を残していったものと思われる。本章で考察したような三者三様の洗礼論の切り結びは，Plested によれば[23)]，「マカリオス遺産」（Macarian Legacy）の一つとして，フォーティケーのディアドコスを経て証聖者マクシモスにまで至ると解される。その解釈の是非はどうあれ，少なくとも『フィロカリア』の深層に流れる水脈の一端に，しかも本邦ではこれまであまり触れられる機会のなかった修徳行者マルコスの教説に触れることができたとすれば幸いである

23）Cf. Plested [2004].

あとがき

本書は，私にとっては前著『善く生きることの地平――プラトン・アリストテレス哲学論集』に続く2冊目の単著論文集である。前著は，主に30代半ばから40代終わり頃までの血気盛んな10数年間にそれぞれ単独の論文として発表された，もっぱらプラトンやアリストテレスの哲学に徒手空拳で挑んだ格闘の記録であった。対して本書は，50代に入り研究の軸足を古代ギリシア哲学からギリシア教父学へと移してから以降に発表した論文を中心に編まれたもので，今回，一書に纏めるに際し新たな書き加えも含めて大幅に手を入れ，三部構成に仕上げたものである。本書に込めた思いは「総序」などを参照していただきたいが，改めて見直してみると，押しも押されもせぬ正統派バシレイオスやニュッサのグレゴリオスに劣らず，異端の側のエウノミオスや擬マカリオスにも私自身の強い思い入れが感じ取られ，どこか彼らの不遇に我が身を重ね合わせ世上の評価に異議申し立てをせずにはおれなかった当時の鬱屈した心情が蘇ってくるようだ。とりわけ擬マカリオスに関しては，第Ⅲ部を丸ごと捧げるほどの入れ込みようだが，それもそのはずで，私がギリシア教父学に手を染めるようになったそもそものきっかけも実は擬マカリオスだった。

上智大学哲学科・助手の任期を終え，アリストテレスのフィリアー論や感覚論研究に手応えを感じ始めていた頃（おそらく1991年頃）だったと思う。当時，クラウス・リーゼンフーバー先生の総指揮のもとに進行中だった『中世思想原典集成』の翻訳企画には，中世思想研究の専門家ばかりでなく，大袈裟に言えば古典ギリシア語・ラテン語を読める日本国中の研究者が総動員された感があった。だからこそ，私のような門外漢にもお声がかかったのだろう。リーゼンフーバー先生から突然呼び出され，後期ギリシア教父・ビザンティン思想の巻（大森正樹先生が監修された巻）でまだ翻訳者が決まっていない教父のテクストがいくつかあるので，どれか一つ試しにやってみないか，という思いがけないお話をいただいた。とはいうものの，その頃の私は「教父」などというものとはまったく無縁の存在であり，恥ずかしい話だが先生から示された数名の教父たちの名前もその時初めて聞くものばかりだった。そんなわけでいささか不謹慎な喩えだが，まるでトランプのババ抜きのような感じで，仕方なく見知らぬ名前の中から辛うじて「pseudo（偽）」という文字を冠した名前を見つけ出し，えいやっとばかりに引き抜いた。それが私の Pseudo-Macarius（偽マカリオス）との馴れ初めである。とても胸を張って語れるようなエピソードではない。当時の私には，どうせ自分のような「似非」研究者には pseudo 何某《なにがし》がお似合いだなどという捻くれた思いがあったに違いない。それがとんでもない不遜な思い違いであることは，訳し始めてすぐに思い知らされた。とにかく，これまでプラトンやアリストテレスを読んでいたのとはまったく勝手が違い，何もかもゼロからやり直さざるを得ない悪戦苦闘の連続だった。どうにかいくつかの講話を訳し終え，その厳しさで知られたリーゼンフーバー先生の徹底的な訳文チェックにもなんとか持ちこたえられる訳稿が仕上げられるようになった頃，先生から本書第 13 章で取り上げられた『大書簡』（*Epistola magna*）の全訳を勧められる。その頃には，擬マカリオスのもつ不思議な魅力をなんとか解き明かしたいという思いが日増しに募っていただけに，一も二もなくその仕事をお引き受けし，本邦初訳となる『大書簡』全訳に取り組んだ結果，その訳稿も収められた『中世思想原典集成』第 3 巻が 1994 年に刊行されたという次第である。

しかし，擬マカリオス（というかマカリオス文書）自体が思想史において長年等閑視されてきた上に，私自身の研究者としての生活基盤が 40 代半ばまでひどく不安定だったこともあって，翻訳はしたもののギリシア教父学一般に足を踏み入れる余裕など皆目なかった。ただ，世間にはどうせ合格は無理だがせっかく勉強したのだからという不埒な動機によるいわゆる「記念受験」なるものがあるように，私もせっかく翻訳したのだからという不埒な動機でまったく場違いな中世哲学会で「記念発表（?）」したことがある。それは，ピーター・ウィンチの「嘘のお祈りはできない」というアイデアを基にマカリオス文書の中で「祈りの言語哲学」という体裁で展開したもので，たとえ「記念発表」ではあれ，

1993年の南山大学大会でのその研究発表が私の記念すべき中世哲学会デヴューということになる。上智大での私の恩師のお一人であった故フランシスコ・ペレス先生に事前に発表原稿をお見せした際には,「本当にこれを発表するんですか？！」と驚かれたほど,およそ中世哲学会には相応しくない,(今の私から見ても)独りよがりで浅はかな内容だった。勢いと元気だけでなんとか乗り切ったものの,本来なら中世哲学の世界での私の前途は絶たれたも同然である。しかし,幸いなことに司会を務めて下さった大森先生,中世哲学会で当時編集委員を務めていらした宮本久雄先生,また私が密かに私淑していた故神崎繁先生をはじめ幾人かの先生方が私の発表を面白がってくださったおかげでなんとか首の皮一枚で生き延びることができた。当時,中世哲学会では若手はまず「論文」の半分の頁数の「研究ノート」から投稿するのが通例であったが,宮本先生が「擬マカリオスを主題にした論文を書こうなんて人は今後何十年も出てこないだろうから,どうせ書くなら覚悟を決めて,しっかりしたものを書きなさい」と後押ししてくださったおかげで,いきなり「論文」枠で投稿できるチャンスをいただけた。もちろん,編集委員会の査読を通らなければならないのは当然だが,初対面にもかかわらず宮本先生はそれから1年間,個人的にご指導くださった。私がお送りした論文草稿にびっしりと赤字で詳細に添削してくださった宮本先生のご厚意がなければ,本書第12章の初出論文が陽の目を見ることなどあり得なかっただろうし,私がギリシア教父研究の途に分け入ることもなかったはずである。

その後,我が国における東方教父研究を大きく前進させた草分け的存在である大森先生,谷隆一郎先生,宮本先生が,1988年に創刊された本邦初の東方キリスト教研究の専門誌『エイコーン』を母体として2001年に結成された東方キリスト教学会にも入会させていただき,さらに2006年から2013年にかけて新世社から刊行された東方キリスト教圏の霊的師父たちによる一種の詞華集である『フィロカリア』全巻の邦訳企画にも訳者として加わることができ,ギリシア教父への関わりは一層深まっていった。とはいえ私には,いきなり異端派寄りの擬マカリオスから教父研究の途に足を踏み入れ,正統派の洗礼を受けないままにきたというある種の後ろめたさがあった。幸い40代半ばで中央大学に専任職を得て，50代に入って間もなくサバティカルで1年間，研究に専念できる機会をいただけることになったのを機に，バシレイオスに真正面から取り組むことを決意。出村和彦先生から紹介していただいたオーストラリア・カトリック大学の初期キリスト教研究所の客員研究員として1年間，バシレイオスを中心にカッパドキア教父の研究に集中することができた。教父研究を究めるならヨーロッパかアメリカが一般的だが，永らく教父研究会の会長であられた加藤信朗先生や出村先生のご尽力もあって，教父研究における日豪の共同研究体制は既に強固なものとなっており，私にとってオーストラリア・ブリスベンでの研究生活は実に生産的で有意義なものであった。とりわけ受け入れ先のポーリーン・アレン研究所所長とご主人の故ジョン・コート氏ご夫妻には，連れ合い共々，大変お世話になった。世界的に名の知られた教父研究者であるアレン先生は，時には姉のように，時には鬼教官のごとく，毎週なにがしかの「宿題」を課しては懇切かつ厳格に指導してくださり，一年後にはオクスフォードで4年に一度開催される国際教父学会でどうにか発表できるレベルにまで引き上げてくださった。学生時代に優れたカール・ラーナー研究者でもあったジョンには，哲学の議論で時間を忘れるほど熱くなることのできる年長の友人として，毎週，ご夫妻のご自宅で私の拙い英語に付き合っていただいた。一年中ビーチサンダルで過ごせるような南国的開放感に溢れたブリスベンの自然環境とフレンドリーな人々に囲まれ，私の捻れた性根もかなり矯正されたような気がする。また，優れたカッパドキア教父研究者として知られるアンナ・シルヴァス先生が，私と同じ時期に研究所の客員研究員として滞在しておられたことも予期せぬ幸運であった。初対面の挨拶のとき，バシレイオスを哲学的観点から研究したいと意気込む私に対して，「私にとってバシレイオスは，あくまでも修道者であって，それ以外の何者でもない」とピシャリと釘を刺された言葉が忘れられない。その後のお仕事も含め，カッパドキア教父といかに向き合うべきかを身をもって示されているようなシルヴァス先生とご一緒できた時間は，なにものにも代え難い貴重なものであった。

本書の元となった初出論文の多くは，オーストラリアから帰国後，ほぼ10年間にわたって書き継いできたものである。その間，ブリスベンでの研究仲間との再会を楽しみに，環太平洋初期キリスト教学会や国際教父学会などの国際学会にも毎年のように参加してきたが，なかでも2011年8月にオクスフォードで開催された第16回国際教父学会がひときわ感慨深いものであった。同学会期間中，数多く開催されるワークショップのうち，緑豊かなトリニティ・カレッジでの「マカリオス研究の新しい方向性」と題されたセッションは，私が『中世思想原典集成』のために擬マカリオス翻訳に携わって以来，書物からその名を知るのみだったR. StaatsやC. StewartやV. Desprez（残念ながら当日は体調不良で欠席）といったマカリオス研究のビッグネームたちをはじめ世界中のコアなマカリオス研究者が一堂に会する夢のような集会であった。マカリオス文書の日本語翻訳者と紹介され，どうにかその場におさまったが，それまでの経緯を思えばおこがましいことこの上ない。20数人ほどのこぢんまりしたセッションだったが，これこそがまさにマカリオス研究の最前線だと思うと，その一員として議論に参加できる至福にしばし時を忘れるほどだった。かつて不謹慎にも「ババ」だと思って引いたPseudo-Macariusのカードは，実は私にとって奇跡を呼ぶ最強のジョーカーであったに違いない。

前著のあとがきにも書いたように，私自身にはとりたてて誇るべきところなど一つもないが，これまで多くの素晴らしい師友に恵まれたことだけは唯一の誇りである。その点はギリシア教父学という領域に研究の軸足を移すようになってからもまったく変わらず，幸いなことに上述のような数多くの新たな学的交わりに恵まれた。本書が成るにあたっても，かけがえのない力を与えてくださり御礼を申し上げるべき方々は数えきれないほどたくさんおられる。ここでそのお一人お一人の名前を挙げることは差し控えざるを得ないが，いただいた学恩には心からの感謝を捧げたい。

強いて他に一つだけ私の取り柄を付け加えるとすれば，せいぜい二日酔い程度しか体調の不良を経験したことがないというほど頑健な肉体が私の自慢であった。しかし好事魔多しで，還暦から古希への途半ばにして生まれて初めての大きな手術を，それも立て続けに三度も経験し，ほぼ1年間入退院を繰り返さねばならなかった。不思議なもので，長く病床に伏していると私のような怠け者でも無性に仕事がしたくなってくるものらしい。2016年秋に前著を上梓した後，生来の怠惰に加えて幾重にも仕事が立て込んでいたせいですっかり後延ばしになっていた本書の出版計画も，皮肉なもので，思いもよらぬ大病のせいでむしろ拍車がかかったというわけである。

今日のような困難な出版状況の中，大量の言の葉を食《は》んでは少しずつ糸を吐き出し新たなtextus（織物＝テクスト）を織りなす一介の蚕のごとき私たち研究者にとって，知泉書館の存在は日毎に大きなものとなりつつある。とりわけ今回はその思いをさらに強くした。小山光夫氏の学術出版にかける情熱と高邁な理念がなければ，おそらく本書が上梓されることはなかったであろうし，研究者としての私の存在意義さえ見失われかねなかったであろう。今はただ感謝の気持ちで一杯である。

最後に，いかなる時にも明るく私を支え続けてくれた家族に祈りを込めて本書を捧げたい。

2019年7月

土橋　茂樹

初 出 一 覧

本書に収録した諸論文の初出は以下の通りである。ただし，一書に纏めるにあたっては，大は議論の構成の変更から小は用語の統一まで，様々なレベルでの書き直しや大幅な加筆，さらに新たな書き下ろしの編入など，大幅に書き換えられたものもあり，初出時とは必ずしも一致しない論稿が少なくないことにご注意いただきたい。

第Ⅰ部　カッパドキア教父研究・序説

総序　――書き下ろし

第 1 章　ウーシア論の展開として見た三位一体論――バシレイオス研究序説　（『中世哲学研究 VERITAS』第 27 号，京大中世哲学研究会，2008 年）

ただし，同章第 3 節，補註 1，補註 2 は新たに書き加えた。

第 2 章　バシレイオスのウーシア－ヒュポスタシス論　（『中世思想研究』第 51 号，中世哲学会，2009 年）

第 3 章　バシレイオス『聖霊論』におけるプロティノスの影響　（『新プラトン主義研究』第 9 号，新プラトン主義協会，2009 年）

第 4 章　教父哲学：4. ニュッサのグレゴリオス ―― 一つの力《デュナミス》と一つの意志　（神崎繁・熊野純彦・鈴木泉編『西洋哲学史Ⅱ――「知」の変貌・「信」の階梯』講談社，2011 年，所収）

ただし，補註は新たに書き加えた。

附論 1　教父哲学：5. アウグスティヌス ―― 一つの本質《エッセンティア》・三つのペルソナ　（神崎繁・熊野純彦・鈴木泉編『西洋哲学史Ⅱ――「知」の変貌・「信」の階梯』講談社，2011 年，所収）

附論 2　書 評：Stephen M. Hildebrand, *The Trinitarian Theology of Basil of Caesarea: A Synthesis of Greek Thought and Biblical Truth*（『中世思想研究』第 52 号，中世哲学会，2010 年）

附 論 3　書 評：Andrew Radde-Gallwitz, *Basil of Caesarea, Gregory of Nyssa, and the Transformation of Divine Simplicity*（『中世思想研究』第 55 号，中世哲学会，2013 年）

第Ⅱ部　ギリシア教父思想の諸相

第 5 章　洞窟に降り来った太陽――教父思想への「洞窟の比喩」の影響史 （『理想』第 686 号，理想社，2011 年）

第 6 章 「神に似ること」から「キリストに倣うこと」へ――ニュッサのグレゴリオスにおけるプラトン主義的伝統の変容 （『パトリスティカ』第 19 号，教父研究会，2016 年）

"The Likeness to God and the Imitation of Christ: The Transformation of the Platonic Tradition in Gregory of Nyssa", in: *Christians Shaping Identity from the Roman Empire to Byzantium* (Leiden/Boston: Brill, 2015)（和訳し，適宜組み入れた）

ただし，プラトン主義と神化思想の萌芽――東方教父思想における「神に似ること」概念の変容 （田島照久・阿部善彦編『テオーシス――東方・西方教会における人間神化思想の伝統』教友社，2018 年，所収）によって新たに加筆した。

なお，同章第 4 節は新たに書き加えたものである。

第 7 章　教父哲学におけるオイコノミア （『ニュクス』創刊号，堀之内出版，2015 年）

第 8 章　自己投企と受容――東方教父起源の「神との合一」概念のトマス的再生 （『ニュクス』第 4 号，堀之内出版，2017 年）

第 9 章　光の超越性と偏在性――初期ギリシア教父における光とロゴスをめぐって （山内志朗編『光の形而上学―知ることの根源を辿って』慶應義塾大学出版会，2018 年，所収）

第 10 章　愛《エロース》と欲求《エピテュミア》――オリゲネスとニュッサのグレゴリオスの『雅歌』解釈をめぐって （宮本久雄編『愛と相生――エロース・アガペー・ア

モル』教友社，2018年，所収）

第11章　砂漠から都市，そして帝国へ──「貧しい人々」と教父たちの〈社会化〉をめぐって　（『エイコーン』第36号，東方キリスト教学会，2007年）

附論4　観想と受肉──「肉体」「形の現象」を中心に　（土橋・納富・栗原・金澤編『内在と超越の閾──加藤信朗米寿記念哲学論文集』知泉書館，2015年，所収）

附論5　わたしの生はあなたの生──ポリフォニックな一人称語りとエヒイェロギア　（『パトリスティカ』第18号，教父研究会，2015年）

附論6　書　評：Kevin Corrigan, *Evagrius and Gregory: Mind, Soul and Body in the Fourth Century*（『中世思想研究』第54号，中世哲学会，2012年）

第Ⅲ部　マカリオス文書研究

第12章　偽マカリオスにおける魂浄化の三段階　（『中世思想研究』第37号，中世哲学会，1995年）

第13章　ニュッサのグレゴリオスと擬マカリオス──*De instituto christiano* と *Epistola magna* をめぐる序説的概説　（『エイコーン』第28号，東方キリスト教学会，2003年）

第14章　マカリオス文書における plerophoria 概念の意義──信仰の真理性に関して4世紀東方教父は何を語り得たのか　（『中世哲学研究 VERITAS』第23号，京大中世哲学研究会，2004年）

第15章　抄録者シメオンはマカリオス文書の何を切り捨て，何を残したのか──『フィロカリア』所収の抄録版『五〇の講話』をめぐって　（『エイコーン』第42号，東方キリスト教学会，2012年）

第16章　洗礼の意義をめぐって──擬マカリオス・メッサリアノイ・修徳行者マルコス　（土橋茂樹編『善美なる神への愛の諸相──『フィロカリア』論考集』教友社，2016年，所収）

文　献　一　覧

略　　号

CAG : Commentaria in Aristotelem Graeca
CCSL：Corpus Christianorum Series Latina
DL : Diogenis Laertii Vitae Philosophorum
GCS : Die Griechischen Christlichen Schriftsteller
LCL : Loeb Classical Library
PG : Patrologiae Cursus Completus: Series Graeca, ed. J. P. Migne
PL : Patrologiae Cursus Completus: Series Latina, ed. J. P. Migne
SC : Sources Chrétiennes
SP : Studia Patristica
SVF : Stoicorum Veterum Fragmenta

1 次 文 献

[Alexander Aphrodisiensis] *In Aristotelis Metaphysica Commentarius*, CAG I.

[Ammonius] *In Porphyrii Isagogen*, CAG IV/3.

[Aristoteles] *Categoriae* [*Cat.* と略記] *et Liber de Interpretatione*, L. Minio-Paluello (ed.), Oxford, 1949.

[Aristoteles] *Metaphysica* [*Met.* と略記], W.Jaeger (ed.), Oxford, 1957.

[Athnasius] *Athanasius Werke*, Vol.3, 1, *Urkunde zur Geshichte des arianischen Streites* 1, H.-G. Opitz (ed.), Berlin, 1934.

[Augustinus] *De Trinitate*, W. J. Mountain (ed.), CCSL 50, 50A, Turnhout : Brepols, 1968.

[Basilius Caesariensis] *Contra Eunomium* [*CE* と略記], B. Sesboüé, G.-M. de Durand, and L. Doutreleau (eds.), 2 vols. SC 299, 305, Paris, 1982-3.

[Basilius Caesariensis] *De Spiritu Sancto* (*DSS* と略記) : *Basilius von Cäsarea, De Spiritu Sancto, Über den Heiligen Geist*, H. J. Sieben (ed.), Herder, 1993.（山村敬訳『聖大バシレイオスの「聖霊論」』南窓社，1996 年）

[Basilius Caesariensis] *De Spiritu*, Migne, PG 29 (=Basilius 1) 768-774.

[Basilius Caesariensis] *Saint Basile, Lettres*, (*Ep.* と略記), E. Y. Courtonne (ed.), 3 vols, Collection des universités de France, Paris, 1957-1966; *The Letters*, tr. R. J. Deferrari, vol. I-IV, LCL, Cambridge Mass./ London, 2000-2005 (1926[1]-1934[1]).

[Epiphanius] *Panarion (Adversus haereses)*, K. Holl (ed.), GCS 25, Leibzig: J. C. Hinrichs Verlag, 1915.

[Eunomius] *Eunomius: The Extant Works*, R. P. Vaggione (ed.), Oxford, 1987

[Eusebius Caesariensis] *Contra Marcellum* (*C. Marc.* と略記), E. Klostermann (ed.), GCS Eusebius vol. 4, pp. 1-58, Leibzig, 1906.

[Gregorius Nazianzenus] *Grégoire de Nazianze: Discours 27-31, Discours Théologiques*, P. Gallay (ed.), SC 250, Paris, 1978.

[Gregorius Nyssenus] *Gregorii Nysseni Opera*, (GNO と 略 記), W. Jaeger et alii (eds.), Leiden: Brill.

Contra Eunomium, libri I et II, (GNO I), W. Jaeger (ed.), 1960.

Ad Ablabium, Ad Theophilium adversus Apollinarium: Opera Dogmatica Minora, (GNO Ⅲ /1), F. Mueller (ed.), 1958

Oratio Catechetica: Opera Dogmatica Minora, (GNO III/4), E. Mühlenberg (ed.), 1996. *In Canticum Canticorum*, (GNO VI), H. Langerbeck (ed.), 1960.（大森・宮本・谷・篠崎・秋山訳『雅歌講話』新世社，1991 年）

De beatitudinibus: Opera Exegetica In Exodum et Novum Testamentum, (GNO VII/2), J. F. Callahan (ed.), 1992.

De perfectione: Opera Ascetica, (GNO VIII/1), W. Jaeger (ed.), 1986.

[Irenaeus] *Adversus Haereses*, Rousseau / Doutreleau (eds.), 10 vols., SC 100 / 152 / 153 / 210 / 211 / 263 / 264 / 293 / 294, Paris.

[Iustinus Martyr] *Iustini Martyris : Apologiae pro Christianis* [*Apol.* と 略 記], *Dialogus cum Tryphone* [*Dial.* と 略 記], M. Marcovich (ed.), Patristische Texte und Studien 38/47, Berlin / New York: Walter de Gruyter, 2005 (1994[1]).（柴田有，三小田敏雄訳『ユスティノス：第一弁明，第二弁明，ユダヤ人トリュフォンとの対話（序論）』キリスト教教父著作集 1，教文館，1992 年）

[Markos] G.-M. de Durand, *Marc le Moine: Traités*, 2 vols. (SC 445 & 455), Paris, 1999-2000.（『フィロカリア』第 1 巻，修徳行者マルコス『霊的な法について』，『業によって義化されると考える人々について』，『修道士ニコラオスに当てた手紙』（すべて宮本久雄訳），新世社，2007 年）

[Origenes] *Origène : Commentaire sur le Cantique des Cantiques* [*Comm. Cant.* と略記], ed. and tr. L. Brésard and H. Crouzel, with M. Borret, SC375, 376, 1991.（小高毅訳『雅歌注解・講話』創文社，1982 年）

[Origenes] *Contra Celsum* [*C.Cel.* と略記], M. Borret (ed.), Tome II, SC 136, Paris, 1968.（出村みや子訳『オリゲネス：ケルソス駁論』キリスト教教父著作集 9，教文館，1997 年）

[Origenes] *De Principiis* [Princ. と 略 記] ; *Origen: On First Principles*, Vol. 1, J. Behr (ed. and tr.), Oxford, 2017；*Origène : Traité des Principes*, tome I, H. Crouzel et M. Simonetti (eds.), Paris, 2008.（小高毅訳『諸原理について』創文社，1978 年）

[Philolaus] H.Diels / W.Kranz (eds.), *Die Fragmente der Vorsokratiker* (6 Aufl.), 1er Bd., Berlin, 1951.（ディールス / クランツ（編）『ソクラテス以前哲学者断片集』第Ⅲ

分冊，岩波書店，1997 年）
[Philon] F. H. Colson, G. H. Whitaker et al. (eds.), *Philo*, 10 vols, LCL, Cambridge Mass./ London, 1929-1962.
[Platon] J.Burnet (ed.), *Platonis Opera*, Oxford, OCT.
[Plotinus] *Plotini Opera*（*Enn.* と略記），3 vols, P. Henry et H.-R. Schwyzer (eds.), Oxford, 1964-1982.
[Porphyrius] *In Categorias*, A. Busse (ed.), CAG IV. 1, Berlin, 1887.
[Pseudo-Dionysius Areopagita] *Corpus Dionysiacum I*, B. R. Suchla (ed.), Berlin/New York: Walter de Gruyter, 1990; *Corpus Dionysiacum II*, G. Heil / A M. Ritter (eds.), Berlin/New York: Walter de Gruyter, 1991.
[Pseudo-Macarius] *Die 50 geistlichen Homilien des Makarios*, hrsg. von H. Dörries, E. Klostermann, M. Kroeger, Berlin, 1964.〔第 2 集成（いわゆる『50 の霊的講話集』）：Ⅱと略記〕
[Pseudo-Macarius] *Pseudo-Macaire, Œuvres Spirituelles*, I: Hoélies propres à la Collection Ⅲ, tr. (avec le texte grec) par V. Desprez, Paris, 1980.〔第 3 集成（『説教集』の底本）：Ⅲと略記〕
[Pseudo-Macarius] *Makarios-Symeon, Epistola Magna:eine messalianische Mönchsregel und ihre Umschrift in Gregors von Nyssa "De instituto Christiano"*, hrsg. von R. Staats, Göttingen : Vandenhoeck & Ruprecht, 1984.〔『大書簡』：EM と略記〕
[Thomas Aquinas] *In Librum Beati Dionysii de Divinis Nominibus Expositio*, Marietti, 1950.
[Thomas Aquinas] *In Librum de Causis Expositio*, Marietti, 1955.
Φιλοκαλία τῶν ἱερῶν νηπτικῶν, συνερανισθεῖσα παρὰ τῶν ἁγίων καὶ θεοφόρων πατερῶν, τόμος Α - Ε, Athen, 1976-1984.（『フィロカリア』第 1 巻 - 第 9 巻，新世社，2007-2013 年）

2 次 文 献

Adam, J. (ed.) [1963], *The Republic of Plato*, vol. Ⅱ, (2nd ed.), Cambridge: Cambridge University Press.
Anastos, M. V. [1981], "Basil's Kata Eunomiou, A Critical Analysis", in : Fedwick [1981].
Annas, J. [1999], *Platonic Ethics, Old and New*, Ithaca: Cornell University Press.
Arendt, H. [1978], *The Life of the Mind/ Willing*, New York: Harcourt Brace Jovanovich.
Ayres, L. [2004], *Nicaea and its Legacy: An Approach to Fourth-Century Trinitarian Theology*, Oxford: Oxford University Press.
Barbet, J. [1967], *Thomas Gallus: Commentaires du Cantique des Cantiques*, Paris: Vrin.
Barnes, M. R. [1998], "The Fourth Century as Trinitarian Canon", in: *Christian Origins: Theology, Rhetoric and Community*, L. Ayres and G. Jones (eds.), London / New York: Routledge.
———[2001], *The Power of God : Δύναμις in Gregory of Nyssa's Trinitarian Theology*,

Washington, D.C.:Catholic University of America Press.

Behr, J. [1999], "The Rational Animal: A Rereading of Gregory of Nyssa's *De hominis opificio*", *Journal of Early Christian Studies*, 7.

Beierwaltes, W. [1961], "Die Metaphysik des Lichtes in der Philosophie Plotins", *Zeitschrift für philosophische Forschung*, Bd.15.H.3.

Bouyer, L. [1960], *La spiritualité du Nouveau Testament et des pères (Histoire de la Spiritualité Chrétienne I)*, Paris : Aubier.（『キリスト教神秘思想史 1 —— 教父と東方の霊性』上智大学中世思想研究所監修，平凡社，1996 年）

Buber, M. [1953], *Eclipse of God: studies in the relation between religion and philosophy*, London: Victor Gollancz.

Canévet, M. [1969], "Le'De Instituto Christiano'est-il de Grégoire de Nysse ? ", *Revue des Études Grecques* 82.

Chadwick, H. [2001], *The Church in Ancient Society — From Galilee to Gregory the Great*, Oxford: Oxford University Press.

Chevalier, P. [1937], *Dionysiaca: Recueil donnant l'ensemble des traductions latines des ouvrages attribués au Denys de l'Aréopage, et synopse marquant la valeur de citations presque innombrables allant seules depuis trop longtemps*, Paris / Bruges : Desclée, de Brouwer & Cie.

Coakley, S. (ed.) [2003], *Rethinking Gregory of Nyssa*, Malden, Mass.: Blackwell.

Corrigan, K. [2009], *Evagrius and Gregory: Mind, Soul and Body in the Fourth Century*, (Ashgate Studies in Philosophy and Theology in Late Antiquity), Farnham, UK: Ashgate.

Countryman, L. W. [1980], *The Rich Christian in the Church of the Early Empire*, New York / Toronto: Edwin Mellen Press.

Daniélou, J. [1944], *Platonisme et théologie mystique : Essai sur la doctrine spirituelle de Saint Grégoire de Nysse*, Paris: Aubier.

——— [1965], Review of Dehnhard, *Recherches de science religieuse*, 53.

Dehnhard, H. [1964], *Das Problem der Abhängigkeit des Basilius von Plotin*, Berlin: Walter de Gruyter.

DelCogliano, M. [2010], *Basil of Caesarea's Anti-Eunomian Theory of Names—Christian Theology and Late-Antique Philosophy in the Fourth Century Trinitarian Controversy*, Leiden/Boston: Brill.

DelCogliano, M. & Radde-Gallwitz, A. (tr.) [2011], *St. Basil of Caesarea, Against Eunomius*, Washington, D.C.: The Catholic University of America Press.

Desprez, V. [1977], "Les Relations entre le Pseudo-Macaire et Saint Basile", addendum to "Le Pseudo-Macaire", in *Commandements du Seigneur et libération évangélique*, ed., J. Gribomont, Rome: Ed. Anselmiana.

——— [1980], *Pseudo-Macaire, Œuvres Spirituelles, I : Homélies propres à la Collection III*, introduction, traduction et notes (avec le texte grec) par V. Desprez (SC 275), Paris : Les Éditions du Cerf.

——— [1984], "Plèrophoria chez le Pseudo-Macaire : plénitude et certitude··· en pays grec", *Collectanea Cisterciensia* 46.

Dillon, J. M. [1977], *The Middle Platonists*, London: Duckworth.

——— [1988], "The Knowledge of God in Origen," in : *Knowledge of God in the Graeco-Roman World*, R. van den Broek, T, Baarda, and J, Mansfeld (eds.), Leiden: Brill.

——— (tr.) [1993], *Alcinous*: *The Handbook of Platonism*, Oxford: Clarendon Press.

Drecoll, V. H. [1996], *Die Entwicklung der Trinitätslehre des Basilius von Cäsarea: Sein Weg vom Homöusianer zum Neunizäner*, Göttingen: Vandenhoeck & Ruprecht.

Dörries, H. [1941], *Symeon von Mesopotamien. Die Überlieferung der messalianischen „Makarios" - Schriften*, Leipzig: J. C. Hinrichs.

——— [1956], *De Spiritu Sancto – Der Beitrag des Basilius zum Abschluß des trinitarischen Dogma*, Göttingen: Vandenhoeck & Ruprecht.

——— [1978], *Die Theologie des Makarios/Symeon*, Göttingen: Vandenhoeck & Ruprecht.

Dünzl, F. [1993], "Die Canticum-Exegese des Gregor von Nyssa und des Origenes im Vergleich", *Jahrbuch für Antike und Christentum*, 36.

Fedwick, P. J. (ed.) [1981], *Basil of Caesarea: Christian, Humanist, Ascetic, A Sixteen-Hundredth Anniversary Symposium* (1979), Part 1 & 2, Toronto: Pontifical Institute of Medieval Studies.

Ferguson, E. [2009], *Baptism in the Early Church: History, Theology, and Litrugy in the First Five Centuries*, Grand Rapids, Mich.: William N. Eerdmans Publishing.

Fitschen, K. [1998], *Messalianismus und Antimessalianismus: Ein Beispiel ostkirchlicher Ketzergeschichte*, Göttingen: Vandenhoeck & Ruprecht.

Garrison, R. [1993], *Redemptive Almsgiving in Early Christianity*, Sheffield: JSOT Press.

Goodenough, E. R. [1923], *The Theology of Justin Martyr*, Jena: Frommann.

Gribomont, J. [1962], "Le De Instituto et le Messalianisme de sait Grégoire de Nysse", *Studia Patristica* 5.

——— [1965], Review of Dehnhard, *Revue d'histoire ecclésiastique*, 60.

Hadot, P. [1966], "La métaphysique de Porphyre," in: H. Dörrie et al. (eds.), *Porphyre: huit exposés suivis de discussions*, Genèva: Fondation Hardt.

——— [1995], *Philosophy as a Way of Life: Spiritual Exercises from Socrates to Foucault*, M. Chase (tr.), Oxford: Blackwell.

Hanson, R. P. C. [1987], "The Influence of Origen on the Arian Controversy", in : *Origeniana Quarta*, L. Lies (ed.), Innsbruck / Vienna.

——— [1988], *The Search for the Christian Doctrine of God: The Arian Controversy 318-381*, Edinburgh: T & T Clark.

Harnack, A. von [1909], *Lehrbuch der Dogmengeschichte*, Bd. I (4 Aufl.), Tübingen: J. C. B. Mohr.

——— [1966], *History of Dogma*, tr. by N. Buchanan et al., repr. New York

(*Dogmengeschichte*, Freiburg, 1898).

Harrington, L. M. (ed. and tr.) [2004], *A Thirteenth-Century Textbook of Mystical Theology at the University of Paris: The "Mystical Theology" of Dionysius the Areopagite in Eriugena's Latin Translation with the Scholia translated by Anastasius the Librarian, and Excerpts from Eriugena's "Periphyseon"*, Paris/Leuven/Dudley, MA: Peeters Publishers.

Hart, M. D. [1990], "Reconciliation of Body and Soul: Gregory of Nyssa's Deeper Theology of Marrige", *Theological Studies*, 51.

Hildebrand, S. M. [2007], *The Trinitarian Theology of Basil of Caesarea: A Synthesis of Greek Thought and Biblical Truth*, Washington, D. C. : The Catholic University of America Press.

Holman, S. R. [2001], *The Hungry are Dying: Beggars and Bishops in Roman Cappadocia*, Oxford: Oxford University Press.

Hübner, R. M. [1972], „Gregor von Nyssa als Verfasser der sog. ep. 38 des Basilius", in : *Epektasis*, J.Fontaine and Ch.Kannengiesser (eds.), Paris: Beauchesne.

Jaeger, W. [1934], *Aristotle – Fundamentals of the History of his Development*, tr. by R. Robinson, Oxford: Clarendon Press.

———(ed.) [1952], *De instituto christiano*, in: *Ascetica*, GNO vol. Ⅷ, Pars I, Leiden: Brill.

———(ed.) [1954], *Two Rediscovered Works of Ancient Christian Literature: Gregory of Nyssa and Macarius*, Leiden: E.J. Brill.

Jahn (Jahnius), A. [1838], *Basilius Magnus Plotinizans*, Bernae: C. A. Jennium filium.

Kidd, I. G. [1989], *Posidonius*, vol. I, 2nd ed., Cambridge: Cambridge University Press.

Kittel, G. et al. [1959], *Theologisches Wörterbuch zum Neuen Testament*, vol.6, Stuttgart: Kohlhammer.

Kobusch, T. [2007], „Die Epinoia – Das Menschliche Bewußtsein in der antiken Philosophie", in *Gregory of Nyssa:* Contra Eunomium *II*, Leiden: Brill.

Laird, M. [2003], "Under Solomon's Tutelage: The Education of Desire in the *Homilies on the Song of Songs*", in: Coakley (ed.) [2003].

Logan, A. H. B. [1992], "Marcellus of Ancyra and the Councils of AD 325: Antioch, Ancyra, and Nicaes", *The Journal of Theological Studies*, Vol. 43, No. 2.

Lossky, V. [1974], *In the Image and Likeness of God*, New York: St. Vladimir's Seminary Press.

Ludlow, M. [2000], *Universal Salvation: Eschatology in the Thought of Gregory of Nyssa and Karl Rahner*, Oxford: Oxford University Press.

Maloney, G. A. (tr.) [1992], *Pseudo-Macarius, The Fifty Spritual Homilies and the Great Letter* (with Preface by K. T. Ware), New York: Paulist Press.

McGinn, B. [1998], *The Flowering of Mysticism: Men and Women in the New Mysticism (1200-1350), Vol III of The Presence of God: A History of Western Christian Mysticism*, New York: Crossroad Publishing Company.

Meredith, A. [1989], "The Concept of Mind in Gregory of Nyssa and Neoplatonists", *SP* 22.

——— [1991], 'Plato's "cave" (*Republic* vii 514a-517e) in Origen, Plotinus, and Gregory of Nyssa', *Studia Patristica* vol. 27.

——— [1995], "Origen's *De Principiis* and Gregory of Nyssa's *Oratio Catechetica*", *Heythrop Journal*, 36(1).

——— [2000], "Gregory of Nyssa, *De Beatitudinibus*, Oratio I," in : *Gregory of Nyssa: Homilies on the Beatitudes*, ed. H. R. Drobner and A. Viciano, Leiden: Brill.

Merki, H. [1952], *ὉΜΟΙΩΣΙΣ ΘΕΩ: Von der platonischen Angleichung an Gott zur Gottähnlichkeit bei Gregor von Nyssa*, Freiburg in der Schweiz: Paulusdruckerei.

Meyendorff, J. [1970], "Messalianism or Anti-Messalianism: A Fresh Look at the Macarian Problem", in: P. Granfield & J. F. Jungmann (eds.), *Kyriakon: Festschrift Johannes Quasten*, vol. 2, Münster: Aschendorff.

——— [1982], *The Byzantine Legacy in the Orthodox Church*, New York: St. Vladimir' s Seminary Press.

Mühlenberg, E. [1966], *Die Unendlichkeit Gottes bei Gregor von Nyssa: Gregors Kritik am Gottesbegriff der klassischen Metaphysik*, Göttingen: Vandenhoeck & Ruprecht.

Nassif, B. [2012], "Concerning Those Who Imagine That They Are Justified by Works: The Gospel According to St. Mark-the Monk", in: B. Bingaman & B. Nassif (eds.), *The Philokalia: A Classic Text of Orthodox Sprituality*, Oxford: Oxford University Press.

Nussbaum, M. [1990], "Aristotelian Social Democracy", in: R. B. Douglass, G. R. Mara, H. S. Richardson (eds.), *Liberalism and the Good*, New York/London: Routledge.

Nygren, A. [1953], *Agape and Eros*, part I & II, tr. P. S. Watson, London: S.P.C.K.

Opitz, Hans-Georg (ed.) [1934-5], *Athanasius Werke*, Vol. III 1-2, *Urkunden zur Geschichte des arianischen Streites 318-328*, Berlin / Leipzig: Walter de Gruyter.

Osborne, C. [1994], *Eros Unveiled: Plato and the God of Love*, Oxford: Oxford University Press.

Phillips, D. Z. [1986], *Belief, Change and Forms of Life*, London: Macmillan.

Plested, M. [2004], *The Macarian Legacy: The Place of Macarius-Symeon in the Eastern Christian Tradition*, Oxford: Oxford University Press.

Pogge, T. W. [2007], "Eradicating Systemic Poverty: Brief for a Grobal Resources Dividend", in: H. LaFollette (ed.), *Ethics in Practice: an Anthology*, Malden, MA: Blackwell.

Prestige, G. L. [1936], *God in Patristic Thought*, London / Tronto: William Heinemann.

——— [1956], *St Basil the Great and Apollinaris of Laodicea*, H. Chadwick (ed.), London: S.P.C.K.

Quasten, J. [1950], *Patrology*, vol. 1, Westminster / Maryland: Christian Classics, INC.

——— [1992], *Patrology*, vol. III, 6th ed., Westminster / Maryland: Christian Classics, INC.

Radde-Gallwitz, A. [2009], *Basil of Caesarea, Gregory of Nyssa, and the Transformation of Divine Simplicity*, Oxford: Oxford University Press.

——— [2012], *Basil of Caesarea—A Guide to His Life and Doctrine*, Eugene OR.: Cascade Books.

Richter, G. [2005], *Oikonomia: Der Gebrauch des Wortes Oikonomia im Neuen Testament, bei den Kirchenvätern und in der theologischen Literatur bis ins 20. Jahrhundert*, Berlin: Walter de Gruyter.

Rist, J. M. [1964], *Eros and Psyche: Studies in Plato, Plotinus, and Origen*, Toronto: University of Toronto Press.

——— [1981], "Basil's 'Neoplatonism': Its Background and Nature", in: Fedwick [1981].

Robertson, D. G. [1998], "Stoic and Aristotelian Notions of Substance in Basil of Caesarea", *Vigiliae Christianae* 52.

Rorem, P. [1993], *Pseudo-Dionysius: A Commentary on the Texts and an Introduction to Their Influence*, Oxford: Oxford University Press.

Roth, C. P. [1992], "Platonic and Pauline Elements in the Ascent of the Soul in Gregory of Nyssa's Dialogue *On the Soul and Resurrection*", *Vigiliae Christianae* 46.

Runia, D. T. [1986], *Philo of Alexandria and the Timaeus of Plato*, Leiden: Brill.

Searle, J. R. [1958], "Proper Names", *Mind* 67.

Singer, P. [2007], "Famine, Affluence, and Morality", in: H. LaFollette (ed.), *Ethics in Practice: an Anthology*, Malden, MA: Blackwell.

Srawley, J. H. [1903], *The Catechetical Oration of Gregory of Nyssa*, Cambridge: Cambridge University Press.

——— [1906], "St Gregory of Nyssa on the Sinlessness of Christ", *Journal of Theological Studies*.

Staats, R. [1968], *Gregor von Nyssa und die Messalianer — Die Frage der Priorität zweiter altkirchlicher Schriften*, Berlin: Walter de Gruyter.

——— [1979], "Die Basilianische Verherrlichung des Heiligen Geistes auf dem Konzil zu Konstantinopel 381, Ein Beitrag zum Ursprung der Formel 'Kerygma und Dogma'", *Kerygma und Dogma* 25.

———(hrsg.) [1984], *Makarios-Symeon,* Epistola Magna *: Eine messalianische Mönchsregel und ihre Umschrift in Gregors von Nyssa* De instituto Christiano, Göttingen: Vandenhoeck & Ruprecht.

Stead, C. [1977], *Divine Substance*, Oxford: Clarendon Press.

——— [1982], "The Concept of the Mind and the Concept of God in the Christian Fathers", in: B. Hebblethwaite and S. Sunderland (eds.), *The Philosophical Frontiers of Christian Theology*, Cambridge: Cambridge University Press.

Stewart, C. [1991], *'Working the Earth of the Heart' The Messalian Controversy in History, Texts, and Language to AD 431*, Oxford: Oxford University Press.

Stiglmayr, J. [1910], "Makarius der Große und Gregor von Nyssa", *Theologie und Glaube* II.

——— [1912], *Sachliches und Sprachliches bei Makarius von Ägypten*, Feldkirch.

——— [1925], "Pseudo-Makarius und die Aftermystik der Messalianer", *Zeitschrift für katholische Theologie* 49.

Suchla, B. R. [1980], "Die sogenannten Maximus-Scholien des Corpus Dionysiacum Areopagiticum", *Nachrichten der Akademie der Wissenschaften in Göttingen, Philologisch-historische Klasse*.

Swanson, J. A. [1992], *The Public and the Private in Aristotle's Political Philosophy*, Ithaca: Cornell University Press.

Tsuchihashi, S. [2008], "The Theological and Philosophical Background of Basil of Caesarea's Trinitarian Theory: Focusing on the Comparison between his Works and 'his' Ep. 38", *Scrinium* 4 (*Revue de patrologie, d'hagiographie critique et d'histoire ecclésiastique*).

———[2015], "The Likeness to God and the Imitation of Christ: The Transformation of the Platonic Tradition in Gregory of Nyssa", in: *Christians Shaping Identity from the Roman Empire to Byzantium*, Leiden/Boston: Brill.

Turcescu, L. [1997], "*Prosōpon* and *Hypostasis* in Basil of Caesarea's against Eunomius and the Epistles", *Vigiliae Christianae* 51.

Villecourt, L. [1920a], "La date et l'origine des 'Homélies spirituelles'attribuées à Macaire", in : *Comptes rendus des séances de l'Académie des Inscriptions et Belles-Lettres*, Paris.

——— [1920b], "La grande lettre grecque de Macaire, ses formes textuelles et son milieu littéraire", *Revue de l'Orient Chrétien*, vol.22.

Vivian, T. & Casiday, A. (tr. & notes) [2009], *Counsels on the Spiritual Life: Mark the Monk*, New York: St. Vladimir's Seminary Press.

Williams R. [1993], "Macrina's Deathbed Revisited: Gregory of Nyssa on Mind and Passion", in: L. Wickham and C. Bammel (eds.), *Christian Faith and Greek Philosophy in Late Antiquity*, Leiden: Brill.

———[2001], *Arius: Heresy and Tradition* (2nd ed.), London: SCM Press. (1987[1]).

Wilmart, A. [1920], "L'orgine véritable des homélies pneumatiques", *Revue d'Ascétique et de Mystique*.

Wolfson, H. A. [1970], *The Philosophy of the Church Father□Faith, Trinity, Incarnation* (3rd ed.), Cambridge, Mass.: Harvard University Press.

Zachhuber, J. [2000], *Human Nature in Gregory of Nyssa — Philosophical Background and Theological Significance*, Leiden / Boston / Köln: Brill.

Zahn, T. [1867], *Marcellus von Ancyra. Ein Beitrag zur Geschichte der Theologie*, Gotha: F. A. Perthes.

アガンベン，ジョルジョ［2003］，『ホモ・サケル』高桑和巳訳，以文社。

———［2010］，『王国と栄光』（訳），青土社。

シュミット，カール［1971］，『政治神学』田中浩／原田武雄訳，未来社。

ヴェーヌ，ポール［1998]，『パンと競技場』鎌田博夫訳，法政大学出版局。
ベック，ウルリッヒ［2011]，『〈私〉だけの神——平和と暴力のはざまにある宗教』鈴木直訳，岩波書店。
加藤信朗［1968]，「肉体——自己認識の問題点」，『人間学の諸問題』ソフィア叢書13，上智大学出版部，(加藤［1997］，pp. 71-127 に再録)。
———［1973]，「形の現象——存在の美をめぐる省察」，『理想』483（加藤［1997］pp. 429-467 に再録)。
———［1994]，「『ピレボス』篇における道徳性の観念」『聖心女子大学論叢』第83 集。
———［1997]，『哲学の道——初期哲学論集』創文社。
———［2014]，『加藤信朗　略歴　業績一覧』私家版。
神崎繁［2009]，「現実の耐えられない〈薄さ〉をめぐって——「洞窟の内なる影」，もしくは「自動機械の見る夢」再考」『哲学』第 60 号。
———［2015]，「美しさのために（καλοῦ ἕνεκα）——「何かのために」と「誰かのために」を繋ぐもの」，in: 土橋・納富・栗原・金澤（編）[2015]。
田川建三［2009]，『新約聖書 訳と註 4』作品社。
土橋茂樹（訳）[1994]，擬マカリオス『説教集』『大書簡』，in:『中世思想原典集成』第 3 巻，平凡社。
———［1996]，「十三・十四世紀におけるアリストテレス『政治学』の受容」，『中世の社会思想』創文社．(土橋［2016］に再録)。
———［2008]，「ウーシア論の展開として見た三位一体論——バシレイオス研究序説」『中世哲学研究 VERITAS』第 27 号。
———（訳・解説）[2013]，「エジプトの聖マカリオス『50 の講話』——抄録者シメオンによるその 150 章の抄録」，in: 土橋・坂田・桑原訳『フィロカリア』新世社。
———［2016]，『善く生きることの地平——プラトン・アリストテレス哲学論集』知泉書館。
———（編）[2016]，『善美なる神への愛の諸相——『フィロカリア』論考集』教友社。
———（編）[2019]，『存在論の再検討』月曜社。
土橋・納富・栗原・金澤（編）[2015]，『内在と超越の閾——加藤信朗米寿記念哲学論文集』土橋茂樹・納富信留・栗原裕次・金澤修編，知泉書館。
出村和彦［2015]，「自己・肉体・わたしのあること——アウグスティヌス論をめぐって」，in: 土橋・納富・栗原・金澤（編）[2015]。
納富信留［2015]，「重厚なペプロス——加藤哲学の「三一構造」」，in: 土橋・納富・栗原・金澤（編）[2015]。
袴田玲［2016]，「『フィロカリア』編纂の背景と神化概念の拡がり」，in: 土橋［2016]。
宮本久雄［1991]，『聖書と愛知——ケノーシス（無化）をめぐって』新世社。
———［2000]，『他者の原トポス——存在と他者をめぐるヘブライ・教父・中世の思索から』創文社。

――――［2002］,『存在の季節――ハヤトロギア（ヘブライ的存在論）の誕生』知泉書館。
――――［2011a］,『ヘブライ的脱在論――アウシュヴィッツから他者との共生へ』東京大学出版会。
――――［2011b］,『旅人の脱在論――自・他相生の思想と物語りの展開』創文社。

人 名 索 引

アウグスティヌス　90, 97-103, 255-59, 262, 268, 354, 365
アエティオス　32, 36, 40, 111
アガンベン（Agamben, G.）　164, 350
アタナシオス（アレクサンドレイアの）　14, 18, 30-31, 45, 49, 55, 58, 65, 93, 102, 111, 334
アタナシオス（アンキュラの）　33
アポリナリオス（ラオディキアの）　48, 106, 128-29, 166-67, 264
アリストテレス　9, 11-14, 38, 43-44, 48, 51-52, 58, 68-69, 71-73, 78, 80-83, 86-87, 93, 98, 103, 118, 121, 124-25, 135, 137, 150, 155, 158, 160-61, 187-88, 191, 194-96, 224, 235, 242, 255, 272-74, 287, 289
（偽）アリストテレス　157-58
アルベルトゥス・マグヌス　183, 187
アレイオス　23-31, 33, 35-36, 39-40, 53, 65, 113, 193, 213, 293
アレクサンドロス（アフロディシアスの）　158
アレクサンドロス（アレクサンドレイアの）　18-24, 26, 30, 38
アンティステネス　44
アントニオス（砂漠の師父）　314, 351, 365
アンモニオス　44
アンモニオス・サッカス　67, 210
イェーガー（Jaeger, W.）　124-25, 156, 313, 315-19, 321-29, 344
イザヤ（隠修士）　351, 365
ヴァッジオーネ（Vaggione, R. P.）　37, 41, 46, 48
ウァレンティノス　17, 110
ウィリアムズ（Williams, R.）　21, 23, 193, 223
ヴィルクール（Villecourt, L.）　315, 322-25, 354
ウェスレー（Wesley, J.）　314
ウォルフソン（Wolfson, H. A.）　4-5
エイヤズ（Ayres, L.）　19, 31-32, 105-06, 110, 113, 193
エイレナイオス　17, 165
エヴァグリオス　119, 285-89, 351, 365
エウスタティオス（アンティオケイアの）　33
エウスタティオス（セバステの）　32
エウセビオス（カイサレイアの）　13, 18-20, 24-27, 30, 55, 57
エウセビオス（ニコメディアの）　20-22, 24
エウノミオス　29-30, 32, 36-37, 39-44, 46-48, 50, 53, 68, 70, 72, 75, 78, 108, 110-11, 113, 168, 253, 293
エピファニオス（サラミスの）　16, 315, 334, 367
エンペドクレス　121-23
オズボーン（Osborne, C. ）　235-36
オピッツ（Opitz, H.-G.）　20-21, 23
オリゲネス　3, 17-18, 26, 36, 45, 53, 56, 59, 67, 75, 111, 117-19, 125-128, 130, 136, 142-44, 164-68, 203, 210-13, 215-22, 224, 226-29, 256, 263, 289, 333
加藤信朗　255-63, 265, 267-68
カネヴェ（Canévet, M.）　327
キケロ　124-25
クアステン（Quasten, J.）　256
グリボモン（Gribomont, D.）　59, 327
クリュシッポス　71, 81, 157

クリュソストモス　244
グレゴリオス・タウマトゥルゴス　45, 56, 59, 64, 67-70
グレゴリオス・パラマス　191, 365
グレゴリオス（ナジアンゾスの）　53, 136, 165, 167-68, 286
グレゴリオス（ニュッサの）　6, 38, 55, 64, 67, 72, 75-78, 91-94, 99, 109, 117-19, 128-30, 133, 142, 146, 150, 152-53, 164-66, 215, 222, 226-27, 248, 258, 264, 267, 285-86, 293, 302, 313, 316-23, 325-31, 334, 337, 340-43, 345-47, 349-50, 380
クレメンス（アレクサンドレイアの）　4, 13, 56, 111, 210, 244-45, 333
クレメンス（ローマの）　204
ケルソス　127, 165
コリガン（Corrigan, K.）　285-86
コンスタンティヌス帝　20-24, 26, 30, 246, 248
サール（Searle, J. R.）　83
シメオン（メソポタミアの）　316, 328, 353, 370
シメオン（抄録者）　294, 351-57, 362, 370
シメオン（新神学者）　351, 365
シュターツ（Staats, R.）　55, 302, 313, 324-25, 327-29, 344, 356-57
シュティグルマイア（Stiglmayr, J.）　315, 319, 321-24
シンガー（Singer, P.）　239
ステッド（Stead, C.）　16, 113, 223
ソクラテス（・スコラスティコス）　19
ソゾメノス　19
ダニエルー（Daniélou, J.）　59, 347
ツァハフーバー（Zachhuber, J.）　49, 88
ツァーン（Zahn, T.）　31, 58, 90
ディアドコス（フォーティケーの）　294, 334, 382
ディオゲネス・ラエルティオス　82
ディオゲネス（バビュロニアの）　81-82
ディオニュシオス・アレオパギテース　118, 137, 172, 174-90, 218
ディオクレティアヌス帝　19, 22
ディデュモス（盲目の）　45, 58
ティモテウス（コンスタンティノポリスの）　296
テオドレトス（キュロスの）　19, 296, 316, 367
デリース（Dörries, H.）　69, 316, 324-27
デーンハルト（Dehnhard, H.）　59-60, 63
ド・レグノン　90
トマス・アクィナス　118, 172, 183, 187-191, 255
トマス・ガルス　118, 172, 184-87, 191
ニーグレン（Nygren, A.）　218-20, 235
ハート（Hart, M. D.）　223
バーンズ（Barnes, M. R.）　108, 113, 193
ハイデガー（Heidegger, M.）　273
パウリノス（アンティオケイアの）　33, 253
パウリノス（テュレの）　22, 24-25
パウロ（／パウロス）　4, 25, 145-53, 162-64, 184, 265-66, 268, 304, 333-35, 344-46, 360, 374, 378
バシレイオス（アンキュラの）　31-33
バシレイオス（カイサレイアの）　5-6, 10, 14, 28-33, 35-40, 42-73, 75, 77-78, 91-92, 94, 105-12, 117, 119, 127, 136, 164-66, 241, 246-50, 252-54, 263, 293, 325-26, 329-30, 334, 338-41, 346, 349-50, 355, 361
ハルナック（Harnack, A. von）　4, 31, 58, 102, 112, 143
ハンソン（Hanson, R. P. C.）　18, 21, 24, 32-33

ピコ（Jean Pico; Johannes Picus） 314, 353
ヒッポリュトス 13, 169
ヒュプナー（Hübner, R. M.） 58, 78
ヒルデブラント（Hildebrand, S. M.） 49, 105
ヒルドゥイヌス 179, 182
フィロストルギオス 32
フィロラオス 10
フィロン（アレクサンドレイアの） 4-5, 118-19, 133, 137-46, 158-161, 194, 196-208, 210, 212-13
フーゴー（サン・ヴィクトルの） 183-86
プトレマイオス 16, 110-11
プラトン 5, 9-11, 13-14, 16, 30, 42, 67, 75, 80-81, 93, 103, 110, 117-19, 121-27, 129-31, 133-44, 146-53, 159, 167, 172, 195-96, 201-03, 217, 219, 242, 255-57, 259-60, 263-65, 267, 285, 287-89, 329
フレーゲ（Frege, F. L. G.） 78-81, 83
プレスティージ（Prestige, G. L.） 49, 58
プロクロス 172, 188, 190-91
プロティノス 47, 53-61, 63-65, 67-70, 72-73, 92, 103, 108, 118, 121-24, 127, 136-37, 150, 171-78, 180, 183, 212, 219, 232, 253, 263, 285, 287-89
ベーア（Behr, J.） 223-25
ヘラクレオン 17
ホシウス 21-24, 26
ポセイドニオス 38, 140
ポッゲ（Pogge, T. W.） 239-40
ボナヴェントゥラ 186-87
ホメロス 121-23, 156
ポルフュリオス 14, 54, 59, 99, 103, 121-23, 180, 289
マカリオス（エジプトの） 293, 295, 313-17, 319, 323, 351, 353-54, 358, 369-70
マカリオス（擬マカリオス） 286, 288, 293-96, 301-10, 312-17, 319, 322-31, 334, 337, 340-50, 353, 365-66, 369-73, 376-82
マカリオス／シメオン 316, 325, 353-62, 370
マクシモス 179, 294, 382
マクリナ（姉） 92, 151, 286
マクリナ（祖母） 68
マッギン（McGinn, B.） 179
マリオン（Marion, J.-L.） 273
マルケロス（アンキュラの） 23-27, 30-31, 33, 213
マルコス（修徳行者） 294, 365-67, 374-82
マローニー（Maloney, G.） 295, 325
ミーニュ（Migne, J. P.） 58, 179-80, 258, 314-25, 374
宮本久雄 258, 271-75, 365, 374
ミューレンベルク（Mühlenberg, E.） 55, 233
ミル（Mill, J. S.） 78-81
メイエンドルフ（Meyendorff, J.） 365, 369
メラニア 286
メレティオス（アンティオケイアの） 33
メレティオス（リュコポリスの） 22-23
メレディス（Meredith, A.） 117, 129, 215, 225
モーセ 138-40, 182, 185, 203, 206-07, 231
ヤーン（Jahn, A.） 58-59
ユスティノス 5, 14, 113, 119, 165, 194, 204-13
ヨアンネス（スキュトポリス） 179-80,
ヨアンネス（ダマスコスの） 3, 296, 315, 334, 365, 367, 380
ヨハネス・エリウゲナ 118, 172, 178, 180, 182
ラッデ－ガルヴィッツ（Radde-Gallwitz,

A.)　109
ラドロウ（Ludlow, M.）　223
リカルドゥス　184, 186
リキニウス　21, 24
リスト（Rist, J. M.）　59-60, 219
ルキアノス（アンティオケイアの）　18
ルニア（Runia, D. T.）　144, 200, 202-03
レアド（Laird, M.）　225, 233-34

事 項 索 引

（本索引で用いられる記号 → は，「併せて参照せよ」を意味する。）

ア　行

愛　15, 119, 128, 166, 183-87, 215-19, 224-28, 233-36, 241-42, 244-46, 251, 254, 264, 276, 279, 287-89, 294, 308, 320, 336-37, 342, 351, 355, 359　→アガペー，エロース
——の傷（痛手）　234
——の矢　228, 234-36
アウシュヴィッツ　270-74
アガペー　119, 216, 218-19, 226, 234
悪霊　297-301, 306, 308, 315, 358, 367-69, 371, 373, 375, 380
アダム　76-77, 140, 151-52, 266, 296-97, 303, 306, 358, 361, 368, 372-73, 376-77, 380-81
アパテイア（不受動心, 情念からの解放）　223, 232, 287-89, 296, 298, 315, 323　→情念（パトス）
アレイオス（アリウス）主義／論争　5, 10, 18-31, 33, 35-36, 39-40, 50, 53, 65, 113, 193, 213, 253, 293
アンティオケイア教会会議　23, 26-27, 31
アンネシ　36, 53
位格　5, 28-29, 35, 37, 39, 45-46, 50, 52, 55, 64-65, 70-71, 73, 75, 77, 90-91, 93-94, 98-102, 106, 108, 130, 167-69, 193, 253-54　→ヒュポスタシス，ペルソナ
閾　154, 166, 170, 347
意志　27, 65, 75, 92-94, 163-64, 166, 209-11, 213, 219, 266, 270, 272, 301-11, 342-43, 358, 362, 368, 376, 380-81
異端　3, 5-6, 16, 18, 21, 24, 27, 35, 37, 130, 165, 168, 193, 210, 256, 293, 296, 315, 326-27, 334-35, 349-50, 361, 366-67, 370, 375, 382
一者（ト・ヘン）　56-57, 118, 136-37, 172-77
一者支配　156, 161, 166-70
一般名　42, 78-82, 84-89, 91
イデア　121, 123, 126, 129-30, 134, 138, 144, 173, 196-97, 200-02
祈り　246-47, 250, 297-98, 300-01, 309, 355-56, 359-60, 362, 367-69, 375, 379
意味　46-48, 81-88, 95-96
——論　41, 73, 78-79, 85-86, 89-90
隠修士　247-48, 351, 365
ウーシアー　5-6, 9-12, 14-18, 25-31, 35-52, 54, 56-58, 67-78, 82, 84, 86-91, 94-98, 100, 103, 106-07, 158, 170, 211, 253-54　→実体，ヒュポスタシス，力動的なウーシアー観
エイコーン（像）　76, 93, 133, 135, 140-41, 143, 145-46, 149, 197, 201, 228, 266
叡智　136, 144, 177-78, 197-98, 200-01, 229
エッセ（esse／存在／存在すること）　99, 186, 188, 191
エッセンティア（essentia／本質）　97-101
エネルゲイア（活動／働き／実現態）　6, 48, 54, 72, 77, 92-94, 158, 170, 177, 224, 254, 259, 337, 359, 360
エヒイェロギア　269, 272, 274
エピノイア（観念／概念／思考／思惟）　35, 38, 44-48, 92, 101, 108, 112, 211

→エンノイア
エフェソス公会議 293, 296, 315, 326, 334, 367
エペクタシス（絶えざる前進） 6, 232-33, 236
エロース 119, 186, 215-20, 226-27, 235 →愛
エンノイア（／観念） 40, 44-45, 51-52, 84-85 →エピノイア
オイコノミア（家政／統御／統治／救済の実践／救いの営み） 118, 127, 155-70, 233, 264, 268
——の言説 168-69
思い（ロギスモス） 302-09, 311-12, 358-62 →想念
——の哲学 312, 361
世の—— 303-06, 308-09, 311, 358, 359
恩恵 66, 76, 142-43, 146, 166, 188, 233, 297-300, 306-07, 310-12, 348, 358-61, 368-69, 372-74, 376-81
——施与（活動） 241-42, 244-46, 251
——の成就・完成 348 →プレーロフォリアー

カ 行

概念把握 43, 101 →エピノイア
確信 38, 129, 297, 301, 310-12, 333-38, 340, 342-48, 361-62, 367 →プレーロフォリアー
家政 「オイコノミア」を見よ
カッパドキア 3, 5-6, 29, 36, 102, 105, 241, 251, 334
——教父 6, 10, 14, 45, 53, 58, 90, 97, 100, 103, 108, 110, 118, 127, 142, 146, 155, 165, 244, 249, 251, 263, 285, 289, 355
カテゴリー 12-13, 81-82, 97-100
神との合一 118, 133, 136-37, 171-72, 174, 176-78, 180, 182-83, 185, 188, 191, 216, 222-23, 228
神に似ること 117-18, 124, 129, 133-43, 145-47, 149-50, 152-54, 259-60, 263, 265
神の像 76-77, 93, 103, 133, 140-47, 149, 151, 153-54, 201, 210, 225, 228, 266-67 →エイコーン
神のロゴス 30, 127-28, 144, 165, 197-201, 203, 205-06, 208, 212, 220 →ロゴス
感覚 9, 44, 60, 64, 80, 117, 123-24, 135, 189, 195, 197-98, 217, 220-22, 224, 227, 272, 288, 297-98, 301, 310, 312, 315, 334-35, 337, 346, 349-50, 357, 360, 367-68, 378, 380
完全性 102, 188, 190, 232, 296, 333, 336, 342-45, 347-48, 361-62, 373, 378-79 →プレーロフォリアー
観想 117, 122-26, 129, 134, 136, 149-50, 177, 183, 189, 217, 219, 222, 228-29, 246, 255, 263, 267-68, 289, 311, 360, 362
帰還 117-18, 122, 130, 137, 154, 178, 188, 190-91, 248, 262-63, 268, 278
基体 11-13, 38-39, 44, 46, 48, 50-51, 71, 82, 98-99, 211, 274
救済 53, 117-18, 125, 127, 129-31, 153, 157, 160-61, 163-67, 169-70, 239-40, 242, 245, 251, 264, 267-68, 311-12, 374-77, 379-80
教会 3-5, 19-28, 31-33, 36-37, 53, 55, 102, 161-62, 165, 169, 215, 220, 232-33, 248, 251-52, 256, 262, 286, 293, 301, 314-15, 326, 339, 349-50, 356, 371, 380
教義 3, 5-6, 17, 19, 23, 29, 35, 53, 76, 94, 97, 102, 105, 112, 193, 248, 252-53, 256, 286, 293, 337, 339-40
共通本性 78, 84-89, 95, 102
協働（シュネルゲイア） 254, 272, 307, 359
教父 3-6, 9-10, 13-14, 27, 37-39, 41,

45, 53, 58, 75-76, 90-91, 97, 100, 102-03, 108, 110, 113, 115, 117-19, 121-22, 125, 127, 133, 142, 146, 149, 153, 155, 158, 160, 164-65, 171-72, 174, 183, 191, 193, 204, 212-13, 226, 228, 239-40, 243-46, 249, 251, 256-59, 263, 267-68, 273, 285, 289, 296, 313, 333-34, 341, 355, 357, 360-61, 365
——学／哲学　3, 102, 113, 155, 183, 256, 259
ギリシア教父　3-4, 9, 39, 97, 117, 119, 121, 125, 133, 155, 193, 259
キリストに倣う（Imitatio Christi）118, 133, 145-46, 149, 265, 320
キリスト論　15, 18, 26, 29, 65, 68-69, 107, 118-19, 127, 129, 164-65, 194, 203-04, 210, 212
グノーシス主義　5, 14-17, 38
形相　11-12, 51, 173, 194-95, 224, 287
原型　123, 136, 142, 144, 146, 189, 197-98, 201
恋　「エロース」を見よ
コイノーニア（共同体／交わり）156, 255, 297, 310, 331
合一（ヘノーシス）　「神との合一」を見よ
降下　117, 122, 125-28, 130-31, 149-50, 152, 166, 264
公共奉仕　241-42, 251　→恩恵施与（活動）
心（カルディア）　100, 103, 199, 208, 224, 227, 231-32, 234, 266, 268, 299-310, 316, 342, 347-48, 371, 373, 380-81
個体化の原理　88
固有性　39, 44, 48, 51-52, 68-69, 81-85, 88, 91, 95-96, 108, 112, 211, 222
固有名　39, 78-88, 91, 96, 100
コンスタンティノポリス信条　32, 37, 193, 339, 340

サ　行

再生　118, 171-72, 187, 191, 288, 372-73, 377
サベリオス主義　26, 29, 31, 33, 45-46, 72, 89, 102, 107, 213, 253
サン・ヴィクトル学派　118, 172, 185-87
三神論　55, 89, 102
三位一体（論）　3, 5-6, 9, 14, 17-19, 29, 45, 53, 55, 57-58, 75-77, 89, 94, 97, 100, 130, 155, 164, 167-68, 241, 248, 252-53, 288, 339, 356, 371-72, 380
三一神（論／学）　3, 18, 31, 36, 71, 75, 84, 89-90, 92-93, 97-98, 100, 102, 105-08, 166, 170, 207, 235, 254, 287-88, 293
三一論　17, 29, 35, 50, 70, 72, 85, 90, 100, 106, 108, 168-69, 253
自己　57, 61-62, 65-66, 93-94, 127, 135-36, 141, 153-54, 168, 171-80, 183, 186, 188-91, 218, 223, 225, 231, 233, 236, 242, 257-62, 268, 270-74, 276, 288, 301, 303, 309, 360-61
——帰還　191
——投企　171-72, 174-78, 180, 183, 186, 190-91　→受容
——無化　62, 153, 179, 259, 268
思考　11, 38, 44-48, 92, 100-01, 138, 144, 198-99, 201, 206, 227, 230-32, 261
指示　13, 39-40, 47-48, 78-81, 83-88, 90, 95-96, 308, 322
自然（/—本性）　10, 76-77, 93, 117, 143, 147-48, 151-53, 156-58, 160-61, 170, 194, 262, 265-67, 300, 302-03, 305-07, 309, 315, 338, 358, 360-61, 367, 373, 375-77
——学　86, 140, 157, 196-97, 217
自存　47, 188, 191, 253, 254

実在（する） 9, 11-12, 19-20, 29, 39-40, 42, 44-46, 55, 64, 66, 68, 75, 79, 81, 86, 88-90, 96, 100-01, 111, 117, 123-24, 134, 143, 146, 181, 189, 195-96, 210-12, 268, 287, 301-02, 333, 361, 377 →ヒュポスタシス
実体 11-15, 38, 43, 44, 48-52, 64, 69, 71, 73, 82, 90, 91, 92, 93, 94, 98, 99, 110, 111, 157, 169, 188, 191, 195, 207-09, 224, 253, 272, 274, 287, 297-98, 301, 315, 326, 368, 376 →ウーシアー
第一／第二―― 9, 12-14, 52, 69, 82
自同性 272, 274
使徒教父 3, 165, 204, 243-45, 333 →教父
死の練習 135-36
市民的徳 134, 263
自由 93-94, 274, 278, 296, 301-02, 307, 311, 347, 358, 360-61, 367-68, 374, 377-78, 380-81
従属主義／従属説 32, 55, 130, 210
修道院 36, 53, 102, 183, 241, 251-52, 295, 314, 339-40, 349, 353, 356, 370
修道者 53, 248, 251-52, 286, 314-15, 318, 323, 325-26, 329-330, 336, 341, 346, 349, 355-56, 360
受肉 117-18, 121, 127-30, 146-47, 149, 150, 153-54, 165-67, 170, 204, 208, 234, 246, 255, 264, 267, 288, 376
受容 171-72, 174-78, 183, 186, 190-91 →自己投企
浄化（カタルシス） 117, 124, 134, 136-37, 147, 150-52, 154, 177, 227, 230, 244, 249, 260, 263, 266, 293, 295-302, 307, 309-10, 323, 342, 344, 347-48, 359-61, 367-68, 380
――的徳 134, 137, 152, 263
情念（パトス） 92-93, 147, 177, 198, 216, 222-23, 226-27, 232, 245-46, 263-65, 287, 296, 298, 303, 307, 310, 315, 342, 358-59, 367, 373, 377
贖罪 243-45
シリア 24, 53, 128, 166, 179, 293, 296, 315-16, 323-25, 334, 366-67, 369-70
信（ピスティス） 62, 308-09 →確信，信仰
新アレイオス主義 36, 53, 253
神化（テオーシス） 65, 67, 133-34, 153-54, 185, 234, 236, 259, 267, 336, 359, 373, 375, 377, 378, 380
神学 3, 5, 18-19, 23, 28, 31, 35-37, 39, 50, 53, 89-91, 97, 102, 105, 108-12, 118, 123, 130, 137, 144, 149, 155, 158, 162, 164, 165-66, 168-69, 182-83, 184--87, 189-90, 200, 210, 228, 232-33, 236, 241, 244, 252, 256, 273
信仰 3-6, 22, 25, 27-28, 30, 59, 62, 75, 77, 129, 204, 225, 234, 247-48, 256, 258, 293, 295, 316, 320, 330, 333, 335-38, 340, 342-8, 350, 359, 361, 366, 371-73, 375, 381
神性 5, 25-26, 28-29, 39, 49, 52, 55-56, 64, 69, 71, 75, 92-94, 100, 111, 127, 130, 148, 154, 165, 168-69, 181, 213, 230, 253-54, 265, 310, 328, 337, 339-40
身体（ソーマ） 63, 77, 122-24, 126-28, 134, 145, 150-53, 162, 165-66, 202, 220-23, 225, 246, 264-66, 286-88, 300, 306, 311, 336, 343, 348, 358-60 →肉，肉体（サルクス）
神的感覚 220-21
親ニカイア派 33, 73, 78, 101-03, 107, 253
神秘主義的解釈 179, 183-84, 187, 190-91 →知性主義的解釈
真理 4-5, 44, 46-47, 56, 79, 108, 162, 177, 196, 208, 229, 231, 258, 261, 300, 310, 317-18, 321, 333, 350, 371
スコリア 179-81

ストア派　4, 9, 13-14, 35, 38, 44-47, 50-51, 58, 69, 72, 78, 81-83, 140, 157-61, 203, 245, 287, 296
聖域　121, 227, 230-32
聖化　56-57, 62-65, 68, 342-44, 348, 359, 373
——の源泉　56-57, 65, 68
政治　53, 102, 130, 156-57, 160-62, 168-70, 213, 240, 247-48, 252, 255, 268, 360
——神学　169
神権——（theocracy）161
生のかたち　302, 305-06, 308-09, 313, 316
生の選択　306, 309, 312
生命の付与者　56-57
聖霊　5, 28-30, 35, 45, 49, 52-59, 62-65, 67-73, 77, 84, 89, 93, 98-101, 103, 107-08, 111, 127, 136, 166, 235, 253-54, 263, 295, 297-300, 303, 306-08, 310-11, 315, 325, 328, 330-31, 334, 336-41, 343, 348-49, 358-60, 367-69, 371-73, 375, 377-80
世界魂　57, 62, 65
摂理　127, 155, 158, 165, 211, 320
善　15-16, 41, 45, 67, 75, 93-94, 98-99, 111-12, 123, 126, 130, 137-38, 140, 143, 149, 156, 166, 176, 177-78, 180-83, 186, 188, 196, 199-202, 205, 210, 216, 218-19, 223, 232-33, 235-36, 242, 244-45, 249, 251-52, 263, 298, 301, 303-04, 306, 348, 368-69, 375, 378-80
——のイデア　123, 126, 130, 196 →イデア
宣教　3, 339-40, 344
洗礼　243, 294, 297-98, 301, 315, 340, 343, 365-69, 371-82
——否定論　366, 368, 375
像（エイコーン）「エイコーン」を見よ
相似本質（ホモイウーシオス）　29, 31-33, 35, 48-49, 58, 68, 72-73, 102, 106-07, 253 →同一本質（ホモウーシオス）
——派（ホモイウーシアン）　29, 35, 48-49, 73, 102, 106-07
創造　28, 30, 64-65, 76, 92-93, 111, 140-46, 151, 158, 189, 196-208, 216, 223-24, 228, 266, 275, 288, 302-03, 307, 310, 330, 358
想念　42, 287-88 →思い（ロギスモス）
像の像　141-43, 145-47, 201, 228 →エイコーン
贈与原理　330-31
存在　5, 9, 11-15, 17, 19, 26, 28-29, 31-32, 38-42, 44-52, 54-55, 62, 64-66, 76-77, 79-89, 91, 93, 99, 100-02, 123, 127-28, 138, 140, 143, 148, 153, 158, 168-69, 173-74, 176-78, 181, 183, 186, 188-91, 194-95, 199, 202, 205-08, 211-13, 229, 231, 240, 242, 251, 259, 260-62, 265-66, 268-74, 279, 288, 295, 299-301, 305, 307, 314, 324, 337, 347, 377 →ウーシアー
——の彼方　173, 196
——論　13, 29, 32, 45, 76, 81-82, 87, 93, 102, 169, 174, 188, 212, 261, 272-74
存在－神－論　272-73

タ　行

太陽　57, 63, 75, 117, 121-31, 136, 149-50, 152, 165-68, 195-98, 208, 212, 264, 360
堕罪　123, 151, 265-66, 297, 303, 306, 358, 360-61, 368, 377, 380
魂　16-17, 47, 56-57, 60-65, 92-94, 117, 122-25, 127, 134-37, 140, 144, 148, 150-54, 165, 178, 181, 198, 200-03, 216-17, 219, 220-21, 223-28, 230, 232, 235-36, 245, 251, 260, 263, 265-

67, 269, 278-80, 286-88, 293, 295-303, 306-07, 309-12, 315, 319-21, 323, 342-43, 348, 356, 358-62, 367-68, 373
——の向け変え　125, 134-36
単純性　109-13
知恵（ソフィア）　4-5, 39, 64, 75, 77, 94, 98-99, 138, 143, 146, 184, 190, 193, 198, 207-12, 218, 226-27, 229
力（デュナミス）　72, 75-77, 93-94, 108, 157, 169, 253
知性（ヌース）　56, 76-77, 135, 137, 172, 175, 225, 286
——主義的解釈　179, 182-83, 187, 190-91　→神秘主義的解釈
中期プラトン主義　59, 134, 138, 203
超越　70, 75-76, 100, 124-25, 153-54, 158, 161, 166-67, 170, 175-78, 181, 183, 185-86, 188-90, 193, 195-97, 200, 204-05, 208, 212, 220, 225, 228, 260, 262-64, 267, 280
直知作用（ノエーシス）　173, 177
直知対象（ノエートン）　173-74, 175
知慮／思慮（フロネーシス）　134, 138-39, 263
罪　128-29, 151, 166-67, 244-46, 249, 251, 264-266, 287-88, 296-97, 299-300, 303-08, 310-11, 342, 344, 358-62, 367-68, 371-77, 379-81
デーミウルゴス　16-17, 145-46, 201-03
テオーシス　「神化（テオーシス）」を見よ
テオロギア　5, 118, 155, 158, 169-70, 268　→神学，オイコノミア
テクスト共同体　331
哲学　3-9, 10-12, 14-15, 19, 29, 35-36, 38, 44, 52, 56, 58-59, 67-69, 71-73, 75-76, 78-80, 87, 89-90, 92, 97, 100-03, 106-07, 110, 112-13, 117, 119, 124, 127, 130, 133-35, 137-38, 145, 149, 155, 157, 165, 172, 194, 204, 218, 224, 226-30, 235-36, 241, 248, 252, 255-59, 268, 272-73, 285, 287-88, 293, 295, 302, 305, 312, 319-21, 328, 330, 333, 335, 358, 361
デュナミス　「力（デュナミス）」を見よ
天使　65, 174, 176-77, 183, 185
ト・ヘン　「一者（ト・ヘン）」を見よ
同一本質（ホモウーシオス）　5, 15, 28-29, 32, 35, 39, 48-49, 58, 68, 72, 102, 106-07, 195, 213, 253　→相似本質（ホモイウーシオス）
——派　29, 49, 72, 102, 106-07
統御　157-58, 160-61, 163-64, 166-67, 170, 205　→オイコノミア
洞窟の比喩　117-18, 121-27, 129-31, 133-34, 149-50, 152, 167, 264
撞着語法　89, 232
徳　41, 56, 93-94, 117-18, 129, 134-37, 140, 147-52, 198, 217, 222-23, 226-27, 243, 246-48, 263-64, 342, 348, 359, 361, 373, 378
特殊　14, 50, 52, 70-71, 78, 81, 84-85, 87, 90-91, 100, 141, 225, 349-50
特性　11, 43, 50, 79, 83, 85, 110-12, 184, 218, 266
共に崇める　72
共に数える　70-72, 77

ナ　行

名　11, 15, 48, 78, 184, 186, 188
内在　11, 89, 92, 94, 98, 153-54, 158, 161, 166-67, 170, 199, 203, 235, 264, 267, 295, 299-300, 302-03, 310, 349, 376
内住　298-301, 310, 348-49, 373, 378, 380
内戦（スタシス）　167, 168, 239, 242
内面化　247-48, 260-63
七十人訳　38, 75-76, 88, 141-43, 158-

59, 196, 204, 210, 215, 221, 227, 335
ニカイア公会議　5, 9, 10, 18-23, 27, 29, 30-31, 35, 37-38, 53, 65, 105, 193, 339
ニカイア信条　5, 10, 18, 26-28, 31-32, 35, 37, 39, 58, 65, 69, 87, 97, 102, 193, 195, 213, 253
肉（サルクス）　28, 30, 151-52, 168, 265-66, 268, 359
肉体　63, 117-18, 124, 136-37, 150, 153, 220, 255, 259-68, 359, 373　→身体（ソーマ）
二神論　25, 209-10
似像　93, 100, 135-36, 146, 189, 287-88, 306-07　→エイコーン
人間神化　65-67, 336　→神化（テオーシス）
ヌース　「知性（ヌース）」を見よ

ハ　行

発出　130, 143, 168, 186, 189, 195, 197-99, 208, 210-11, 213　→流出
パトス　「情念（パトス）」を見よ
花婿　216, 220, 222, 225, 227, 230, 233, 236, 297-98, 310
花嫁　216, 220, 222, 225, 227-28, 230, 232-33, 236
パレーシア（自由率直さ、腹蔵のなさ）347, 360
範型（パラデイグマ）　134-36, 141-42, 144, 146, 176, 189, 197, 200-02, 247, 265
光から光　193-95, 197, 207, 209, 212-13
光の形而上学　119, 194-96, 212
秘儀（ミュステーリオン）　153, 162-64, 267
非相似　29, 32-33, 41, 43, 47, 68, 72
否定神学　91, 110-12, 187, 189, 228, 232-33, 236
ヒュポスタシス　5-6, 20, 26, 28-29, 35-40, 44-46, 48, 50, 52, 54-58, 68-73, 76, 78, 84-86, 88-91, 93-94, 96-98, 100-01, 103, 106-08, 144, 203, 211-12, 253 →位格，ウーシアー
貧困　239-42, 244, 246, 248-50
貧者　240-46, 248-51
フィラントローピア（人間への愛）128, 166, 264 →愛
フィロカリア　36, 54-55, 294, 351-62, 365-66, 370, 374-75, 382
不受動心　「アパテイア」を見よ
不生性　27, 40-41, 43-44, 68-69, 111
復活　23-24, 92, 150, 152-53, 177, 187, 223, 264-67, 272, 333, 345
普遍　9, 12, 14, 24, 28, 37, 45, 52, 69, 71, 76, 78, 80, 85, 87-88, 90-91, 95, 99, 101, 268, 273, 302-03, 305, 376
フュシス　37-38, 88　→自然
プラトニズム　67, 150, 285
プレーロフォリアー（πληροφορία）293　→恩恵の成就・完成，確信，完全性
プロソーポン　29, 37, 98, 106-07, 167 →位格，ヒュポスタシス，ペルソナ
ヘシュカズム　187, 191
別の神　204, 206-07
ヘテローニュモス　47-48
ヘノーシス　「神との合一」を見よ
ヘブライズム　3　→ヘレニズム
へりくだり　118, 148, 152-54, 265, 267
ペリパトス派　14, 45, 158
ペルソナ　29, 97-101, 103, 334
ヘレニズム　3, 12, 117, 121, 133, 137-38, 140, 144, 157, 159, 161-62, 204, 242, 245, 287
施し　109, 187, 243-46, 249, 251-52, 277
ホモイウーシアン　「相似本質派」を見よ
ホモイオーシス　「相似本質」を見よ
ホモウーシオス　「同一本質」を見よ

ホモティミア　69, 254
ポリス　156, 160, 162, 170, 241-42
ポリュオーニュモス　47-48
本質　5, 10, 12, 15, 27-29, 31-33, 35, 37, 39-40, 42-43, 47-49, 51-52, 58, 60, 68-69, 72-73, 83, 87-88, 90-91, 93, 95, 97-103, 106-08, 110-12, 136, 141, 168, 174-75, 180, 188-90, 195, 213, 217, 222-23, 253, 256, 261, 266, 272, 288, 327
——存在　31-32, 39, 87
本性　5-6, 16, 38-39, 42-43, 46-47, 62-63, 65, 68, 76-78, 80, 84-92, 94-96, 99-103, 110, 117-18, 124, 126-33, 136, 138-39, 141-43, 145, 147-49, 151-56, 158, 165-69, 175-76, 179, 189, 194, 199, 216-17, 219, 223-24, 226, 229, 232, 254, 259-60, 263-67, 297, 300, 303-07, 309, 315, 358, 360-62, 367, 373, 375-77　→自然（／——本性）
本性の言説　168-69　→オイコノミアの言説

マ・ヤ 行

マカリオス文書　291, 293-96, 298-302, 314-16, 319, 322, 324, 333, 351-54, 356-58, 362, 366, 370
ミーメーシス（模倣）　133, 147　→模倣
メッサリアノイ（派）　3, 293-302, 306, 312, 315-16, 323, 325-29, 330-31, 334-35, 341, 343, 349-50, 357, 361, 365-72, 374-82
モナルキア　69, 254
模倣　118, 133-35, 139, 142, 147-50, 152, 154, 176-77, 246-47, 263-65, 319, 321-22, 326, 329, 331, 341
ユダヤ教　4, 133, 137-38, 143-45, 159, 161, 196, 203-04, 209
欲求　119, 215-19, 222-23, 225-28, 232, 235-36, 245

ラ 行

欄外書き込み　179, 317
力動的なウーシアー観　73, 94, 103, 253　→ウーシアー，力（デュナミス）
理性　56, 63, 65, 77, 93, 139, 207, 209, 216, 221-25, 260, 273, 307, 312
流出　17, 171, 196, 198-200, 205, 208-09, 211　→発出
類・種　52, 99　→第二実体，普遍
霊性　69-70, 288, 293, 306, 316, 325, 337-38, 354
霊的感覚　222, 288, 350
霊的完成　336-37, 339-42, 344-45, 347, 356, 359
霊的増殖の場　330-31
労苦　307, 309, 311, 320, 358-59
ロゴス　30, 45, 51, 86-89, 112, 118-19, 127-28, 143-46, 158, 160, 165, 193-94, 196-208, 210-12, 220, 228, 230, 234, 266, 273, 329
ロゴス・キリスト　118-19, 127, 165, 203-04, 210, 228, 230

古典出典索引

（主に本文ないし註において訳出・引用／要約した聖書および古典テクストの出典箇所を表示）

旧約聖書
創世記（Genesis）
1:3　196
1:26　142, 207
1:27　76
1:26-27　141, 201
3:19　148
18:1-2　204-05
出エジプト記（Exodus）
3:14　15, 186
20:21　182
レビ記（Leuiticus）
19:2　139
申命記（Deuteronomium）
4:24, 6:4　15, 48
8:18　140
雅歌（Canticum canticorum）
1:3　186
1:9　230
2:5, 5:7, 5:8　234
イザヤ書（Isaias）
22:19, 21　159
35:1　295
49:2　234
エレミア書（Ieremias）
2:13　15
知恵の書（Sapientia）
7:25　75, 143
7:26　143
16:21　39
シラ書（集会の書）（Sirach seu Ecclesiasticus）
17:3　143
伝道の書（Ecclesiastes）（＝コヘレトの言葉）
8:11　335

新約聖書
マタイによる福音書（Secundum Matthaeum）
3:11　373
5:3　147
5:20　243
5:24, 27-28, 39　304
7:14　374
11:27　15
13:25　148
17:1-8　177
25:14-30　372, 378-79
25:40　246
マルコによる福音書（Secundum Marcum）
10:17-31　244
10:18　15
10:23, 25　243
10:27　243
10:4-5　244
10:45　246
12:30　224
ルカによる福音書（Secundum Lucam）
1:1-2　335
6:20　243
16:1-2　162
19:12-27　372
20:36　177
ヨハネによる福音書（Secundum Ioannem）
1:4, 4:24　15
1:5　129
1:14　204
3:3-5　372
3:5　243
6:45　66

14:9 108, 146
14:23 235
ローマの信徒への手紙（Ad Romanos）
3:23-24 376
4:20-21 336
7:18 304
7:24 306
8:23 378
11:6 381
16:23 162
コリントの信徒への手紙一（Ad Corinthios I）
1:24 75
2:4 4
4:1 163
6:9-10 243
9:17 163
11:1 320
15:42, 44 151, 266, 394
15:45, 47 380
コリントの信徒への手紙二（Ad Corinthios II）
1:4 360
3:16-18 361
8:9 148
ガラテヤの信徒への手紙（Ad Galatas）
2:21 381
4:2 162
エフェソの信徒への手紙（Ad Ephesios）
1:9-11 163
1:19f. 345
3:9 164
フィリピの信徒への手紙（Ad Philippenses）
1:9-11 337
2:6, 7 146, 149
4:22 162
コロサイの信徒への手紙（Ad Colossenses）
1:15 146-47, 210
1:24 162
1:25-26 162
2:2 336
2:8 4
テサロニケの信徒への手紙一（Ad Thessalonicenses I）
1:5 336, 343-44
5:23 225, 343-44, 348
テモテへの手紙一（Ad Timotheum I）
3:13 360
3:15 162
6:12 371
6:15 148
テモテへの手紙二（Ad Timotheum II）
4:5, 17 335
ヘブライ人への手紙（Ad Hebraeos）
1:3 38, 75
6:11 336, 347-48
10:9 360
10:22 336, 347-48
12:1-2 320
ペトロの手紙一（Epistula Petri I）
4:8 245-46
ヨハネの手紙一（Epistula Ioannis I）
1:5 15
4:8 15, 234

アウグスティヌス Augustinus
『三位一体論』（*De Trinitate*）
V 5.6 98
V 8.9 98
V 8.10 97
V 10.11 99
VII 4.7 99
VII 6.11 99
アリストテレス Aristoteles
『カテゴリー論』（*Categoriae*）
1: 1a1-2 87
5: 2a11-17 12
『形而上学』（*Metaphysica*）
V 8: 1017b23-26 11
VII 7:1032a24-25 194
Ⅷ 1: 1017b23-26 11
IX 8: 1049b24-27 194

『自然学』(*Physica*)
A1, 184b11-12 87
『政治学』(*Politica*)
1252b13 156
1255b19 156
『魂について』(*De anima*)
418b4-6 196
『ニコマコス倫理学』(*Ethica Nicomachea*)
1177b33-34 135
『分析論前書』(*Analytica priora*)
I 27: 43a25-35 80
『命題論』(*De interpretatione*)
7: 17a38-b1 80
偽アリストテレス
『宇宙論』(*De mundo*)
397b 157
404b 157
アレクサンドロス(アフロディシアスの) Alexander Aphrodisiensis
De fato
SVF II, pp. 272f: 945 158
In Aristotelis Metaphysica Commentarius
CAG I: 483, 23-28 45
アンモニオス Ammonius
In Porphyrii Isagogen
CAG IV/3: 40, 6-8
エイレナイオス Irenaeus
Adversus Haereses
i. 5. 1 17
エウセビオス（カイサレイアの） Eusebius Caesariensis
『マルケロス論駁』(*Contra Marcellum*)
1. 4. 45f. 25
1. 4. 49 26
エウノミオス Eunomius
『弁明』(*Apologia*)
8 46
エピファニオス Epiphanius
『パナリオン（全異端論駁)』(*Panarion* [*Adversus haereses*])
33. 7. 8 16
エンペドクレス
Fr. B120 121
オリゲネス Origenes
『雅歌註解』(*Commentarium in Canticum Canticorum*)
prol. 2.16 217
prol. 2.20 218
prol. 2.33, 2.36 218
prol. 2.39 216
prol. 3.1, 3.3 217
prol. 3.7 216
III 9.1 220
IV 17 228
『ケルソス駁論』(*Contra Celsum*)
VII 34 221
VII 38 221
VIII 12 211
IV 14, 15 165
IV 14: 18-19 127
IV 15 127
IV 30 142
『諸原理について』(*De Principiis*)
I. 1. 5 126
I. 2. 9 211
I. 2. 11 212
『ヨハネ（福音書）註解』(*Commentarii in Johannem*)
10. 37(21). 212 211
キケロ Cicero
De natura deorum
2. 37. 95 124
グレゴリオス・タウマトゥルゴス Gregorius Thaumaturgus
信条全文 64
グレゴリオス（ナジアンゾスの） Gregorius Nazianzenus
『講話』(*Homiliae*)
29. 2 167
29.18 168
グレゴリオス（ニュッサの） Gregorius Nyssenus
『アブラビオスに宛てて』(*Ad Ablabium*)

38. 8-10　91
『アポリナリオス反駁』(*Ad Theophilium adversus Apollinarium*)
171. 11-17　128, 166
『雅歌講話』（*In Canticum Canticorum*）
1.17　230
1.22　230
1.22-23　227
1.25　231
1.26　230
1.29　232
2.44　230
3.71　230
4.127-128　235
4.129　236
6.40-41　233
6.175　232
6.177-179　233
6.180　229
『教理講話』（*Oratio catechetica*）
5　143, 149
16　153, 267
『キリスト者の生のかたち（キリスト教綱要）』（*De instituto christiano*）
PG 46, 297A　320
Jaeger 版 p. 44. 3-11　343-44
Jaeger 版 pp. 58. 24-59. 4　345
Jaeger 版 pp. 63-64　321
『至福について』（*De beatitudinibus*）
82. 24-28　147
83. 4-5　148
83. 6 -84. 16　148-49
『書簡』38 →バシレイオス『書簡』38を見よ
『ステファノス頌歌』（*Encomium in Sanctum Stephanum*）
75. 9　129
『魂と復活』（*De anima et resurrectione*）
156　152, 266
『人間創造論』（*De hominis opificio*）
PG 44, 145C　224
PG 44, 161B　225
PG 44, 176A　224
PG 44, 176D-177A　225
PG 44, 183B　93
PG 44, 185B-C　76-77
『モーセの生涯』（*De vita Moysis*）
I, 46　231
II, 188　231
De oratione dominica
III, 1149　232
De perfectione
194.4-195.5　147
In Scripturae verva, Faciamus hominem ad imaginem et similitudinem nostrum
PG 44, 260A　6
クレメンス（アレクサンドレイアの）Clemens Alexandrinus
『救われる富者は誰か』（*Quis dives salvetur*）
11, 13, 16　245
ソクラテス・スコラスティコス Socrates Scholasticus
『教会史』（*Historia Ecclesiastica*）
1. 5　19-20
ディオゲネス・ラエルティオス（Diogenes Laertius）
VII, 58　82
VII, 61　82
（擬）ディオニュシオス・アレオパギテース Pseudo-Dionysius Areopagita
『神名論』（*De divinis nominibus*）
I 4, p.114, 7-p.115, 10　177
I 5, p.116, 7-13　176
I 5, p.116, 14-p.117, 2　176
II 4, p.126, 14-p.127, 2　181
IV 14, p.160, 8-11　186
VII 1, p. 94, 10-12　175
VII 3, p.197, 18-p.198, 2　189
『神名論』へのスコリア
PG 4: 216D-217A　181
PG 4: 264A　182
PG 4: 421B　182
『神秘神学』（*De mystica theologia*）

Corpus Dionysiacum II, p. 143, 16-17 182
Corpus Dionysiacum I, p. 144, 9-15 185
『天上位階論』（*De coelesti hierarchia*）
VII 1, p. 27 184
ディデュモス Didymus Caecus
Commentarius in Psalmos
109, 16-20 46
ティモテウス（コンスタンティノポリスの）Timotheus CP. presbyter
De iis qui ad ecclesiam ab haereticis accedunt
PG 86, 45-52 297-98
テオドレトス（キュロスの）Theodoretus Cyrensis
Haereticarum fabularum compendium
4.11(PG 83, 429-32) 297-98
トマス・アクィナス Thomas Aquinas
『在るものと本質について』（*De ente et essentia*）
c. 4 191
『原因論註解』（*In Librum de Causis Expositio*）
186 190
310, 312 191
『神学大全』（*Summa Theologiae*）
I, q.4, a.2, c 191
『神名論註解』（*In Librum Beati Dionysii de Divinis Nominibus*）
I.1.13 188
I.1.37 188
I.2.45 188
I.2.50 188
VII.4.728 189
VII.4.729 189-90
トマス・ガルス Thomas Gallus
Comm. II, pp. 65-66 184-85
Extractio, I: p. 710 185
バシレイオス（カイサレイアの）Basilius Caesariensis
『エウノミオス論駁』（*Contra Eunomium*）
1. 5 40, 41-43
1. 6 47
1. 8 43
1. 19 51
1. 20, 2. 4, 3. 3 39
2. 14 51
『修道士大規定』（*Regulae fusius tractatae*）
第 10 問 338
『修道士小規定』（*Regulae brevius tractatae*）
第 95 問 339
『書簡』（*Epistulae*）
38 84-89, 94-96
52 70
90 72
125 28
210 46
361 49
『聖霊論』（*De Spiritu Sancto*）
Ⅲ, V 5-6
VI. 13 70
VIII. 19 72
IX. 22 56
IX. 23 136
XVI. 38 54
XVI. 39 166
XVII. 43 71
XVIII. 44 71
XVIII. 47 72
XXVII. 66 340
『説教 6』（*Homilia* VI）
PG 31, 261-278 249-51
『説教 8』（*Homilia* VIII）
PG 31, 303-328 249-51
『説教 18（殉教者ゴルディオスについて）』（*Homilia* XVIII: *In Gordium martyrem*）
PG 31, 489-508 247-48
『モラリア』（*Moralia*）
8.1 (PG 31, 712C-D) 338
8.2 (PG 31, 713D) 338

『霊について』（*De Spiritu*）
全文　60-63, 65-67
ヒッポリュトス Hippolytus
『ノエトス論駁』（*Contra Noetum*）
8　169
フィロラオス Philolaos
Fr. 6　10
フィロン Philon
『アブラハムについて』（*De Abrahamo*）
121　205
『アブラハムの移住』（*De migratione Abrahami*）
71　198-99
『神のものの相続人』（*Quis rerum divinarum heres*）
140　145, 202
『ケルビムについて』（*De Cherubim*）
27-28　199
『言語の混乱』（*De confusione linguarum*）
137　205
『十戒総論』（*De decalogo*）
53　160
『世界の創造』（*De opificio mundi*）
17-18　201-02
20　144
24　200
25　144, 201
29　197
69　142
71　142
144　140
『世界の不滅性』（*De aeternitate mundi*）
44　141
『創世記問答』（*Quaestiones et solutiones in Genesim*）
II, 62　205
『逃亡と発見』（*De fuga et inventione*）
61　139
62-64　138-39
101　203
『徳論』（*De virtutibus*）
8　140
22. 164　198
168-169　139-40
『モーセの生涯』（*De vita Mosis*）
II, 100　199
II, 127　199
『夢について』（*De somniis*）
I, 13. 75　197
I, 229-230　205
II, 242　198
『ヨセフについて』（*De Iosepho*）
29-31, 38　160
38-39　160
『律法の寓意的解釈』（*Legum allegoriae*）
2.1　140
2.86　199
『律法詳論』（*De specialibus legibus*）
III, 178　199
フーゴー（サン・ヴィクトルの）Hugo de Sancto Victore
PL 175: 1038D　183
プラトン Platon
『饗宴』（*Symposium*）
180d6-e3　217
『クラテュロス』（*Cratylus*）
400c2　123
401c2-4　10
『国家』（*Res Publica*）
500c3-4, 6　134
507e5-508a2　195
508a4-8　195-96
508b13　196
508d10-e2　196
509b7-9　75, 196
514a-521b　122
592b1　134
613a8-b1　134
『テアイテトス』（*Theaetetus*）
176b1-3　134
『ティマイオス』（*Timaeus*）
28a6-b1　201
42d5-e4　145, 202
90a2-b1　124

92c5-9 135
『パイドロス』（*Phaedrus*）
246c2, 248c9 123
『パイドン』（*Phaedo*）
62b2-5 123
67d1 123
69b-c 117
81a4-5 136
プロティノス Plotinus
『エネアデス』（*Enneades*）
I 2, 3. 6-10 137
I 2, 7. 27-28 137
III 5, 2-3 219
III 5, 4 219
IV 5, 7. 16-17 174
IV 8, 1. 33f 122
IV 8, 3. 1-5 124
IV 8, 4. 31 124
V 1, 1. 29-35 61
V 1, 2. 1 61
V 1, 4. 27-28 173
V 1, 6 232
V 1, 10. 23 124
V 4, 2 92
V 4, 2. 4-6 173
V 4, 2. 15-19 173
VI 7, 35. 7 178
VI 7, 35. 19-23 172-73
VI 7, 35. 30-33 173
VI 7, 35. 34-36 178
ホメロス Homerus
『イリアス』（*Ilias*）
2. 204 156
『オデュッセイア』（*Odyssea*）
13.102-112 121
ポルフュリオス Porphyrius
『カテゴリー論註解』（*In Categorias*）
CAG Ⅳ /1: p. 91, 10ff. 14
De antro nympharum
7. 1, 8. 11f. 123
（大）マカリオス（エジプトの）
Macarius
『50 の講話（抄録者シメオンによるその150 章の抄録）』（『フィロカリアΓ巻』所収）
第 1 章 359
第 18 章 359
第 74 章 360
第 137 章 360-61
（擬）マカリオス Pseudo-Macarius
『講話集』（*Homiliae spiritales*）（第 I 集成）
I 25.2.4-5 373
I 43.2 378
I 52.1.4 371
『50 の霊的講話集』（*Homiliae quinquaginta*）（第 II 集成）
II 1.3 303, 310
II 1.8 309-10
II 1.9 307, 310
II 1.12 311
II 2.3 304
II 8.5 311, 361
II 15.14 371
II 15.32, 17.4, 26.25, 50.4 300
II 12.8-9, 15.14, 15.26, 24.2, 45.1 303
II 16.1 307
II 16.5-6 301
II 18.3, 19.2, 32.6 311
II 24.2 377
II 26.2 373
II 26.12 309
II 26.23 373
II 46.1 309
II 47.2 373
II 50.4 311
『説教集』（*Homiliae spiritales*）（第 III 集成）
III 28.3.3 379
III 18.2.4, 20.2.2-3 310
III 21.3.3 311
III 25.1.1 303
III 25.1.2 302
III 25.2.2, 25.3.3, 25.4.2 307

III 25.6.3　348
III 28.2.2　347-48
『大書簡』（*Epistola magna*）
1.3　371
2.1 (Jaeger 版 p.235, 14-21)　343
2.3　372
2.4　311
3.1, 3.9　307
3.2　342
3.12 (Jaeger 版 p. 249, 1-6)　345
13.8, 13.10　308
13.15　311, 362
13.16　348
PG 34, 409C-420B　323
PG 34, 420C-D　319-20
PG 34, 420C-441A　323
マルコス（修徳行者）Markos
『業によって義化されると考える人々について』（『フィロカリア A 巻』所収）
断章 17　375
断章 55　368
断章 56　378-79
『悔い改めについて』
10:17-22　376
『洗礼について』
II 7　380
II 20-21　378
II 23　381
II 32-34　381
II 38-41　381
II 46-48　381
II 56-60　377
III 45-46　381
III 53-54　381
III 73-74　381
IX 7-10　378-79
XVII 14-20　380
ユスティノス Iustinus Martyr
『弁明』（*Apologia maior*）
13.3　207-08
14.5　208
63.10, 63.14　206
63.15　206-07
『ユダヤ人トリュフォンとの対話』（*Dialogus cum Tryphone*）
56.4, 56.11　206
61.1-2　209
61.1, 62.2-4　207
121.2　208
129.4　207
ヨアンネス（ダマスコスの）Iohannes Damascenus
De Haeresibus
80.2-3(PG94, 728-36)　297-98, 367
ヨハネス・エリウゲナ Johannes Scotus Eriugena
PL 122: 1173C　182-83

土橋　茂樹（つちはし・しげき）

1953年東京生まれ。1978年上智大学文学部卒業。1988年上智大学大学院哲学研究科博士後期課程単位取得満期退学。上智大学哲学科助手，オーストラリア・カトリック大学・初期キリスト教研究所客員研究員を経て，現在，中央大学文学部教授。

〔編・著書〕『哲学（新版）』（中央大学通信教育部，2019）。『善く生きることの地平――プラトン・アリストテレス哲学論集』（知泉書館，2016），『善美なる神への愛の諸相――『フィロカリア』論考集』（教友社，2016），『内在と超越の閾』（共編，知泉書館，2015），他。

〔訳書〕『アリストテレス全集12：小論考集』（共訳，岩波書店，2015），R. ハーストハウス『徳倫理学について』（知泉書館，2014），エジプトの聖マカリオス『50の講話―抄録者シメオンによるその150章の抄録』『フィロカリアⅥ』所収,（新世社, 2013), 偽マカリオス『説教集』『大書簡』『中世思想原典集成3―後期ギリシア教父・ビザンティン思想』所収，（平凡社，1994），他。

〔共著〕『愛と相生――エロース・アガペー・アモル』（教友社，2018），『光の形而上学――知ることの根源を辿って』（慶応義塾大学出版会，2018），『テオーシス――東方・西方教会における人間神化思想の伝統』（教友社，2018），『越境する哲学――体系と方法を求めて』（春風社，2015），*Christians Shaping Identity from the Roman Empire to Byzantium*（Brill, 2015），『新プラトン主義を学ぶ人のために』（世界思想社，2014），『中世における信仰と知』（知泉書館，2013），『西洋哲学史Ⅱ』（講談社，2011），*Prayer and Sprituality in the Early Church* Vol. 4，（St. Pauls Publications, 2006），『現代社会に於ける倫理の諸相』（中央大学出版，2003），『中世の社会思想』（創文社，1996），他。

〔教父と哲学〕　　ISBN978-4-86285-302-8

2019年9月1日　第1刷印刷
2019年9月5日　第1刷発行

著　者　土　橋　茂　樹
発行者　小　山　光　夫
印刷者　藤　原　愛　子

発行所　〒113-0033 東京都文京区本郷1-13-2
電話03（3814）6161 振替00120-6-117170
http://www.chisen.co.jp
株式会社　知泉書館

Printed in Japan　　印刷・製本／藤原印刷